Luigi Accattoli

Johannes Paul II.

Luigi Accattoli

Johannes Paul II.

KOMET

Text: "Johannes Paul II.",
Originalausgabe im Verlag Styria
in der Styria Pichler Verlag GmbH & Co. KG
Aus dem Italienischen übersetzt von Josef Helmut Machowetz
Gesamtherstellung: Komet Verlag GmbH, Köln

ISBN 3-89836-500-X

www.komet-verlag.de

INHALT

Vorwort

Das Pontifikat Johannes Pauls II. ist von großer Zeichenhaftigkeit in dem Bestreben, die christliche Verkündigung in die Welt hineinzutragen und die Einheit unter den Kirchen herbeizuführen, im Bewusstsein der Abweichungen vom Evangelium, die deren einstige und jüngste Geschichte gekennzeichnet haben. Als erster slawischer Papst in der Kirchengeschichte und einziger Papst der Neuzeit, auf den ein Attentat verübt wurde, wird Johannes Paul der Nachwelt als der Papst des Kampfes gegen den Kommunismus im Gedächtnis bleiben.

Er hat das gängige Papstbild verändert, indem er es vermenschlicht hat: Er ging in die Berge, um Schi zu fahren, er machte Urlaub und ließ sich in einem öffentlichen Spital behandeln. Bewundernswert ist die Widerstandskraft, mit der er auf sein Nervenleiden reagierte, das ihn seit 1992 sichtlich quälte. Unermüdlich reiste er um die Welt, trotz des Zitterns seiner Hand und der unsicheren Schritte, begleitet von einer wachsenden Sympathie der öffentlichen Meinung, die unter den langen Pontifikaten dieses Jahrhunderts ohne Beispiel ist. Es ist heute völlig klar, dass nicht allein ein extrovertierter Mann dieses gewandelte Erscheinungsbild verursacht hat, sondern dass eine bewusste ekklesiologische Strategie dahinter stand: Er wollte das Papsttum der Kirche des II. Vatikanums anpassen.

„Ohne diesen Papst kann man nicht verstehen, was in Europa am Ende der achtziger Jahre geschehen ist“, hat Gorbatschow einmal gesagt. Es ist das große Verdienst von Johannes Paul, seine Heimat Polen ermutigt zu haben, einen friedlichen Weg des Ausstiegs aus dem kommunistischen System zu suchen. Und als dieser Ausstieg gelungen war, war es wieder sein Verdienst, dass sich die aufgestaute Wut nicht gegen die Besiegten richtete und die Sieger nicht vom Geist der Rache geleitet wurden.

Nach seiner Wahl zum Papst im Oktober 1978 äußert er sofort den Wunsch, Polen zu besuchen. Die triumphale Reise in die Heimat im Juni des folgenden Jahres ist geradezu eine Herausforderung an das sowjetische Imperium: Zum ersten Mal hat ein ganzes Volk des Warschauer Paktes die Möglichkeit, sich in großen Massen zu versammeln, sich mit einer „Leitfigur“ zu identifizieren und einer Botschaft Beifall zu zollen, die das atheistische und repressive Regime, das von Moskau ferngesteuert ist, massiv ablehnt.

Aus der Saat, die auf jener Reise gesät wurde, wächst die Gewerkschaftsbewegung Solidarnosc, die der polnische Papst von Rom aus nach Kräften unterstützt, als sie sich gezwungen sieht, in den Untergrund zu gehen. Dieselbe beharrliche Unterstützung lässt er allen Freiheitsbewegungen in den kommunistischen Ländern angedeihen, die nach dem Beispiel Polens in den achtziger Jahren allenthalben entstehen. Als er im April 1990 kurz nach dem Fall der Berliner Mauer und des Eisernen Vorhangs Prag besucht, erklärt er, dass „ein neuer Turm von Babel niedergerissen wurde“ und dass „das Jahrhundert reif sei“ für eine „größere Freiheit“ für alle.

Mit derselben Entschiedenheit verteidigt Johannes Paul – vor allem im Verlauf seiner vielen Reisen – die Menschenrechte gegenüber den Diktaturen der Dritten Welt und kämpft gegen die Ansprüche des Neokapitalismus, indem er betont, dass die Niederlage des Kommunismus keineswegs die unkontrollierte Herrschaft des Kapitals über die Menschen und die Völker rechtfertigt. Mit aller Kraft tritt er 1991 gegen den Golfkrieg und 2003 gegen den von den Vereinigten Staaten geführten Irakkrieg auf, um „den Dialog mit der Welt des Islams“ zu retten und zu signalisieren, dass die katholische Kirche sich als Verbündete jener Völker sieht, die sich auf dem Weg der Entwicklung befinden.

Die „Gewissensprüfung“ zu Beginn des neuen Jahrtausends als Vorbereitung auf das Große Jubiläum ist vielleicht das schönste Geschenk, das er den Katholiken hinterlässt. Mit derselben Unerschrockenheit, mit der er die Rechte der Kirche geltend macht, anerkennt er auch, dass es „düstere Seiten“ in ihrer Geschichte gegeben hat, und er bittet – zur Bestürzung eines erheblichen Teils der kirchlichen Führungskräfte – um Verzeihung für Ärgernisse und Skandale, die noch immer schmerzen, wie etwa die Methoden der „Gewalt“, die in der Vergangenheit zur Verteidigung des Glaubens angewandt wurden (durch die Gerichte der Inquisition), die Unterstützung von Diktaturen in unserem Jahrhundert durch die Christen, den Antijudaismus, der sie daran gehindert hat, sich wirksam der Ausrottung der Juden durch die Nationalsozialisten zu widersetzen.

Auf ökumenischem Gebiet bestand seine mutigste Initiative darin, eine Debatte über die Rolle des Papstes selbst zu eröffnen, indem er Protestanten und Orthodoxe einlud, darüber nachzudenken, wie eine Ausübung des „römischen Primats“ heute aussehen müsste, damit er für alle annehmbar ist. Er hat dies mit der Enzyklika „Ut unum sint“ (1995) getan. Bis jetzt hat er noch wenig Glück gehabt: Erst zwei Länder mit orthodoxer Mehrheit (Rumänien und Georgien) konnte er bisher besuchen, und die Beziehungen zu den anglikanischen und protestantischen Kirchen sind merklich abgekühlt, seit er Papst geworden ist. Aber er hat seine Hand ausgestreckt.

Unermüdlich setzt er sich für die Verteidigung des Lebens, für die Förderung des Friedens und für die Armen ein. Die Katholiken sind stolz darauf, dass er ständig und nach allen

Seiten hin die Ungerechtigkeiten anprangert, doch seine eindringlichen Aussagen zur Sexualität und Ehe nehmen sie nicht gerne zur Kenntnis. Er entwirft eine „Theologie des Leibes", die vielleicht eine große Zukunft hat, aber er geht nicht im Geringsten von jener traditionellen Vorschriftsmoral ab, in der er bis zum Ende noch gefangen blieb. Dennoch ist die Radikalität der Botschaft – die er als Antwort auf die „radikale Herausforderung" der Gegenwart für notwendig hält – für ihn kein Hindernis, sondern sie scheint eher eine Hilfe für das Gespräch mit den Jugendlichen zu sein, die Jahr für Jahr in immer größerer Anzahl an jenen Orten zusammenströmen, die er ihnen vorschlägt.

Johannes Paul II. ist ein Papst der Mission und nicht der Verwaltung. Es gibt keine einzige nennenswerte Reformmaßnahme, die seinen Namen trägt. Er hat die Kurie so belassen, wie er sie vorgefunden hat: Kein anderer Papst dieses Jahrhunderts hat außerhalb der Kirche stärkere Zeichen gesetzt, aber wahrscheinlich haben alle eine deutlichere Spur als er in der Verwaltung und Struktur der Kurie hinterlassen.

Er bittet die Frauen für die schlechte Behandlung in der Vergangenheit um Vergebung, aber er ändert in keiner Weise die Regeln, durch die sie innerhalb der kirchlichen Strukturen in den Hintergrund gedrängt werden. Regelmäßig lässt er die Bischöfe nach Rom kommen, um die „Gemeinschaft" zwischen den Lokalkirchen und der vatikanischen Zentrale lebendig zu erhalten, aber er modifiziert nicht die synodalen Strukturen, die er selbst – am Anfang – als ungenügend erkannt zu haben scheint.

In der Beziehung zu den Lokalkirchen erlebt sein Pontifikat große Konflikte, die manchmal durch seinen missionarischen Eifer hervorgerufen werden, viel öfter aber durch die juridischen Bremsen, die von der römischen Kurie – in seinem Auftrag – betätigt werden, wenn von der Peripherie her Wünsche nach Dezentralisierung oder Erneuerung laut werden. Johannes Paul ist mit den bedeutendsten Episkopaten der Welt in Konflikt geraten: mit dem brasilianischen, weil dieser die Theologie der Befreiung befürwortete, mit den Bischöfen der Vereinigten Staaten, weil sie größere Freiheiten für die Gläubigen verlangten, mit dem italienischen Episkopat, weil er sich von politischen Verpflichtungen frei machen wollte, und mit dem deutschen, der dem weltlichen Charakter des Staates immer mehr Rechnung zu tragen begann.

Fast immer hat er dank seines persönlichen Einflusses die Herausforderung für sich entschieden, aber die Spannungen sind geblieben. Er hinterlässt der Kirche ein großes und beeindruckendes Bild des Papsttums, aber auch einen starken Wunsch nach Reformen für ihr inneres Leben.

Die ersten zwanzig Jahre seines Pontifikats – eines der längsten in der Geschichte überhaupt – lassen sich in drei Abschnitte gliedern, von denen jeder durch ein eigenes „Motto" charakterisiert werden kann, durch einen besonders eindrucksvollen Satz, mit dem er es verstand, seine Botschaft den Menschen nahe zu bringen.

Das erste Motto verkündete er beim feierlichen Gottesdienst zu seinem Amtsantritt am 22. Oktober 1978: Öffnet, ja reißt die Tore weit auf für Christus! Es kennzeichnet die Anfangsphase des Pontifikats, seine segensreiche missionarische Ausstrahlung auf alle Kontinente, den kreativen Einsatz der Medien, den ersten Konflikt mit den „weltlichen Mächten" bis hin zum Drama des Attentats und der langjährigen Auseinandersetzung mit dem kommunistischen System und dem Sowjetimperium.

Das zweite Motto des Pontifikats findet sich in der Enzyklika „Dominum et vivificantem" (1986): Den Blick ausweiten, noch weiter ausholen. Es charakterisiert eine Periode des missionarischen Wirkens, die alle traditionellen Grenzen sprengt: Johannes Paul nennt die Juden „unsere älteren Brüder", er sucht die Begegnung mit den Anhängern des Islams, veranstaltet interreligiöse Zusammenkünfte, er bricht mit dem antikonziliaren Traditionalismus eines Marcel Lefèbvre, betont – im Oktober 1988 in Straßburg vor dem Europäischen Parlament – die Unvereinbarkeit der „integralistischen Versuchung" mit der wahren Lehre des Evangeliums. Es ist auch die Zeit, in der seine ökumenische Utopie ihren Höhepunkt erreicht – und schon bald darauf scheitert –, die ihn dazu gebracht hatte, von der Einheit mit den Kirchen der Orthodoxie zu Beginn des dritten Jahrtausends zu träumen, und die ihn dann zu der irrigen Ansicht verleitete, sich in der Ära Gorbatschows relativ leicht mit dem Patriarchen von Moskau verständigen zu können.

Als Folge dieser ökumenischen Niederlage und in der Zeit seines physischen Leidens entsteht das dritte Motto des Pontifikats, das vom Herannahen des Jubiläumsjahres 2000 geprägt ist: Im Namen der Kirche bitte ich um Vergebung. Diese Worte wurden erstmals im Mai 1995 in Olmütz – in der Tschechischen Republik – ausgesprochen, aber sie waren schon mehrmals vorweggenommen worden und sind seither in verschiedenen Formulierungen immer wieder aufgetaucht. Sie kennzeichnen einen Zeitabschnitt, der besonders stark vom Evangelium geprägt ist. Die Botschaft ist nun zur Reife gelangt. Für den ersten Fastensonntag des Jahres 2000 hatte er einen Bußgottesdienst auf die Tagesordnung gesetzt, der in einer „Vergebungsbitte" für die „Irrtümer, den Unglauben, die Inkonsequenz und die Versäumnisse" gipfelte, für welche „die Kinder der Kirche" im zu Ende gehenden Jahrtausend verantwortlich gemacht werden.

In dem vorliegenden Buch wird von allen Phasen und Etappen der mehr als fünfundzwanzigjährigen Amtszeit berichtet, ob sie nun mehr oder weniger von Bedeutung waren. Es sollte eine erzählende Biografie des Papstes und des Pontifikats entstehen, die das Wesentliche enthält und doch vollständig ist. Die meisten Werke konzentrieren sich vornehmlich auf seine polnische Herkunft und die politischen Implikationen des Pontifikats und schenken dem eigentlich päpstlichen Wirken nur wenig Aufmerksamkeit. Das soll aber hier versucht werden mit einem Blick, der die Gesamtheit dieses Wirkens umfasst und – wenn möglich – die internen Verhältnisse berücksichtigt. Diese Intention ist jedoch kein Hindernis dafür, den fruchtbarsten oder kreativsten Perioden des Pontifikats Aufmerksamkeit zu schenken, zu denen wenigstens drei zählen: Die Anfangsphase 1978/79 mit der Art und Weise, wie sich der neue Papst präsentierte, mit der programmatischen Enzyklika „Redemptor hominis" und den großen Pilgerreisen nach Mexiko, Polen und in die USA. Die Erweiterung des Blickfeldes und das „Weiterausholen" von 1985/86 mit der Ansprache an die islamische Jugend in Casablanca, der Reise nach Indien, dem Besuch der Synagoge in Rom und dem Gebetstag von Assisi. Schließlich der Vorschlag einer „Gewissensprüfung" anlässlich der Jahrtausendwende.

Luigi Accattoli

Lolek bleibt allein und entschließt sich, nicht zu heiraten

Ein Papst lenkt die Aufmerksamkeit der Welt durch das auf sich, was er sagt und was er tut. Doch wir wollen auch auf den Menschen Johannes Paul blicken, weil wir überzeugt sind, dass sein menschlicher Werdegang auf die Art und Weise, wie er das Papstamt ausübt, einen gewissen Einfluss gehabt hat. Und daher werden wir uns nicht darauf beschränken, von seinem päpstlichen Wirken zu erzählen, wir werden vielmehr nach den Spuren suchen, die das Schicksal in seinem menschlichen Antlitz hinterlassen hat, wir werden die improvisierten und spontanen Äußerungen aufgreifen, in denen er seine Emotionen zum Ausdruck bringt, wir werden versuchen, einige der Erinnerungen wachzurufen, die verschiedene Orte und Ereignisse in Polen in seiner Seele zurückgelassen haben. Und eben deshalb wollen wir mit jener polnischen Kleinstadt den Anfang machen, in der er geboren wurde, und uns bei diesem Blick auf die Heimat und in die Erinnerung von ihm helfen lassen.

Liebe Landsleute, schrieb Johannes Paul in seiner Botschaft an die Polen kurz nach der Papstwahl, *es ist nicht leicht, auf die Rückkehr in die Heimat zu verzichten, „zu diesen Feldern, so reich an verschiedenartigen Blumen, versilbert vom Weizen und vergoldet vom Roggen", wie Mickiewicz schreibt. Zu diesen Bergen und zu diesen Tälern, zu den Seen und Flüssen, zu den so sehr geliebten Menschen und in diese prächtige Stadt!* (23. Oktober 1978)

Wadowice heißt jene kleine Stadt mit ihren 15.000 Einwohnern und den Häusern inmitten von Roggenfeldern, in der Karol Wojtyla am 18. Mai 1920 geboren wird, zu einer Zeit, als sich die Heimat – soeben erst zur Unabhängigkeit gelangt, nach 123 Jahren Fremdherrschaft – gerade im Krieg um seine Ostgrenzen befindet. Wir sind in Südpolen, an den Ufern der Skawa und zu Füßen der Beskiden, etwa 40 Kilometer westlich von Krakau und ungefähr 30 Kilometer von Auschwitz entfernt.

Die Familie Wojtyla lebt in einem Haus in der Kirchengasse (Koécielna), ganz in der Nähe der Pfarrkirche, in einer Mietwohnung. Zum Zeitpunkt der Geburt Karols besteht sie aus drei Personen: dem Vater Karol, 41 Jahre, pensionierter Leutnant; der Mutter Emilia Kaczorowska, 36 Jahre; dem ersten Sohn Edmund, 14 Jahre.

Das Kind wird einen Monat nach der Geburt (am 20. Juni) in der nahe gelegenen Pfarrkirche getauft. Es erhält zwei Namen: Karol, wie sein Vater, und Józef, wie der Nationalheld Marschall Pilsudski, der den Krieg gegen Sowjet-Russland führt. Am 7. Juni 1979, dem Tag, an dem er als Papst in seine einstige Taufkirche zurückkehrt, sagt Johannes Paul II.: *Wenn ich zurückblicke sehe ich, wie mich der Weg meines Lebens mitten unter die Menschen dieses Ortes, in diese Pfarrgemeinde, in meine Familie, bis zu diesem Taufbrunnen in dieser Kirche von Wadowice führt.*

Karol Wojtyla mit 12 Jahren.

Doppelseite: Karol Wojtyla, der spätere Papst Johannes Paul II., sitzt im Schneidersitz auf einer Wiese und rasiert sich während seines Camping-Urlaubs, den er im Gebiet der Masurischen Seenplatte verbrachte. Die undatierte Aufnahme stammt aus der Zeit als Bischof.

Der Vater Karol Wojtyla war aus Lipnik gebürtig und der Sohn eines Schneiders. Nach der Mittelschule hatte auch er zunächst als Schneider begonnen. Im Jahre 1900 wird er als Unteroffizier zum habsburgischen Heer einberufen und wird wenig später Offizier (mit administrativen Aufgaben), eine Tätigkeit, die er auch nach dem Krieg beibehält, als er nach dem Zerfall des österreichisch-ungarischen Kaiserreiches in die polnische Armee eintritt, in der er bis 1928 diente. Er ist ein sehr ruhiger und zurückhaltender Mann, geprägt von der habsburgischen Disziplin. Er tritt allen mit Respekt entgegen und wird auch selbst von allen respektiert. Zum französischen Schriftsteller André Frossard wird Johannes Paul später einmal sagen: *Er war so streng gegen sich selbst, dass er es gegen seinen Sohn nicht zu sein brauchte. Sein Beispiel genügte, um die Disziplin und das Pflichtgefühl zu vermitteln.*

Emilia Kaczorowska, die Mutter, stammte aus Krakau und war das fünfte von acht Kindern eines Sattlers, eines Handwerkers, der Verkleidungen für Kutschen anfertigte. Zart und kränklich, stirbt sie schon mit 45 Jahren am 13. April 1929. Der ärztliche Befund spricht von einer Herzmuskelentzündung und einem Nierenleiden. Zehn Jahre später, im Frühjahr 1939, wird Lolek, wie Karol genannt wird, für seine Mutter ein Gedicht schreiben, vielleicht das erste, oder jedenfalls das erste von denen, die erhalten geblieben sind: *Auf deinem weißen Grab / blühen die weißen Blumen des Lebens. / Oh, wie viele Jahre sind schon entschwunden / ohne dich – wie viele Jahre?*

Vielleicht ist es die Mutter, vielleicht der Vater, die ihn mehrmals auf die Stunde seiner Geburt aufmerksam gemacht haben. Und er hat sie sich gemerkt, mit der typischen Aufmerksamkeit der Polen für Denkwürdigkeiten und Zufälle: *Ich wurde zwischen 17 und 18 Uhr geboren, und fast zur gleichen Stunde wurde ich, 58 Jahre später, zum Papst gewählt!*, sagt er am 17.5.1997, zwei Tage vor seinem 77. Geburtstag, beim Besuch der römischen Pfarrgemeinde Sant'Atanasio a Pietralata.

Ein weiteres Faktum, an das er sich aus den Erzählungen des Vaters erinnert, ist dies, dass er in einer Kriegszeit geboren wurde. Beim Besuch der Erdbebenopfer in einem Gebiet Mittelitaliens äußert er folgenden Gedanken: *Eines Tages werden sie [die Kinder] von ihren Eltern hören: Du wurdest während des Erdbebens geboren, und sie werden nichts davon verstehen! Auch ich wurde in einer Zeit des Krieges geboren und habe nichts davon verstanden. Aber ich habe mir eine große Bewunderung für diejenigen bewahrt, die in jenem Krieg gesiegt haben, im Jahre 1920. Das ist sehr wichtig!* (Cesi, Macerata, 3. Januar 1998)

Es ist wichtig zu wissen, was unsere Väter und Mütter taten, als wir zur Welt kamen, sagt uns Johannes Paul: Von welchen Motiven wurden sie geleitet? Der Krieg, den sein Volk führte, war ein Kampf um die nationale Wiedergeburt: jener Krieg, den das gerade erst zur Unabhängigkeit gelangte Polen am Ende des Ersten Weltkriegs gegen Russland führt und der mit dem Vertrag von Riga im März 1921 beendet wird, der die Wiedervereinigung jener Polen, die unter österreichischer Herrschaft standen, mit den Brüdern, die bei Russland geblieben waren, markiert. Um zu verstehen, was diese Erinnerung in den Worten des Vaters, der Soldat und ein Patriot war, bedeuten konnte, muss man sich vor Augen halten, dass Wadowice am nationalen Aufstand gegen die russische Herrschaft im Jahre 1863 tapfer teilgenommen hatte und dass Vater Karol in der ersten Phase des Weltkriegs an der russischen Front gekämpft hatte.

Diese Geburt während des Krieges hilft uns, die Leidenschaftlichkeit zu verstehen, mit der Karol Wojtyla als Papst – zum Beispiel in dem Brief an die polnischen Bischöfe vom 26. August 1989 anlässlich des 50. Jahrestages des Kriegsausbruchs – an den Molotow-Ribbentrop-Pakt erinnert, der Polen zum vierten Mal aufteilte, als er, Karol, 19 Jahre alt war. Und sie verhilft uns auch zu einer Vorstellung darüber, in welchem Ton jener Brief gehalten sein mochte, den er im März 1981 an den Kremlchef Leonid Breschnew schrieb, um ihn vor der Versuchung zu warnen, mit Waffengewalt in Polen zu intervenieren. Dieser Brief ist nie veröffentlicht worden, aber wir wissen, wer ihn geschrieben hat, zu welchem Zeitpunkt er verfasst wurde (einen Monat vor dem Attentat von Ali Agca!) und an wen er adressiert war.

Der ältere Bruder Edmund wird Doktor der Medizin und stirbt 1932 im jugendlichen Alter von 26 Jahren an einer Scharlachinfektion im Krankenhaus von Bielsko, wo er als Jungmediziner sein Praktikum absolvierte. Karol, der sehr an seinem Bruder hängt, leidet besonders unter dessen Tod.

Nach Edmund und vor Karol hatte das Ehepaar Wojtyla noch ein Mädchen gehabt, Olga, das jedoch schon wenige Tage nach der Geburt starb. Mit zwölf Jahren bleibt also Lolek allein mit dem Vater zurück, der treu für ihn sorgt und ihm ein Freund und Vertrauter ist. Nach der Wahl zum Papst erzählen die einstigen Nachbarn den Journalisten, dass sie sich noch gut erinnern können, wie die Wojtylas, Vater und Sohn, jeden Tag Hand in Hand zum Mittagessen in das nahe gelegene Gasthaus gingen oder zusammen einen Spaziergang machten.

Über jene beiden Todesfälle – der Mutter und des Bruders –, die ihn sprachlos gemacht haben müssen, sagt Johannes Paul nicht viel. Aber wir können ein wenig von der Verletzung, die er davongetragen hat, aus dem erahnen, was er im Gespräch mit Frossard über den Vater erzählt: *Ich habe relativ früh die Mutter verloren und war dann das einzige Kind. Mein Vater war bewundernswert und fast alle meine Erinnerungen an die Kindheit und die Jugend beziehen sich auf ihn. Die Gewalt der Schicksalsschläge, die ihn getroffen haben, hatte in ihm ungeheure spirituelle Tiefen offen gelegt, sein Schmerz wurde zum Gebet.*

Es war der Vater, der ihn die Frömmigkeit lehrte, wie er in seiner Autobiografie „Geschenk und Geheimnis" schreibt: *Es kam vor, dass ich nachts aufwachte und meinen Vater am Boden knieend vorfand.* (S.30).

Im Gespräch mit Frossard schreibt er dem Vater auch die erste Inspiration zur Enzyklika „Dominum et vivificantem" (1986) zu: *Mit etwa zehn oder zwölf Jahren war ich Mitglied in einem Knabenchor, aber ich war nicht sehr eifrig, wie ich zugeben muss. Meine Mutter lebte schon nicht mehr ... Mein Vater bemerkte meinen mangelnden Fleiß, und eines Tages sagte er zu mir: „Du bist kein braver Chorknabe, denn du betest nicht genügend zum Heiligen Geist. Du musst zu ihm beten!" Und er lehrte mich ein Gebet. Das war eine viel wichtigere, dauerhaftere und stärkere Lektion als jene anderen, die ich in der Folge aus meiner Lektüre und dem Unterricht, den ich erhalten habe, ziehen konnte. Mit welcher Überzeugungskraft sprach mein Vater mit mir! Heute noch höre ich seine Stimme in mir. Eine Frucht jener Lektion, die ich in meiner Kindheit erhalten habe, ist die Enzyklika über den Heiligen Geist.*

Nach dem Tod seiner Frau Emilia nimmt Vater Wojtyla die beiden Söhne auf eine Wallfahrt zum Heiligtum von Kalwaria Zebrzydowska mit, nicht weit von Wadowice entfernt. Dorthin begibt sich Karol auch später mehrmals vor einer wichtigen Entscheidung. So auch vor dem Konklave, aus dem er als Papst hervorgehen sollte. Dorthin kehrt er nach seiner Wahl am 7. Juni 1979 zurück: *Ich weiß nicht, wie sehr ich der göttlichen Vorsehung dafür danken soll, dass ich diesen Ort, Kalwaria Zebrzydowska, das Heiligtum der Muttergottes, noch einmal besuchen kann. Ich habe dieses Heiligtum oft besucht, schon in meiner Kindheit und Jugend. Vor allem als Erzbischof von Krakau und Kardinal bin ich oft hierher gekommen. Ich kam gemeinsam mit den Priestern hierher und habe vor der Muttergottes mit ihnen die Eucharistie gefeiert.*

Fast zweitausend Einwohner von Wadowice sind Juden. Auch der Besitzer des Hauses, in dem die Wojtylas wohnen, Chaim Balamuth, ist Jude, ein Kaufmann, der im Erdgeschoss des Gebäudes ein Geschäft mit Kristallwaren betreibt. Viele Schulkameraden Karols und einige seiner engsten Freunde sind Juden: Regina (genannt Ginka) Beer, die Tochter des Bankdirektors von Wadowice, und Jerzy Kluger, der Sohn eines Rechtsanwalts, der auch Vorsitzender der örtlichen jüdischen Gemeinde ist. In dem Buch „Die Schwelle der Hoffnung überschreiten" schreibt Johannes Paul: *Ich erinnere mich vor allem an die Grundschule in Wadowice, wo mindestens ein Viertel der Schüler meiner Klasse Juden waren. Und zu erwähnen wäre da auch meine damalige Freundschaft mit Jerzy Kluger, einem dieser Jungen, die bis heute anhält* (S.121).

Die Beziehung Karol Wojtylas zu den Juden ist von Sympathie und Freundschaft geprägt. Später wird Kluger bekennen: „Vor dem Krieg war das Leben für uns Juden nicht leicht. Beleidigungen und Verletzungen unserer Gefühle blieben uns nicht erspart. Aber Lolek war nie daran beteiligt, von ihm kam nie eine Unhöflichkeit."

Papst Johannes Paul II. am 13.8.1991 am Grab seiner Eltern auf einem Friedhof in Krakau. Das Oberhaupt der Katholischen Kirche besuchte während seiner 52. Pastoralreise vom 13. bis 20.8.1991 zum fünften Mal sein Heimatland Polen. Neben einem Aufenthalt in seinem Geburtsort und der Teilnahme am 6. katholischen Weltjugendtag reiste er auch nach Ungarn.

Ein Zimmer im Geburtshaus von Papst Johannes Paul II., der am 18.5.1920 als Karol Wojtyla im polnischen Wadowice geboren ist.

Schüler vor dem Gymnasium im polnischen Wadowice. Papst Johannes Paul II., damals noch Karol Wojtyla, ging hier zur Schule.

Seit den Zeiten des heiligen Petrus bis heute hat kein Papst so beständige Beziehungen zu den Juden unterhalten wie Johannes Paul: *Ich habe immer noch das Bild vor Augen, wie sich die Juden jeden Samstag in die hinter unserem Gymnasium gelegene Synagoge begaben. Beide Religionsgruppen, Katholiken und Juden, bildeten eine Einheit, und dies, so vermute ich, weil sie sich bewusst waren, denselben Gott anzubeten* (ebd. S. 121).

Dieser Friede ist nicht von Dauer, aber da wurde ein Samen ausgesät, der eines Tages seine Frucht bringen sollte. Der Zweite Weltkrieg mit den Konzentrationslagern und der systematischen Vernichtung wirft alles über den Haufen, alles wendet sich zu einem Drama: *Als Erste hatten dies die Söhne und Töchter der jüdischen Volksgruppe zu erleiden, und zwar nur deshalb, weil sie Juden waren. Wer immer damals in Polen wohnte, kam, wenn auch nur indirekt, mit diesem Geschehen in Berührung. Das war somit auch meine persönliche Erfahrung* (ebd. S. 121). Die Menschheit wird eines Tages für diese ehrlichen Worte dankbar sein, nach Jahrzehnten der Rechtfertigung mit der Behauptung: „Wir haben nichts gewusst, wir hätten uns das nie vorstellen können."

Im Herbst 1926, mit sechs Jahren, beginnt Karol Wojtyla mit der Grundschule, und im Jahr 1930 wird er ins Marcin-Wadowita-Gymnasium aufgenommen. *Lolek* – sagt Jerzy Kluger – *war ein ganz besonderer Typ. Der Beste in der Schule, am Theater, der Beste bei allem. Wenn er zu General Motors gegangen wäre, wäre er dort sicher Präsident geworden* (Svidercoschi, Brief an einen jüdischen Freund S. 102).

Lolek lernt mit Eifer, unter den aufmerksamen Blicken des Vaters. Er interessiert sich vor allem für die Literatur und die polnische Sprache: Er liest Sienkiewicz („Quo vadis?", „Die Sintflut", „Mit Feuer und Schwert"), Adam Mickiewicz (den romantischen Dichter, den Sänger der polnischen Unabhängigkeit), Slowacki. Aber auch die griechischen und lateinischen Klassiker und philosophische Werke wie „Die Kritik der reinen Vernunft" von Kant und „Das Kapital" von Karl Marx in Deutsch, einer Sprache, die er zu Hause von den Eltern gelernt hat. Er liebt den Sport (Schifahren, Schwimmen, Fußball und Hockey sind seine Lieblingsdisziplinen) und nimmt mit Begeisterung an allen Festlichkeiten teil.

Fast jeden Morgen geht er vor Schulbeginn in die Kirche zur Messe, die vom Pfarrer, Pater Edward Zacher, gefeiert wird, der ihn, mittlerweile 84 Jahre alt geworden, im Juni 1979 geschwächt, aber voll Stolz in Wadowice empfängt. Auch im Konvent der Karmeliterpatres hinter dem Marktplatz geht er aus und ein. Dort lernt er Pater Józef Prus kennen, der ihm ein wertvoller Begleiter wird. Die Spiritualität des Karmel fasziniert ihn. Bereits Priester geworden, bittet er Kardinal Stefan Adam Sapieha mehrmals und vergeblich um die Erlaubnis, in den Orden eintreten zu dürfen.

Am 4. Mai 1938 besteht Lolek die Reifeprüfung mit folgender Beurteilung: „Sehr gut" in Betragen, Religion, polnische Sprache und Literatur, Latein, Griechisch, Deutsch, Mathematik, Philosophie und Sport; „Gut" in Geschichte, Physik und Chemie. Im selben Monat empfängt er das Sakrament der Firmung. Bei der Zeremonie fällt ihm die Aufgabe zu, Kardinal Sapieha zu begrüßen, der von den Worten des jungen Mannes beeindruckt ist und ihn fragt: „Hast du nie daran gedacht, Priester zu werden?" Ruhig die Antwort von Wojtyla: *Nein, ich will an der Universität polnische Sprache und Literatur studieren.*

Am Gymnasium erfasst ihn noch eine andere Leidenschaft: das Theater. Die ersten Aufführungen bestreitet er mit 14 Jahren: Es sind Collagen von patriotischen Liedern und Versen, vorgetragen im Schülertheater und im Park von Wadowice. Die Interpretation des philosophischen Gedichts „Prometheus" von Cyprian Norwid bringt ihm den zweiten Preis bei einem Rezitationswettbewerb ein. Er tritt zusammen mit seinen Mitschülern und Mitschülerinnen auf, vor allem mit Ginka Beer und Halina Krolikiewicz: Ginka, die jüdische Freundin, die später mit ihrer Familie aus Wadowice flieht, um der Vernichtung zu entgehen, und Halina, die Berufsschauspielerin und eine großartige Darstellerin des polnischen Theaters wird.

Es gibt unter den Bekannten einige, die Lolek eine besondere Zuneigung zur Ersten der beiden zuschreiben, Ginka. In seiner Autobiografie sagt er dazu: *Wenn ein junger Mann mit so klaren religiösen Neigungen nicht ins Seminar eintrat, wird mancher vielleicht vermutet haben, dies sei ein Zeichen dafür, dass da andere Interessen oder Vorlieben mit im Spiel waren. In der Schule hatte ich in der Tat viele Mitschülerinnen und, da ich in der Theatergruppe an der Schule engagiert war, zahlreiche Möglichkeiten, mit Jungen und Mädchen zusammenzutreffen. Das war jedoch nicht das Problem. Mich hatte in jenen Jahren vor allem die Leidenschaft für die Literatur, besonders die dramatische, und für das Theater erfasst* (S. 15). Der Schauspieler Wojtyla war vielseitig: Er muss sogar zwei Rollen in derselben Komödie spielen (wohl wegen des Ausfalls eines Kollegen), und er tut es wie selbstverständlich, so genau kennt er die Regieanweisungen von der ersten bis zur letzten Zeile.

Der Sommer seines 18. Lebensjahres bringt ihm nicht nur das glanzvolle Bestehen der Reifeprüfung, sondern bedeutet auch einen Wendepunkt in seinem Leben. Im Juni nimmt er in Zubrzyca Gorna an einem Arbeitslager und einer vormilitärischen Ausbildung teil, dann – vor Ende des Sommers – übersiedelt er mit dem Vater nach Krakau, um die Vorlesungen an der Jagellonen-Universität zu besuchen, an deren philosophischer Fakultät, Abteilung für polnische Philologie, er inskribiert hat: *Meine Wahl war von einer klaren Vorliebe für die Literatur motiviert. Wir studierten die deskriptive Grammatik der modernen polnischen Sprache und zugleich die geschichtliche Entwicklung der Sprache mit einem besonderen Interesse für deren altslawische Wurzeln. Das eröffnete mir völlig neue Horizonte, um nicht zu sagen das eigentliche Geheimnis des Wortes* (ebd. S. 15 f). Krakau: die Blüte der polnischen Wiedergeburt! Die „Jagellonen"-Universität, an der Nikolaus Kopernikus gelehrt hatte!

Der polnische Kardinal Karol Wojtyla sitzt vor einer Skihütte in der Hohen Tatra (Polen, Karpaten) und liest in einem Buch.

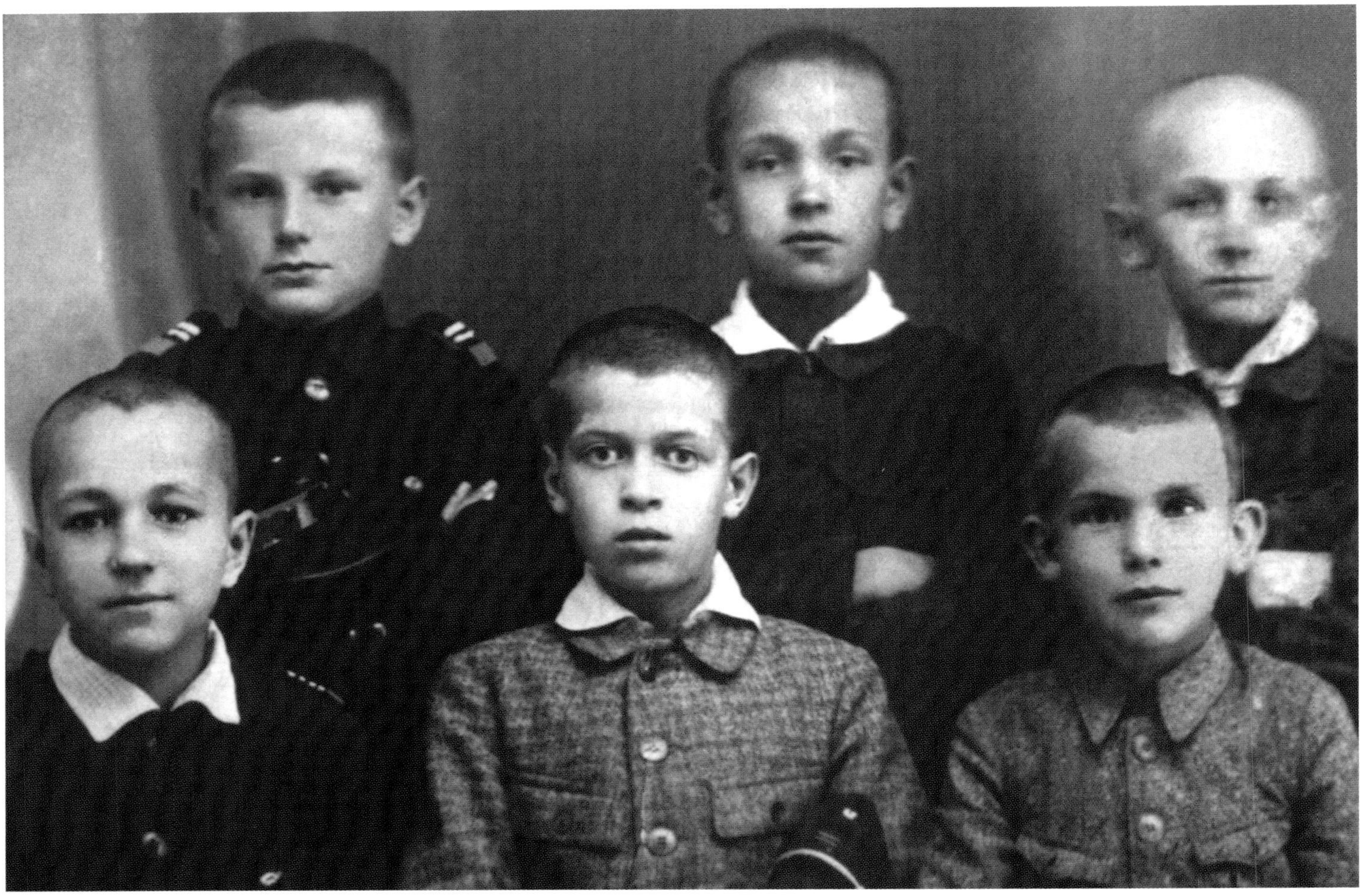

Karol Wojtyla (obere Reihe links), der spätere Papst Johannes Paul II., während seiner Schulzeit.

Der junge Karol Wojtyla und sein Vater wohnen in der Tyniecka-Straße, im Stadtviertel Debniki, das der Fluss Vistola vom historischen Zentrum der Stadt trennt. Eigentümer der Wohnung sind zwei Tanten von Karol, Schwestern seiner Mutter, die nie geheiratet haben. Am 15. Oktober 1938 kündigt ein Lokalblatt einen literarischen Abend im „Katholischen Haus" von Krakau an, bei dem Werke von Jerzy Bober, Jerzy Kalamacki, Tadeusz Kwiatkowski und Karol Wojtyla präsentiert werden sollen: denn Lolek schreibt bereits Gedichte und Texte für das Theater.

Und so verlassen wir sie, Vater und Sohn, am Ende dieses ersten Kapitels: Sie haben gelernt, allein zu leben, aber schon in Kürze wird Lolek vollkommen allein sein auf dieser Welt. Wenn er vierzig Jahre später mit Frossard darüber spricht, zieht er mit gelassenen Worten folgende nüchterne Bilanz: *Mit zwanzig Jahren hatte ich schon alle jene verloren, die ich liebte, und sogar jene, die ich hätte lieben können, wie jene ältere Schwester, die – wie man mir sagte – sechs Jahre vor meiner Geburt gestorben war.*

Er bleibt allein und entschließt sich, nicht zu heiraten. Wir können nur ahnen, was ihn der Verzicht auf Frau und Kinder gekostet haben mag. Wer kann schon sagen, was der Zölibat für einen Mann ohne Familie bedeutet?

Geheimnis der Jungen – und Karol Wojtyla war damals noch ein Junge –, die eines Tages plötzlich in aller Klarheit über ihr Leben entscheiden. „Geschenk und Geheimnis" wird Johannes Paul von sich selber sagen, mit dem Titel seiner Erinnerungen als Priester. Über diese Entscheidung, die uns um so tiefer beeindruckt, je mehr wir darüber nachdenken, berichtet er Frossard mit folgenden Worten: *Es kam der Tag, an dem ich die absolute Gewissheit hatte, dass mein Leben sich nicht in der menschlichen Liebe realisieren würde, deren Schönheit ich immer zutiefst gefühlt habe.*

Im Jahre 1939 kommt der Krieg und treibt jeden seinem Schicksal entgegen.

Er wird Arbeiter und Schauspieler. Und er wird Priester.

Als die ersten Bomben auf Krakau fallen, befindet sich Karol in der Kathedrale des Wawel: *Jener 1. September 1939 wird sich wohl nie mehr aus meinem Gedächtnis tilgen lassen: es war der erste Freitag des Monats. Ich hatte mich auf den Wawel begeben, um zu beichten. Der Dom war leer. Es war vielleicht das letzte Mal, dass ich die Kirche ohne weiteres betreten konnte* („Geschenk und Geheimnis", S. 35). Danach eilt er zu seinem Vater, dem es gesundheitlich schlecht geht. Sie packen die Sachen zusammen und fliehen zu Fuß gegen Osten, zusammen mit Dutzenden anderen Flüchtlingen. Die Flucht ist beschwerlich, obwohl einige Lastwagenfahrer versuchen, den verstopften Weg frei zu machen. Der Vater hat Mühe mitzukommen. Aber auch im Osten ist Krieg und die Rote Armee Stalins besetzt – wie vom Molotow-Ribbentrop-Pakt vorgesehen – den östlichen Teil Polens. Die Flüchtlinge kehren wieder nach Krakau zurück.

In zwei Dritteln Polens – einschließlich von Krakau – stehen die Deutschen, während sich ein Drittel des Landes, das an Litauen und Weißrussland grenzt, die UdSSR Stalins einverleibt hat, der Nachfolgestaat Sowjet-Russlands, dem diese Gebiete von Marschall Pilsudski – den Wojtylas Vater so geliebt hat – entrissen worden waren in einem Krieg, der gerade zu jener Zeit tobte, als Karol geboren wurde.

Die Universität öffnet wieder ihre Pforten, aber die Vorlesungen dauern nur bis zum 6. November, als die Nazis die Professoren zusammenrufen und sie in das Konzentrationslager Sachsenhausen abtransportieren: Nur wenige von ihnen sollten von dort zurückkehren.

Es beginnt die Zwangsarbeit für alle Polen vom 18. bis zum 60. Lebensjahr, die keiner geregelten Tätigkeit nachgehen. Lolek ist zwanzig Jahre alt und muss die Razzien fürchten. *Um der Deportation zur Zwangsarbeit nach Deutschland zu entgehen, begann ich im Herbst 1940 in einem Steinbruch zu arbeiten, der zur Chemiefabrik Solvay gehörte. Er lag ungefähr eine halbe Stunde von meiner Wohnung in Debniki entfernt, in Zakrzówek, wohin ich jeden Tag zu Fuß ging,* schreibt er in seiner Autobiografie (S. 18). Die Deutschen betrachten das Werk Solvay, das Kriegsmaterialien produziert, als eine strategisch wichtige Fabrik und der junge Arbeiter erhält – wie alle seine Kollegen – die notwendigen Genehmigungen, um sich frei bewegen zu können.

Die Arbeitskollegen nehmen ihn wohlwollend auf und tun alles, um ihm die schwersten Arbeiten zu ersparen. *So übertrugen sie zum Beispiel mir die Aufgabe eines Gehilfen des so genannten Sprengmeisters: er hieß Franciszek Labus. Ich erinnere mich an ihn, weil er manchmal zu mir sagte: „Karol, du solltest Priester werden. Du wirst gut singen, weil du eine schöne Stimme hast, und es wird dir gut gehen ...* (ebd. S. 19). Sie lassen ihm auch die Zeit, um sich der Lektüre und dem Gebet zu widmen: *Es störte sie nicht, dass ich zur Arbeit die Bücher mitbrachte. Sie sagten: „Wir werden schon aufpassen, lies nur ruhig!"* (ebd. S. 31).

Im Februar 1940 lernt er eine Person kennen, die dazu bestimmt sein sollte, ihn in seiner Entwicklung entscheidend zu prägen: einen ganz gewöhnlichen Schneider, aber von außergewöhnlicher spiritueller Ausstrahlung. Er hieß Jan Tyranowski, war etwa vierzig Jahre alt und hatte eine geheime Gebetsgruppe ins Leben gerufen (auch um zu beten, musste man sich damals verstecken), die er „Lebendiger Rosenkranz" nannte. *Jan Tyranowski, der sich mit Hilfe der Schriften des hl. Johannes vom Kreuz und der hl. Theresia von Avila weiterbildete, führte mich in die für mein Alter außergewöhnliche Lektüre ihrer Werke ein* (ebd. S. 34). Als Kardinal und als Papst wird er oft an jenen so außergewöhnlichen Lehrmeister erinnern, den er als einen „Apostel der Gottesliebe" bezeichnet, um ihn in tiefer Ergriffenheit als „das Beispiel eines Lebens, das ganz und gar Gott geweiht ist", hinzustellen.

Im Steinbruch bleibt Lolek bis zum Frühjahr 1942, als er in die Fabrik Solvay überstellt wird. *Da ich manuell arbeitete, wusste ich sehr wohl, was körperliche Anstrengung bedeutete. Ich kam jeden Tag mit Leuten zusammen, die Schwerstarbeit leisteten. Ich kannte ihr Milieu, ihre Familien, ihre Interessen, ihren menschlichen Wert und ihre Würde* (ebd. S. 31).

Ein Kamerad stirbt durch einen Arbeitsunfall vor seinen Augen. Er ist erschüttert. Er gedenkt seiner in einem Gedicht mit dem Titel „Der Steinbruch", das er 1956 für die Arbeiter schreibt, die in jenem Jahr bei den Demonstrationen von Poznaß den Tod finden: *Sie bargen den Leichnam. Schweigend zogen sie vorbei. / Noch immer ging von ihm Erschöpfung und ein Gefühl für Ungerechtigkeit aus. / Sie trugen graue Blusen und Schuhe, bis über die Knöchel mit Schmutz bedeckt ... Der weiße Stein drang in ihn ein, zerstörte sein Wesen / und er nahm ihn so in sich auf, dass er selbst zu Stein wurde.*

Nach der Einmaligkeit eines Papstes, der ein Freund der Juden ist und Zeuge ihrer Vernichtung, kündigt sich hier noch etwas Neues an, nämlich ein Bischof von Rom, der die Steinbrüche am eigenen Leib kennen gelernt hat. In einem weiteren Vers jenes Gedichtes heißt es: *Die Liebe bricht um so stärker hervor, je mehr der Zorn sie durchtränkt,* und wir haben das Gefühl, dass alles möglich ist, wenn man einen Mann zum Papst wählt, der den Zorn der Arbeiter gekannt und ihn als eine Form der Liebe anerkannt hat.

Karol Wojtylas Vater stirbt am 18. Februar 1941, aber schon seit Weihnachten war er nicht mehr aus dem Haus gegangen. Der Sohn hatte bei seinem brüderlichen Freund Juliusz Kidrinski Hilfe gesucht, mit dem er die Leidenschaft für das Theater teilte. Abwechselnd leisteten sie dem Kranken Gesellschaft, und es war die Mutter von Juliusz, die meistens die Mahlzeiten für die beiden Wojtylas zubereitete. Am Abend des 18. Februar, als er von der Arbeit nach Hause kommt, findet Karol seinen Vater tot auf. Er ruft Juliusz, gemeinsam halten sie die Totenwache. Und wer weiß, ob es nicht jene Nacht gewesen ist, in der ihn das Schwindel erregende Gefühl überkam, ganz allein in dieser Welt zu stehen, und in der ihm der Weg gezeigt wurde, auf dem er dieser Einsamkeit einen Sinn geben konnte.

Doch die Entscheidung erfolgt nicht sofort. Ein Jahr lang bleibt alles wie zuvor: die Arbeit in der Fabrik und das Engagement beim Theater, das noch intensiver wird, weil er – nunmehr allein stehend – die Familie von Mieczyslaw Kotlarczyk bei sich aufnimmt, einem Dozenten der polnischen Literatur, der sich ganz dem Theater verschrieben hatte und den er schon von Wadowice her kannte, wo Kotlarczyk ein „Universitätstheater" geleitet hatte. Mit Kotlarczyk, der gleichzeitig sein Gast, sein Freund und sein Lehrer ist, gründet Karol das „Rhapsodie-Theater" oder „Theater des lebendigen Wortes": *Da wir die Wohnung miteinander teilten, konnten wir nicht nur unsere Gespräche über das Theater fortführen, sondern auch deren konkrete Verwirklichungen versuchen, die genau den Charakter eines Theaters des Wortes annahmen. Es war ein sehr einfaches Theater. Der szenische und dekorative Teil war auf ein Minimum beschränkt; das Engagement konzentrierte sich im Wesentlichen auf den Vortrag des poetischen Textes* (ebd. S. 19 f).

Das „Rhapsodie-Theater", dessen Aufführungen wegen der Einfachheit der Inszenierung in Privatwohnungen stattfinden konnten, wurde von seinen Gründern als eine Form des friedlichen Widerstandes und der Verteidigung der polnischen Kultur gegen die Nazi-Invasoren konzipiert. Wojtyla, ein Gegner der Gewalt, wollte seinen Kameraden nicht folgen, die den bewaffneten Kampf wählten, auch wenn er sich nicht verweigerte, als er um irgendeine Form der Mitarbeit gebeten wurde: zum Beispiel um die Sammlung von Spendengeldern. Es wurden die Großen der polnischen Literatur aufgeführt: Slowacki, Kasprowicz, Wyspianski, Norwid, Mickiewicz, die die vaterländische Geschichte und ihre Verbindung mit dem Christentum besungen hatten. Wie Verschwörer kamen die Theaterspieler und die Zuschauer heimlich in Privatwohnungen und in Kellern zusammen. Es gab mindestens an die zwanzig Aufführungen, und jede war eine Herausforderung an die Spähtrupps der Gestapo, die Krakau Straße für Straße durchkämmten. Immer war die Rolle Wojtylas ausschlaggebend, als Darsteller, Bühnenbildner, Regisseur, Dekorateur. Keiner seiner Freunde und Bekannten hatte einen Zweifel: Die Zukunft Karols konnte nur die Bühne sein, er besaß alles, um sie zu beherrschen: Stimme, Gestik, Leidenschaft, Gedächtnis.

Doch eines Abends im Herbst 1942 bemerkt sein Freund Kotlarczyk, dass er nicht mehr mit ihm rechnen kann. Einmal noch, ein letztes Mal, wird er auftreten, im März 1943, als Hauptdarsteller des „Samuel Zborowski". Er teilt Kardinal Sapieha seine Absicht mit, Priester zu werden. Die Berufung, die er seit der Nacht, in der er die Totenwache bei seinem Vater hielt, in sich ständig wachsen gefühlt hatte, war nun herangereift.

Die Geschichte meiner Berufung zum Priestertum? Diese kennt vor allem Gott. In ihrem tiefsten Grund ist jede Berufung zum Priestertum ein großes Geheimnis, ein Geschenk, das den Menschen unendlich überragt: So beginnt seine Autobiografie „Geschenk und Geheimnis", die Johannes Paul II. aus Anlass des 50. Jahrestages seiner Priesterweihe gerade aus dem Grund schreibt, um etwas über seine Berufung zu erzählen. Die nicht wie ein Blitz einschlug, sondern langsam reifte und seinen Bekannten früher klar wurde als ihm selbst. Schon über seine letzten Jahre in Wadowice schreibt er: *In jenem Abschnitt meines Lebens war die Berufung zum Priestertum in mir noch nicht gereift, auch wenn nicht wenige in meiner Umgebung der Meinung waren, ich sollte ins Priesterseminar eintreten* (ebd. S. 14 f). Und wir haben schon die Arbeitskollegen im Steinbruch gehört, die dasselbe zu ihm sagten.

Zum Kern dieser Entscheidung gehören die beiden traumatischen Ereignisse: der Krieg und der Tod des Vaters. *Angesichts des Umsichgreifens des Bösen und der Gräuel des Krieges wurde mir der Sinn des Priestertums und seiner Sendung in der Welt immer klarer. Der Ausbruch des Krieges schnitt mich vom Studium und vom Universitätsgeschehen ab. Zu der Zeit verlor ich meinen Vater, den letzten Menschen, der mir von meinen engsten Angehörigen geblieben war. Auch das brachte, objektiverweise, einen Prozess der Abkehr von meinen früheren Plänen mit sich; es war mir irgendwie, als würde ich dem Boden entwurzelt, auf dem bis dahin mein Menschsein gewachsen war. Dabei handelte es sich jedoch nicht um einen rein negativen Prozess. Denn gleichzeitig erschien vor meinem Bewusstsein immer klarer ein Licht: Der Herr will, dass ich Priester werde. Eines Tages verstand ich es mit aller Klarheit* (ebd. S. 42 f).

Außerdem pflegt er regelmäßig das Gebet, das noch gefördert wird durch die Teilnahme am „Lebendigen Rosenkranz" und die Lektüre der großen spanischen Mystiker, zu denen sich der „Traktat über die wahre Verehrung der seligen Jungfrau Maria" des heiligen Ludwig Maria Grignion de Montfort gesellt, dem er

Karol Wojtyla als junger Mann, 1944.

mehr als dreißig Jahre später das Motto seines Pontifikats „Totus Tuus" entnimmt: *Es ist die Kurzformel für die vollkommenste Form der Hingabe an die Muttergottes, die so lautet: „Totus Tuus ego sum et omnia mea Tua sunt. Accipio Te in mea omnia. Praebe mihi cor Tuum, Maria" (Ich bin ganz dein, und alles was mein ist, ist dein. Ich habe dich erwählt zu meinem Besten. Schenke mir dein Herz, Maria)* (ebd. S. 38).

Wichtig war auch „die geistige Faszination", die von Bruder Albert ausging, der eigentlich Adam Chmielowski hieß. Er war Maler und eine polnische Heldengestalt des 19. Jahrhunderts, der alles hinter sich ließ, um sich ganz den Armen zu widmen. *Für mich war seine Gestalt entscheidend, weil ich bei ihm einen besonderen geistlichen Halt und ein Vorbild fand, als ich mich wegen der radikalen Entscheidung zum Priesterberuf von der Kunst, von der Literatur und vom Theater abwandte* (ebd. S. 41). Karol Wojtyla wird im Jahr 1949 Bruder Albert das Drama „Bruder unseres Gottes" widmen, Johannes Paul wird ihn 1983 selig und 1989 heilig sprechen.

Vom Schauspieler, der im Geheimen auftritt, zum Kleriker im Untergrund: Im Oktober 1942 beginnt Karol die geheimen Vorlesungen an der Theologischen Fakultät der Jagellonen-Universität zu besuchen, und zwar als Student des Priesterseminars der Erzdiözese Krakau. Das Seminar war von Kardinal Sapieha im Geheimen eingerichtet worden, ohne Wissen der Nazi-Behörden, die nur jenen die Fortsetzung ihrer theologischen Studien erlaubten, die schon vor 1939 Seminaristen gewesen waren. Wojtyla besteht die Examen mit der Beurteilung „eminenter" oder „valde bene". Um nicht aufzufallen, lebt er weiterhin in der Wohnung in Debniki und geht zur Arbeit in die Fabrik.

Jeden Morgen begibt sich Karol zur Residenz des Erzbischofs, um in der Privatkapelle dem „Fürsten und Metropoliten", Kardinal Sapieha, bei der Messe als Ministrant zu dienen. Oft begleitet ihn dabei ein anderer heimlicher Seminarist, Jerzy Zachuta: *Eines Tages fand er sich nicht ein. Als ich nach der Messe an seinem Haus in Ludwinów (bei Debniki) vorbei kam, erfuhr ich, dass er in der Nacht von der Gestapo verhaftet worden war. Gleich darauf erschien sein Name auf der Liste der zum Tod durch Erschießen verurteilten Polen* (ebd. S. 50).

Am Abend des 29. Februar 1944 wird Karol Wojtyla auf dem Heimweg von der Fabrik von einem deutschen Militärfahrzeug angefahren. Der Lenker hält nicht an. Karol verliert das Bewusstsein, er hat eine Kopfverletzung. Eine Frau bringt ihn ins Spital, wo er erst nach einigen Tagen das Bewusstsein wieder erlangt.

Wenig später entgeht er nur durch Zufall einer Razzia der Nazis. Um jedes weitere Risiko zu vermeiden, entschließt sich der Kardinal im darauf folgenden August, die kleine Schar der geheimen Seminaristen (insgesamt sind es sieben oder acht) in der erzbischöflichen Residenz unterzubringen, wo sie für einige Monate bleiben und ihr Studium fortsetzen können. Eine befreundete Hand streicht den Namen von Karol Wojtyla von der Liste der Solvay-Arbeiter, und so hören die Nazis auf, nach ihm zu suchen. Am 9. September erhält er die niedere Weihe der Tonsur.

Am 18. Januar 1945 wird Krakau befreit. Von der Roten Armee bedrängt, räumen die deutschen Truppen das Feld. Bei Kriegsende wird Karol zum Vizepräsidenten von „Bratnia Pomoc" gewählt, einer studentischen Hilfsorganisation für in Not geratene Universitätsangehörige, und bringt sein Theologiestudium zum Abschluss.

Am 1. November 1946 wird er in der Privatkapelle der erzbischöflichen Residenz von Kardinal Sapieha zum Priester geweiht: *Ich sehe mich also wieder in jener Kapelle, als ich ... in Erwartung der Handauflegung in Form eines Kreuzes ausgestreckt auf dem Boden lag. Ein ergreifender Augenblick! ... Die Prostratio ... der Weihekandidaten hat etwas Beeindruckendes an sich ... Wer sich auf den Empfang der Priesterweihe vorbereitet, streckt sich der ganzen Länge nach hin und legt die Stirn auf den Kirchenboden: Mit dieser Geste bekundet er seine vollständige Verfügbarkeit zur Annahme des Amtes, das ihm anvertraut wird. Dieser Ritus hat meine priesterliche Existenz tiefgreifend geprägt* (ebd. S. 50 ff). Am Tag darauf, dem Allerseelentag, feiert er seine Primiz in der Sankt-Leonhards-Krypta der Kathedrale auf dem Wawel. Er feiert sie im Gedenken an die Mutter und den Vater in der Krypta des Wawel, weil er sein Priestertum mit jenen Steinen verbinden will, die vom Glauben der Väter gezeichnet sind.

So findet eine entscheidende Phase im Leben von Karol Wojtyla ihren Abschluss, die ihn – physisch zwar unversehrt, aber geistig gezeichnet – durch die Wirren des Krieges geführt hat: *Von dem großen und schrecklichen „Theater" des Zweiten Weltkriegs war mir viel erspart geblieben. Ich hätte jeden Tag von zu Hause, vom Steinbruch, von der Fabrik weg verhaftet und in ein Konzentrationslager gebracht werden können. Manchmal fragte ich mich: So viele meiner Altersgenossen verlieren ihr Leben, warum ich nicht? Heute weiß ich, dass das kein Zufall war ... Was ich über die Konzentrationslager gesagt habe, ist nur ein, wenn auch dramatischer Teil dieser Art „Apokalypse" unseres Jahrhunderts. Ich habe darauf hingewiesen, um zu unterstreichen, dass mein Priestertum bereits bei seinem Entstehen einbezogen war in das große Opfer so vieler Männer und Frauen meiner Generation. Mir hat die Vorsehung die schwersten Erfahrungen erspart; um so größer ist daher mein Gefühl des Respekts, den ich den mir bekannten wie auch den viel zahlreicheren mir unbekannten Personen, ohne Unterschied der Nation und Sprache, schulde, die durch ihr Opfer auf dem großen Altar der Geschichte dazu beigetragen haben, dass ich meine Berufung zum Priestertum verwirklichen konnte* (ebd. S. 43 und 45 f).

Doch nun ist es Zeit, nach Rom aufzubrechen.

Rom: Blick über den Brunnen an der Piazza di Spgana über die Spanische Treppe hinauf zur Kirche Trinità dei Monti.

Er studiert in Rom. Er schreibt Gedichte. Er lehrt in Lublin.

Mit 26 Jahren geht Karol nach Rom, am 15. November 1946. Sein Gemütszustand an jenem Herbsttag wird sein ganzes weiteres Leben bestimmen. *Zum ersten Mal begab ich mich außerhalb der Grenzen meiner Heimat. Durch das Fenster des fahrenden Zuges sah ich Städte, die ich nur aus den Geografiebüchern kannte. Ich sah zum ersten Mal Prag, Straßburg, Paris,* schreibt er in „Geschenk und Geheimnis" (S. 57).

Er inskribiert am „Angelicum", der Universität der Dominikaner. Nach einem kurzen Aufenthalt bei den Pallottinern in der Via Pettinari ist er Gast im Belgischen Kolleg in der Via del Quirinale. Rektor ist dort Pater Maximilian De Fuerstenberg, der zukünftige Kardinal: *Sollte ich mich etwa nicht daran erinnern, dass Kardinal De Fuerstenberg während des Konklaves im Jahr 1978 in einem bestimmten Augenblick die bedeutungsschweren Worte zu mir sprach: „Dominus adest et vocat te" (Der Herr ist hier gegenwärtig und ruft dich)? Es war gleichsam die Andeutung einer geheimnisvollen Vollendung der Bildungsarbeit, die er als Rektor des Belgischen Kollegs für mein Priestertum geleistet hatte* (ebd. S. 64).

Unter den Lehrern, die er am „Angelicum" kennen lernt, befinden sich der Theologe Garrigou-Lagrange und der spätere Kardinal Ciappi. Unter den Studenten der Argentinier Jorge Mejia, dem er als Papst unter den Mitarbeitern der Kurie wieder begegnet und dem er die Vorbereitung seines Besuchs in der römischen Synagoge anvertraut. Das Thema seiner Dissertation zur Erlangung der Doktorwürde lautet: „Doctrina de fide apud Sanctum Joannem de Cruce" (Die Glaubenslehre nach dem heiligen Johannes vom Kreuz).

Er verbindet angenehme Erinnerungen mit der Universität der Dominikaner und kommt als Papst gerne dorthin zu Besuch: *Ihr alle hier seid meine Kollegen, aber zu meiner Zeit gab es hier noch keine Schwestern, die heute in dieser Aula Magna fast die Mehrheit darstellen. Ich muss euch gratulieren, liebe Studentinnen dieser päpstlichen Universität!* (Angelicum, 24. November 1994).

Karol ist in Italien verliebt und ein Kapitel des Buches „Geschenk und Geheimnis" trägt auch den Titel „Rom erlernen": *Ich erinnere mich, dass ich am ersten Sonntag nach der Ankunft in die Petersbasilika ging, um der feierlichen Verehrung eines neuen Seligen durch den Papst beizuwohnen. Ich sah von weitem die Gestalt Pius' XII., der auf der „Sedia gestatoria" hereingetragen wurde*

Papst Johannes Paul II. segnet am 30.7.2003 in seinem Urlaubsdomizil Castelgandolfo eine Gruppe polnischer Mädchen in traditioneller Tracht.

... Ich erinnere mich, dass zu denen, die das Grab des hl. Stanislaus Kostka besuchten, viele Seminaristen des „Germanicums" gehörten, die an ihren charakteristischen roten Talaren leicht zu erkennen waren. Im Herzen der Christenheit und im Licht der Heiligen begegneten sich auch die Nationalitäten, was – nach der Tragödie des Krieges, die uns so sehr gezeichnet hatte – der symbolischen Vorwegnahme einer nicht mehr gespaltenen Welt gleichkam (ebd. S. 57 ff).

Die Weihnachts- und Osterferien benützt er, um andere italienische Städte kennen zu lernen, vor allem *die mit dem Leben des hl. Franziskus verbundenen Orte.* Dann, während des Sommers, eine Reise nach Frankreich, Belgien und Holland: *So erweiterte ich meinen europäischen Horizont ... So enthüllte sich mir ... immer besser das westliche Europa, das Nachkriegs-Europa, das Europa der großartigen Kathedralen und gleichzeitig das vom Säkularisierungsprozess bedrohte Europa* (ebd. S. 62).

In Rom blieb er fast zwei Jahre: Im Juni 1948 verteidigt er seine Doktorthese und schon im folgenden Monat ist er wieder in Polen. Noch einmal bittet er, in den Karmeliterorden eintreten zu dürfen, aber das Nein von Kardinal Sapieha ist eindeutig: „Nach dem Krieg haben wir wenige Priester, und Wojtyla wird von der Diözese viel dringender gebraucht." Und dann fügt er noch hinzu, gleichsam wie eine Vorwarnung: „... und in Zukunft von der ganzen Kirche".

Die erste Aufgabe, die Wojtyla übertragen wird, ist die eines Kaplans im Dorf Niegowic, etwa 50 Kilometer von Krakau entfernt, aber im Gegensatz zu Wadowice östlich davon. *Ich informierte mich sogleich, wie ich Niegowic erreichen könnte, und bemühte mich, am festgesetzten Tag dort zu sein ... Es war Erntezeit. Ich wanderte zwischen Getreidefeldern, auf denen die Ähren zum Teil schon geschnitten waren, zum Teil aber noch im Winde wogten. Als ich endlich das Pfarrgebiet von Niegowic erreichte, kniete ich nieder und küsste die Erde. Diese Geste hatte ich vom hl. Johannes M. Vianney gelernt* (ebd. S. 67).

Blick auf ein goldgelbes Weizenfeld.

Die Getreidefelder tauchen immer wieder in seinen Erinnerungen und Gedichten auf. Eines davon erinnert ein wenig an Van Gogh – wegen des Korns, das mit dem Licht verschmilzt –, diesen begnadeten Maler, der verliebt ist in die Kornfelder der Provence: *Wenn ich an „Heimat“ denke, höre ich das Rauschen der Sichel, / die Hand anlegt an eine Mauer aus Korn, / das ganz eins geworden ist mit dem grellen Licht des Himmels.*

In Niegowic – das noch nicht einmal elektrischen Strom hat – bleibt er nur wenige Monate, die ihm aber genügen, um die dortige Jugend zu aktivieren. Bei Kerzenschein lernt er für den theologischen Kurs an der Jagellonen-Universität: Am 24. Oktober wird er „Magister der Theologie“ und am 16. Dezember wird ihm offiziell der Grad eines „Doktors der Theologie“ verliehen.

Im März 1949 ruft der Erzbischof ihn nach Krakau zurück, an die Kirche St. Florian im Universitätsviertel, und hier findet er endlich sein ureigenstes Aufgabengebiet! Er organisiert Bildungskurse für Brautleute und Familien. Er unterstützt die so genannten „fliegenden Universitäten“, d. h. Kurse auf Universitätsniveau, die dem kommunistischen Regime nicht genehm sind und daher im Geheimen in Kirchen und Klöstern abgehalten werden. Er gründet eine Gruppe, die sich „Srodowisko“ (Umwelt) nennt, um die Jugendlichen mit der Natur in Kontakt zu bringen, die er als einen besonders geeigneten Weg betrachtet, um zu Gott zu gelangen: *Sonne und Sterne, Wasser und Luft, Pflanzen und Tiere* – wird er am 27. Mai 1984 zu mehr als fünftausend Jugendlichen während seines Pastoralbesuches in Viterbo sagen – *sind Gaben, mit denen Gott die Bleibe, die er in seiner Liebe dem Menschen auf Erden bereitete, angenehm und schön gemacht hat. Wer das verstanden hat, kann nicht anders, als mit ehrfurchtsvoller Dankbarkeit auf die Geschöpfe der Erde zu blicken und sie mit verantwortungsbewusster Aufmerksamkeit zu behandeln, die ein gebührender Blick auf den göttlichen Geber ihm auferlegt.*

Mehr noch als die Getreidefelder wird er das Bild der Jugendlichen, denen er in jungen Jahren begegnet ist, nie mehr vergessen, ja es wird ihn sogar zu dem abenteuerlichen Dialog veranlassen, den er mit der Jugend aller Länder aufnimmt: *Ihr seid entschlossen, eine gerechte, freie und blühende Gesellschaft aufzubauen ... Ich hatte in meiner Jugendzeit dieselben Überzeugungen. Gott wollte, dass sie ihre Feuerprobe in einem Krieg erfuhren, dessen Gräuel meine Familie nicht verschonten. Ich sah diese Überzeugungen auf vielerlei Weise herabgewürdigt. Ich fürchtete für sie, wenn ich sie dem Sturm ausgesetzt sah. Eines Tages beschloss ich, sie mit Jesus Christus zu vergleichen ... Wenn der Jugendliche, der ich einmal war, dazu berufen, seine Jugend in einer entscheidenden Stunde der Geschichte zu erleben, den Jugendlichen, die ihr seid, etwas sagen kann, dann würde er, denke ich, euch sagen: Lasst euch nicht zu Werkzeugen machen! Sucht euch dessen voll bewusst zu sein, was ihr wollt und was ihr tut* (Belo Horizonte, Brasilien, 1. Juli 1980).

Mit den Jugendlichen verbringt er die Ferien, in den Beskiden und auf den Bergen der Tatra, auf halb geheimen, weil von den kommunistischen Behörden verbotenen Schulungslagern. Um keinen Verdacht zu erregen, legt Wojtyla den Talar beiseite und kleidet sich sehr leger: Es gibt Fotos, die ihn zeigen, wie er im Gras sitzt, in kurzen Hosen, und mit den Jungen und Mädchen ganz ungezwungen umgeht, oder wie er mit den Kindern eines befreundeten Ehepaares spielt.

In meinem Leben – schreibt er in „Geschenk und Geheimnis" – *habe ich die Prioritäten im Laienapostolat ..., in der Jugendseelsorge und im intensiven Dialog mit der Welt der Wissenschaft und Kultur erkannt* (S. 95).

1953 ist das Jahr, in dem Stalin stirbt: In Polen werden die Zügel stärker angezogen. Kardinal Wyszynski, dem das Regime die Opposition gegen die neue Verfassung, welche die Macht der kommunistischen Partei stärkt und die Rechte der Kirche beschneidet, nicht verzeiht, wird verhaftet. Auch der Erzbischof von Krakau, Baziak, landet gemeinsam mit vielen Priestern im Gefängnis. Die Wochenzeitung „Tygodnik Powszechny" – an der Wojtyla unter einem Pseudonym mitarbeitet –, die es abgelehnt hat, eine Lobrede auf Stalin zu veröffentlichen, wird verboten. Die Theologische Fakultät, an der Wojtyla gerade erst Dozent für Sozialethik geworden ist, wird von der Jagellonen-Universität ausgeschlossen. Aber umgehend bietet man ihm den Lehrstuhl für Moraltheologie an der Katholischen Universität Lublin an, den er bis zum Konklave, das ihn zum Papst wählt, beibehalten wird.

Seine Lehrveranstaltungen sind überfüllt. Seine Grundthese lautet: Das Subjekt der Moral ist das lebendige Individuum. Die Existenz der Person ist die höchste Form der Wirklichkeit, und diese Wirklichkeit muss in ihrer konkreten Ausformung respektiert werden. Das ist die thomistische Tradition in ihrer modernen Lesart, wie sie Jacques Maritain vorgetragen hat, angereichert mit dem Personalismus von Emmanuel Mounier, zwei Autoren, die er während seines Aufenthaltes in Frankreich im Sommer 1947 mit Interesse gelesen hat.

Es handelt sich um eine Form des Thomismus, die durch die Methode und Sprache der Phänomenologie Max Schelers (1874–1928) aufgefrischt und gleichsam „gewürzt" ist, jenes deutschen Denkers, über dessen Theorien Karol Wojtyla zur Erlangung der Dozentur an der Universität von Krakau gearbeitet hatte. Diese Arbeit wird später die Grundlage seines großen philosophischen Werkes „Person und Tat" bilden, das 1969 veröffentlicht wurde, auch in deutscher Sprache erschienen ist und heute in englischer Übersetzung („The acting person") als 10. Band der „Analecta Husserliana" vorliegt. *Ich habe versucht* – schreibt Wojtyla –, *die wichtigsten Themen aufzugreifen, die das Leben, die Natur und die Existenz des Menschen betreffen – sowohl mit seinen Grenzen wie mit seinen Vorzügen –, und zwar direkt so, wie sie sich dem Menschen in seinem Kampf ums Überleben darstellen, wobei gleichzeitig seine Würde als menschliches Wesen gewahrt bleibt: das heißt als Mensch, der sich Ziele setzt und sich bemüht, sie zu erreichen, und der hin und her gerissen ist zwischen seinen allzu begrenzten Lebensumständen und seinem unbändigen Streben, sich zu befreien.*

Das Werk gliedert sich in vier Teile, die Rocco Buttiglione, der das philosophische Denken Karol Wojtylas untersucht hat, folgendermaßen zusammenfasst: „Im ersten Teil geht es um das Gewissen und die Wirkursächlichkeit der Person. Wojtyla analysiert die reflexive Rolle des Gewissens und die Grunderfahrung des Seins als Ursache der eigenen Handlungen, die uns zwingt zuzugeben, dass die Person nicht nur der Ort des psychischen Geschehens ist, wo sich das Gefühlsleben abspielt und die Werterfahrungen gemacht werden, sondern geradezu das Subjekt der Tätigkeit darstellt.

Im zweiten Teil wird die Transzendenz der Person in der Handlung näher untersucht ... Die Person ist Wirkursache der Handlung, weil sie sich selbst bestimmt, sie reflektiert nicht einfach die inneren und äußeren Umstände, sondern kann entscheiden und ihre Entscheidung in Einklang bringen mit der Wahrheit, die sie hinsichtlich des Guten erkennt. Auf diese Weise verwirklicht die Person sich selbst als Person.

Der dritte Teil handelt von der Integration der Person in der Aktion. Die Person verwirklicht die eigene Selbstbestimmung nicht indem sie die natürlichen Kräfte des Leibes und der Seele unterdrückt, sondern ihnen vielmehr Orientierung gibt und sie in die Handlung einbezieht, die die Einheit der Person zum Ausdruck bringt.

Der vierte Teil ist schließlich der Partizipation gewidmet, d. h. dem Handeln des Menschen gemeinsam mit den anderen Menschen, was zusammen mit der Transzendenz und der Integration eine der fundamentalen Dimensionen der Person darstellt."

Das ganze philosophische Werk Karol Wojtylas – das im Laufe von etwa 25 Jahren entsteht: von den ersten Schriften über das Theater des Wortes aus dem Jahr 1952 bis zu den Texten über die Partizipation, die erst knapp vor seiner Papstwahl entstanden sind – stellt nach Aussage der Fachleute einen einzigen „Traktat über den Menschen" dar (Tadeusz Styczen), eine wissenschaftliche Untersuchung, die letztlich in eine „Philosophie des Menschen" mündet. Er tendiert zu der „Behauptung eines nicht utopischen Humanismus, der in der Wirklichkeit und in der Erfahrung fest verankert ist" (Massimo Serretti).

Neben dem philosophischen ist auch sein literarisches Schaffen, das dem normalen Leser eher zugänglich ist, sehr reichhaltig: Gedichte und Dramen, die in der Zeitung „Tygodnik Powszechny" unter dem Pseudonym Andrzej Jawieß oder in der Monatsschrift „Znak" unter dem Namen Stanislaw Andrzej Gruda veröffentlicht werden. Der Schutz des Pseudonyms ist nicht eine Marotte, sondern ein Ausdruck von Bescheidenheit und vor allem des Wunsches – wie Adam Boniecki, der General der „Maristenpatres" und ein guter Kenner Wojtylas, erklärt –, die priesterliche Sendung von der literarischen Aktivität getrennt zu halten, die Wojtyla selbst übrigens für zweitrangig betrachtet *(Wenn ich nicht Papst geworden wäre* – sagt er einmal zu Boniecki –, *hätte niemand meinen poetischen Schriften eine Bedeutung beigemessen).*

Die ersten Gedichte und die ersten Texte für das Theater gehen auf die Jahre im Gymnasium zurück. Sein erstes Drama „David" ist verschollen, aber der Autor selbst berichtet darüber in einem Brief an seinen Freund und Lehrer Kotlarczyk: *Ich habe ein Drama geschrieben, oder vielmehr ein dramatisches Gedicht, David: Mein Held trägt gleichzeitig ein biblisches und ein karmesinrotes Gewand. Ich habe vieles in ihn hineingelegt, viele Gefühle, die meine Seele erfüllen.* Der Brief stammt vom 28. Dezember 1939. Im Jahr darauf folgen kurz hintereinander „Hiob" und „Jeremia". Auch darüber spricht der Autor in den Briefen an Kotlarczyk: *„Hiob" ist ein Theaterstück, griechisch der Form nach, christlich dem Geist nach, ewig, was den Inhalt betrifft, wie alle. Ein Drama über das Leiden. Manchen hier gefällt es. Zum Teil ist es das Resultat meiner Beschäftigung mit dem Alten Testament. Ich habe die Psalmen Davids gelesen, das Buch Hiob, das Buch der Weisheit und jetzt die Propheten.*

Boleslaw Taborski bemerkt dazu: „Der Theaterdichter sieht die Handlung sowohl im Alten Testament, vor dem Kommen Christi", als auch „in unseren Tagen", die er „die Zeit Hiobs" nennt: für Polen und für die Welt.

„Wie Hiob zu seiner Zeit, so warten die Heimat des Autors und die Welt, die sich im Krieg befinden und leiden, darauf, dass das Gericht und das Vermächtnis Christi Wirklichkeit werden." Als Meditation über das Leiden und den Schmerz in einem religiösen, aber auch patriotischen Kontext enthält „Hiob" bereits den Keim jener Gedanken, die der Autor über dieses Thema in den folgenden 44 Jahren bis zum Apostolischen Schreiben „Salvifici doloris" (1984) entwickeln wird, in dem wir seine jüngsten Worte über die Bedeutung des Leidens von Hiob finden: *Und wenn der Herr zustimmt, dass Hiob durch Leiden geprüft wird, so tut er das, um dessen Gerechtigkeit zu beweisen. Das Leiden hat hier den Charakter einer Prüfung.*

Religiös und patriotisch ist auch die Thematik von „Jeremia. Ein nationales Drama in drei Teilen", das in Polen an der Wende vom 16. zum 17. Jahrhundert spielt im Zuge der Auseinandersetzung zwischen den Polen und den Türken, deren wichtigste Ereignisse der Sieg der Türken bei Cecora im Jahre 1620 und dann im darauf folgenden Jahr der entscheidende Sieg des polnischen Heeres bei Chocim sind: *Siehe, hier ist der Schutzwall – unser Ruhm. / Du hast ihn für uns gebildet, o Herr – wie ein heiliges Bollwerk. / Wir haben uns deinen Anweisungen nicht widersetzt, haben vielmehr deine Rosen auf die Rüstung geheftet, / auf das Schwert gestützt / haben wir nach den Grenzsteinen Ausschau gehalten.* Wie schon in „Hiob" erscheint auch hier wieder das Grundmotiv der historischen Rolle Polens als Kernstück und Schutzschild der Christenheit.

Nach der biblischen Trilogie von 1939/40 müssen zehn Jahre vergehen bis zum nächsten Theaterstück: „Bruder unseres Gottes". Die Hauptperson ist Adam Chmielowski, der polnische Maler und Patriot des 19. Jahrhunderts, der Pinsel und Schwert niederlegt und zu jenem „Bruder Albert" (bekannt als der heilige Franziskus von Polen) wird, den Johannes Paul 1983 selig und sechs Jahre später heilig sprechen wird. Auch „Bruder unseres Gottes" enthält Elemente, die wir in einem päpstlichen Dokument wieder finden werden, nämlich in der Enzyklika „Dives in misericordia" (1980).

„Der Laden des Goldschmieds", geschrieben 1960, wird vom Autor selbst als eine *Meditation über das Sakrament der Ehe bezeichnet, die sich nach und nach in ein Drama verwandelt.* Die Geschichte gliedert sich in drei Teile, welche die Geschicke von drei Ehepaaren erzählen. Im ersten Akt verloben sich Theresia und Andreas und heiraten dann. Der zweite Akt zeigt die Ehe von Stefan und Anna in einem fortgeschrittenen Zustand der Krise. Tief verletzt durch die Gleichgültigkeit Stefans versucht Anna, Beziehungen zu anderen Männern aufzunehmen und ihren Ehering zu verkaufen, aber der Goldschmied weist sie ab: *Dieser Ring hat keinen Wert / ... wertvoll sind nur beide zusammen.* Im dritten Akt verlieben sich die Kinder aus beiden Ehen (Monika und Christoph) ineinander und heiraten, aber ihr Zusammenleben ist nicht einfach. Eine wichtige Rolle spielt „ein mysteriöser Fremder", Adam, der als „Zeuge, Ratgeber, Sprachrohr und Richter" die Gestalt des Beichtvaters symbolisiert. Die Figur des Adam antwortet denen, die sich fragen, wie der Autor des Textes, der selbst nie verheiratet war und nie eine eigene Familie gehabt hat, mit einem solchen Tiefgang in die Probleme der menschlichen Liebe und der Ehe eindringen konnte.

Das letzte Drama, das Karol Wojtyla 1964 schrieb, heißt „Strahlen der Vaterschaft". Der Autor nennt es ein „Mysterienspiel", gleichsam um damit anzudeuten, dass es sich mehr um eine philosophisch-religiöse Reflexion als um ein eigentliches Drama handelt. Und in der Tat stehen wir vor einer Analyse der Themen der menschlichen Existenz – Einsamkeit, Vater- und Mutterschaft, Kindheit –, die im „Laden des Goldschmieds" nur vage angedeutet worden waren.

Priester und Erzieher zu sein im kommunistischen Polen, ganz besonders in der stalinistischen Ära, das bedeutet, fast täglich mit dem Regime in Konflikt zu geraten. Ein Kampf, den Wojtyla – zuerst als Priester, später als Bischof und Kardinal – nach dem Zeugnis von Pater Adam Boniecki auf drei Gebieten führt: der Beschäftigung mit der Jugend, dem Kampf um die Erlaubnis, neue Kirchen zu bauen, den jährlichen Fronleichnamsprozessionen, die ihm ein Forum bieten, um alle Einschränkungen der Freiheitsräume anzuprangern.

Ein Kampf gegen das Regime, den der Erzbischof von Krakau jedoch nicht mit Aufsehen erregenden Aktionen oder Interventionen auf politischer Ebene führt. *Ich mache keine Politik, die Kirche macht keine Politik, sie verkündet das Evangelium. Und wenn die Verteidigung der Menschenrechte Politik machen bedeutet, dann ...*: Das ist die Antwort Wojtylas gegenüber einem seiner Biografen, dem Franzosen Jean Offredo, der ihn fragte, warum er im Fall des Todes eines Studenten, Stanislas Pyjas, der von der Geheimpolizei des Regimes umgebracht wurde, persönlich interveniert habe, und zwar auch auf juristischer Ebene, indem er die Angelegenheit seinem Rechtsanwalt Rozmarynowicz übergab.

Wojtyla interessiert die Politik wenig oder gar nicht. Jerzy Turowicz, sein Freund und Direktor der Wochenzeitung „Tygodnik Powszechny", betont, dass er „nicht links, nicht rechts und nicht einmal Nationalist" ist. Das geringe Interesse schließt jedoch die Unterstützung für die Initiativen der katholischen Laien, die sich gesellschaftspolitisch engagieren, nicht aus. Wojtyla leistet einen wichtigen Beitrag zur Gründung der politisch-kulturellen Gruppe „Znak" (Das Zeichen), die später auch eine kleine Vertretung im Warschauer Parlament hat und eine Zeitschrift herausgibt, deren Mitarbeiter er ist. Er arbeitet auch in der geheimen Gruppe „Odrodzenie" (Wiedergeburt) mit, die direkt von Kardianl Wyszynski unterstützt wird.

Natürlich kennt Wojtyla den Marxismus gut, dem er mit totaler Ablehnung gegenübersteht, vergleichbar nur mit jener gegenüber dem Nationalsozialismus, wie aus folgendem Zitat aus „Geschenk und Geheimnis" hervorgeht: *Die polnische Kirche musste in diesem Jahrhundert einen dramatischen Kampf gegen zwei totalitäre Systeme bestehen: gegen das von der nazistischen Ideologie inspirierte Regime während des Zweiten Weltkrieges; dann, in den langen Jahrzehnten nach dem Krieg, gegen die kommunistische Diktatur und ihren militanten Atheismus ... Die beiden totalitären Systeme, die unser Jahrhundert in so tragischer Weise gekennzeichnet haben, konnte ich sozusagen von innen her kennen lernen ... Daher lässt sich meine Sensibilität für die Würde jeder menschlichen Person und für die Achtung ihrer Rechte, angefangen beim Recht auf Leben, leicht erklären* (S. 71 f). Den ersten Konflikt mit dem Regime gibt es 1962: In Krakau wollen die kommunistischen Behörden das Seminar beschlagnahmen, um in dem Gebäude eine pädagogische Schule einzurichten. Wojtyla protestiert direkt beim regionalen Sekretär der kommunistischen Partei (L. Motyka) und begibt sich persönlich – etwas noch nie Dagewesenes für einen polnischen Bischof – zum Sitz der Partei, um zu verhandeln. Er erzielt einen Kompromiss: Der dritte Stock des Gebäudes für die pädagogische Schule, alles andere bleibt dem Seminar.

Ewig lang dauert der Kampf, den er für die Kirche von Nowa Huta führt: Das Regime weist systematisch alle Ansuchen um den Bau der Kirche zurück, Wojtyla feiert die Weihnachtsmesse 1963 bei Regen unter freiem Himmel, genau an dem Platz, wo die Kirche stehen sollte, die er eine „neue Grotte von Bethlehem" nennt. Schließlich geben die Kommunisten nach und die Arbeiten können am 18. Mai 1969 beginnen. Paul VI. schickt einen Stein aus der Basilika von St. Peter als „Ersten" für das neue Bauwerk. Bei der Predigt anlässlich der Weihe der Kirche im Mai 1977 sagt Wojtyla: *Diese Stadt ist nicht eine Stadt von Menschen, die zu niemandem gehören, von Menschen, mit denen ihr machen könnt, was ihr wollt; die nach den Gesetzen der Produktion und des Konsums manipuliert werden können. Diese Stadt ist eine Stadt der Kinder Gottes.*

1966 begeht man die Tausendjahrfeier Polens, und das Regime weigert sich, die Einladung zu unterschreiben, die von den Bischöfen an Paul VI. gerichtet wurde. Diese Weigerung stoppt jedoch keineswegs die Feierlichkeiten, die von der Kirche organisiert werden. Am 3. September soll das Bild der Schwarzen Madonna feierlich in die Diözese Kattowitz gebracht werden, doch der Festzug wird von einer Gruppe von Manifestanten aufgehalten. Auch das Auto des Erzbischofs muss anhalten. Karol Wojtyla steigt aus und wird heftig beschimpft, trotz seiner Bereitschaft zum Dialog. Nichts zu machen. Das Gnadenbild muss nach Tschenstochau zurückkehren, zum großen Ärger der gläubigen Schlesier, die jedoch nicht aufgeben: Die Wallfahrten werden fortgesetzt, Pfarrei für Pfarrei, mit einem leeren Bild und einer brennenden Kerze, die als Flamme der Solidarität mitgeführt wird. Auch das ist der Widerstandsgeist der Polen!

Am 28. Oktober 1967 organisiert der Erzbischof in Krakau die Empfangszeremonie für die Schwarze Madonna. Der „Besuch der Jungfrau Maria" findet schließlich am 12. Dezember des folgenden Jahres seinen Abschluss: Kardinal Wojtyla nimmt an insgesamt 120 Feierlichkeiten in ebenso vielen Pfarreien teil und führt bei 53 feierlichen Konzelebrationsgottesdiensten den Vorsitz.

Papst Johannes Paul II. betet 1999 vor dem Bildnis der „Schwarzen Madonna" im Paulinenkloster auf dem Hellen Berg in Tschenstochau. Zu Tausenden laufen die Pilger mit Ziel Tschenstochau durch Polen – bis zu drei Wochen lang auf Landstraßen und Feldwegen.

Einer der Biografen Johannes Pauls, Jean Chelini, liefert uns folgende lebendige Beschreibung einer seiner letzten Anklagen gegen das Regime im Juni 1978 bei der nationalen Wallfahrt der polnischen Bergarbeiter in Oberschlesien: „Etwa 100.000 Bergarbeiter riefen: Es lebe der Kardinal, es leben unsere Bischöfe! Karol Wojtyla begab sich mitten unter die Menge, an seiner Seite Kardinal Baum, der Erzbischof von Washington, der sein Gast war, er lächelte und reagierte auf die Akklamationen mit einem Handzeichen. Gut sichtbar in seinem scharlachroten Gewand bot der Kardinal so ein Bild der Stärke und Besonnenheit. Bei der Predigt wendet er sich in einer einfachen, aber sehr energischen Sprache an die Bergarbeiter. Mit aller Schärfe weist er die atheistischen Feiern zurück, welche die Regierung organisieren will. Er verteidigt die Sonntagsruhe für die Bergleute, die gezwungen werden, auch an Sonn- und Feiertagen zu arbeiten: *Eine Familie ohne Sonntag bedeutet Kinder ohne Vater und eine Frau ohne Ehemann.* Er verlangt, dass die Regierung den Wiederaufbau der im Krieg zerstörten Kirchen gestattet und neue Arbeitsplätze schafft: *Diese Weigerung ist gegen das Recht des Menschen und die Interessen der Arbeiter, sie ist eine Ungerechtigkeit. Diese Situation muss sich ändern.* Was die Presse seines Landes angeht, so unterstreicht Kardinal Wojtyla besonders das Missverhältnis zwischen der Masse an marxistischen Publikationen und der einzigen katholischen Zeitung: *Wir haben eine einzige katholische Tageszeitung, das ist untragbar.* Und er fährt fort: *Zu sagen, der Glaube gehöre in den Bereich des Idealismus, der Träume, ist dumm. Es ist gesagt worden, der Glaube sei Opium für das Volk, und ich sage, er ist das Recht der Arbeiter. Was ist der Mensch, wenn nicht ein Kind Gottes?*“

Diesen Ton schlägt er auch als Papst bei jedem seiner Polenbesuche an und ebenso jedes Mal, wenn er sich irgendwo auf der Welt die Frage nach den Menschenrechten und den Rechten der Kirche stellt. Und er wird seine Überzeugungen in dieser Sache immer auf die Erfahrungen in Polen zurückführen. So wie nach fast zwanzig Jahren seines Pontifikats, wenn er vor den Journalisten das vorwegnimmt, was er auf Kuba zu sagen gedenkt: *Was die Menschenrechte betrifft, so weiß ich genau, was ich sagen werde. Die Menschenrechte sind das Fundament jeder Zivilisation: Diese Überzeugung habe ich aus Polen mitgenommen, von den Auseinandersetzungen mit dem sowjetischen System und dem kommunistischen Totalitarismus. Man kann nichts anderes von mir erwarten als das!* (21. Januar 1998, auf dem Flug von Rom nach Havanna)

Doch wir sind zu sehr vom Weg abgewichen, angetrieben von dem Wunsch, das ganze Abenteuer des Menschen und des Christen Wojtyla auf dem Gebiet der Rechte des Menschen zu erfassen. Wir müssen wieder vierzig Jahre zurückgehen, in die Zeit, da er Bischof wird.

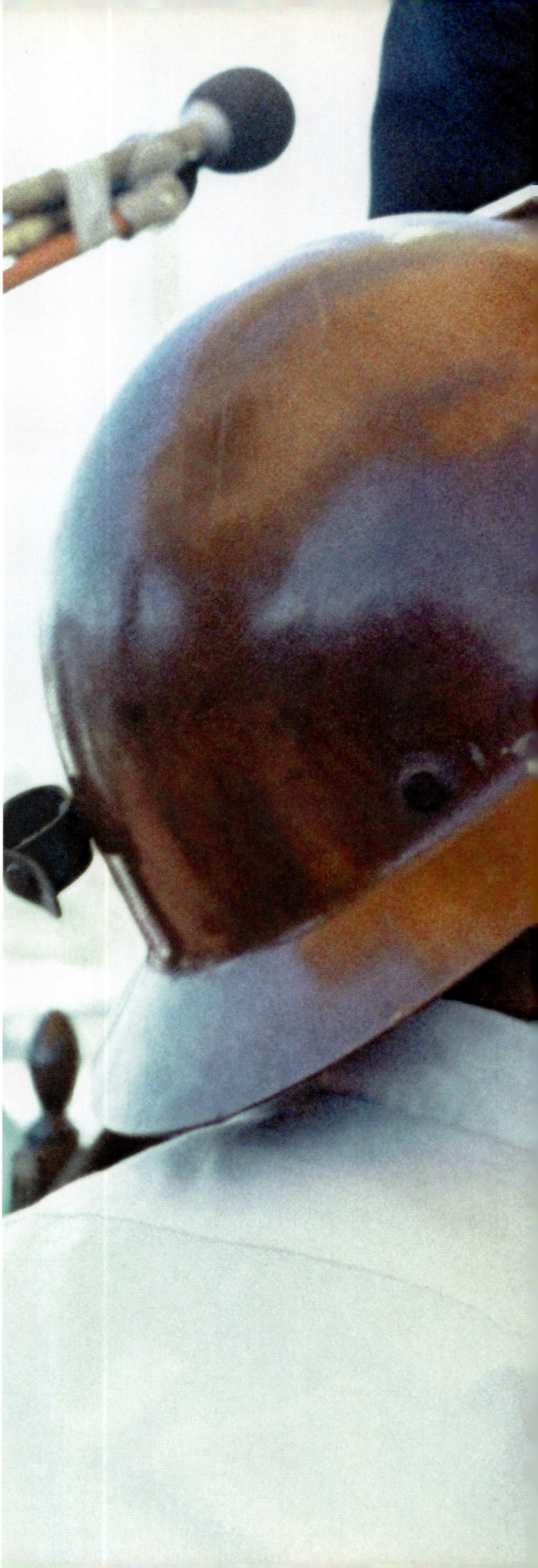

Der Papst wird bei seiner Ankunft in La Paz in Bolivien am 10.5.1988 von einem Bergarbeiter begrüßt.

Karol Wojtyla wird Bischof und beginnt zu reisen

Karol Wojtyla ist einer der letzten Bischöfe, die von Pius XII. ernannt wurden, drei Monate vor dem Ende seines Pontifikats: Im großen Abenteuer der „apostolischen Tradition" kommt es zum Übergang vom letzten, wie eine Statue wirkenden Papstes der Neuzeit zum jungen polnischen Bischof, der zwanzig Jahre später dazu berufen sein wird, das Papstbild radikal zu verändern und es in Sprache und Gestik den Menschen von heute anzupassen.

So wird also am 4. Juli 1958 Karol Wojtyla – der erst 38 Jahre alt ist – von Pius XII. zum Weihbischof von Krakau ernannt. Das Zeichen der neuen Zeit ist schon sichtbar in der Art, wie die Ernennung von ihm angenommen wird: Man spürt ihn in einem Zeltlager bei den Jugendlichen auf, er eilt auf raschestem Weg auf den Wawel, sagt ohne Zögern, dass er die Aufgabe übernimmt, und bittet, zu den Jugendlichen zurückkehren zu dürfen.

Ein Jahr später, als man ihn über die Themen, die auf dem Konzil behandelt werden sollen, zu Rate zieht, weist er darauf hin, dass es *für die Priester zweckmäßig ist, einen engeren Kontakt mit allen Aspekten des Lebens des Menschen auf der Welt zu haben, einschließlich der Ausübung des Sports und der musischen Aktivitäten*. In diesem Vorschlag äußert sich seine Erfahrung, die ihm eines Tages hilfreich sein wird, das Papstbild zu verändern.

Die Antwort des Bischofs Wojtyla auf die Anfragen seitens der „Vorbereitungskommission" des Konzils trägt das Datum vom 30. Dezember 1959. Sie beweist, dass der junge Bischof über die neuesten pastoralen Strömungen voll auf dem Laufenden war: Bezüglich des Ökumenismus schlägt er vor, *den Akzent weniger auf das Trennende, sondern mehr auf das Verbindende zu legen, er möchte, dass Berufung und Verantwortung der Laien in der Kirche mehr hervortreten können*, er verlangt *eine Reform* des Breviergebetes und eine *Wiederbelebung der Liturgie*, er regt an – als Antwort auf den *zunehmenden Materialismus* –, dass die Ethik *auf dem christlichen Personalismus beruhen* soll.

Am 5. Oktober 1962 fährt er nach Rom. Seit der Zeit seiner römischen Studien, von 1946 bis 1948, hatte er Polen nicht mehr verlassen, und das Einbezogensein in die Versammlung der Konzilsväter in St. Peter ruft in ihm eine starke Emotion hervor, die in einem Gedicht mit dem Titel „Kirche" zum Ausdruck kommt: *Unser Rückhalt die Worte, in alten Zeiten gesprochen, / und gesprochen auch heute mit Zittern, um sie nicht zu verfälschen ... / Ist das alles? / Da gibt es sicher auch unsichtbare Hände, die uns leiten, / während wir das Boot mit Mühe auf den Kurs bringen, / der von den Ereignissen vorgezeichnet ist, / trotz vieler Sandbänke. / Wird es genügen, die Quellen zu ergründen, wenn wir nicht nach den unsichtbaren Händen suchen?*

Doppelseite: Bischof Karol Wojtyla, der spätere Papst Johannes Paul II., steht in Freizeitkleidung neben zwei Fahrrädern während seines Camping-Urlaubs, den er im Gebiet der Masurischen Seenplatte verbrachte.

Der Erzbischof von Krakau, Kardinal Karol Wojtyla, aufgenommen am 6.11.1972 in Wien.

Wojtyla wird rasch zum Sprecher des polnischen Episkopats. Es gibt acht persönliche Wortmeldungen von ihm in der Vollversammlung und dreizehn schriftliche Eingaben, drei unterschreibt er gemeinsam mit anderen Konzilsvätern. Er ist eines von dreizehn Mitgliedern der „Studienkommission für die Probleme des Bevölkerungswachstums, der Familie und der Geburtenkontrolle", deren Vorsitz Kardinal Alfredo Ottaviani innehat, Vizepräsidenten sind die Kardinäle Döpfner und Heenan. Er sitzt auch in der Unterkommission, die das so genannte „Schema XIII" ausarbeiten soll (also den Text der Konstitution „Gaudium et spes"). Von Bedeutung sind seine Interventionen zum Thema der Ekklesiologie, der Religionsfreiheit und des Atheismus. Er besteht darauf (in zwei Interventionen, am 21. Oktober 1963 und am 8. Oktober 1964), dass im Schema „De ecclesia" das Kapitel über „Das Volk Gottes" dem Kapitel über die Hierarchie vorangestellt wird.

Vom 22. September 1965 datiert eine Intervention über die Religionsfreiheit und den Atheismus: *Es ist notwendig zu erklären, dass das Recht auf Religionsfreiheit, das ein natürliches Recht ist (weil es nämlich im Naturgesetz und somit im göttlichen Gesetz gründet), keinerlei Beschränkung unterliegen darf, außer von Seiten des Naturgesetzes selbst.*

Bei seiner Wortmeldung zum „Schema XIII" reiht er sich in die Schar jener Konzilsväter ein, die dessen „leichten Optimismus" kritisieren: *In dem Schema überwiegt die Sicht der Welt, wie sie sein sollte, gegenüber der, wie sie tatsächlich ist: Es fehlt also der Sinn für den christlichen Realismus*, sagt er am 28. September 1965 in der Konzilsaula. Was das Thema Atheismus angeht, so *wäre es angebracht, zwischen dem Atheismus, der aus persönlicher Überzeugung stammt, und dem, der von außen mit allerlei Druck, physischem wie moralischem, aufgezwungen wird, zu unterscheiden, vor allem wenn das Bekenntnis des Glaubens im öffentlichen und offiziellen Leben unmöglich gemacht und gleichsam das Bekenntnis zum Atheismus verlangt wird, indem die Erziehung der Jugend ganz in diesem Sinne erfolgt, auch gegen den Willen der Eltern.*

Sein Beitrag zu der Konzilsdebatte war von dem Bestreben geleitet, den Bischöfen des Westens die schwierige Situation der katholischen Gemeinschaften in den kommunistischen Ländern klarzumachen. Der Teamgeist innerhalb der polnischen Delegation und die eher reservierte Haltung im Umkreis von Kardinal Wyszynski beschränkten vielleicht seine Initiativen auf jene Themen, die mit dieser Besorgnis zu tun hatten.

Aber wenn auch der Beitrag Karol Wojtylas zum Konzil beschränkt war, seine Rezeption des Konzils war umfassend und kreativ: *Es war das II. Vatikanische Konzil, das mir geholfen hat, die Synthese meines persönlichen Glaubens zu finden, und in erster Linie das Kapitel 7 der Konstitution „Lumen gentium" mit dem Titel: „Der eschatologische Charakter der pilgernden Kirche und ihre Einheit mit der himmlischen Kirche"*, sagt er in dem Gespräch mit Frossard. Unter allen Erklärungen der Dankbarkeit gegenüber dem Konzil scheint uns diese am wichtigsten zu sein.

Wie man in Rom die enge Verbindung des Wojtyla-Papstes mit dem II. Vatikanum gesehen hat, das zeigt eine Aussage von Kardinal Agostino Casaroli, dem Staatssekretär, aus dem Jahre 1984: „Er ist der erste Papst, der sozusagen vom Konzil geprägt wurde, denn er hat sein eigenes Priestertum und die Jahre seines bischöflichen Dienstes im Geist des Konzils gelebt und daraus dauerhafte Perspektiven für sein Denken und Handeln bezogen."

J. Grootaers, ein Gelehrter, der die Teilnahme Wojtylas am Konzil bis ins Detail rekonstruiert hat, zeigt uns folgendes Bild: „1962, zu Beginn des Konzils, gehörte der Weihbischof von Krakau zu den jüngsten Mitgliedern des Weltepiskopats. Da die Sitzordnung in der Konzilsaula vom Alter bestimmt war, saß die junge Generation der Bischöfe ganz hinten in der Basilika, und von dort kam stets auch der erste Applaus für die gewagteren Vorschläge, bevor er dann auf die ganze Versammlung übergriff. Wojtyla gehörte zu dieser Gruppe der Kirchenversammlung und war oft auch ihr Wortführer."

Doch sehen wir, wie Johannes Paul II. selbst seinen Werdegang durch die verschiedenen Stadien der Vatikanbasilika beurteilt: *Als ich meine Tätigkeit im Konzil aufnahm, war ich ein junger Bischof. Ich erinnere mich, dass sich mein Platz zunächst am Eingang des Petersdoms befand, während er von der dritten Sitzungsperiode an, nachdem ich zum Erzbischof von Krakau ernannt worden war, mehr in die Nähe des Altares rückte* („Die Schwelle der Hoffnung überschreiten", S. 177).

Nach Abschluss des Konzils kehrt Erzbischof Wojtyla nach Krakau zurück in dem Bewusstsein, an einem noch nie dagewesenen Ereignis teilgenommen zu haben, an *einem großen Geschenk für die Kirche, für alle, die daran teilgenommen haben ..., einem Geschenk für die ganze Menschheitsfamilie, für uns alle* (ebd. S. 176). Das Problem und die Aufgabe besteht nun darin, die Lehren und Beschlüsse des Konzils in das Leben der Lokalkirche zu übertragen.

Wojtyla verfolgt den direktesten Weg: jenen der Einbeziehung der ganzen kirchlichen Gemeinschaft, Priester und Laien. Zu diesem Zweck schreibt er ein Buch: „An den Quellen der Erneuerung. Studie über die Verwirklichung des II. Vatikanischen Konzils", das mit den Worten beginnt: *Ein Bischof, der am II. Vatikanischen Konzil teilgenommen hat, fühlt sich ihm gegenüber als Schuldner.* Es wird 1972 veröffentlicht, und noch im gleichen Jahr beruft er eine Diözesansynode ein, die er am 7. Juni 1979 als Papst anlässlich seines ersten Besuches in der Heimat abschließen wird.

Die Synode von Krakau ist das Hauptwerk des Erzbischofs Wojtyla. Sie zeigt die Ernsthaftigkeit, mit der er „die Rezeption des II. Vatikanums" zum Programm seines pastoralen Wirkens macht. In das „Statut" der Synode fügt er folgende Bemerkung ein, die für Polen im Jahr 1972 schlichtweg revolutionär ist: „An der Synode nehmen alle Gläubigen der Diözese teil, die in Gruppen die Verantwortung übernehmen, für die Verwirklichung der Ziele der Synode zu arbeiten." Am Anfang sind es 325 Studiengruppen, die sich bilden, doch bis zum Schluss der Synode sollte ihre Anzahl auf etwa tausend ansteigen: *Wir können nicht einmal einen kleinen Teil jener großen Gemeinschaft des Volkes Gottes entbehren, die diese Kirche darstellt,* erklärt der Erzbischof am 10. Oktober 1972 bei der ersten Zusammenkunft der Studiengruppen.

Schon vor der Synode hatte Erzbischof Wojtyla – immer in Anwendung des Konzils – am 28. Februar 1969 die Synagoge im Stadtviertel Kazimierz in Krakau besucht: eine Geste, die schon auf den Besuch der Synagoge von Rom am 13. April 1986 hindeutet. Als Papst betritt er die römische Synagoge, weil er schon als Kardinal jener von Krakau einen Besuch abgestattet hatte, und die hatte er besucht, weil er schon als Jugend-

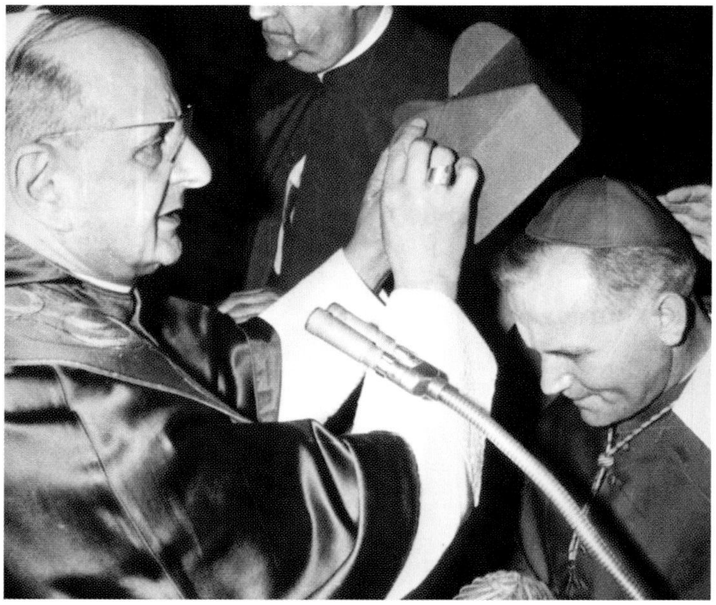

Der Erzbischof von Krakau, Kardinal Karol Wojtyla, während einer Audienz bei Papst Johannes Paul I. im Jahr 1978.

licher mehrmals in der Synagoge von Wadowice gewesen war, um dem Gesang der Psalmen zu lauschen, die von Moishe Savitski vorgetragen wurden, einem jungen Mann mit einer außergewöhnlichen Stimme.

Der Besuch der Synagoge im Stadtviertel Kazimierz ist keineswegs eine isolierte Geste und bleibt es auch nicht: *Als Erzbischof von Krakau pflegte ich intensive Kontakte zur jüdischen Gemeinde. Außerordentlich herzliche Beziehungen verbanden mich mit ihrem Oberhaupt, und sie bestehen auch nach meinem Wechsel nach Rom weiter ... Anlässlich meiner apostolischen Reisen bin ich stets bemüht, auch die Vertreter der jüdischen Gemeinde zu treffen* („Die Schwelle der Hoffnung überschreiten", S. 122 f).

Am 30. Dezember 1963 ernennt ihn Paul VI. zum Erzbischof von Krakau. Vier Jahre später, am 27. Mai 1967, wird er Kardinal.

Papst Paul VI. erhebt feierlich am 26.6.1967 in Rom den polnischen Erzbischof Karol Wojtyla in den Kardinalsstand.

Die Kardinalsernennung macht die Geheimdienste des kommunistischen Regimes auf Wojtyla aufmerksam. In einem „vertraulichen Bericht" aus jener Zeit ist zu lesen: „Man kann mit Sicherheit sagen, dass Wojtyla einer der wenigen Intellektuellen innerhalb des polnischen Episkopates ist. Im Gegensatz zu Wyszynski verbindet er geschickt die traditionelle polnische Volksfrömmigkeit mit dem intellektuellen Katholizismus und versteht es, beides zu würdigen ... Er ist nicht so sehr auf antistaatliche Aktivitäten versessen. Die Politik scheint nicht seine Sache zu sein, dazu ist er viel zu sehr Intellektueller ... Ihm fehlt das Organisationstalent, und das Befehlen liegt ihm nicht, das ist auch seine Schwäche gegenüber Wyszynski ... Wir müssen jeden Aspekt der Beziehungen zwischen den beiden Kardinälen genau beobachten und studieren und eine flexible Politik verfolgen, um uns an die veränderten Umstände anzupassen ... Wir müssen Wojtyla in seinem Interesse für die allgemeinen Probleme der polnischen Kirche ermutigen und ihn bei der Lösung der Probleme der Erzdiözese unterstützen ... Und wir müssen weiterhin bei jeder Gelegenheit unsere Gegnerschaft zu Wyszynski zu erkennen geben, aber nicht so, dass Wojtyla gezwungen ist, seine Solidarität mit Wyszynski zu bekunden." Diese naive Taktik führt natürlich zu nichts: Wojtyla steht loyal zu Wyszynski und nimmt – was die Beziehungen zum Regime betrifft – nie eine abweichende Position ein.

Die neu ernannten Kardinäle des Jahres 1967. Unter ihnen der polnische Kardinal Karol Wojtyla (5. v. r.).

Das Kardinalat ändert auch in keiner Weise seinen Lebensstil: „Er besaß nichts, er hatte nur drei schwarze, zerschlissene Talare, vier rote, die Schi, die Paddel für das Boot: Alles, was er bekam, verschenkte er wieder. Er aß nur wenig, rauchte nicht und trank nur ganz wenig Wein" (J. Chelini). Aufmerksam beobachtet er seine Priester, und wenigstens zweimal im Jahr trifft er sich mit einem jeden von ihnen. Wenn der Erzbischof Wojtyla beim Konzil erst gegen Ende der Arbeiten auf sich aufmerksam machte, so ist der Kardinal Wojtyla bei den von Paul VI. einberufenen Bischofssynoden von allem Anfang an einer der Protagonisten.

An der ersten Synode (jener außerordentlichen, die der Montini-Papst vom 29. September bis 29. Oktober 1967 einberufen hatte) nimmt er zum Zeichen der Solidarität mit Kardinal Wyszynski nicht teil, dem die kommunistischen Behörden die Ausreise nach Rom nicht gestatteten, aber bei den folgenden vier in den Jahren 1969 bis 1977 ist er dabei und wird dreimal – ab 1971 – in den Rat des Sekretariats der Synode gewählt.

An der Synode von 1969 nimmt Wojtyla als vom Papst nominiertes Mitglied teil (eine Anerkennung von Seiten Pauls VI. für den Verzicht zwei Jahre zuvor). Er meldet sich mehrmals zu Wort und fordert dazu auf, *alle Energien, die aus der Kollegialität hervorgehen, zu bewahren und noch weiter zu steigern, indem man sie dem Primat des Petrus zur Verfügung stellt.*

Bei der Synode 1971 („Priesterliches Dienstamt und die Gerechtigkeit in der Welt") betont er: *Wir können jenen Fällen von Ungerechtigkeit, welche die Gewissens- und Religionsfreiheit betreffen, nicht weniger Gewicht beimessen als denen, die sich auf die Armut und das wirtschaftliche Elend beziehen, mögen diese auch noch so groß sein.*

Für die Synode von 1974 über die „Evangelisierung der heutigen Welt" überträgt ihm Paul VI. die Rolle des Berichterstatters. Aus dieser Erfahrung stammt seine Überzeugung, dass es notwendig ist, der Menschheit, die sich dem dritten Jahrtausend nähert, „eine neue Evangelisierung" vorzuschlagen.

Eine weitere wichtige Aufgabe, die ihm von Paul VI. anvertraut wird, besteht darin, in der Fastenzeit 1976 an der römischen Kurie die Exerzitien zu predigen. Die Meditationen werden ab 1977 unter dem Titel „Zeichen des Widerspruchs“ in mehreren Sprachen veröffentlicht.

Dieses kleine Büchlein gibt uns einen lebendigen und tiefen Einblick in jenes dramatische Gespür für die Zeit und die Geschichte, mit dem Kardinal Wojtyla sich an die Welt wendet, kaum dass er den Namen Johannes Paul angenommen hat. Er spürt, dass die Menschheit und die Kirche eine *außergewöhnliche Zeit* erleben, eine offene Epoche, die Jahre einer endgültigen Bewährung. Der letzte Zeitabschnitt des zweiten Jahrtausends nach Christus ist für ihn ein Feld, das von einem gigantischen *Umsturz der Kulturen, der Regierungsformen und der Mentalitäten* durchpflügt wird, der den Glauben der Gläubigen auf eine entscheidende Probe stellt, zugleich aber einem *neuen christlichen Advent* den Weg bereitet. Eine Epoche, in der wie in keiner anderen der Christ den Menschen als ein *Zeichen des Widerspruchs* erscheint. Eine Zeit, in der *die Versuchung des Bösen („Ihr werdet sein wie Gott“ – Gen 3,5) ihren passenden historischen Kontext gefunden hat: Es kann sein, dass er den höchsten Grad der Spannung zwischen dem Wort und dem Gegen-Wort in der Geschichte der ganzen Menschheit darstellt.* Diese negative Fortentwicklung der ursprünglichen Versuchung erreicht heute ihren Höhepunkt, *vielleicht weil die ganze Menschheit immer tiefer die Wurzeln ihrer Existenz auf Erden entdeckt und manifestiert und wir uns heute an der Schwelle einer neuen Eschatologie befinden.*

„Zeichen des Widerspruchs“ ist Wojtylas letzte wichtige Publikation, bevor er Papst wird, und sie gibt uns Gelegenheit, dem Leser einige Hinweise zu geben, wenn er sich für die früheren Werke von Karol Wojtyla interessiert.

Das wohl bedeutendste Werk – auch heute noch – ist „Liebe und Verantwortung“, das er 1960 veröffentlicht, als er schon zwei Jahre Bischof ist, und das seine Erfahrungen als Ratgeber von Verlobten und jungen Ehepaaren enthält: Schon bevor sein Autor zum Papst gewählt wird, wird dieses Buch ins Französische (1965), Spanische und Italienische (1969) übersetzt. In ihm wird jener Traum von einer „Theologie des Leibes“ vorweggenommen, die zu den schönsten Früchten seines Pontifikats zählt.

Wer nach dem Menschen Wojtyla sucht, der lese außer jenem Buch über die Liebe seine Gedichte und die Komödie „Der Laden des Goldschmieds“. Wer sich für seine pastoralen Aktivitäten interessiert, halte sich an die Akten der Synode von Krakau.

Schon als Bischof und Kardinal war Karol Wojtyla viel auf Reisen. Wie das „Kalendarium“ seines Lebens beweist, ist er in den sechzehn Jahren von Beginn des II. Vatikanums (1962) bis zum Konklave, das ihn zum Papst wählte, etwa fünfzigmal aus Polen ausgereist.

Nach Rom kommt er 31-mal:

- 5-mal zur Teilnahme an den Arbeiten des Konzils;
- 2-mal zu „Adlimina“-Besuchen;
- 11-mal zur Teilnahme an den Synodenversammlungen oder zu den Zusammenkünften des Rates des Synodensekretariats;
- 1-mal, um als Kardinal von seiner „Titelkirche“ (San Cesareo in Palatio) Besitz zu ergreifen;
- 1-mal zum Konsistorium, in dem er zum Kardinal ernannt wurde (1967);
- 3-mal zur Teilnahme an Zeremonien in St. Peter;
- 2-mal zur Teilnahme an Konferenzen;
- 2-mal zu Versammlungen vatikanischer Kongregationen;
- 1-mal zu den Fastenexerzitien an der Kurie (1976);
- 1-mal anlässlich einer Pilgerfahrt polnischer Priester;
- 2-mal zu den Begräbnisfeierlichkeiten für Paul VI. und Johannes Paul I. und zu den folgenden Konklaven.

Doch Kardinal Wojtyla kommt nicht nur nach Rom, sondern zumindest weitere sechsmal nach Italien zu Vorträgen und Wallfahrten:

- nach Bologna am 2. Oktober 1971 zu einem Vortrag an der Universität;
- nach Fossanova, Aquino, Rocca Secca und Neapel vom 17. bis 24. April 1974 anlässlich der Feier zum 700. Jahrestag des Todes des heiligen Thomas von Aquin;
- nach San Giovanni Rotondo (Foggia) vom 1. bis 2. November desselben Jahres, um Padre Pio zu besuchen;
- nach Mailand am darauf folgenden 1. Dezember auf Einladung von Kardinal Colombo zu einem Vortrag an der Ambrosiana;
- ein weiteres Mal nach Mailand am 18. März 1977 zu einem Vortrag an der Katholischen Universität;
- nach Turin am 1. September 1978, um das Grabtuch zu besichtigen. Neunmal führen ihn seine Reisen in andere europäische Länder, außer Italien;
- 1970, vom 16. bis 20. November, ist er in Löwen (Belgien), dann in Luxemburg und Fribourg (Löwen und Fribourg sind Sitze bedeutender katholischer Universitäten);
- 1973, am 29. Mai, ist er neuerlich in Belgien, in Löwen und in Brügge, wo er die Fronleichnamsprozession anführt; vom 6. bis 11. November befindet er sich in Frankreich (Paris, Chamonix, Annecy);

Der polnische Kardinal Karol Wojtyla (l.), der Primas von Polen Stefan Kardinal Wyszynski (M.) und Joseph Kardinal Höffner (r.) am 20.9.1978 auf der Bischofskonferenz in Fulda.

- 1974, am 16. April, nimmt er in Leitmeritz (Tschechoslowakei) am Begräbnis von Kardinal Trochta teil;
- 1975, am 27. Februar, ist er noch einmal in Fribourg, um bei einem phänomenologischen Seminar einen Vortrag über das Thema „Partizipation und Entfremdung“ zu halten; am 19. September tritt er eine Reise in die Deutsche Demokratische Republik (DDR) an;
- 1977, am 23. Juni, ist er in Mainz, in der Bundesrepublik Deutschland, um ein Ehrendoktorat zu empfangen; dann in Köln, um mit Kardinal Höffner zusammenzutreffen, der ihn als einen „bescheidenen Mann“ bezeichnet, „der eine tiefe Frömmigkeit, einen glühenden Glauben, großen pastoralen Eifer und ein unerschütterliches Gottvertrauen besitzt“; vom 1. bis 4. Juli desselben Jahres ist er in Frankreich, wo er in Paris mit Kardinal Marty und in Osny mit der polnischen Gemeinde zusammentrifft;
- 1978, vom 19. bis 25. September, drei Wochen vor dem Konklave, das ihn zum Papst wählen wird, ist er mit einer Delegation des polnischen Episkopats, der auch Wyszynski, Stroba und Rubin angehören, in der deutschen Bundesrepublik.

Vier Reisen sind es schließlich, die ihn von Europa wegführen: zweimal nach Amerika, einmal in das Heilige Land und einmal nach Asien und Ozeanien.

Als Erstes kommt die Pilgerreise ins Heilige Land im Dezember 1964, zusammen mit einer Gruppe von Konzilsvätern, zum Abschluss der dritten Sitzungsperiode des II. Vatikanums. Davon spricht er in einem Brief an die Gläubigen seiner Diözese Krakau: *Da wir im Konzil für die Erneuerung der Kirche arbeiten, haben wir das Gefühl gehabt, direkt zum Herrn selbst zurückkehren zu müssen, dessen Mystischer Leib die Kirche ist. Daher der Wunsch, jene Orte zu besuchen, wo er geboren wurde, wo er gesprochen und gearbeitet hat, wo er auch gelitten hat, wo er am Kreuz gestorben, von den Toten auferstanden und in den Himmel aufgefahren ist. Ich betrachte meine Teilnahme an dieser Pilgerfahrt nicht als eine persönliche oder private Angelegenheit, sondern als eine Gnade der göttlichen Vorsehung, die mir auch für die anderen verliehen wurde. Die Notizen von dieser Reise nimmt er zum Anlass für ein Gedicht, das er 1965 in der Zeitschrift „Znak“ unter dem Titel „Pilgerfahrt zu den Heiligen Stätten“ veröffentlicht: Und heute, weshalb komme ich her? / Wundere dich nicht! Jeder Blick, seit neunzehnhundert Jahren, / verwandelt sich hier in jenen einzigartigen, unwandelbaren Blick.*

Die erste Reise über den Atlantik, nach Kanada und in die Vereinigten Staaten, unternimmt er vom 28. August bis 1. September 1969. Zu Beginn des Jahres 1973, vom 1. Februar bis 3. März, fährt er nach Australien, um am Eucharistischen Kongress teilzunehmen, und vor der Rückkehr nach Polen besucht er noch Neuseeland, Papua-Neuguinea und die Philippinen.

Im Sommer 1976 (vom 23. Juli bis 5. September) ist er neuerlich in den Vereinigten Staaten beim Eucharistischen Kongress von Philadelphia, als Leiter einer Delegation von 18 polnischen Bischöfen. Das Besuchsprogramm ist sehr dicht: Er leitet die Konzelebration der Heiligen Messe in Philadelphia, Doylestown in Pennsylvania und in anderen Städten; er nimmt an der Wallfahrt nach Doylestown teil, dem „amerikanischen Tschenstochau", er hat Begegnungen mit den nach Amerika ausgewanderten Polen in Boston und New York; er hält einen Vortrag an der amerikanischen Universität von Boston, er trifft sich mit der polnischen Gemeinde in Kanada, er hält eine Rede in Chicago und bei der Tagung der polnischen Kolonie in Orchard Lake, die sich mit dem Leben und den Aktivitäten der Kirche in Polen befasst, und überreicht dem Rektor des wissenschaftlichen Instituts von Orchard Lake Erde aus den Konzentrationslagern von Raclawice und Auschwitz. Beim Internationalen Eucharistischen Kongress von Philadelphia ergreift er das Wort; an der Harvard-Universität und in Washington hält er einen Vortrag über die Religionsfreiheit; er besucht die polnischen Gemeinden in Detroit, Buffalo, San Francisco und Los Angeles.

Bei den Reisen nach Italien, in Europa und in die Welt lernt er viele Kardinäle kennen. Er hat sie zwar schon bei den Synoden getroffen, aber die Besuche vor Ort führen zu einer Vertiefung des gegenseitigen Kennenlernens und der Wertschätzung. Und so begegnet er den Kardinälen Baum, Bengsch, Cody, Colombo, Cook, Dearden, Freeman, Höffner, König, Krol, Manning, Marty, Medeiros, Pellegrino, Poma, Ratzinger, Siny, Suenens, Ursi, Volk. Andere stellt ihm in Rom sein großer Freund, der zukünftige Kardinal Andrzej Maria Deskur vor. Diese Kontakte dienen ihm dazu, die schwierige Lage der polnischen Kirche unter dem kommunistischen Regime darzustellen, die seiner Ansicht nach im Westen nicht immer verstanden wird.

Von besonderer Bedeutung – für die Bekanntschaften, die sie erweitert oder vertieft – ist die letzte Reise vor dem Konklave, das ihn zum Papst wählt: Sie führt ihn zusammen mit einer Delegation des polnischen Episkopats vom 19. bis 25. September 1978 in die deutsche Bundesrepublik. Mit diesem Besuch findet der Prozess der Versöhnung zwischen den beiden Kirchen seinen Abschluss, der mit einem Brief der polnischen Bischöfe an die deutschen Bischöfe vom 18. November 1965 begonnen hat und der eine Einladung zur gegenseitigen Vergebung darstellt, unter Bezugnahme auf die ganze Geschichte der beiden Völker und insbesondere auf die Ereignisse des Zweiten Weltkriegs, um „mit ruhigem Gewissen" das Fest des polnischen Millenniums (966–1966) feiern zu können: „Verehrte Brüder, wir richten einen Appell an euch: Versuchen wir zu vergessen! Keine Polemik, keine Fortsetzung des kalten Krieges, sondern der Anfang eines Dialogs ... In diesem sehr christlichen und zugleich sehr menschlichen Geist reichen wir euch unsere Hände. Wir sitzen ja gemeinsam auf den Bänken des nun zu Ende gehenden Konzils, und daher vergeben wir und bitten um Vergebung." „Freudig bewegt" ergriffen die deutschen Bischöfe die ausgestreckte Hand der Polen und antworteten am 5. Dezember 1965: „Auch wir bitten euch, zu vergessen, wir bitten euch, zu verzeihen."

Zwischen den beiden katholischen Gemeinschaften herrschte Frieden, aber die kommunistische polnische Regierung entfesselte einen Propagandakrieg gegen den Episkopat und nahm vor allem Kardinal Wyszynski und Erzbischof Wojtyla aufs Korn. Stein des Anstoßes ist der Satz „Wir vergeben und bitten um Vergebung". „Wir werden nicht vergessen und nicht verzeihen", lautete die Parole der Angriffe. Die Arbeiter der Solvay-Werke bringen ihre Empörung in einem Schreiben an Erzbischof Wojtyla zum Ausdruck, der in dieser Fabrik während des Krieges als Arbeiter beschäftigt gewesen war. Wojtyla antwortet in der Zeitung „Dziennik Polski" (Polnische Zeitung) vom 13. Mai 1966. Man erwidert ihm, dass Polen nichts zu verzeihen habe.

Während dieses Besuches im September 1978 hält Kardinal Wojtyla zwei Ansprachen in Fulda (eine davon vor der deutschen Bischofskonferenz) und eine dritte in Köln. Bei der Predigt im Dom zu Fulda am 22. September sagt er unter anderem, dass dieses Treffen die beiden Kirchen in der Wahrheit und in der Liebe stärken und dazu beitragen werde – jetzt, wo das zweite Jahrtausend sich seinem Ende zuneigt –, die Wunden aus älterer und jüngerer Vergangenheit zu heilen.

In den elf Jahren des Kardinalats nimmt die Bekanntheit von Karol Wojtyla ständig zu: Die oftmalige Teilnahme an den römischen Synoden, die wiederholte Wahl in den Rat des Synodensekretariats, die Rolle des Berichterstatters beim Symposion der europäischen Bischöfe 1975 und beim Eucharistischen Kongress von Philadelphia 1976 (wo er zusammen mit Kardinal Benelli, Mutter Teresa von Kalkutta und dem brasilianischen Erzbischof Helder Camara auftritt), die Exerzitien an der Kurie im Jahre 1976, die häufigen Besuchsreisen zu den polnischen Gemeinden in der Emigration, die Aufgabe in Deutschland im September 1978 sind die hauptsächlichen Gelegenheiten, durch die er in der Welt bekannt und für die Mehrheit der Mitglieder des Kardinalskollegiums zu einer vertrauten Gestalt wird.

Als sich das Konklave zum zweiten Mal im Jahre 1978 versammelt, sind es diese Bekanntschaften, die ihn zum Papst machen.

Der erste slawische Papst

Kardinal Wojtyla wird im achten Wahlgang mit 99 von 111 Stimmen zum Papst gewählt: Es ist ungefähr 17 Uhr 20 am Montag, dem 16. Oktober 1978. Der weiße Rauch steigt um 18 Uhr 17 auf. Um 18 Uhr 43 verkündet Kardinal Felici von der Loggia des Petersdoms: „Habemus Papam!" Um 19 Uhr 35 zeigt er sich und spricht – unerwartet – zu der Menge.

Dass er mit 99 Stimmen im achten Wahlgang gewählt wurde, bestätigt ein Kardinal, dessen Namen wir nicht kennen, in einem Brief an den damaligen italienischen Regierungschef Giulio Andreotti. Wir haben Andreotti um nähere Erläuterungen zu diesem Brief gebeten, doch er hat uns geantwortet, dass er dies nicht tun könne, weil er gegenüber jenem Kardinal, „der dann gestorben ist", zur Vertraulichkeit verpflichtet sei.

In dem Buch, in dem er diesen Brief erwähnt, verwahrt sich Andreotti gegen das, was „ein bekannter französischer Journalist" am Tag nach dem Konklave geschrieben hat, der „der Democrazia Cristiana die Schuld daran gab, dass die Kardinäle kein Vertrauen mehr zu ihren italienischen Kollegen gehabt haben". Der italienische Politiker bezichtigt den französischen Journalisten der „Leichtfertigkeit und Einbildung" und fährt fort: „Es war gerade ein Kardinal aus Frankreich, der mir schrieb, dass es überhaupt keine antiitalienische Stimmung gegeben hat: ‚Vielmehr war es so, dass wir bis einschließlich Montag morgens die Stimmen unseren italienischen Mitbrüdern gegeben haben, vor allem zweien von ihnen, die auf beachtliche Zustimmung stießen.' Erst als sich klar herausstellte, dass es unmöglich war, diese Stimmen zu vereinigen, setzte sich in der Pause die Überzeugung durch, dass die Zeit für eine andere Wahl reif sei. Und die Entscheidung fiel überraschend schnell: Der Erzbischof von Krakau hat die hundertste Stimme nur um eine einzige verfehlt (sein Vorgänger seligen Angedenkens hatte 98 Stimmen erreicht)."

Wie man auf diese Wahl gekommen ist, darüber haben wir keine gesicherten Informationen, sondern bloß Rekonstruktionen auf Grund von Hypothesen und Indiskretionen. Unter den Indiskretionen ist uns jene von Andreotti am glaub-

Doppelseite: Rund 100 000 Gläubige haben sich am 15.10.1978 auf dem Petersplatz im Vatikan eingefunden und warten auf ein Rauchzeichen. Nach dem Tod von Papst Johannes Paul I., der nach nur 33 Tagen im Amt am 28.9.1978 verstorben ist, haben sich die Kardinäle zur Wahl eines neuen Oberhirten der Katholischen Kirche zur Konklave versammelt. Schwarzer Rauch aus dem Schornstein der Sixtinischen Kapelle signalisiert einen gescheiterten Wahlgang, steigt weißer Rauch auf, haben sich die streng abgeschirmten Kardinäle auf einen neuen Papst geeinigt. Die versammelten Gläubigen mussten sich noch einen Tag gedulden – am 16.10.1978 wurde der Pole Karol Wojtyla unter dem Namen Johannes Paul II. zum neuen Papst gewählt.

Mit der feierlichen „Messe zum Beginn des Obersten Hirtenamtes" hat der erste nicht-italienische Papst seit einem halben Jahrtausend (3. v. l., sitzend), am 22.10.1978 seine Amtszeit als Papst Johannes Paul II. begonnen.

Papst Johannes Paul II. bei einer Ansprache am Abend seiner Wahl am 16.10.1978 in Rom. Er trat sechs Tage später sein Amt an.

würdigsten erschienen, der uns mündlich – in einem Gespräch, das wir am 31. Mai 1998 mit ihm geführt haben – eine summarische Beschreibung vom Verlauf des Konklaves gegeben hat, mit manchen Details über die einzelnen Wahlgänge, die er dem Kardinal Mario Casariego aus Guatemala verdankte (vielleicht am 27. November 1978, denn an diesem Tag verzeichnet der „Terminkalender“ Andreottis ein Gespräch mit Casariego „aus dem Vatikan“). Demnach hätte Kardinal Wojtyla am Montagmorgen, dem 16. Oktober (also beim sechsten Wahlgang), 11 Stimmen gehabt, 47 Stimmen beim siebten und 99 beim achten Wahlgang. Kardinal Luciani war im August mit 98 Stimmen gewählt worden.

Nach dem Bericht von Casariego „gehörten der Sonntag und der Morgen des Montags ganz den Italienern“, die folgende Resultate erzielten: Siri 48 Stimmen, Benelli „etwa 30“, Poletti 17, Pappalardo 6, Colombo „5 oder 6“, Ursi 5, Felici 1. Es ist anzunehmen, dass Casariego die Höchstzahl der Stimmen angeben wollte, ohne zu präzisieren, in welchem Wahlgang das geschehen ist.

Nach Aussage des Kardinals aus Guatemala wurde Siri von „Samoré und dem Kreis Palazzini–Paupini, vielleicht auch Felici“ gewählt. Also von der alten Kurie bzw. von jenem Teil der römischen Kurie, der zu den Montini-Gegnern zu zählen ist, und wahrscheinlich gehörte Casariego selbst zu dieser Gruppe, weil er ein Freund von Samoré und oft sein Gast war, wenn er sich in Rom aufhielt.

Benelli hingegen – sagt uns Casariego – „wurde von den Südamerikanern und vom Pakistano unterstützt“, d. h. von Cordeiro, der mit Wojtyla bei der Synode von 1974 Berichterstatter gewesen war. Letzte Information Casariegos an Andreotti: „Die großen Wähler von Kardinal Wojtyla waren König und Alfrink.“

Die Indiskretionen Casariegos scheinen uns glaubwürdig zu sein, nicht nur wegen der Vatikan-Kompetenz des Politikers, dem er sie anvertraute und der sie uns weitergab, sondern auch wegen der bekannten Naivität der Person Casariego. Er erzählte Andreotti unter anderem, dass er nicht verstanden habe, wer jener „Wojtyla“ war, der im achten Wahlgang das „quorum“ für die Wahl übertraf, und zwar nicht nur, weil er den polnischen

Kardinal, der im nächsten Moment Papst werden sollte, gar nicht kannte, sondern weil er – bei dem Geflüster, das in diesem Augenblick in der Sixtina herrschte – geglaubt hatte, den Namen „Botiglia" zu hören, und nun versuchte, mehr darüber zu erfahren, aber er wurde von Siri und anderen niedergezischt, weil Wojtyla so nahe dabei stand, dass er alles hören konnte. Wenig später, als er mit allen anderen zur Begrüßung des Gewählten schritt, hörte Casariego von Johannes Paul die freundlichen Worte: „Nun wissen Sie ja, wer Botiglia ist!"

Kardinal Karol Wojtyla hatte schon im August-Konklave, das am 26. jenes Monats Kardinal Albino Luciani gewählt hatte, Stimmen bekommen. Das bestätigen alle Rekonstruktionen der beiden Konklaven, die wir nachprüfen konnten. Wir beschränken uns auf das, was der amerikanische Journalist Wilton Wynn in einem Buch mit vatikanischen Erinnerungen zu diesem Thema sagt (er war 24 Jahre lang römischer Korrespondent der Wochenzeitung „Time"): Es handelte sich um „eine Handvoll Stimmen, spärlich, aber bezeichnend", was bei Wojtyla Beunruhigung und Panik hervorrief. Er behauptet, dies vom Papst selbst sieben Jahre später während eines Abendessens in den Privaträumen des Pontifex erfahren zu haben: „Diese Stimmen kamen, wie es scheint, vom deutschsprachigen Kardinalsblock, angeführt vom Österreicher König. Es war das erste Mal, dass Wojtyla die realistische Möglichkeit, Papst zu werden, vor Augen hatte, und dieser Gedanke hatte ihn in Panik versetzt. Er bekannte mir gegenüber, dass er jedes Mal, wenn sein Name vom Stimmenzähler verlesen wurde, von einer ‚schrecklichen Angst' gepackt wurde bei dem Gedanken, sich die ungeheure Verantwortung des Pontifikats aufbürden zu müssen."

Die Beunruhigung Kardinal Wojtylas dauerte nicht sehr lange, denn das Konklave war äußerst rasch zu Ende, und an diese providenzielle Kürze erinnert Johannes Paul während des Besuches in Belluno zum Andenken an seinen Vorgänger am Jahrestag von dessen Wahl: *Ein Konklave, das sich wegen der Anzahl der anwesenden Kardinäle sehr von den vorangegangenen zu unterscheiden und lang und schwierig zu werden schien. Doch schon gegen Abend des ersten Tages, beim vierten Wahlgang, wurde der neue Papst gewählt* (26. August 1979).

Die päpstliche Indiskretion über die vier Wahlgänge vom August zeigt die Freiheit von Johannes Paul hinsichtlich der Geheimhaltungspflicht über das Konklave, die er auch bezüglich seiner eigenen Wahl mehrmals unter Beweis stellt: indem er die Formel mitteilt, mit der er die Wahl annahm, und von den Ratschlägen berichtet, die er von Kardinal Wyszynski erhielt, die Wahl nicht abzulehnen, sondern sie als einen Ruf zu verstehen, die Kirche in das dritte Jahrtausend zu führen. Es ist also nicht außergewöhnlich, dass er mit derselben Freiheit im privaten Kreis über die Stimmen gesprochen hat, die er im August erhalten hatte.

Nach einem anderen Hüter wertvoller Indiskretionen, Benny Lai, sollen es 4 Stimmen gewesen sein, die Kardinal Wojtyla im August erhalten hat. Auch in diesem Fall ist die Informationsquelle Johannes Paul II. selbst, der bei einem Tischgespräch mit Indro Montanelli davon gesprochen haben soll: „Er gestand, überrascht gewesen zu sein, als er beim Konklave, bei dem Luciani gewählt wurde, einige Stimmen erhielt."

Als beim Konklave im Oktober die Stimmen für ihn zunehmen, bleibt Wojtyla ganz ruhig. So sagen es alle Zeugnisse. Es wird wohl jene Beunruhigung gewesen sein, die er beim ersten Konklave und bei der Nachricht vom Tod Johannes Paul I. im Voraus erlebt hat, die ihm die Angst vor der Wahl genommen hat. Damit musste er ja aus mehreren Gründen rechnen. Nicht nur der Ort und die Akteure waren nach nur fünfzig Tagen dieselben, sogar die Anzahl der Stimmen, die von den beiden Gewählten erreicht wurde, war fast identisch. Nach den Aussagen jenes Kardinals, der „aus Frankreich" an Andreotti schreibt, ist Wojtyla mit 99 und Luciani mit 98 Stimmen gewählt worden. Nach Benny Lai erhielt Wojtyla 91 und Luciani „zwischen 85 und 90" Stimmen. Das sind „prächtige Mehrheiten", wie sich Kardinal Suenens im Fall von Luciani ausdrückte: Bei beiden Konklaven gab es 111 Wähler (beim zweiten Konklave fehlte Luciani, dafür hatte Kardinal John Joseph Wright aus den USA kommen können, der beim ersten Konklave aus gesundheitlichen Gründen abwesend gewesen war), und die Mehrheit von „zwei Dritteln plus einer Stimme" lag bei 75.

Zum Konklave im Oktober kommen die Kardinäle mit der Vorstellung, dass auch diesmal der Papst ein Italiener sein wird. Die Presse prophezeit ein Duell zwischen Kardinal Giuseppe Siri, dem Erzbischof von Genua, und Kardinal Giovanni Benelli, dem Erzbischof von Florenz. Fast niemand nennt – in den Vorberichten – den Namen von Kardinal Wojtyla. Kardinal Malula bekennt ganz offen: „In den Gesprächen, die dem Konklave vorausgingen, habe ich nie den Namen Wojtyla gehört." Unter denen, die in ihren Mutmaßungen den Namen Wojtyla ins Spiel brachten, befindet sich auch die amerikanische Zeitschrift „Time", die jedoch betont, „dass es sich dabei bloß um eine weit hergeholte Möglichkeit handelt", wie ihr römischer Korrespondent gesteht.

Die Pattstellung zwischen den Kandidaturen von Siri und Benelli, die schon vom ersten Tag an offenkundig war, hatte die Unsicherheit noch verstärkt. Kardinal König hat über jenen Abend der Ratlosigkeit Folgendes gesagt: „Wir nahmen gemeinsam das Abendessen ein, doch es gab nur wenige Diskussionen. In der frischen abendlichen Brise des Damasushofes machten wir schweigend unseren Spaziergang. Es war eine seltsame Spannung bei allen festzustellen. Heute noch finde ich keine menschliche Erklärung für die Wahl des folgenden Tages."

Nach dem Zeugnis des Papstes selbst *war zu Beginn des zweiten Tages bereits alles klar: Ich spürte das Wirken des Heiligen Geistes unter den Kardinälen und ahnte das Resultat. Und seine Reaktion angesichts dieses Resultats: Ich habe das erlebt, was Sie bei Ihrer Hochzeit erlebt haben werden: das Gefühl, eine Verpflichtung auf sich zu nehmen, die das ganze Leben dauern wird,* sagt er zum amerikanischen Journalisten Wynn.

Um Siri sammeln sich diejenigen, die eine Korrektur der Grundausrichtung im Sinne der Tradition haben wollen, im Gegensatz zur reformorientierten und für den ökumenischen Dialog offenen Linie, die von den Päpsten Johannes XXIII. und Paul VI. vertreten wurde. Um Benelli, der ein Jahrzehnt lang – als Substitut im Staatssekretariat – das Ausführungsorgan der Reformen des Montini-Papstes war, scharen sich diejenigen, die eine Fortsetzung der Reformen und des Dialogs wünschen.

Nach dem Vatikankenner Benny Lai, der von Kardinal Siri viele vertrauliche Mitteilungen erhalten hat, bekam Siri im dritten Wahlgang 59 Stimmen und Benelli „etwas über 40".

Nach dem französischen Publizisten polnischer Herkunft Jean Offredo (der Kardinal Wojtyla im achten Wahlgang 97 Stimmen zuschreibt) hätte Kardinal Benelli im siebten Wahlgang 38 Stimmen erhalten, während Kardinal Siri von seinen bisherigen Anhängern verlassen wurde und Kardinal Wojtyla auf 73 Stimmen anstieg: zwei weniger als das für die Wahl notwendige „quorum". Auch der Papst-Biograf Chelini lässt ihn mit 97 Stimmen gewählt werden.

Das Konklave hatte am Samstagnachmittag, dem 14. Oktober, begonnen. Die Wende zu dem nicht italienischen Kandidaten muss in der Nacht von Sonntag auf Montag erfolgt sein und der Hauptbetreiber soll der österreichische Kardinal Franz König gewesen sein. Dabei hätten ihn die Deutschen (die Wojtyla gut kannten, weil sie ihn ja erst einen Monat zuvor in Westdeutschland zu Gast gehabt hatten) und die Amerikaner unterstützt, auf Vermittlung von Kardinal Krol aus Philadelphia, der aus Polen stammte. Von den Italienern hätten die Kardinäle Pellegrino (von König darum gebeten) und Poma, der Vorsitzende der Bischofskonferenz, die Wahl Wojtylas unterstützt.

Zum ersten Mal gehörte bei den beiden Konklaven von 1978 die Mehrzahl der Kardinäle außereuropäischen Nationen an: die Europäer waren 55, die Nicht-Europäer 56. Zum ersten Mal bestand die überwiegende Mehrheit aus Männern, die in der Seelsorge verankert waren: Das ist ein ganz entscheidendes Element, um zu verstehen, wie jenes selbe Kardinalskollegium im Laufe von zwei Monaten zwei so unterschiedliche Wahlen treffen konnte, was die Person des Gewählten betrifft, aber immer auf der Linie eines pastoralen Papstes. Und nicht nur im Sinne eines Kardinals, der aus einer Diözese kommt, sondern im Sinne eines Mannes, der noch nie Erfahrungen an der Kurie oder im diplomatischen Dienst gesammelt hatte. Denn auch Montini, Roncalli, Ratti und Della Chiesa – um im letzten Jahrhundert zu bleiben – waren als Erzbischöfe großer italienischer Städte auf den Stuhl Petri berufen worden, doch vorher waren sie lange in kurialen oder diplomatischen Ämtern gewesen. Der einzige echte Präzedenzfall einer gänzlich pastoralen Wahl ist die von Giuseppe Sarto, der 1903 als Pius X. zum Papst gewählt wurde.

Zum ersten Mal waren die Italiener (27 von 111 im zweiten Konklave) nicht in der Lage, eine Wahl entscheidend zu beeinflussen. Sie waren 35 von 62 im Konklave von 1939 gewesen, das Eugenio Pacelli wählte; 18 von 53 im Konklave des Jahres 1958, das Angelo Giuseppe Roncalli erkor; und 29 von 82 im Konklave von 1963, das Giovanni Battista Montini wählte.

Kardinal Karol Wojtyla vor seiner Wahl zum Papst am 16.10.1978.

Mit der feierlichen „Messe zum Beginn des Obersten Hirtenamtes" am 22.10.1978 tritt Karol Wojtyla seine Amtszeit als Papst Johannes Paul II. an. Könige, Präsidenten und Delegationen aus 125 Staaten und internationaler Organisationen wohnten neben Abordnungen der Weltreligionen und Kirchen auf dem Petersplatz in Rom der Zeremonie bei.

Diese Veränderungen im Kardinalskollegium, die dem durch die Wahl des polnischen Papstes dokumentierten Wandel zugrunde liegen, waren Kardinal Wojtyla vollkommen klar. Er hat am 6. September in Krakau bei einer Predigt anlässlich der Wahl von Johannes Paul I. darauf hingewiesen: *Der verstorbene Pontifex Paul VI., der das Heilige Kollegium bis zu dieser Zahl erweitert hat, wollte die Präsenz der Kirche in der gegenwärtigen Welt und den missionarischen Charakter der Kirche selbst noch mehr unterstreichen. Er wollte auch hervorheben, dass die Wahl des Papstes ein Problem der ganzen Kirche ist. Anlässlich der Wahl seines Nachfolgers haben sich die wohltuenden Wirkungen dieser Entscheidung gezeigt. Sicherlich hat sich auch der Einfluss der zahlreichen Kontakte des Weltepiskopats beim Konzil, bei den Bischofssynoden und anderen Gelegenheiten bemerkbar gemacht.*

Entscheidend – für die Annahme der Wahl durch Kardinal Wojtyla – soll ein Gespräch mit Kardinal Wyszynski gewesen sein, das vielleicht am späten Vormittag an jenem Montag, dem 16. Oktober, vor der Mittagspause, also zwischen dem sechsten und siebten Wahlgang, stattgefunden hat. Das hat Johannes Paul selbst in einer Predigt in der Sixtinischen Kapelle beim ersten Gottesdienst nach der Restaurierung der Fresken Michelangelos am 8. April 1994 berichtet: *An diesem Ort hat der Kardinalprimas von Polen zu mir gesagt: „Wenn sie dich wählen, dann bitte ich dich, nicht abzulehnen."*

Dass die Zuspitzung auf Kardinal Wojtyla während der Mittagspause erfolgt ist, wird durch ein Interview bestätigt, das der Dominikaner-Kardinal Luigi Maria Ciappi der Monatszeitschrift „Trenta Giorni" (Mai 1992) gegeben hat: „Der entscheidende Gesinnungswandel passierte in einem Nebenraum des Speisesaales, wo die Aperitifs und dann die Digestifs und der Kaffee serviert wurden. In jenem Augenblick herrschte ein viel gelösteres und besseres Klima, und dabei konnten die Anhänger von Kardinal Wojtyla andere Mitglieder des Heiligen Kollegiums überzeugen."

Der achte Wahlgang mit dem endgültigen Resultat ist um etwa 17 Uhr 20 am Montag, dem 16. Oktober, zu Ende. Der Kardinal-Camerlengo Jean Villot tritt vor den Gewählten und fragt ihn: „Nimmst du die Wahl an?" Und die Antwort Kardinal Wojtylas hat er selbst in der Enzyklika „Redemptor hominis" (Nr. 2) wiedergegeben: *Im Glaubensgehorsam gegenüber Christus, meinem Herrn, und im Vertrauen auf die Mutter Christi und seiner Kirche nehme ich ungeachtet der großen Schwierigkeiten an.*

Welche Schwierigkeiten meinte er? Offenbar die „Last der Schlüsselgewalt" im weitesten Sinn des Wortes, über die es eine ausführliche Literatur gibt und die allen wahlberechtigten Kardinälen sehr wohl bewusst war auf Grund der schmerzlichen Angst, mit der Kardinal Albino Luciani an diesem selben Ort, kaum fünfzig Tage vorher, diese Last auf sich genommen hatte. Das spätere Schicksal von Papa Luciani – es ist die allgemeine Überzeugung, dass er eben wegen dieser „Last" vorzeitig gestorben ist – hatte jene schmerzliche Angst konkret werden lassen.

Aber es gab auch noch andere und ganz besondere Schwierigkeiten. Die erste, an die Kardinal Wojtyla dachte, als er die Worte sprach, die ihn zum Papst machten, war die seiner Herkunft *aus einem fernen Land.* Es war die Furcht, bei ihm und bei den Kardinälen, die ihn gewählt hatten, wie wohl das römische Volk auf die Überraschung eines fremden Papstes reagieren würde. Darüber hatten die Kardinäle eingehend diskutiert. Die Italiener (sie waren 27) hatten das Kollegium zu dem großen Schritt ermutigt und mit großer Mehrheit für den „Ausländer" gestimmt. Doch er, der Gewählte, spürte noch die Angst, die die anderen schon überwunden hatten. Und wegen dieser Angst spricht er sofort zu der Menge, wie um sich vorzustellen und um Anerkennung zu bitten: *Und so stelle ich mich euch allen vor,* sagt er. Von dieser Angst spricht er auch in einem Satz, der auf den ersten Blick rätselhaft erscheint: *Ich hatte Angst, diese Wahl anzunehmen.*

Wer Kardinal Wojtyla näher kannte, hatte offenbar – das eine oder andere Mal – gedacht, dass er einen guten Papst abgeben könnte. Doch alle oder fast alle neigten dazu, diese Möglichkeit auf Grund seiner polnischen Nationalität auszuschließen. Es ist der Mühe wert, zu berichten, was der französische Jesuit und Theologe Henri de Lubac dazu meinte: „Schon lange hatte ich in Gesprächen mit Freunden manchmal gesagt: Nach Paul VI. ist mein Kandidat Wojtyla. Es war nicht ganz ernst gemeint, ein halber Scherz. Übrigens, fügte ich hinzu: Er hat keine Chance."

Zuerst kommt also die Überraschung. Überraschung über eine unerwartete Entscheidung. Und dann die Angst, dass er nicht verstanden werden könnte. Bevor wir im nächsten Kapitel auf die ausführlichen Überlegungen in der Öffentlichkeit eingehen, die der neu gewählte Papst dieser Angst widmet und die sich einen ganzen Monat lang hinziehen, wollen wir ein Echo davon aus dem Mund einer anderen Persönlichkeit hören, vielleicht des einzigen Menschen, der jenes Geschehen mit ähnlichen Gefühlen wie der neue Papst erlebt haben kann, Kardinal Wyszynski: „Die Entscheidung des Konklaves hat die Barrieren von vier Jahrhunderten der Tradition der Kirche überwunden: die Barriere der Sprache und die Barriere der Nationalität. Es schien so, als wäre diese Überwindung nur schwer zu akzeptieren, sowohl von Seiten der Kardinäle als auch von Seiten des römischen Volkes. Doch die Wahl eines Polen war ganz natürlich und einfach, und die Akzeptanz der Römer war so herzlich und spontan!" (Ansprache des Primas von Polen, in: „Tygodnik Powszechny", 44/1978).

Papst Johannes Paul II. während der feierlichen „Messe zum Beginn des Obersten Hirtenamtes" am 22.10.1978.

„Ich hatte Angst, diese Wahl anzunehmen"

Auch das „Petrusamt" – wie die Theologen die Sendung des Papstes nennen – hat in unserer Epoche eine gefährliche Dimension angenommen. Uns ist das durch das Attentat bewusst geworden. Karol Wojtyla wusste es sofort, schon bei der Wahl. Die Kühnheit, die Unklugheit, schließlich die Gefährlichkeit dieser Wahl passen ganz zu jener „Berufung aus einem fernen Land", die ihn sofort sagen ließ: *Ich hatte Angst, diese Wahl anzunehmen.*

Und so sehen wir ihn auf dem Balkon der Basilika, sein Gesicht noch gezeichnet von den Spuren des Kampfes, in dem er jene Angst vor dem Papstsein überwunden hat: die Verwunderung über die Einmütigkeit der Kardinäle, die sofort bereit waren für einen Polen, das Gefühl, dass seine Wahl eine Herausforderung an den Kommunismus darstellen werde, die Ermutigung durch den Primas Wyszynski, die Wahl anzunehmen, die Verpflichtung, ihm im Namen des Vaterlandes zu gehorchen, das Gefühl für die Ermutigung und die Gefahren, die die Übernahme dieses Amtes für jeden Polen mit sich bringen musste. Die Angst von Johannes Paul war nicht die der venezianischen Päpste Sarto und Luciani vor einer Aufgabe, von der sie befürchteten, dass sie ihre eigenen Kräfte überstieg, oder nicht nur diese: Er hatte Angst vor dem Ausscheren des römischen Papsttums aus der Reihe der italienischen Päpste, er hatte Angst vor dem Osten, ein wenig hatte er auch Angst vor den Römern. Die Angst vor der Reaktion der Römer drängt ihn dazu, sofort von der Loggia aus ein Grußwort an sie zu richten, indem er eine improvisierte Ansprache auf Italienisch hält, ganz gegen die Gewohnheit, die vom neuen Papst nur den Segen in lateinischer Sprache verlangt. Er befürchtet, dass weder das Latein noch der Segen ihm helfen würden, die Distanz zwischen der Loggia und der Menge auf dem Petersplatz zu überwinden.

Jene Angst bringt ihn dazu, im ersten Monat nach der Wahl etwa zehnmal auf dieses Thema zurückzukommen, weil

Papst Johannes Paul II. winkt am Abend seiner Wahl am 16.10.1978 von einem Balkon den Gläubigen zu.

Hunderttausende Gläubige drängen zur Papst-Zeremonie zur Heiligsprechung von Padre Pio am 16.6.2002 auf dem Petersplatz in Rom. Es war die größte Heiligsprechung in der 2000-jährigen Kirchengeschichte.

er nicht glauben kann, dass seine polnische Herkunft für die Römer kein Problem darstellt. Er geht sogar so weit, dem italienischen Regierungschef zu schreiben, wie um die Nation zu beruhigen. Während seines ganzen Pontifikats kommt er von diesem Gedanken nicht los und kommt bei Interviews und in vertraulichen Gesprächen immer wieder darauf zu sprechen. Und das war der Wortlaut seiner kurzen Ansprache von der Loggia:

Gelobt sei Jesus Christus! Liebe Brüder und Schwestern, wir alle sind nach dem Tod unseres viel geliebten Papstes Johannes Paul I. noch von tiefem Schmerz erfüllt. Die hochwürdigen Kardinäle haben nun einen neuen Bischof für Rom berufen. Sie haben ihn aus einem fernen Land geholt ... fern, aber dennoch immer nahe durch die Gemeinschaft im Glauben und in der christlichen Tradition. Ich hatte Angst, diese Wahl anzunehmen, aber ich tat es im Geist des Gehorsams gegenüber unserem Herrn Jesus Christus und im vollen Vertrauen zu seiner allerheiligsten Mutter, der Madonna.

Ich weiß nicht, ob ich mich in eurer ... in unserer Sprache gut ausdrücken kann. Wenn ich Fehler mache, verbessert mich! Und so stelle ich mich euch allen vor, um unseren gemeinsamen Glauben, unsere Hoffnung, unser Vertrauen zur Mutter Christi und der Kirche zu bekennen, und auch um von neuem auf jenem Weg der Geschichte der Kirche weiterzugehen, mit der Hilfe Gottes und mit der Hilfe der Menschen.

Zwischen dem Nachmittag und dem Abend jenes 16. Oktober schien alles leicht zu sein. Die Römer zeigten eine unglaubliche spontane Bereitschaft, den Ausländer herzlich willkommen zu heißen, ermutigt durch seine kräftige Gestalt und die warmherzige Stimme. Sie hatten ihm schon mehrmals applaudiert, ehe sie von dem köstlichen sprachlichen Fehler „mi corriggerete“ (verbessert mich) endgültig hingerissen waren, der so typisch ist für einen Ausländer, der mehr Latein als Italienisch gelernt hatte.

Im Augenblick scheint alles leicht, aber im Innern ist die Angst nicht gewichen. Zwei Tage später sagt er zu den versammelten Kardinälen: *Ehrwürdige Brüder! Es war von eurer Seite ein Akt des Vertrauens und zugleich großen Mutes, einen Nichtitaliener zum Bischof von Rom zu berufen. Man kann dazu nichts weiter*

Blick über einen parkähnlichen Teil der Gärten des Vatikans. Vatikan ist die Kurzbezeichnung von Mons Vaticanus für den in Rom gelegenen Wohnsitz und die Residenz des Papstes und der obersten Behörde der römisch-katholischen Kirche. Mit knapp einem Quadratkilometer ist der Vatikan das kleinste Land der Welt. Dennoch gilt er als souveräner Staat mit dem jeweiligen Papst als Staatsoberhaupt, einer eigenen Regierung, einer eigenen Armee und einer eigenen Gerichtsbarkeit. Er zählt rund 800 Einwohner, die meisten sind Kirchenmänner, Mitglieder der Kurie, Kardinäle und Bischöfe sowie 100 Mitglieder der Schweizergarde. Der Papst hat seine Privatgemächer im Apostolischen Palast gleich neben dem Petersdom. Die Vatikanstadt wurde 1980 von der Unesco als Kulturdenkmal in die Liste des Welterbes aufgenommen.

sagen, sondern nur das Haupt neigen angesichts einer solchen Entscheidung des Heiligen Kollegiums (18. Oktober).

In den Worten „Vertrauen" und „Mut" spiegelt sich die Interpretation, die Johannes Paul seiner eigenen Wahl beimisst: Das Kardinalskollegium hat den Mut gehabt, einen Nichtitaliener zu wählen, auch weil es Vertrauen in die gewählte Person und in die Aufnahmewilligkeit der Römer hatte. Dass damit eine gewisse Angst seinerseits verbunden ist, in der Hoffnung, der Sache gewachsen zu sein, muss ihm ganz selbstverständlich erschienen sein: „Es gibt keine Hoffnung ohne Angst, und es gibt keine Angst ohne Hoffnung", sagt Theresia in dem Jugenddrama von Karol Wojtyla „Der Laden des Goldschmieds".

Mit derselben Nüchternheit sagt er bei der Predigt zu seinem Amtsantritt: *Den Stuhl Petri in Rom besteigt heute ein Bischof, der kein Römer ist. Ein Bischof, der ein Sohn Polens ist. Aber von diesem Augenblick an wird auch er ein Römer. Ja, ein Römer!* (22. Oktober)

Die Entschlossenheit, ein Römer zu werden, wird geradezu zu einem Motto des Pontifikats. Wir entdecken sie in einem ganz außergewöhnlichen Dokument: einem Brief an den Vorsitzenden des italienischen Ministerrates, Giulio Andreotti, geschrieben in jenen Tagen des beginnenden Pontifikats, und wir finden sie wieder in dem Grußwort an die Volksmenge auf dem Platz des Kapitols beim Besuch der römischen Stadtverwaltung im Jahre 1998, wo er betont, sich seit zwanzig Jahren als „Römer" zu fühlen.

Der Brief an den italienischen Regierungschef – wahrscheinlich angeregt durch die Spekulationen in der Presse über die Auswirkungen der Nationalität des neuen Papstes auf die Beziehungen zwischen dem Heiligen Stuhl und Italien – wurde nie veröffentlicht, und wir wissen davon nur, weil Andreotti ihn zum Teil in seinen „Tagebüchern" mit dem Datum 4. November 1978 wiedergegeben hat:

„Ich erhalte einen wunderbaren Brief des Papstes. Er geht vom Glauben des polnischen Volkes aus, der *stets in engster Verbindung und in tiefster Gemeinschaft mit Rom und mit allem, was diese Stadt für die Welt bedeutet, gelebt wurde, um zu sagen, dass der Papst, der von weit her gekommen ist, sich aufrichtig und tief als ein Römer fühlt und bestrebt ist, so gut wie möglich dem viel geliebten Volk von Rom zu dienen und von Rom aus Italien, das ganz besonders in den Aufgabenbereich des Nachfolgers Petri gehört.*"

Und so erzählt er in einer der ersten Ansprachen vom Fenster des päpstlichen Palastes aus von der Angst, die er gehabt hatte, die Wahl anzunehmen: *In der Abgeschiedenheit des Konklaves – nach meiner Wahl – dachte ich mir: Was werde ich den Römern sagen, wenn ich mich ihnen als ihr Bischof vorstelle, ich, der ich aus einem fernen Land, aus Polen komme? Da kam mir die Gestalt des heiligen Petrus in den Sinn, und ich überlegte mir: Vor beinahe zweitausend Jahren haben eure Vorfahren auch einen Neuankömmling akzeptiert; also werdet ihr jetzt ebenso bereit sein, mich anzunehmen. Vielleicht sollte man gar nicht auf dieses Thema zurückkommen, denn die einander folgenden Ereignisse haben bereits bestätigt, mit welcher Herzlichkeit ihr einen Papst, der zum ersten Mal seit vielen Jahrhunderten kein Italiener ist, aufgenommen habt. Ich möchte daher vor allem Gott und euch für die mir von der ersten Stunde an erwiesene Großherzigkeit danken. Heute will ich eben auf ganz besondere Weise eure Aufnahme erwidern (5. November). Und etwas später, in derselben Ansprache, dankt er noch einmal den Menschen, die mich mit so großem Wohlwollen aufgenommen haben.*

Verwunderung über die „Herzlichkeit", die „Großherzigkeit", das „Wohlwollen" der Römer, die andauern sollten, obwohl doch die „einander folgenden Ereignisse" – nämlich die ersten Kontakte mit dem Volk und der Stadt – ihm jede Garantie über die Echtheit jener Gefühle gegeben haben müssten.

Die ersten Ausfahrten hatten nämlich bei den Römern eine unglaubliche und sogar für die Sicherheit des Papstes gefährliche Begeisterung hervorgerufen. Vor allem der allererste Weg, am Tag nach der Wahl, der ihn in die Poliklinik Gemelli führt, um einen Freund, den polnischen Bischof Andrzej Deskur, zu besuchen. Auf dem kleinen Platz vor dem Krankenhaus begrüßt er die versammelte Menge: *Ich danke allen, die mich gestern Abend willkommen geheißen ... und mir auch heute Nachmittag so viel Zuneigung entgegengebracht haben ... Ich möchte auch denen danken, die mir bis hierher Geleitschutz gegeben und mich so gerettet haben, denn durch die große Begeisterung hätte es leicht passieren können, dass der Papst gleich hier in diesem Spital bleiben müsste, um sich behandeln zu lassen!* (17. Oktober)

Dasselbe war am Sonntagnachmittag, dem 29. Oktober, in Mentorella geschehen, einem Marienheiligtum auf dem Monte Guadagnolo in der Nähe von Rom, das von polnischen Patres betreut wird, wo er schon vor dem Konklave gewesen war und das er sofort danach wieder besuchen wollte: Er braucht zwanzig Minuten, um wenige Meter zurückzulegen, inmitten der einfachen Leute, die ihn sehen und berühren wollen. Die „herrlichen Fehler im Italienischen", die er bei seinen improvisierten Ansprachen macht, tragen ihm viel Sympathie ein.

Doch er hört nicht auf – bei jenem „Angelus" vom 5. November – nach Argumenten zu suchen (der Vergleich mit Petrus aus Galiläa, die alten Verbindungen der Polen mit Rom), die seine Akzeptanz von Seiten der Römer unterstützen sollten,

Papst Johannes Paul II. erteilt am 7.4.1996 vor zehntausenden Gläubigen auf dem Petersplatz in Rom den traditionellen Ostersegen „Urbi et Orbi" („Der Stadt und dem Erdkreis").

doch er bemerkt, dass sie eigentlich unangebracht sind, da er bereits akzeptiert worden ist! Voll Freude stellt er fest, dass es eine glückliche Übereinstimmung zwischen der Intuition des Kardinalskollegiums und dem Empfinden der Leute gibt.

Noch am selben Tag begibt er sich nach Assisi zum Grab des heiligen Franziskus und gleich danach zur römischen Kirche Santa Maria sopra Minerva, an das Grab der heiligen Katharina von Siena, um die „Patrone Italiens" zu ehren. In Assisi sagt er: *Weil ich nicht auf dem Boden Italiens geboren wurde, empfinde ich um so mehr das Bedürfnis, in geistiger Weise aus dieser Erde geboren zu werden. Auch im Gebet zum heiligen Franziskus bittet er um diese geistige Einbürgerung: Von dir, dem heiligen Sohn der Kirche, dem Sohn Italiens, erbittet dies Papst Johannes Paul II., der Sohn Polens, in der Hoffnung, dass du ihm diese Bitte nicht abschlägst, sondern ihm deine Hilfe schenkst.*

Auch die Predigt am Grab der heiligen Katharina in Santa Maria sopra Minerva ist in diesem Ton gehalten: *Als ich vom Kardinalskollegium zum Nachfolger des heiligen Petrus gewählt wurde, habe ich diesen Dienst nur mit großem Bangen angenommen, aber ich betrachte es als den Willen unseres Herrn Jesus Christus. Als ich mir vor Augen hielt, dass ich nicht aus diesem Land stamme, sondern ein Fremder bin, kam mir die Gestalt des heiligen Petrus in den Sinn, der ja in Rom ebenfalls ein Fremder gewesen ist* (5. November).

Herrlich, dieses Aufbranden der Gefühle in dem Kampf, die Angst wegen der Wahl zu überwinden: als ob er sie zuerst angenommen hätte und ihm erst dann bewusst geworden wäre, dass er kein Italiener war! Und es muss eine psychologische Wahrheit in diesem Gefühlsausbruch stecken: Als sich seine Wahl abzeichnete, stand unter dem Einfluss von Wyszynski die Verpflichtung im Vordergrund, sie anzunehmen, aber gleich darauf dürfte wieder die Angst vor der Reaktion der Römer die Oberhand gewonnen haben.

Von der Wahl (16. Oktober) bis zur Besitzergreifung der Bischofskirche von Rom (12. November) vergeht fast ein Monat. Johannes Paul selbst erklärt dem Klerus von Rom, dass es ihm notwendig erschienen sei, der „Besitzergreifung" von der Diözese eine „Vorbereitungszeit" vorangehen zu lassen, da *die Umstände derart ungewöhnlich sind: In der Reihe der Bischöfe von Rom erscheint nach 455 Jahren wieder ein Papst, der von außerhalb Italiens kommt* (9. November).

Die letzte dieser Anspielungen – in San Giovanni in Laterano – ist auch die leidenschaftlichste: *Ich, der neue Bischof von Rom, Johannes Paul II., polnischer Herkunft, bleibe auf der Schwelle dieses Gotteshauses stehen und bitte euch, mich im Namen des Herrn anzunehmen, wie ihr all die Jahrhunderte hindurch meine Vorgänger angenommen habt ... Ich stehe hier nicht aus eigenem Willen. Der Herr hat mich erwählt. Im Namen des Herrn bitte ich euch daher: Nehmt mich an!* (12. November)

IN HONOREM PRINCIPIS APOST PAVLVS V BVRGHESIVS ROMANV
MAX AN M

Johannes Paul war von allem Anfang an glücklich über die Begegnung mit den Römern, und dieses Glück hat mit den Jahren noch zugenommen. Wenn er sich nicht vorgenommen hätte, der Missionar der Welt zu sein, wäre Wojtyla gerade der richtige Papst gewesen, der sich voll und ganz seiner Aufgabe als Bischof von Rom gewidmet hätte. Mehrmals hat er sein Bedauern darüber ausgedrückt, es nicht genug sein zu können. Zum Beispiel am 17. Oktober 1993, einen Tag nach dem 15. Jahrestag seines Pontifikats, bei einer Predigt in der römischen Pfarrgemeinde zum Kostbarsten Blut: *Heute muss ich mich an meinen ersten Besuch in der Pfarrei zum heiligen Franz Xaver in Garbatella zurückerinnern: Es war 1978, Anfang Dezember ... Der Kardinalvikar sagt, dass wir heute bei mehr als zweihundert Pfarrbesuchen stehen, sogar 221. Gott sei gedankt für diesen Weg, für die vielen Besuche, für die zahlreichen Begegnungen ... So kann ich, auch mit einem kurzen Besuch, zumindest ein wenig Bischof von Rom sein. Der Kardinal tröstet mich immer: Er sagt, dass ich es zur Genüge bin, doch ich sage immer, dass ich es nur ein wenig bin. Der Papst könnte nicht diese universale Aufgabe erfüllen, er könnte nicht diese Besuche außerhalb Roms und außerhalb Italiens machen, wenn er nicht Bischof von Rom wäre.*

Mitte 1998, waren es bereits 274 römische Pfarrgemeinden, die Johannes Paul besucht hatte. Und dass er zum Römer geworden ist, daran zweifelt der Papst nach den vielen Jahren nicht mehr. *Rom, mein Rom, ich segne dich, und mit dir segne ich deine Kinder und alle deine guten Vorhaben!* – Mit dieser leidenschaftlichen Erklärung hat er am 15. Januar 1998 anlässlich des Besuches auf dem Kapitol die Stadt und die Mitbürger begrüßt. In diesem jubelnden Ausruf „Rom, mein Rom" liegt die Erinnerung an seine erste ängstliche Annäherung an die Stadt, aus der eine große Liebe geworden ist.

Doch das Andauern – in den ersten Jahren – jener Verwunderung über die Aufnahme seitens der Römer ist durch vertrauenswürdige Quellen belegt. Etwa wenn er 1982 in einem Gespräch mit Frossard sagt: *Man verlangt nicht zu Unrecht, dass der Papst als Bischof von Rom der Nation seiner Diözesanen angehören müsse. Ich will diese Gelegenheit nicht versäumen, um meinen Dank an meine römischen Diözesanen zum Ausdruck zu bringen, die diesen Papst, der aus Polen gekommen ist, wie einen Sohn ihrer eigenen Heimat angenommen haben. Das Charisma der Universalität muss in der Seele dieses Volkes fest verankert sein, dessen christliche Vorfahren schon den Galiläer Petrus angenommen hatten und mit ihm die Botschaft Christi, die für alle Völker der Welt bestimmt ist.*

Außenaufnahme des beleuchteten Petersdoms im Vatikanstaat.

„Habt keine Angst, öffnet die Tore für Christus!"

Noch zuinnerst bewegt wegen des Ausgangs der Wahl, beeilt sich Johannes Paul, die Welt über seine Absichten aufzuklären. Kaum hat er zur Menge gesagt, er habe „Angst" gehabt, diese Wahl anzunehmen, da ruft er – sechs Tage später – auf jenem selben Platz den Leuten zu: *Habt keine Angst: Öffnet, ja reißt die Tore weit auf für Christus!*

Das ist Papst Wojtyla! Ein Mann, der das Drama der Welt, die Gefahr seiner Sendung, die sichere Reaktion des sowjetischen Systems, die mögliche Ablehnung von Seiten der römischen Bevölkerung kennt und davon in der ersten Person spricht: Ich hatte Angst. Und gleichzeitig ein Mann, der bei den anderen den Reflex seiner Angst bemerkt, die sich bei vielen mit einer noch tieferen und älteren Angst vor dem Papsttum und der Kirche verbindet. Er möchte die anderen von der Angst befreien: von jener, die er selbst noch immer nicht vollständig überwunden hat, und vor allem von jener, welche die Menschen dazu veranlasst, der „Macht Christi" zu misstrauen.

Es ist Sonntag, der 22. Oktober 1978. Auf dem Petersplatz feiert Johannes Paul den Inaugurationsgottesdienst und gibt dabei die zentrale Intention seines Pontifikats bekannt, die ganz auf der Linie der Mission ad gentes, der Sendung zu den Völkern liegt. Eine Sendung, die eine planetarische Sichtweise erfordert und die Überwindung jeder ideologischen oder geopolitischen Einschränkung.

Schon in der ersten Radiobotschaft am Tag nach der Wahl sagte er, dass er das II. Vatikanische Konzil als *einen Meilenstein in der zweitausendjährigen Geschichte der Kirche* betrachtet und beabsichtigt, seinem Pontifikat *eine formelle Verpflichtung* zugrunde zu legen, *für seine formelle Durchführung zu sorgen.* Besonders wies er auf die Notwendigkeit hin, die kollegiale Führung der Kirche weiter auszubauen: *Kollegialität meint zweifellos*

Der neue Papst Johannes Paul II. während der Messe auf dem Petersplatz im Vatikan anlässlich seiner Amtseinführung am 22.10.1978. Rechts Kardinal Silvio Oddi.

Papst Johannes Paul II. nimmt an seinem ersten Amtstag am 17.10.1978 mit ausgebreiteten Armen die Huldigungen der Gläubigen entgegen. Karol Wojtyla, der Erzbischof von Krakau, ist am 16.10.1978 zum Papst gewählt worden.

auch die Entwicklung von teils neuen, teils den heutigen Notwendigkeiten angepassten Einrichtungen. Schließlich zählte er zu seinen Prioritäten auch die Sache des Ökumenismus. Es war ein Programmentwurf „nach innen", also an die „Kinder der Kirche" gerichtet.

Doch nun auf dem Petersplatz wendet sich der neue Papst an die Welt und verkündet das Programm „ad extra", das bei einem Pontifikat wie jenem von Johannes Paul, das mehr ein solches der Botschaft als der Verwaltung ist, wie sich noch herausstellen sollte, sicher stärker ins Gewicht fällt:

Brüder und Schwestern! Fürchtet euch nicht, Christus zu empfangen und seine Herrschaft anzunehmen. Helft dem Papst und allen, die Christus und mit der Herrschaft Christi dem Menschen und der gesamten Menschheit dienen wollen. Habt keine Angst! Öffnet, ja reißt die Tore weit auf für Christus! Öffnet die Grenzen der Staaten, die wirtschaftlichen und politischen Systeme, die weiten Bereiche der Kultur, der Zivilisation und des Fortschritts seiner rettenden Macht. Habt keine Angst! Christus weiß, „was im Inneren des Menschen ist". Er allein weiß es.

Nach mehr als 25 Jahren, seitdem der neue Papst seine Vorhaben kundgetan hatte, können wir sagen, dass ein Fortschritt in der kollegialen Führung der Kirche nicht stattgefunden hat – zumindest nicht in dem Sinn, wie die Mehrzahl der Kommentatoren dies verstanden hat –, aber die Botschaft „ad extra" ist voll verwirklicht worden. Das ganze Pontifikat, von der ersten Reise in die Heimat bis zur Pilgerfahrt ins Heilige Land im März 2000 und in die Slowakei im März 2003, von der Auseinandersetzung mit den Diktaturen der Dritten Welt bis zur kämpferischen Herausforderung der Länder des säkularisierten und geburtenfeindlichen Nordens, war eine Fortsetzung jenes missionarischen und messianischen Appells: *Öffnet die Grenzen der Staaten, die wirtschaftlichen und politischen Systeme* ... Und in diesem Appell ist wohl auch seine Botschaft an die Jugendlichen und an die Frauen enthalten, ja sogar sein ökumenisches und interreligiöses Bemühen.

Auch in den Gesten und im Stil wird sein Pontifikat jenem ersten Tag treu bleiben: Nach dem Gottesdienst geht Johannes Paul auf die versammelte Menge zu, um die Kranken und die Kinder zu streicheln und alle zu begrüßen, wobei er den Kreuzstab mit beiden Händen wie ein Siegeszeichen hoch hebt. Eher die Geste eines Sportlers als die eines Papstes, eines Mannes, der die Wirkung einer solchen neuen Geste bei denen, die der Kirche eher fern stehen, voraussieht und der in der Folge das Bild des Papstes und sein Gehaben tiefgreifend verändern wird. In diesem Zugehen auf das Volk am Tag seiner Amtseinführung ist im Kern bereits sein Hinausgehen zu „den Völkern" enthalten.

Gläubige vor der nächtlich beleuchteten Kirche in der Stadt Ilolio während einer Papst-Messe im Februar 1981 unter freiem Himmel. Das Oberhaupt der Katholischen Kirche besuchte während seiner 9. Pastoralreise durch Ostasien vom 16. bis 27.2.1981 u.a. die Philippinen.

Johannes Paul II. selbst war sich, wie er einmal sagte, der unerwarteten Tragweite, die jene Worte zu Beginn seines Pontifikats im Laufe der Jahre bekommen haben, nicht ganz bewusst: *Als ich am 22. Oktober 1978 auf dem Petersplatz die Worte sprach: „Fürchtet euch nicht!", konnte ich mir unmöglich im Klaren sein, wohin sie mich und die Kirche tragen würden* („Die Schwelle der Hoffnung überschreiten", S. 230).

Als Motto und Programm des Pontifikats fanden diese Worte sogleich eine Fortsetzung und Weiterentwicklung in der Enzyklika „Redemptor hominis" (März 1979), die Christus als den Mittelpunkt der ganzen Sorge und Sendung des neuen Papstes hervorheben wollte. Das Interesse der Medien und der Staatskanzleien erweckte vor allem seine Kritik an den „weltlichen Mächten", die zwar auch darin enthalten war, die aber bloß eine Konsequenz jenes zentralen Brennpunktes darstellte. Heute kann man diese Enzyklika wieder in einer Art lesen, die ihrer eigentlichen Absicht in höherem Maße gerecht wird.

Im Mittelpunkt von allem steht Christus. Wir haben gesehen, dass Kardinal Wojtyla in der Sixtinischen Kapelle, als er die Wahl annahm, die wunderbaren Worte gebrauchte: *Im Glaubensgehorsam gegenüber Christus, meinem Herrn.* Als er zwei Stunden später auf die Loggia von St. Peter trat, waren seine ersten Worte: *Gelobt sei Jesus Christus.* Dann kam der Appell: *Öffnet, ja reißt die Tore weit auf für Christus!* Und nun beginnt seine erste Enzyklika mit den Worten: *Der Erlöser des Menschen, Jesus Christus, ist die Mitte des Kosmos und der Geschichte.*

Eine außergewöhnliche Konzentration und Einheit dieses Pontifikats! Johannes Paul spricht bereits – zu Beginn der ersten Enzyklika – vom Großen Jubiläum des Jahres 2000, „das schon sehr nahe ist". Das Jubiläum – d. h. die Feier der anhaltenden Aktualität Christi auch zweitausend Jahre nach seiner Geburt – steht am Anfang und am Ende des Pontifikats.

Die programmatische Enzyklika geht also von Christus aus und wendet sich sogleich dem Menschen zu, denn *Christus, der Erlöser, macht dem Menschen den Menschen selbst voll kund.* Und daher ist *Jesus Christus der Hauptweg der Kirche. Er selbst ist unser Weg zum Haus des Vaters und ist auch der Zugang zu jedem Menschen. Auf dieser Straße, die von Christus zum Menschen führt ... darf die Kirche sich von niemandem aufhalten lassen.* Und weiter: *Dieser Mensch ist der Hauptweg, den die Kirche bei der Erfüllung ihrer Sendung beschreiten muss: er ist der erste und grundlegende Weg der Kirche.*

Von da her, von dieser Mitte und diesem Brennpunkt kommt alles andere: die Kritik am „programmatischen Atheismus, der in einem politischen System organisiert und strukturiert ist", also am Kommunismus; aber auch die ebenfalls deutliche Kritik an der „Konsumgesellschaft", die gleichfalls auf Gott vergisst; und die Missbilligung der „gigantischen Ausgaben für die Rüstung" von Seiten beider Systeme, die sich die Welt aufteilen und sie beherrschen.

Der Appell, keine Angst zu haben und die Tore für Christus zu öffnen, kehrt unzählige Male in den Botschaften des Papstes wieder. „Habt keine Angst" lautet auch der Titel eines Buches aus dem Jahr 1983, das Gespräche mit André Frossard enthält. Und ein Kapitel des Buches „Die Schwelle der Hoffnung überschreiten", in dem Vittorio Messori den Papst interviewt, trägt die Überschrift: „Damit wir uns nicht fürchten". Der Aufruf, die Angst vor sich selbst, vor den anderen Menschen, vor der Menschheit und vor der Zukunft zu überwinden, ist auch Inhalt der Botschaft an die Vollversammlung der Vereinten Nationen, die Johannes Paul II. am 5. Oktober 1985 im Glaspalast von New York an die Delegierten gerichtet hat.

Der Appell von 1978, die Tore für Christus zu öffnen, wurde im Wesentlichen als eine Herausforderung an die atheistischen Regime des Kommunismus verstanden. Und als solche wiederholt er ihn am 25. Januar 1998 auf Kuba. Aber das Verständnis des Papstes war viel weiter gefasst, so dass er diesen Appell genauso an die europäischen Völker richtet, als alle kommunistischen Systeme des Kontinents bereits untergegangen sind: *Zu Beginn meines Pontifikats habe ich die auf dem Petersplatz versammelten Gläubigen aufgefordert, die Tore für Christus zu öffnen. Heute wiederhole ich meinen Appell an den alten Kontinent: Europa, öffne das Tor für Christus!* (Wien, 20. Juni 1998)

Am selben Tag formuliert er das vielleicht ergreifendste Motto seines Pontifikats, mit nicht mehr so kräftiger Stimme zwar wie vor zwanzig Jahren, aber mit demselben inneren Feuer und immer an ein Auditorium gerichtet, das keine Grenzen kennt: *Viele Dinge können uns Christen genommen werden. Aber das Kreuz als Zeichen des Heils lassen wir uns nicht nehmen. Wir werden nicht zulassen, dass es aus dem öffentlichen Leben verschwindet!* Dieses Motto steht mit dem ersten in enger Verbindung: „Habt keine Angst" wollte der Welt versichern, dass die Kirche sich nicht mit Gewalt aufdrängt, „wir lassen es uns nicht nehmen" ist ein warnender Hinweis auf die christliche Berufung zum Martyrium.

In der Forderung nach Öffnung der wirtschaftlichen und politischen Systeme ist die Neutralität ihnen gegenüber enthalten, die Johannes Paul am 28. Januar 1979 in Puebla so formuliert: *Die Kirche will sich gegenüber den gegensätzlichen Systemen die Freiheit bewahren, um einzig und allen für den Menschen einzutreten.* Mit dieser Forderung ist grundsätzlich auch gesagt, dass es der Kirche unmöglich ist, „sich den weltlichen Mächten zu unterwerfen", wie Karol Wojtyla einmal gemeint hat, als er noch Kardinal war. Und bei einer speziellen Gelegenheit, als man ihm sagt, er könne nicht nach Großbritannien reisen wegen des Krieges, in den dieses Land mit Argentinien verstrickt ist, gibt er gegenüber den Journalisten seinem Widerstand auf folgende Weise Ausdruck: *Man kann nicht zum Papst sagen: Du darfst nicht kommen!*

„Öffnet die Tore" heißt auch, dass Johannes Paul die Absicht hat, überallhin zu reisen, als Missionar der Welt, denn das *Herz des Papstes hat eine Geografie, die so weit ist wie die Menschheit* (Montevideo, 7. Mai 1988).

Doch in Länder zu reisen, die sich im Krieg befinden, strittige Grenzen zu überschreiten, in verbotenen Sprachen zu sprechen, bedeutet das nicht, sich der Gefahr auszusetzen, politisch instrumentalisiert zu werden? Johannes Paul beschwört alle, ihm das Feld frei zu lassen für seine religiöse Sendung, weil es ihm nicht um die Macht geht: *Überlassen wir die Politik den Politikern und lassen wir den Papst seine religiöse Aufgabe erfüllen,* sagt er auf dem Flug von Rom nach Seoul am 6. Oktober 1989 zu den Journalisten.

Dasselbe klare Konzept vertritt er auch gegenüber dem Primas der Philippinen, Kardinal Jaime Sin, der damals gerade als Gegenpol des Diktators Marcos in Erscheinung trat und Gefahr lief, eine Machtposition einzunehmen, und sei es auch nur die der Opposition: *Die Kirche darf keine Macht haben!* (6. März 1986)

Die Aufforderung, keine Angst zu haben, richtet Johannes Paul auch an sich selbst, besonders wenn er es mit feindlich gesinnten oder mehr noch mit misstrauischen Gesprächspartnern zu tun hat. Das ist ihm vor allem in Italien und im Westen passiert: *Turin, im Namen des heiligen Johannes Bosco, bekehre dich! Man muss es sagen. Und ich habe keine Hemmungen, das zu sagen, auch anderswo* (Turin, 3. September 1988). Und bei dieser Gelegenheit gab er vor den Bischöfen des Piemont folgende Erklärung ab: *Diese Gedanken sind mir heute Morgen gekommen. Ich habe gesagt: Herr, lass mich ein bisschen, ich werde es auf elegante Weise sagen und im rechten Augenblick, um meine Gastgeber nicht zu beleidigen!*

Er ist kein Mann, der ausgefahrene Wege geht. Auch zu sich selbst sagt er bei jeder Gelegenheit: *Man muss etwas wagen und darf niemals zurückweichen!* Es scheint fast ein militärisches Motto zu sein, und Johannes Paul verwendet es vorwiegend, um eine Strategie im Hinblick auf die missionarischen Aufgaben zu for-

Kurz vor dem Abflug nach seiner 11-tägigen Asienreise winkt Papst Johannes Paul II. am 15.1.1995 auf dem Flughafen von Manila von der Gangway.

mulieren angesichts der Tatsache, dass die Zahl der Priester ständig zurückgeht. Bei anderer Gelegenheit wiederum benutzt er, scherzhaft, die Sprache der Politik, um sich in seiner Krankheit Mut zu machen: *Hart bleiben, nicht locker lassen!*, sagt er am 13. Oktober 1996 zu der Menge, als er sich fünf Tage nach seiner Darmoperation zum ersten Mal am Fenster der Poliklinik Gemelli zeigt.

Selbstverständlich hat er keine Bedenken, im Namen des Menschen jedem Gesprächspartner entgegenzutreten. *Hier muss sich etwas ändern!*, betont er am 9. März 1983 in Port-au-Prince (Haiti), und er meint damit eine Familiendiktatur – jene der Duvalier –, die das Volk aushungert.

Die Proteste sind einkalkuliert, wie aus folgendem Dialog mit Journalisten auf dem Flug von Rom nach 's-Hertogenbosch am 11. Mai 1985 hervorgeht:

– „Heiligkeit, Sie reisen nach Holland: Was ist, wenn es dort Proteste gibt?"

– Gegen viele andere vor mir ist protestiert worden. Auch gegen den heiligen Paulus, auch gegen Jesus Christus.

Wehe, wenn der römische Pontifex vor Kritik und Unverständnis zurückschrecken würde!, erklärt er bei einer seiner Katechesen (Generalaudienz, 10. März 1993).

Papst Johannes Paul II. trifft während seines Aufenthaltes auf den Philippinen im Rahmen seiner Ostasienreise im Februar 1981 mit der Gattin des philippinischen Präsidenten, Imelda Marcos, zusammen.

Philippinische Kinder spielen in Manilas Armenviertel auf einem stillgelegten Schienenstrang.

Und wenn er tadeln muss, dann tadelt er! So in Nicaragua, in Polen, in Sizilien und auch auf dem Petersplatz, wenn er sich an die UNO und ihre Politik der Geburtenkontrolle wendet. Und dann entschuldigt er sich sogar: *Ich muss so sein. Auch wenn der Papst von Natur aus eher nachgiebig ist, muss er streng sein, wenn es sich um Prinzipien handelt* (6. März 1994).

Wir beschließen diesen Überblick über die Herausforderung Johannes Pauls an die irdischen Mächte mit zwei autobiografischen Betrachtungen. Die erste stellt er an bei einem Treffen mit Jugendlichen in Rom Mitte der neunziger Jahre, und sie ist gleichsam eine Bilanz seiner Reisen durch die Welt, bei denen er sich gegen alle trennenden Mauern wendet: *In einem polnischen Lied heißt es: Man muss die Welt durchstreifen. Das war ein Traum. Wie soll man diese Welt kennen lernen, wenn alles verschlossen ist, wenn es die Kommunisten gibt und den Eisernen Vorhang? Doch dann hat uns der Herr, mit seiner Mutter, hierher nach Rom geführt, und dann von Rom in die Welt* (Generalaudienz, 7. April 1995). Die zweite geht auf die ersten Monate des Pontifikats zurück, die uns einen Papst zeigen, der noch nicht weiß, ob und wie viel er wird reisen können, und der vielleicht befürchtet, von einem Gefängnis in ein anderes gekommen zu sein: *Ich gestehe, dass ich gerne reisen würde, überallhin. Statt dessen bin ich gezwungen, zum Unterschied von früher, definitiv an einem Ort zu bleiben, der Rom heißt, um als Nachfolger des heiligen Petrus die langwierige und schwierige Mission der Verkündigung des Evangeliums zu erfüllen.* Doch er findet sehr rasch eine Lösung und macht aus jenem „definitiven" Ort, der Rom heißt, den Ausgangspunkt seines Reise-Pontifikats.

POLICIA
VIAL
POLICIA
VIAL

Die Reise nach Mexiko und das Eintreten für die Dritte Welt

Doppelseite und oben: Eskortiert von einer Motorradstaffel der Polizei fährt Papst Johannes Paul II. im Januar 1979 in einem offenen Wagen durch eine mexikanische Stadt. Er wird mit einem Konfettiregen begrüßt. Das Oberhaupt der Katholischen Kirche besuchte während seiner ersten Pastoralreise vom 25.1. bis 1.2.1979 die Dominikanische Republik, Mexiko und die Bahamas.

Johannes Paul verlegt den Schwerpunkt der Kirche nach Osten und in den Süden der Welt. Und das Signal für diese beiden Verschiebungen ist eine Reise zu Beginn seines Pontifikats: Jene nach Mexiko steht für den Süden der Welt und jene nach Polen für den Osten.

Für ein Pontifikat, dessen Charakter am besten in den Reisen zum Ausdruck kommt, ist der Besuch in Mexiko (25. Januar bis 5. Februar 1979) wie ein Morgen im April, an dem man die ersten Anzeichen des Frühlings entdeckt.

Hier zeigt sich der Papst als Improvisator, der seine Botschaft im Dialog mit der Menge formuliert.

Aber schon im Flugzeug gibt es eine erste und für Wojtyla typische Neuerung im Vergleich zu der Art, wie Paul VI. zu reisen pflegte: die Interviews mit den Journalisten während des Fluges in jenes Land, das er gerade besuchen will.

Etwas Neues, das sich wiederholen sollte, ist auch seine Entscheidung, die Reise zur Teilnahme an der Vollversammlung der lateinamerikanischen Bischöfe in Puebla gegen den Willen der Kurie anzutreten, die befürchtete, der Papst könnte in die internen Konflikte jener katholischen Gemeinschaften involviert werden. Zehn Jahre später erinnert sich Johannes Paul an diese Entscheidung: *Einige in der Kurie waren der Meinung, dass es besser sei, diese Reise nicht zu unternehmen, während es mir nur natürlich erschien, dass der Papst bei jener wichtigen Zusammenkunft anwesend war.*

Schon der erste Tag in Mexiko offenbart die strukturelle Andersartigkeit seiner Reisen, die immer als „Pastoralbesuche" zu ganzen Gemeinschaften angelegt sind und nicht symbolische Besuche auf Kontinenten oder zu Institutionen darstellen, wie es beim Montini-Papst der Fall war. Und schließlich sehen wir hier in Mexiko einen Papst, der auf die Situation, die er vorfindet, spontan reagiert und in einen intensiven Gedankenaustausch mit dem lokalen Episkopat eintritt. Es ist müßig, den Jubel der Massen bei dieser Reise, der legendär geworden ist, nochmals in Erinnerung zu rufen. Bei seiner Ankunft in Mexiko-City sollen ihn auf der Fahrt vom Flughafen zur Kathedrale an die fünf Millionen Menschen begrüßt haben. Ebenso viele waren es angeblich, die ihn am Tag darauf bei der Wallfahrt zur indianischen Muttergottes von Guadalupe begleitet

Papst Johannes Paul II. grüßt im Januar 1979 in Oaxaca, einem Zentrum der Indios, Gläubige. Zum Schutz vor der Sonne trägt er einen Strohhut.

haben. Den Höhepunkt dieses Massenandrangs bildete dann die Fahrt von der Hauptstadt nach Puebla: Acht bis zehn Millionen sollen es gewesen sein, die auf den 133 Kilometern ein einziges Spalier bildeten. Und noch einmal zwei Millionen in Guadalajara und mehr als eine Million in Monterrey. Das sind Zahlen, die sicher von der Begeisterung etwas aufgebauscht sind. Nach einer seriösen Schätzung sollen es aber doch fünfzehn Millionen Mexikaner gewesen sein, die von zu Hause aufgebrochen sind, um den Papst zu sehen: ein Viertel der Bevölkerung.

Wir wollen hier nicht der Sache nachgehen, wie fruchtbar sich das Auftreten dieses Wirbelwindes namens Wojtyla auf das freimaurerische und antiklerikale offizielle Regime des damaligen Mexiko ausgewirkt hat, das der Papst eigentlich nicht einmal als „Kultusminister" hätte betreten dürfen, wo es ihm nicht erlaubt gewesen wäre, auf öffentlichen Plätzen den Segen zu erteilen und so weiter: Johannes Paul erteilt jedoch nicht nur seinen Segen überall, wo er will, sondern erklärt sogar die Enteignungen zur Verwirklichung der Agrarreform für gerechtfertigt, er verteidigt die Rechte der Eingeborenen und verlangt die volle Freiheit für die Gewerkschaft. Die Wirkung zeigt sich elf Jahre später, als der Papst wieder nach Mexiko kommt: Es gibt nun diplomatische Beziehungen mit dem Vatikan und es scheint, als wäre inzwischen ein ganzes Jahrhundert vergangen.

Wir lassen hier alle anderen Aspekte beiseite und betrachten die Mexikoreise als den Moment, wo Johannes Paul zum ersten Mal seine eindeutige Entscheidung für die Dritte Welt hervorhebt, die er dann während des gesamten Pontifikats immer wieder bekräftigt. Und der Ort dieser Entscheidung ist eher Oaxaca als Puebla. Bei der Eröffnung der CELAM-Konferenz in Puebla am 28. Januar 1979 betont Johannes Paul fest und eindeutig die Entscheidung für die Dritte Welt: *Die Kirche will sich angesichts der gegensätzlichen Systeme die Freiheit bewahren, einzig und allein für den Menschen einzutreten, und sie muss dazu beitragen können, zu vermeiden, dass die starken Länder ihre eigene Macht zum Nachteil der schwächeren gebrauchen.* Doch die Botschaft von Puebla wird in der Welt vielfach falsch interpretiert, weil Johannes Paul mit der Betonung jener Entscheidung einen Tadel an die radikale Strömung der „Befreiungstheologie" verbindet, dem in den Medien mehr Beachtung geschenkt wird als dem Eintreten zu Gunsten der Entwicklungsländer, das der Papst als Eintreten für die Armen versteht. Am Tag darauf in Oaxaca, beim Kontakt mit der mexikanischen Bevölkerung, wird die Entscheidung für die Armen und die Dritte Welt dann unumstößlich klar, sowohl in den Worten des Papstes als auch in den Berichten der Medien.

Oaxaca ist die geglückteste Etappe der ganzen Reise, wo der Papst mit den „indianischen Brüdern und Campesinos" zusammentrifft und mit Worten zu ihnen spricht, die ihm aus dem Herzen kommen und den Abschluss eines Bundes mit den Armen darstellen, der sein weiteres Pontifikat kennzeichnen wird. Das Gelingen dieser Etappe ist zwei Faktoren zu verdanken: dem direkten Kontakt mit der Bevölkerung, die er so fasziniert, dass die Menschen immer wieder seinen Namen rufen, und der Unterstützung durch den lokalen Episkopat der mexikanischen Region Südpazifik, deren Zentrum Oaxaca ist.

In einem Dokument, das ein Jahr vor dem Papstbesuch approbiert und zusammen mit dem Vorbereitungsdossier nach Rom geschickt wurde, beschuldigen die neun Bischöfe der Region die Großgrundbesitzer und die Regierung missbräuchlicher Enteignungen von Grundbesitz, der Bildung von bewaffneten Banden, „die Schrecken und Tod in dem Gebiet verbreiten", der kulturellen Ausbeutung und der Instrumentalisierung der Volksreligion zum Zweck der Aufrechterhaltung der Vorherrschaft: „Das ist die Situation, in der die Eingeborenen und die Campesinos leben. So haben wir sie vorgefunden, als wir in evangelischer Aufrichtigkeit auf sie zugingen."

Kaum ist der Papst angekommen, übergeben ihm die Bischöfe – bereits schriftlich – jene Grußworte, die ein Indio am folgenden Tag an ihn richten wird: „Du hast gesagt, dass wir, die Armen Lateinamerikas, die Hoffnung der Kirche sind. Doch sieh nun, wie diese Hoffnung lebt."

Beeindruckt von dieser Lektüre bleibt Johannes Paul in jener Nacht lange wach, um den für diese Gelegenheit vorbereiteten Text neu zu überarbeiten, und am nächsten Tag lässt er seinem Herzen freien Lauf: Er sieht in den Campesinos und Indios, die ihm zuhören, alle Armen der Welt, er erinnert an Paul VI., der bei seinem Besuch in Kolumbien (1968) für sie Partei ergriffen hat, und fährt fort:

Damit möchte ich – wenn es möglich wäre, mit noch größerem Nachdruck in der Stimme – wiederholen, dass der derzeitige Papst mit eurem Anliegen, dem des einfachen Volkes, der armen Leute, solidarisch sein möchte. Der Papst steht auf Seiten der Volksmassen, die fast immer auf einem unwürdigen Lebensniveau belassen und oft unbarmherzig ausgebeutet werden. Den Richtlinien seiner Vorgänger Johannes' XXIII. und Pauls VI. und denen des Konzils folgend, und angesichts einer immer noch alarmierenden, nur selten verbesserten, sondern oft sogar verschlechterten Lage möchte der Papst eure Stimme sein, die Stimme jener, die nicht sprechen können oder die zum Schweigen gezwungen werden, er möchte das Gewissen der Gewissen sein, der Aufruf zum Handeln, damit die verlorene Zeit, oft nur eine Zeit verlängerter Leiden und enttäuschter Hoffnungen, aufgeholt werde ... Und was euch, Verantwortliche der Völker und einflussreiche Bevölkerungsschichten, betrifft, die ihr manchmal Landflächen, die das vielen Familien fehlende Brot bergen, brach liegen lasst: Das menschliche Gewissen, das Gewissen der Völker, der Schrei der Hilflosen und vor allem die Stimme Gottes, die Stimme der Kirche wiederholen mit mir: Es ist nicht gerecht, es ist nicht menschlich und es ist nicht christlich, bestimmte Situationen aufrechtzuerhalten, die ganz klar Unrecht sind (Oaxaca, 30. Januar 1979).

Das Oberhaupt der Katholischen Kirche trägt während seines Besuchs des Indianerdorfes Oaxaca (Mexiko) am 29.1.1979 einen Strohhut und hat ein kleines Mädchen auf dem Arm. Papst Johannes Paul II. befindet sich seit dem 26. Januar zu einem sechstägigen Besuch in dem mittelamerikanischen Land.

Die Option für die Dritte Welt war der Kirche von Johannes XXIII. in der Enzyklika „Pacem in terris" (1963) nahe gelegt und von Paul VI. in „Populorum progressio" (1967) systematisch weiter entwickelt worden. Johannes Paul II. bekräftig sie mit dieser Botschaft von Oaxaca und mit vielen anderen ähnlichen Stellungnahmen zu diesem Thema, bis zu seinem wichtigsten Text in dieser Hinsicht, der Enzyklika „Sollicitudo rei socialis" (1988).

Johannes Paul behält in allem die Weichenstellungen seiner Vorgänger bei, deren Namen er trägt, die im Wesentlichen in der Forderung nach einer neuen internationalen Wirtschaftsordnung bestehen, die den Fortschritt der Völker nicht der Willkür eines Marktes von Ungleichen überlässt, der die Unterschiede noch hervorhebt statt sie zu verringern. Die Forderung nach einer Vereinbarung zur „juridisch bindenden" Sicherstellung von Nahrungsmitteln (1985 und 1996), das Dokument über die Überwindung der internationalen Schuldenkrise (1987) und das über die Obdachlosen (1988), die Vorschläge zur „Verringerung oder sogar zum Erlass" der Schulden der armen Länder (1994), das Dokument vom April 1998 über den Gebrauch von Grund und Boden – das sind einige praktische Auswirkungen dieser Option.

Die Enzyklika „Sollicitudo rei socialis" – die in Amerika Missfallen erregt und von Moskau in polemischer Weise gelobt wird wegen der Äußerung, dass die Kirche *an der Seite der armen Massen bleiben will* und deshalb *eine kritische Haltung sowohl gegenüber dem liberalistischen Kapitalismus als auch dem marxistischen Kollektivismus einnimmt* – fügt diesen Elementen noch einen ökumenischen und interreligiösen Appell zur Befreiung der armen Völker hinzu, die der götzendienerischen Herrschaft der beiden gegensätzlichen Imperialismen entrissen werden müssen. Von der Anbetung des Geldes und der Macht, von der die beiden Imperialismen gekennzeichnet sind, spricht die Enzyklika in Nr. 37, und das ist unserer Meinung nach ein entscheidendes Wort für die Einstellung des Pontifikats zu den großen Mächten. Im Mai 1988 bezeichnet Johannes Paul in Bolivien das unmenschliche Elend der Dritten Welt als *das Resultat dieses ideologischen und praktischen Götzendienstes,* der das Verhalten der beiden Weltsysteme beeinflusst. Am 20. Juni 1998 in Wien ruft er die Länder „des Wohlstands" dazu auf, die unmenschliche Kluft zu überbrücken, die sie von den armen Ländern trennt, und er bezeichnet eine solche Verpflichtung als entscheidend für die Übereinstimmung des „neuen Europa" mit seinen christlichen „Wurzeln".

Der Ausdruck „Götzendienst" – das stärkste Wort, das ein Leser der Bibel verwenden kann – zeigt ganz klar, dass die primäre Sorge Wojtylas im Hinblick auf die Dritte Welt religiöser Natur ist. *Bleibt eurer Kultur treu, die so reich ist an Religiosität!,* wiederholt er bei jeder Etappe seiner Reisen nach Afrika, Asien und Lateinamerika.

Aber der Einsatz Wojtylas für die Dritte Welt ist manchmal auch – wie die Drohreden des Propheten Jesaja – ein „Schrei aus vollem Halse", ähnlich den Schmerzensschreien „einer Gebärenden".

Im Licht der Worte Christi wird dieser arme Süden über den reichen Norden zu Gericht sitzen!, ruft er am 17. September 1984 in Edmonton (Kanada) ins Mikrofon.

Ich fühle stets die Tragödie der unterdrückten Völker, sagt er am 29. November 1986 in Alice Springs (Australien), erschüttert über die Lebensbedingungen der Aborigenes.

Wie lange noch wird der Mensch – und werden die Menschen der Dritten Welt – den Primat der ökonomischen Prozesse über die unverletzlichen Menschenrechte ertragen müssen?, fragt er am 29. Januar 1985 in Ciudad Guayana (Venezuela).

Wie bei meinen vorangegangenen Reisen in verschiedene lateinamerikanische Länder will ich auch hier in den ärmlichen Behausungen und in den Städten des Elends die Stimme Christi ins Gedächtnis rufen, sagt er am 1. Februar 1985 in Guayaquil (Ekuador).

Danke an dieses Volk, das zu beten, zu weinen, zu singen und auch zu tanzen versteht!, ruft er am 14. Mai 1988 in Santa Cruz (Bolivien) aus. Und er gesteht diesem wunderbaren Volk: Ich liebe diese Welt sehr, besonders diesen Kontinent. Imponierend versucht er dem Volk die Enzyklika „Sollicitudo rei socialis" zu erklären, die *nicht nur vom Osten und vom Westen spricht, sondern vor allem von der Dritten Welt, von der Mehrheit der Welt, heute und in Zukunft.*

Der Papst fühlt sich als Verbündeter Afrikas und der anderen Länder der Dritten Welt: Man muss den reichen Völkern die Bedürfnisse der armen Länder vor Augen führen und auf konkrete, globale Lösungen drängen! Das sagt er zu den Journalisten während des Fluges von Rom auf die Kapverdischen Inseln am 25. Januar 1990.

Im Namen der Gerechtigkeit beschwört der Bischof von Rom, der Nachfolger Petri, seine Menschenbrüder, die Hungernden dieses Kontinents nicht zu verachten!, sagt er auf derselben Reise in Ouagadougou (Burkina Faso) am 30. Januar 1990.

Zum Schluss noch eine Bemerkung darüber, was die Kirche von der Welt der Armen lernen kann: *Ich sehe, dass diese Armen auf ihre Art, auf eine ganz außergewöhnliche Weise, die Botschaft des Evangeliums verstanden haben. Und diese Botschaft ist von ihnen angenommen worden, obwohl sie die europäische Kultur nicht angenommen haben. Sie haben zwischen beiden genau unterschieden. Das ist zu bedenken, denn das Evangelium ist immer das Evangelium der Armen, der erste Segen gilt den Armen* (auf dem Flug von Rom nach Santo Domingo, 10. Oktober 1992).

Ist die Option von Johannes Paul für die Dritte Welt verstanden worden? Wir glauben ja, sowohl von Seiten der Gegner als auch der Befürworter. Unter den vielen möglichen Zeugnissen dafür greifen wir fünf heraus.

„Gewisse antiwestliche Einstellungen des Papstes Wojtyla zu Gunsten der Dritten Welt gefallen uns nicht", schrieb der bedeutendste italienische Journalist, Indro Montanelli, der sich als Liberaler bezeichnet und der die antikommunistische Haltung von Johannes Paul immer lobend hervorgehoben hat („Il Giornale", 10. Januar 1984). Aber ein anderer großer Name des italienischen Journalismus, Eugenio Scalfari, würdigt die Bemühungen des Papstes, „den Massen der Dritten Welt, die so verschieden sind von der europäischen Tradition, Anhaltspunkte und Bilder anzubieten, die ihrer Kultur besser entsprechen" (Interview mit dem „Osservatore Romano", 15. März 1986).

Die Konferenz der blockfreien Staaten in Neu-Delhi begrüßt am 10. März 1983 einstimmig die Reise des Papstes nach Mittelamerika (die gerade an diesem Tag zu Ende ging) und bezeichnet sie als „ein positives Faktum" für den Fortschritt der Völker und ihre kulturelle und politische Unabhängigkeit.

„Die Besuche des Papstes in Mexiko, dann in Brasilien und jüngst in Mittelamerika waren wunderbare Ereignisse", sagte der brasilianische Bischof Helder Camara („Avvenire", 29. Oktober 1983).

Schließlich Kardinal Jaime Sin, der Erzbischof von Manila, die Leitfigur eines echten Volksaufstandes gegen den philippinischen Diktator Marcos: „Wenn der Papst nicht gekommen wäre, hätten wir weniger den Mut, offen zu sprechen" („Famiglia cristiana", 10. Oktober 1983).

Papst Johannes Paul II. zelebriert im Januar 1979 vor der Basilika in Oaxaca, einem Zentrum der Indios, eine Messe.

Johannes Paul II. kommt nach Polen zurück und lehrt den Kreml das Fürchten

Niemand wird je sagen können, welchen Anteil Johannes Paul am Aufstand der Völker gehabt hat, der schließlich zum Fall des Eisernen Vorhangs geführt hat. Selbst er weiß es nicht, denn es ist kaum möglich, die Schläge richtig einzuschätzen, die einem Regime durch die Worte eines Papstes zugefügt wurden. Doch es ist sicher, dass ihm ein Anteil zukommt, was im Übrigen alle zugeben, wobei seine Bedeutung nicht selten stark übertrieben wird, angeregt vielleicht durch das Beispiel von Papst Leo dem Großen, der sich einst Attila widersetzt hat.

Schon die Wahl von Johannes Paul hatte die Polen ermutigt und den Kreml alarmiert. Diese Ermutigung erreicht mit dem ersten Besuch in Polen (2. bis 10. Juni 1979) ihren Höhepunkt: Für neun Tage kehrt der christliche Glaube – den das System in die Kirchen verbannt hatte – wieder ins öffentliche Rampenlicht zurück und beherrscht die Szene, und es zeigt sich dabei, dass er trotz der Behinderungen durch die Behörden imstande ist, größere Volksmassen zu mobilisieren, als es die atheistische Propaganda mit all ihren staatlichen Mitteln je vermochte, weder in Polen noch in einer anderen Region des kommunistischen Imperiums, in fast sechzig Jahren unangefochtener Herrschaft. Diese Propaganda wurde der Lächerlichkeit preisgegeben und verstummte schließlich.

Bei seiner Rückkehr in die Heimat setzt Johannes Paul Massen in Bewegung, die sich nicht mehr aufhalten lassen. Aus kirchlichen Zusammenkünften werden Gewerkschaftsversammlungen und schließlich politische Manifestationen. In diesem beginnenden Zusammenrücken der Polen gegen den erklärten Willen des Regimes ist wohl der erste Teil jener Rolle zu suchen, die der slawische Papst bei der Vorbereitung der „Umwälzungen" – wie er es nennen wird – des Jahres 1989 gespielt hat. Der zweite Teil wird darin bestehen, die Bewegung, die nun entsteht, vor der Reaktion Moskaus zu schützen. Darauf werden wir noch zu sprechen kommen. Hier wollen wir vor allem dem triumphalen Einzug von Johannes Paul folgen, der am 2. Juni als Papst in jenes Land zurückkehrt, das er am vorangegangenen 3. Oktober verlassen hatte, als er sich noch Karol Wojtyla nannte.

Johannes Paul steht, wie wir wissen, bei allem was er tut mit seiner ganzen Person dahinter, so als ob jede Tat, die er vollbringt, die wichtigste wäre oder die letzte, die ihm gewährt ist. Aber im Fall der „Rückkehr in die Heimat" ist die emotionale Beteiligung besonders groß: *Ich tue alles, um mich nicht von den Gefühlen hinreißen zu lassen,* sagt er auf dem Flug von Rom nach Warschau am Morgen des 2. Juni zu den Journalisten.

Doch schon bei der Begrüßung auf dem Flughafen wird er vollends von seinen Gefühlen überwältigt, und diese Gefühlsausbrüche sollten die gesamte Polenreise kennzeichnen und auch die weiteren sechs, die er im Laufe seines mehr als zwanzigjährigen Pontifikats noch unternehmen wird:

O geliebte Brüder und Schwestern! O Landsleute! Ich komme zu euch als Sohn dieses Landes, dieser Nation, und gleichzeitig – durch den unerforschlichen Ratschluss der Vorsehung – als Nachfolger des heiligen Petrus auf dem Bischofsstuhl in Rom. Ich danke euch, dass ihr mich nicht vergessen habt und seit dem Tag meiner Wahl nicht aufgehört habt, mir mit eurem Gebet beizustehen und mir gleichzeitig so viel menschliches Wohlwollen entgegenzubringen. Ich danke euch, dass ihr mich eingeladen habt. Mit Geist und Herz grüße ich jeden auf polnischer Erde lebenden Menschen.

Das Geheimnis der Reise, das, was die Welt in Staunen versetzen und dem Kreml Sorgen bereiten wird, ist die Verbundenheit des Papstes mit dem Volk, die dabei zutage tritt, die in diesen Dimensionen niemand erwartet hat und die angesichts der bevorstehenden Jahrtausendwende ans Wunderbare grenzt! Ich war als Berichterstatter der italienischen Tageszeitung „La Repubblica" dort und der stärkste Eindruck, der mir geblieben ist, war diese Verbundenheit, die wir internationalen Journalisten schon beim Verlassen des Flughafens deutlich sehen konnten und über die wir neun Tage lang berichteten: Die Leute drängen sich um ihn und lassen ihn nicht mehr los, sie folgen ihm auf den Straßen, sie warten auf ihn an jeder Kreuzung, sie begrüßen ihn vor jedem Haus oder Dorf, gleichsam um ihn an das nächste Haus oder Dorf weiterzureichen in

Doppelseite: Johannes Paul II. bei seinem Besuch in Warschau 1979.

Links: Papst Johannes Paul II. während der Heiligen Messe in Krakau. Er besuchte 1987 sein Heimatland. Es war, nach 1979 und 1983, seine dritte Polenreise.

Rechts: Papst Johannes Paul II. wird am 17.8.2002 von den Menschen in Krakau begeistert empfangen. Der Papst hat bei seinem Besuch in Polen eine Welle der Begeisterung unter Gläubigen ausgelöst. Hunderttausende jubelten ihm in Krakau zu, als er durch die Straßen seiner ehemaligen Heimatstadt fuhr.

einer Stafette der Zuneigung, die wahrlich das ganze Volk erfasst. Es ist Frühling, kurz vor dem Sommer, ganz Polen ist voller Blumen, alle Häuser, alle Wegkreuze sind mit ihnen geschmückt, die Frauen halten sie in den Händen. Alle Straßen, die er passieren muss, sind mit Blumen übersät, Blumen werden aus den Fenstern geworfen, wenn er endlich vorbeikommt.

Die Zuneigung der Nation kommt natürlich am besten zum Ausdruck, wenn der Papst bei den großen Massenveranstaltungen auftritt. Schon gleich zu Beginn bei seinem Eintreffen in Warschau strömt eine verblüffend große Menschenmenge auf dem Siegesplatz zusammen: jenem Platz, auf dem sonst das Regime seine Feierlichkeiten abzuhalten pflegt, der aber jetzt von einem großen Kreuz überragt wird und von nun an der Platz der Papstmesse sein wird. Hier spricht Johannes Paul die ersten Worte der Herausforderung an den atheistischen Kommunismus, der seinem Volk aufgezwungen worden ist: *Man kann Christus nirgendwo auf Erden aus der Geschichte des Menschen ausschließen, gleich um welchen Längen- oder Breitengrad es sich handelt. Der Ausschluss Christi aus der Geschichte des Menschen ist ein gegen den Menschen selbst gerichteter Akt ... Es ist unmöglich, diese Nation mit einer so glanzvollen und zugleich so schrecklich schweren Vergangenheit ohne Christus zu verstehen.*

Die Begeisterung erreicht ihren Höhepunkt, wenn der polnische Papst vom Vaterland spricht. Dann wird der Applaus zum Teil der Botschaft: *Ich habe mich gefragt, ob ich diesen Beifall hintanhalten oder akzeptieren soll. Und ich bin zu dem Schluss gekommen, dass ich ihn akzeptieren muss, denn dadurch nimmt das Volk an der Predigt des Papstes teil!*, sagt er am 4. Juni 1979 ebenfalls in Warschau.

Bis zu seiner Papstwahl war Kardinal Wojtyla, der sich stets im Schatten von Primas Wyszynski aufhielt, in Polen keine sonderlich populäre Persönlichkeit, doch nun erfolgt – unter den Augen des ganzen Volkes – der Wechsel: Sie erscheinen immer gemeinsam, der Primas und der Papst, zeigen beide ihre innere Bewegung vor den Volksmassen und es ist, als ob der eine den Händen des anderen das Vaterland anvertrauen würde, so wie auf manchen alten Bildern ein Heiliger einem anderen eine Kirche übergibt, die er in den Händen hält. Ohne deinen Glauben gäbe es auf dem Stuhl Petri nicht diesen polnischen Papst!, hatte Johannes Paul vor seinen Landsleuten kurz nach der Wahl zum Primas gesagt (23. Oktober 1978): Die Reise nach Polen ist wie eine ständige Verifikation dieser Worte.

Doch die Botschaft, dass „der erste slawische Papst in der Geschichte" gekommen ist, um in seiner Heimat das Wort Gottes zu verkünden, ist nicht auf seine Landsleute beschränkt. Nach Warschau ist Gnesen die erste Etappe seiner Reise, der alte Sitz des Primas, einer der Hauptorte, von dem aus die Evangelisierung der slawischen Völker erfolgte, und hier zählt Johannes Paul alle die slawischen Völker auf – und ruft sie gleichsam zusammen –, Kroaten und Slowenen, Bulgaren, Mähren und Slowaken, Tschechen und in Serbien wohnende Slawen, er nennt sie nach der historischen Reihenfolge der „Taufe" der einzelnen Nationen und entwirft gleichzeitig die Perspektive seines zukünftigen Wirkens gegenüber dem Osten:

Mit gelben Rosen in der Hand warten junge Frauen auf Papst Johannes Paul II., der in der neu erbauten Kirche der Göttlichen Barmherzigkeit im Krakauer Vorort Lagiewniki am 17.8.2002 eine Messe zelebriert.

Papst Johannes Paul II. am 9.6.1997 in Krakau. Eines war unübersehbar: Am wohlsten fühlte sich Karol Wojtyla unter alten Freunden in Krakau. „Meine geliebte Stadt", sagte er am 9.6. Er besuchte die Universität, an der er einst studierte, und die Kapelle, in der er als junger Priester seine ersten Predigten hielt. Er betete am Grab seiner Eltern und landete mit dem Hubschrauber auf dem Gelände, wo er während der deutschen Besatzung zeitweise in einem Steinbruch arbeitete.

Dieser Papst, Blut von eurem Blut und Bein von eurem Bein, kommt, um vor der ganzen Kirche, vor Europa und der Welt von diesen Nationen und diesen oft vergessenen Völkern zu sprechen. Er kommt, um mit mächtiger Stimme zu rufen ... Er kommt, um alle diese Völker zusammen mit der eigenen Nation zu umarmen und sie an das Herz der Kirche zu drücken ... Will Christus etwa nicht, dass dieser polnische Papst, dieser slawische Papst, wie es sich gehört, die geistige Einheit des christlichen Europa manifest macht, das in den Fußstapfen der großen Traditionen des Ostens und des Westens einen einzigen Glauben, eine Taufe und einen einzigen Gott und Vater aller bekennt? Vielleicht hat Christus ihn gerade deswegen erwählt, vielleicht hat der Heilige Geist ihn deswegen so geführt, dass er in die große Gemeinschaft der Kirche ein besonderes Verständnis der Worte und Sprachen einbringt, die immer noch fremd klingen für Ohren, die an romanische, germanische, angelsächsische und keltische Laute gewöhnt sind (Gnesen, 4. Juni).

Die „geistige Einheit des christlichen Europa" aufzuzeigen bedeutet, den Eisernen Vorhang und die kommunistische Mauer zu beseitigen, doch im Augenblick ist das noch eine Utopie: reine Utopie, an der er festhält, die aber mehr einem Wunschdenken entspricht als einem konkreten operativen Programm. Erst die Geschichte – die oft gerne aus dem Stegreif spielt – wird daraus ein Programm machen, momentan ist es bloß eine langjährige Perspektive. Als konkretes Aktionsprogramm steht gegenwärtig der Dialog mit dem Regime im Vordergrund und in diesem Sinne legt ihn Johannes Paul den Bischöfen ans Herz, wobei er die Bemerkung vorausschickt, dass „dem polnischen Episkopat heute ein polnischer Papst zur Seite steht":

Der echte Dialog muss die Überzeugungen der Gläubigen respektieren und alle Rechte der Bürger sowie die normalen Voraussetzungen für die Aktivität der Kirche als religiöser Gemeinschaft sicherstellen, zu der die überwiegende Mehrheit der Polen gehört. Wir sind uns bewusst, dass dieser Dialog nicht einfach sein kann, weil er zwischen zwei einander diametral entgegengesetzten Weltanschauungen geführt wird, aber er muss möglich und wirksam sein, wenn das Wohl des Menschen und das der Nation es erfordern (Tschenstochau, 5. Juni).

Die Frage nach dem historischen Sinn seiner Wahl zum Papst kehrt in allen neun Tagen ständig wieder. Und gerade in Auschwitz stellt sich vor den Augen der ganzen Welt heraus, dass diese Wahl der göttlichen Vorsehung entsprochen hat. Der Altar für die Messfeier steht auf einer Plattform, die sich über der Bahnverladerampe befindet, wo die Neuankömmlinge „selektioniert" und in Zweierreihen entweder in die Gaskammern oder zu den Baracken geschickt wurden, um Zwangsarbeit zu leisten. Hier erinnert Johannes Paul die Menschen daran, dass er selbst in der Nähe dieser Gegend aufgewachsen ist, die zum „Golgota unserer Zeit" geworden ist: Die Kleinstadt Wadowice ist nur zirka 30 Kilometer von hier entfernt. Hier zählt er die Völker auf, die an diesem Ort das Martyrium erlitten haben, hier „verweilt" er vor der Gedenktafel „mit hebräischer Inschrift" und findet Worte über die Shoa, den Holocaust, wie noch kein Papst sie je auszusprechen gewagt hat. Er ist sich der Sendung bewusst, die ihm zukommt als einem, der aus jenem Land stammt, das dieses Martyrium gesehen hat. Er stellt sich selbst vor als *der Papst, der aus jener Diözese auf den Stuhl des heiligen Petrus gelangt ist, auf deren Territorium sich das Lager von Auschwitz befindet. Und weiter: Christus will, dass ich, der Nachfolger des heiligen Petrus, vor der ganzen Welt Zeugnis ablege von dem, was die Größe des Menschen unserer Zeit und sein Elend zugleich ausmacht. Von dem, was seine Niederlage und seinen Sieg darstellt* (Auschwitz, 7. Juni). Die Welt, die ihm zuhört, ahnt, dass der neue Papst ihr bei der wohl schwierigsten ihrer Aufgaben helfen wird: Auschwitz zu verstehen oder auch nur seiner zu gedenken.

Wenn Johannes Paul zu den Arbeitern von Nowa Huta spricht, gebraucht er jene Worte, die den ersten Anstoß zur Gründung von „Solidarnosc" geben werden: Die Kirche fürchtet die Welt der Arbeit nicht und auch nicht das System, das auf der Arbeit gründet. – Man kann das Kreuz nicht von der menschlichen Arbeit trennen. – Christus stimmt niemals dem zu, dass man im Menschen nur ein Produktionsmittel sieht oder dass der Mensch sich selbst als solches versteht. Im Moment und in den Augen der internationalen Beobachter scheinen das keine besonders schwerwiegenden Worte zu sein, er aber kennt ihre Bedeutung und weiß, dass diese Worte dem Anspruch des Regimes, selbst auf der Arbeit zu gründen und die Arbeiter auf seiner Seite zu haben, diametral zuwider laufen. Und so scheint es Johannes Paul zum ersten Mal notwendig zu sein, die kommunistischen Behörden mit folgender improvisierten Passage zu beruhigen:

Niemand darf sich wundern, wenn ich hier in Polen von der Würde des Arbeiters spreche, da ich davon schon in Mexiko, vielleicht sogar auf eindringlichere Weise gesprochen und dabei härtere Worte gebraucht habe. Für das Wohl des Menschen wünscht die Kirche, mit jedem System zu einem gemeinsamen Verständnis der Dinge zu kommen. Sie verlangt vom System nur, dass es ihr gestattet wird, zum Menschen von Christus zu sprechen und den Menschen nach dem Maß seiner Würde zu lieben (Nowa Huta, 9. Juni).

Die Reise endet in Krakau, in seiner Stadt. Hier trifft der Papst am letzten Tag auf die größten und am meisten von der Begeisterung hingerissenen Menschenmassen der ganzen Reise. Und am vorletzten und den beiden vorangegangenen Abenden bringen ihm die Jugendlichen im Namen der gesamten Bevölkerung unter den Fenstern des erzbischöflichen Palais nicht enden wollende Ständchen dar. Er steigt auf einen Tisch, um sich zu zeigen und von allen gesehen zu werden. Man reicht ihm ein Mikrofon, doch die Anlage ist improvisiert, nur die Nächststehenden können ihn hören. Er spricht mit Gesten, betet den „Angelus", sagt, dass er nun essen geht. Nach dem Abendessen kommt er zurück und sagt, dass er nun schlafen gehe, doch niemand rührt sich von der Stelle.

Am Samstagabend dauert das Ständchen die halbe Nacht, und auch als der Papst sich schon zurückgezogen hat, defilieren die Leute schweigend unter seinen Fenstern vorbei. Von da begeben sich die Menschen direkt auf den Krakauer Blonie, wo die Schlussfeier stattfindet. Die Straßen, durch die sich die ganze Nacht hindurch die Massen wälzen, gleichen dahinströmenden Flüssen. Mehr als eine Million Menschen, sagt der vatikanische Sprecher. Über eine Million, bestätigen auch die polnischen Behörden. Und die Beobachter fügen noch hinzu, dass es sich um die größte Menschenansammlung an einem einzigen Ort handelt, die alle gekommen sind, um einer einzigen Person zuzuhören, nicht nur in der jüngeren Geschichte Polens, sondern das gilt auch für alle europäischen Länder.

Vor dieser Menschenmenge wiederholt Johannes Paul das Motto seines Pontifikats: Man braucht keine Angst zu haben! Man muß die Grenzen öffnen! Es gibt keinen Imperialismus der Kirche, sondern nur ihren Dienst! Dann nahm dieses Menschenmeer entlang des 12 Kilometer langen Weges zum Flughafen Aufstellung, um Abschied zu nehmen.

Auf dem Flugplatz von Krakau grüßt Johannes Paul noch einmal die Heimat und spricht dabei einige Worte, die für das Verständnis seiner neuen Botschaft von entscheidender Bedeutung sind, die er mitten in das sowjetische Imperium hineingetragen hat und die eine ausgestreckte Hand oder ein Schwert sein kann, je nach der Antwort, die sie erhalten wird, doch sicherlich wird sie nicht die Akzeptanz der bestehenden Verhältnisse bedeuten können: Man muss den Mut haben, in eine Richtung zu gehen, in die bisher noch niemand gegangen ist. Ohne diesen Mut können Völker und Systeme in diesen Zeiten weder einander näher kommen, noch kann man den Frieden herstellen! (Krakau, 10. Juni)

Arbeiter tragen 1980 den Streikführer Lech Walesa auf ihren Schultern zur Lenin-Werft in Danzig.

Nikon

Der Bund mit den Medien

Das kreative Bündnis Johannes Pauls mit den Medien entsteht eine halbe Stunde nach seiner Wahl, als der neue Papst sich auf der zentralen Loggia der Basilika von St. Peter zeigt und zu der Menge auf dem Platz spricht: Kein Papst – soweit man sich erinnern kann – hatte je zur Wahl etwas gesagt. Jene wenigen Worte, die aus einem anderen Grund bedeutsam waren (sie hatten nämlich den primären Zweck, sich als Papst „aus der Fremde" dem römischen Volk vorzustellen), verwandeln sein erstes Erscheinen von einem starren Ritual in ein journalistisches Ereignis. Heute wissen wir, dass der Entschluss, zu den Leuten zu sprechen, das Angebot eines Bündnisses enthielt – wenn auch vielleicht nur unbewusst: Der Papst benützte die Anwesenheit der Medien aus der ganzen Welt, um etwas Wichtiges zu sagen, nämlich um die Italiener zu bitten, ihn als Bischof von Rom anzunehmen; doch indem er das tat, bot er den Medien die einmalige Chance, sich als erste Adressaten und direkte Vermittler einer neuen Art des Papsttums zu verstehen.

Dieser kreative und arglose Bund mit den Medien erfährt eine bedeutsame Weiterentwicklung – die wir als zweite Etappe bezeichnen: von der spontanen Rede zum Dialog mit der Menge – anlässlich der ersten Ausfahrt aus dem Vatikan in die Gemelli-Klinik am Tag nach der Wahl und – etwas später – anlässlich des ersten Treffens mit den Journalisten, das durch schlagfertige Antworten auf die Journalistenfragen gekennzeichnet ist (21. Oktober), sowie beim zweiten Verlassen des Vatikans, um sich von Rom nach Assisi zum Grab des heiligen Franziskus, des Patrons Italiens, zu begeben (5. November).

Beim Besuch der Gemelli-Klinik spricht der Papst völlig aus dem Stegreif zu der Menge, bloß um sie zu begrüßen und ein wenig zu scherzen: etwas, was bei Paul VI. undenkbar gewesen wäre. Dasselbe tut er mit den Journalisten. In Assisi antwortet er ganz spontan auf einen Zuruf, der ihn aus der Menge erreicht:

– „Es lebe die Kirche des Schweigens!"

– *Es gibt keine Kirche des Schweigens mehr, denn sie spricht durch den Papst!*

In der Folge werden sich die Medien an die improvisierten Dialoge gewöhnen: Das Durchbrechen des steifen Rituals durch spontane Äußerungen ist für die Journalisten viel interessanter als das rituelle Ereignis selbst.

Die dritte und entscheidende Etappe dieses Bundes ist der Flug von Rom nach Santo Domingo am 27. Januar 1979, als Johannes Paul seine erste Reise außerhalb Italiens antritt: An diesem Tag gibt es zum ersten Mal Interviews im Flugzeug. Wir befinden uns – in dieser Beziehung des Papstes zu den Medien – gewissermaßen noch in der Phase der Unbefangenheit, aber diesmal gibt es einen entscheidenden Fortschritt, denn jetzt werden die Informationsmacher direkt mit einbezogen, während sie bei den vorherigen Etappen bloß passive Beobachter gewesen waren. Schon Paul VI. nahm bei seinen neun internationalen Reisen Journalisten mit an Bord und kam zu ihnen, um sie zu begrüßen, doch nie ließ er sich auf ein Gespräch mit ihnen ein oder gab gar eine Pressekonferenz. Bei diesen Besuchen des Papstes bei den Journalisten galt die Regel der Audienzen im Vatikan: Es ist verboten, dem Papst Fragen zu stellen. Er war es, Paul VI., ein aufmerksamer Zeitungsleser (was Johannes Paul nicht ist, weil die polnischen Zeitungen seiner Jugendzeit uninteressant waren), der den Journalisten Fragen stellte und ihnen gegenüber die eine oder andere Bemerkung fallen ließ: Er informierte sich über ihre Familien und ihre Gesundheit und erteilte ihnen den Segen.

Ohne eine bewusste Entscheidung, ohne einen genauen Aktionsplan, einfach aus dem Instinkt heraus stellt sich hingegen Johannes Paul von seiner ersten Reise an den Fragen und gibt auf alle eine Antwort, und er schafft so eine Atmosphäre, die es bisher nicht gegeben hat. Jener Journalist, der ihm die erste Frage gestellt hat, berichtet über diese neue Art des Umgangs mit den Journalisten: „Vielleicht wollte der Papst uns bloß kurz begrüßen, wie es Paul VI. immer getan hatte. Jedenfalls fragte ich ihn plötzlich, ob er daran denke, auch die Vereinigten Staaten zu besuchen, und zu meiner größten Überraschung antwortete er mir auf der Stelle und mit größter Unbefangenheit: ‚Ich glaube, dass es notwendig sein wird', sagte er auf Englisch, mit einem starken ausländischen Akzent: ‚Man muss nur noch den Termin fixieren.' Meine Frage hatte das Eis gebrochen und kurz darauf begannen alle dem Papst heikle und schwierige Fragen zu stellen, auf die sie klare und ehrliche Antworten erhielten."

Die vierte Etappe des Bundes mit den Medien ist mit der ersten Polenreise im Juni 1979 gegeben: Dort gesteht der Papst, dass er sich sehr wohl bewusst ist, dass die Medien seinem Besuch in der Heimat ein weltweites Echo verschafft haben. Das Bündnis ist nun offen ausgesprochen und hat programmatischen Charakter. Alles, was von nun an auf dem Gebiet der Medien geschehen wird – und das ist sehr viel –, gehört irgendwie zu diesem Programm und zu den drei spontanen Phasen, die ihm vorausgegangen sind.

Das Neue im Umgang Johannes Pauls II. mit den Medien entspricht dem Neuen in der Praxis seiner Reisen. Er ist kein Papst, der nur zu bestimmten Gelegenheiten reist, um einen symbolischen oder exemplarischen Akt zu setzen, wie es Paul VI. tat, sondern ein Papst, der die erklärte Absicht hat, jede Lokalkirche zu besuchen, um eine systematische missionarische Mobilisierung in der katholischen Kirche herbeizuführen. Und analog dazu ist er kein Papst, der zu Weihnachten und Ostern Radiobotschaften verliest oder die Direktüber-

Papst Johannes Paul II. wird der erste Träger des außerordentlichen Aachener Karlspreises. Der Karlspreis gilt als einer der bedeutendsten europäischen Auszeichnungen. Er wird seit 1950 für Verdienste um die europäische Einigung an Persönlichkeiten und Institutionen verliehen. Zum ersten Mal in seiner Geschichte soll die Auszeichnung als Sonderpreis verliehen werden. Regulärer Preisträger 2004 ist der EU-Parlamentspräsident Pat Cox.

Doppelseite: Während der Generalaudienz am 7.11.2001 im Vatikan streicht Papst Johannes Paul II. einem Baby, das ihm hingehalten wird, über den Kopf.

tragung seiner Gottesdienste erlaubt, wie es seine Vorgänger taten, sondern ein Pontifex, der selbst die Medien systematisch benützt und das auch von den anderen verlangt, damit jeder bedeutsame Moment im Leben der Kirche verbreitet wird und damit ihr Zeugnis in jedem Kommunikationsnetz gegenwärtig sei.

Die Interviews im Flugzeug sind das klassische Beispiel für diesen neuen Umgang: Es gibt keine Zensur bei den Fragen, der Papst akzeptiert alle und geht dabei das Risiko ein, so zu antworten, wie er gerade kann, improvisierend. Er tut das, weil er auf die allgemeine Zuverlässigkeit der Medien vertraut. Und weil er das Ziel für nützlich hält, das er auf diese Weise erreicht: eine ausgeprägtere Präsenz in den Medien, auch aus eher nebensächlichen Anlässen, aus purer Neugierde oder um das päpstliche Image zu pflegen.

Auch Paul VI. hat Reisen unternommen, ja er war sogar der Erfinder der modernen Papstreisen, aber er beschränkte sich – wie schon gesagt – darauf, die Journalisten, die ihn begleiteten, im Flugzeug kurz zu begrüßen, Fragen duldete er nicht. Sicherlich nicht aus einer antimodernen Haltung heraus. Sondern auf Grund einer für notwendig erachteten Zurückhaltung gegenüber den Medien: aus dem Bestreben heraus, ihnen nur die hehren Momente seines Lehramtes vor Augen zu führen. Papst Wojtyla hingegen akzeptiert die Regeln der Medien: Übertreibung (Redundanz), Vereinfachung und Unterhaltung. Und daher antwortet er auf die Fragen der Journalisten und lässt sich bei seinen Ausflügen in die Berge, beim Schifahren oder im Bett der Gemelli-Klinik bereitwillig fotografieren.

Paul VI. hätte es als schädlich für das Image des Papstes angesehen, auf dutzende verschiedenster Fragen über Kuba, Castro und den Kommunismus zu antworten, wie es Johannes Paul am 21. Januar 1998, während des Fluges von Rom nach Havanna, voll Engagement und offenbar mit Freude tut: Es ist die Regel der Redundanz (oder der Übertreibung), die von den Medien so geschätzt wird. Einst – nicht etwa vor tausend Jahren, sondern bis mitten ins 19. Jahrhundert hinein – sprachen die Päpste, als Päpste, nur auf Lateinisch und im Rahmen der Konsistorien. Die unbefangene Akzeptanz der in den Massenmedien gültigen Regel der Redundanz von Seiten Johannes Pauls gibt uns eine Vorstellung davon, wie weit er sich von jenem sakralen Bild entfernt hat, das hinter der Formulierung „ex ore sanctissimi" (aus dem Munde des Heiligsten) steckt, wie man in der Kurie zu sagen pflegte.

In ähnlicher Weise hätte es Paul VI. für unmöglich angesehen, auf eine vereinfachte Frage zu antworten wie jene: „Was halten Sie von den Anschuldigungen des betrügerischen Bankrotts gegen den Erzbischof Marcinkus?" Wojtyla hat sich nie geweigert, auf Fragen dieser Art zu antworten, er hat vielmehr die Gelegenheit wahrgenommen, um mit einer Antwort auf eine simplifizierte Frage eine einfache und manchmal viel wirksamere Aussage zu machen, die im Fall von Marcinkus lautete: *Wir sind überzeugt, dass man einen Menschen nicht auf so brutale Weise angreifen kann!*

Schließlich die Regel der Unterhaltung. Davon sind Fragen wie diese geprägt: „Heute Abend findet das Fußballspiel Italien gegen Polen statt, für wen drücken Sie die Daumen?" Fragen also, die von den Journalisten nur gestellt werden, um die reine Neugier der öffentlichen Meinung zu befriedigen. Johannes Paul unterwirft sich auch dieser Regel, nicht nur indem er solche Fragen beantwortet (im Fall des Fußballspiels war die Antwort: *Für mich wäre es besser, mich zu verstecken),* sondern auch indem er sich mit einem Koala-Bären im Arm fotografieren lässt oder dabei, wie er gerade ein kleines Rhinozerus streichelt oder sich einem Känguru zu nähern versucht.

Die Akzeptanz der Medienregeln ist bei Johannes Paul radikal. Einmal bestand er darauf, dass der Kniefall von Lech Walesa und die Umarmung durch den Papst für die Fotografen und Kameraleute, die sie verpasst hatten, wiederholt werden, denn *man soll sehen, wie Herr Walesa mich begrüßt und wie ich ihn empfange* (21. April 1989). Dem Montini-Papst wäre so etwas nie in den Sinn gekommen. Und er hatte auch keine Bedenken, bei jenem vertraulichen Gespräch gefilmt zu werden, das er im Gefängnis Rebibbia mit seinem Attentäter Ali Agca führte (27. Dezember 1983). Bei dieser Gelegenheit meinte sogar ein so unvoreingenommener Mann wie Giulio Andreotti, dass die Fernsehkamera an der Zellentür hätte Halt machen sollen. Wer sie jedoch gewähren lässt, ist offenbar der Meinung, dass alles gezeigt werden kann und muss, was dazu beitragen kann, das Evangelium zu bezeugen und zu verkünden.

Es hat schon viele Erklärungsversuche für das Fernsehprivileg des Papstes gegeben und für die „unbefangene" und wirksame Art und Weise, in der Johannes Paul davon Gebrauch macht. In ihrer Einzigartigkeit und ideologischen Klarheit entspricht die weiße Gestalt des Papstes in optimaler Weise dem Bedürfnis der Massenmedien nach symbolischer Vereinfachung. Die Fernsehnachricht „Der Papst verurteilt den Krieg", begleitet vom Bild des Pontifex, der am Fenster spricht, ist viel einfacher und zugleich viel wirkungsvoller als eine Nachricht ähnlichen Inhalts, die sich so anhören könnte: „Die Vollversammlung des Ökumenischen Rates der Kirchen in Canberra verurteilt den Krieg", und für die es schwer, wenn nicht gar unmöglich wäre, ein ebenso einfaches und leicht fassbares Bild zu finden.

Schließlich ist da noch die persönliche Begabung und Ausstrahlung des Papstes. Und es ist nicht nur die Theatererfahrung, sondern auch die Erfahrung der Liturgie, die aus dem Menschen Wojtyla einen bestens geeigneten Fernsehkommunikator macht. Eine Begabung, der die Überzeugung vom Vorrang des Sichtbaren vor dem bloß Gehörten, der Aktion vor dem Wort entspricht. Das Fernsehen seinerseits weiß diese Begabung und diesen gewollten Vorrang sehr zu schätzen. Der Papst ist nicht mehr eine weit entfernte weiße Gestalt, die hoch oben am Fenster erscheint oder vorne in der Basilika thront, gleichsam bloß eine symbolische Figur, nein, dank der Nahaufnahmen ist er eine konkrete, unmittelbar zugängliche, polyvalente Gestalt, wie es das Gesicht eines Gesprächspartners ist, dem wir die Hand drücken. Symbolische Distanz und unmittelbare Zugänglichkeit verschmelzen beide – unter gegenseitiger Verstärkung – im Bild des Papstes, wie es vom Fernsehen verbreitet wird.

Wenn wir unsere Rekonstruktion des Bundes Johannes Pauls mit den Medien zusammenfassen, können wir sagen:
• Wojtyla ist mehr ein Papst der Gesten und der physischen und medialen Präsenz als einer des Wortes; er ist mehr ein Mann des improvisierten und persönlichen als des geschriebenen Wortes und des Dokuments.
• Durch diese Vorliebe, die bei seinen Reisen und im Umgang mit den Medien zum Ausdruck kommt, kann er ein ungleich größeres Publikum erreichen als das, mit dem er bei den römischen Audienzen und durch seine schriftlichen Verlautbarungen in Kontakt treten könnte.
• Diese Vorliebe hat sowohl etwas mit dem antiken Geist der katholischen und päpstlichen Kommunikationsfähigkeit zu tun, die stets dem Tun und der liturgischen, ikonografischen und architektonischen (und später dann der fotografischen und televisionären) Sichtbarkeit den Vorzug gegeben hat, als auch mit der persönlichen Begabung: von Natur aus ein kommunikativer Mensch, schon früh mit der Kunst des Theaters in Berührung gekommen, mit der lebendigen Erfahrung der Theatralik der polnischen Liturgie.

Bei einem Empfang im Warschauer Belvedere Palast am 8.6.1991 küsst Staatspräsident Lech Walesa den Ring des Papstes.

Johannes Paul glaubt an die positive Rolle der Medien: In typisch katholischer Manier hält er die Welt grundsätzlich für gut, und daher sollten auch die Nachrichten von ihr gut sein. *Sie fördern die Einheit unter den Nationen, indem Sie alle Völker an der Wahrheit teilhaben lassen,* sagt er am 2. Oktober 1979 zu den Journalisten, die bei der UNO akkreditiert sind. Gegen Ende dieses Monats überträgt er – mit einer Selbstverständlichkeit, die einen Medienschaffenden verblüfft – diese positive Einstellung auf das Gebiet der apostolischen Tätigkeit, wenn er in seiner Botschaft an die Internationale Katholische Rundfunk- und Fernsehorganisation (UNDA) sagt: *Der Hauptbeweggrund Ihrer Arbeit sollte die Evangelisierung der gesamten Menschheit sein.*

Und nicht immer unterscheidet er zwischen dem beruflichen und dem religiösen Engagement der Medienleute: *Der Papst verlangt, dass Sie hier in der Weltgemeinschaft das Reich Gottes errichten,* sagt er am 29. September 1979 zu den Journalisten, die ihn bei seinem Besuch in Irland begleitet haben und sicherlich nicht alle gläubig waren. Er nimmt das Ziel, das er anstrebt, schon vorweg, so als würde er bereits in jener Weltgemeinschaft leben, die ihm vorschwebt, und er ruft die Journalisten dazu auf, ihre ersten Zeugen, ja sogar ihre ersten Apostel zu sein.

Wir zitieren vorwiegend Texte aus dem ersten Jahr des Pontifikats, um zu zeigen, dass er dieses Vertrauen in die Medien von allem Anfang an hat, man könnte sagen, dass er es – überraschenderweise – aus Polen mitgebracht hat. Zum Zeitpunkt seiner Wahl hatte er keinerlei positive Erfahrungen mit den eintönigen und atheistischen Medien seines Landes. Aber er setzte große Hoffnungen in die Medien der freien Welt. Schon als Kardinal betonte er in seinem Buch „An den Quellen der Erneuerung", in dem er die Konzilsdokumente kommentierte, mit einer inneren Sicherheit, wie sie größer nicht sein konnte: *Der prophetische Aspekt der christlichen Berufung lenkt unsere Aufmerksamkeit auf die Massenkommunikationsmittel.*

Die Erwartungen, die er in die Medien der freien Welt setzte, fanden ihre Erfüllung in dem Echo, das seine Wahl zum Papst auslöste, und noch mehr in der Aufmerksamkeit, die seiner Reise nach Mexiko und vor allem nach Polen zuteil wurde. Die Präsenz der ausländischen Medien in seiner Heimat im Gefolge des pilgernden Papstes empfand er als ein Zeichen des Ausbruchs Polens aus der geopolitischen Isolation, in die es seit der Teilung von Jalta geraten war: *Ich danke Ihnen dafür, dass Sie die ganze Welt nach Polen gebracht haben und dass Sie sie an meiner Seite an diesen kostbaren Tagen des Gebetes und meiner Rückkehr in die Heimat haben teilnehmen lassen.* Mit diesen Worten begrüßte er am 10. Juni 1979 im Hof des erzbischöflichen Palais in Krakau die Journalisten.

Papst Johannes Paul II. während der Eucharistiefeier in Trausdorf am 27.6.1988.

Man muss den missionarischen Papst ernst nehmen, um seinen außergewöhnlichen Einsatz bei den Reisen und sein – vielleicht ebenfalls außergewöhnliches – Vertrauen in die Medien zu verstehen. Er bestimmt die Reisen, weil er sich als Missionar der Welt fühlt. Und er will sie so organisiert haben, dass es ihm möglich ist, auf jeder Etappe einer möglichst großen Anzahl von Menschen zu begegnen. Analog dazu will er, dass die Kirche *in demütiger Kühnheit die geheimnisvollen Wege des Äthers beschreitet, um dem Geist und dem Herzen aller Menschen die frohe Botschaft von Christus, dem Erlöser des Menschen, nahe zu bringen* (wie er in einem Gebet zu „Maria, dem Stern der Evangelisierung", formuliert hat, das er 1992 für „Telepace" verfasste, einen italienischen Fernsehsender, der alle päpstlichen Aktivitäten direkt überträgt). Er ist tatsächlich überzeugt, dass die Medien ihm ermöglichen, „den Geist und das Herz" aller Menschen zu erreichen. Er hat Vertrauen in das Medium und in den, der die Botschaft, die durch das Medium vermittelt wird, aufnimmt. Er glaubt, dass der Anbruch des Medienzeitalters die Situation des Missionars verändert hat: dass dadurch die Möglichkeiten der Christen, dem missionarischen Auftrag Christi „Gehet hin und lehret alle Völker" zu entsprechen, erweitert worden sind.

Überallhin zu kommen – mit dem Flugzeug oder via Satellit – und alle Völker zu erreichen und sie in allen Sprachen zu grüßen: das betrachtet er nicht nur als großes Geschenk, sondern konsequenterweise als eine absolute Verpflichtung: *Große Möglichkeiten bieten sich heute der sozialen Kommunikation, in der die Kirche das Zeichen des Schöpfungs- und Erlösungswerkes Gottes erkennt, das der Mensch weiterführen soll. Diese Werkzeuge können daher zu mächtigen Kanälen für die Weitergabe des Evangeliums werden* (Botschaft zum 19. Welttag der sozialen Kommunikationsmittel, Mai 1985). Und wenn sie können, dann müssen sie auch: das ist die Regel der Mission. Es gibt bestimmte Gesten und sprachliche Formulierungen Johannes Pauls, die man nur verstehen kann, wenn man sich des weltweiten Publikums bewusst ist, für das sie mittels der direkten Fernsehübertragung bestimmt sind. Bei der Botschaft „Urbi et orbi" zu Ostern 1993 hat er es geschafft, 56 Sprachen zu verwenden: Es wäre eine unsinnige Darbietung, wenn nicht wirklich „alle Völker" der weltweiten Fernsehübertragung, direkt oder zeitversetzt, folgen würden. Johannes Paul pflegt sich der Tyrannei des Fernsehens fügsam zu beugen, wie man an der folgenden spontanen Bemerkung während einer Nachtwache auf dem Petersplatz gut sehen kann, die via Mondovision übertragen wurde: *Ich muss 25 Minuten sprechen und weiß nicht, ob diese 25 Minuten schon vorbei sind* (8. Oktober 1994). Doch wie man weiß, sind die Medien eine Herausforderung für alle, und sie waren es manchmal auch für den Papst, zum Beispiel wenn sie nach seiner Oberschenkeloperation unbedingt die Zeichen seines Leidens präsentieren wollten. *Fragen Sie die Journalisten, ob sie selbst noch nie vor Schmerzen das Gesicht verzogen haben!,* sagte er zum Vatikansprecher Joaquin Navarro am 22. August 1994 in Introd (Aosta), als er sah, dass die Journalisten einen Moment des Schmerzes aufmerksam registriert hatten, den er am Tag zuvor verspürt hatte, als er die Stufen zum Altar emporstieg.

Bei anderen Gelegenheiten hat er sich vor der allzu eifrigen Beschäftigung der Medien mit seiner Gesundheit durch Ironie geschützt, wie etwa am 21. Januar 1998 auf dem Flug von Rom nach Havanna:

– „Wie geht es Ihnen, Heiliger Vater?"

– *Sicher bin ich nicht mehr so jung wie 1979! Doch vielleicht hält mich die göttliche Vorsehung aufrecht. Wenn ich etwas über meine Gesundheit, vor allem über meine Operationen wissen will, muss ich die Zeitungen lesen!*

Doch insgesamt hat Johannes Paul – den die Medien seit jeher als „großen Kommunikator" bezeichnen – gute Beziehungen zur Presse. Der vatikanische Sprecher Navarro behauptet, dass es „ein objektives Bündnis zwischen den Medien und dem Papst" gegeben habe, welches das Papstbild verändert hat: „Wir wissen nicht, welcher prozentuelle Anteil dabei dem Papst gebührt und welcher den Medien, doch diese tiefgreifende Veränderung haben beide gemeinsam bewirkt."

Dieses Bündnis hat natürlich nicht nur auf das Papstbild einen Einfluss gehabt. Wir haben gesehen, welche Bedeutung Johannes Paul von allem Anfang an der Hilfe beigemessen hat, welche die Medien ihm geboten haben, um seine Aktion für Polen einzufädeln. In einem scherzhaften Dialog mit Kindern beim Besuch einer römischen Pfarrei am 8. Februar 1998 gibt er seiner Überzeugung über die entscheidende Rolle Ausdruck, welche die Medien bei seinem Besuch auf Kuba fast zwanzig Jahre später gespielt haben:

– *Über meine Reise nach Kuba wissen dank Radio und Fernsehen alle, auch die Kinder, alles. Aber ihr Kinder, wisst ihr, was Fidel Castro und ich gesagt haben?*

– „Jaaa!"

– *Ja, wirklich, alle wissen alles!*

Wir haben vom Vertrauen des Papstes zu den Medien und vom Bund mit ihnen gesprochen. Doch Vorsicht: Es gibt zwar so etwas wie eine Unbefangenheit, aber keine Naivität in seiner Beziehung zu den Medien. *Dieser Konflikt ist nicht nur mit den Kriegswaffen, sondern gewissermaßen auch mittels der Medien begonnen worden,* sagt er im Frühjahr 1991 nach dem Ende des Golfkriegs. Gibt es jemanden, der besser verstanden hätte, wie die Dinge wirklich gelaufen sind?

Der kubanische Staats- und Parteichef Fidel Castro begrüßt Papst Johannes Paul II., nachdem dieser am 25.1.1998 auf dem Platz der Revolution in Havanna eine Messe zelebriert hat.

Die Mahnung an den Westen

Die Legende erzählt von Buddha, dass Siddharta Gautama gleich nach seiner Geburt vier Schritte getan habe: nach Norden, Süden, Osten und Westen. Ein solches symbolisches Ausschreiten in die vier Himmelsrichtungen steht auch am Beginn des Pontifikats von Johannes Paul: Es erfolgt im Namen der *Macht Christi, die keine Grenzen kennt,* und ist motiviert durch den missionarischen Auftrag, von dem die Kirche sich leiten lässt, damit Christi Worte des Lebens zu allen Menschen gelangen (22. Oktober 1978).

Schon im ersten Jahr seines Pontifikats gibt Johannes Paul dieser universalen Ausrichtung seiner Mission *ad gentes,* die zugleich eine ideale und geografische ist, konkrete Gestalt: der Ausrichtung gegen den Süden der Welt durch die Reise nach Mexiko, gegen den Osten durch die triumphale „Rückkehr in die Heimat", nach Norden und Westen hin durch die Pilgerfahrt nach Irland und in die USA (29. September bis 8. Oktober 1979). Kurz nach Vollendung des ersten Jahres des Pontifikats vervollständigt der Besuch in der Türkei und in Konstantinopel vom November 1979 das Szenarium der päpstlichen Mission mit den ersten Annäherungen an die Welt der Orthodoxie und des Islams, die den Papst im Laufe seiner Amtszeit mehr und mehr beschäftigen werden. Die zunehmende Ausweitung auf alle Völker, Religionen und Kulturen war „in nuce" bereits in den allerersten Aktivitäten enthalten und zu erkennen.

Der letzte der vier symbolischen Schritte ist also der nach dem Westen: zum wohl schwierigsten Gesprächspartner. Im Süden der Welt besteht das Problem des Hungers und im Osten das der Tyrannei, und es war daher angebracht, sich so schnell wie möglich dorthin zu begeben. Doch hier, im Norden und Westen, in Europa und Amerika, also im Brennpunkt unserer Epoche, dort, wo über die Zukunft entschieden wird, gibt es die Herausforderung der Freiheit, und die ist stärker als jede andere: wegen des zukünftigen Schicksals, das mit ihr verknüpft ist, und wegen ihres weit in die Vergangenheit zurückreichenden Ursprungs. Die Kraft dieser Herausforderung wird von Johannes Paul, der sich selbst als Kämpfer für die Freiheit betrachtet und auch als solcher angesehen wird, klar erkannt.

So sehen wir also den Papst, gefestigter und zugleich gelöster denn je zuvor, bei der Begegnung mit den großen amerikanischen Symbolen: Am 3. Oktober 1979 spricht er im Battery Park in New York, einem weiten Platz am äußersten Rand von Manhattan, hinter ihm Elis Island mit der Freiheitsstatue und vor ihm die Wall Street, das Zentrum des Geschäftslebens und der Finanzwelt. Genau an der Stelle, wo man in Manhattan an Land geht, wenn man per Schiff aus der Alten Welt kommt.

Wie bei jeder Massenliturgie verbinden sich auch bei dieser Veranstaltung Symbole und Worte miteinander und ergeben so eine einfache, aber in ihrer Einprägsamkeit wirkungsvolle Botschaft: *Mein Besuch in eurer Stadt wäre nicht vollständig, würde ich nicht hierher kommen, um Elis Island zu sehen und in der Ferne die Freiheitsstatue, das Symbol der Vereinigten Staaten.* Die Ehrerbietung gegenüber dem Symbol der Neuen Welt ist echt und ohne Vorbehalt und veranlasst Johannes Paul zu einer langen Aufzählung der positiven Eigenschaften der Nation, welche die Amerikaner „auf dem Fundament der Freiheit" geschaffen haben.

Doch neben der Freiheitsstatue, die Amerika verkörpert, rückt er im Verlauf seiner Reise provokatorisch auch noch zwei andere symbolische Figuren in den Vordergrund: die der Gerechtigkeit und der Wahrheit. Im ersten Fall spricht er im Namen der Armen und der Dritten Welt, im zweiten im Namen des objektiven Moralgesetzes. Es sind die beiden Gesichter seiner Mahnung an den Westen.

Über Freiheit und Gerechtigkeit spricht er gleich an diesem 3. Oktober im Battery Park: Die Vereinigten Staaten müssen heute, um der Geschichte ihrer Nation treu zu bleiben, die „auf dem Fundament der Freiheit geschaffen wurde", das „Streben nach Gerechtigkeit" unterstützen, denn es gibt keine wahre Freiheit ohne Gerechtigkeit und *die gewonnene Freiheit muss täglich gleichsam bestätigt werden durch die entschiedene Zurückweisung von allem, was menschliches Leben verletzt, schwächt oder entehrt.* Es ist zum Beispiel unannehmbar – präzisiert er am 7. Oktober vor dem Kapitol in Washington –, dass die Freiheit dazu missbraucht wird, die Schwachen zu beherrschen, natürliche Rohstoffe und Energie zu vergeuden und den Menschen fundamentale Bedürfnisse zu verweigern.

Über Freiheit und Wahrheit spricht er am 3. Oktober in seiner Predigt im Logan Circle von Philadelphia. Auch hier erweist er der Geschichte des Gastlandes seine Reverenz, indem er auf die Unabhängigkeitserklärung Bezug nimmt („eure Freiheitsliebe gehört zu eurem Erbe") und dann fortfährt:

Christus selbst verband die Freiheit mit der Erkenntnis der Wahrheit: „Ihr werdet die Wahrheit erkennen, und die Wahrheit wird euch frei machen" (Joh 8,32) ... Die Freiheit kann deshalb niemals ohne Bezug zu der Wahrheit gedeutet werden, die von Jesus Christus geoffenbart und von seiner Kirche vorgestellt wird, noch kann sie als Vorwand für moralische Anarchie angesehen werden, denn jede moralische Ordnung muss mit der Wahrheit verbunden bleiben ... Von besonderer Bedeutung ist das im Bereich der menschlichen Sexualität. Wie in jedem anderen Bereich kann es auch hier keine echte Freiheit geben ohne Achtung vor der wahren Natur der menschlichen

Doppelseite und oben: Papst Johannes Paul II. während seiner USA-Reise in Washington D.C. mit dem Präsidentenpaar Jimmy und Rosalynn Carter auf dem Balkon und im Garten des Weißen Hauses. Das Oberhaupt der Katholischen Kirche besuchte vom 29.9. bis 8.10.1979 die Vereinigten Staaten von Amerika.

Geschlechtlichkeit und der Ehe. In der heutigen Gesellschaft bemerken wir, was die christliche Auffassung von Sexualität betrifft, so viele störende Tendenzen und so viel Lässigkeit, die alle etwas gemeinsam haben: Berufung auf die Freiheit, um jedes Verhalten zu rechtfertigen, das mit der wahren moralischen Ordnung und der Lehre der Kirche nicht mehr übereinstimmt ... Frei ist in der Tat nur der Mensch, der sein Verhalten in verantwortungsvoller Weise nach den Forderungen des objektiven Guten einrichtet ... Der einzige Maßstab menschlicher Freiheit ist das göttliche Gesetz, das uns im Evangelium Christi, im Evangelium der Erlösung gegeben ist.

Dem möglichen Konflikt zwischen Freiheit und Wahrheit widmet Johannes Paul auch eine Enzyklika mit den Anfangsworten „Veritatis splendor" (1993). Auf das Thema Freiheit und Gerechtigkeit wird er 19 Jahre später, im Januar 1998, während seines Besuchs auf Kuba noch einmal zu sprechen kommen: Jetzt verlangt er von den USA, auf die Gerechtigkeit nicht zu vergessen, später weist er die Kubaner auf die Notwendigkeit hin, die Freiheit zu bewahren. Im Pontifikat von Johannes Paul hat alles Platz. Die Herausforderung an den Westen – die er jetzt zum ersten Mal formuliert – wird er auch in anderen Ländern wiederholen, sie wird ein ständiges Thema bei allen seinen Amerikabesuchen bleiben (1987, 1993, 1995) und den Konflikt mit der „geburtenfeindlichen" Politik der UNO Mitte der neunziger Jahre beherrschen.

Er akzeptiert eines der Prinzipien der modernen säkularen Gesellschaft, jenes der Freiheit im öffentlichen und zwischenmenschlichen Bereich; aber er weist ein anderes, für diese Gesellschaft ebenfalls typisches Prinzip mit aller Schärfe zurück: die „absolute und sich selbst genügende" Freiheit, die den Menschen zum Maß aller Dinge macht und ihn dem Gesetz Gottes entzieht. Eine harte Auseinandersetzung, die sich da zwischen New York, Philadelphia und Chicago entwickelt. *Die Freiheit, von der ich spreche, ist für viele ein Paradox. Selbst von manchen Mitgliedern der Kirche wird sie missverstanden,* sagt er am 4. Oktober in Chicago in einer Ansprache an Ordensbrüder am Fest des heiligen Franziskus.

Für die amerikanische Gesellschaft hatte sich die Gestalt des Papstes in der Vergangenheit zu einem negativen Symbol entwickelt: Ein „Papist" war lange Zeit einer, der als freiheitsfeindlich, antidemokratisch und autoritär galt. Während des Besuches von Johannes Paul werden diese Geister der Vergangenheit nicht wieder erweckt. Den Worten des Papstes, der betont, dass er die Freiheit im sozialen und zwischenmenschlichen Bereich als „höchstes Prinzip" akzeptiert, verleihen nicht nur die letzten Dezennien des ökumenischen Dialogs und die Dokumente des II. Vatikanischen Konzils, vor allem die „Erklärung über die Religionsfreiheit" Glaubwürdigkeit, sondern auch die Biografie des Menschen Wojtyla, das Bild eines Bischofs, der den „freiheitsfeindlichen" Pressionen eines kommunistischen Regimes Widerstand leistet. Gerade diese eindeutig klare katholische Position in Bezug auf die Freiheit im sozialen und zwischenmenschlichen Bereich und die persönliche Glaubwürdigkeit dessen, der diese Botschaft überbringt, haben zur Folge, dass die Aufregung über einen Papst besonders groß ist, der einem Volk, das die grenzenlose Freiheit zu seiner Religion zu machen versucht, die Grenzen der Freiheit verkündet.

Schon als Kardinal hat Wojtyla betont, dass die Freiheit gleichzeitig das größte Geschenk und die größte Versuchung für den Menschen darstellt. Wenn er mit Gott in Konflikt gerät, bildet sie die „erste Versuchung", eben die, mit der unsere Ureltern im Garten Eden konfrontiert waren, als die Schlange sie mit der größten aller Verlockungen verführte: „Ihr werdet sein wie Gott" (Gen 3,5). Diese Versuchung, so betont er, hat in unserer Zeit „den geeigneten historischen Kontext" für ihre volle Wirksamkeit und – so fügen wir hinzu, indem wir seine Gedanken interpretieren – in den Vereinigten Staaten von Amerika ihre Wahlheimat gefunden.

Daher kann er auf der ersten Station seiner Reise in Irland sagen, dass dies eine Zeit der äußersten Prüfung und zugleich eine „großartige" Zeit für die Kirche ist: *Ihr müsst tätig sein in der Überzeugung, dass diese Generation, die der achtziger Jahre, vor deren Beginn wir unmittelbar stehen, für die Zukunft des Glaubens in Irland kritisch und entscheidend sein kann ... Euch allen sage ich: Das ist eine großartige Zeit in der Geschichte der Kirche. Es ist eine großartige Zeit, Priester, Ordensangehöriger, Missionar für Christus zu sein* (Ansprache an die Priester, Missionare und Ordensleute in Maynooth, 1. Oktober 1979).

Auf dieses dramatische Gespür für die Zeit und diese apokalyptische Vision unserer Epoche werden die Appelle an die Menschen der verweltlichten, modernen Stadt zurückgeführt, die er während seiner Reise durch Irland und die Vereinigten Staaten überall verbreitet: das absolute Nein gegenüber allen Formen der Gewalt, der Hinweis auf den Vorrang der Ethik vor der Politik, die wiederholte unnachgiebige Bekräftigung der traditionellen moralischen Normen. Er hätte in dieser Umgebung keine heikleren Themen aufgreifen können.

Seit seinem ersten Auftritt auf amerikanischem Boden, der Predigt im großen Park von Boston am 1. Oktober, weist der Papst seine Zuhörer darauf hin, dass seine Lehre hart ist und dass er den Ernst der Botschaft des Evangeliums nicht verschleiern kann, nur um sie annehmbarer zu machen: *Wahre Liebe ist fordernd. Ich würde meine Sendung verfehlen, würde ich euch das nicht mit aller Deutlichkeit sagen.* Doch gleichzeitig sagt er ihnen, dass sein Appell an die Menschen der modernen Gesellschaft als ein Angebot zum Dialog verstanden werden muss und nicht als die Eröffnung von Feindseligkeiten: *Ich hoffe aufrichtig, dass mein ganzer Besuch in den Vereinigten Staaten im Licht der Konstitution des II. Vatikanischen Konzils über die Kirche in der Welt von heute gesehen wird.* Denn Amerika ist gleichsam die Zusammenfassung der Moderne.

Trotz des Ernstes der Botschaft ist der Besuch ein großer Erfolg. Die Bewertung in den amerikanischen Zeitungen ist einhellig: Nach Ansicht der „New York Times" ist das „press corps" (also die Gesamtheit der Medienmitarbeiter: Journalisten, Fotografen, Film- und Fernsehleute, Angestellte der Pressezentren), das in den sieben Tagen der Papstreise aufgeboten wurde, „vielleicht das größte der Geschichte": 14.000 Akkreditierungen werden ausgestellt. Noch nie zuvor wurde einem religiösen Ereignis von Seiten der Journalisten und Fernsehsender so viel Beachtung geschenkt. Beim Empfang im Weißen Haus erreicht man die Rekordzahl von 10.000 geladenen Gästen. Nach der „Washington Post" sind die Massen, die der Papst in Bewegung gebracht hat, „die größten in der amerikanischen Geschichte".

Der Papst, der „auf der Kanzel streng und auf den Straßen liebenswürdig" erscheint („New York Times"), gefällt den Amerikanern. Den Höhepunkt der Begeisterung erreicht er vor einem Publikum, das man für das schwierigste gehalten hatte: bei den Jugendlichen, mit denen er am 2. Oktober im Madison Square Garden von New York und am 7. Oktober an der Katholischen Universität von Washington zusammentrifft. Im Madison Square Garden begrüßen ihn die jungen Leute mit Sprechchören und „Wow"-Rufen, die er viermal durch das Mikrofon zurückgibt, was geradezu einen Taumel auslöst. An der Katholischen Universität tun die Studentinnen so, als würden sie ihm Konfetti oder Blumen zuwerfen, und er antwortet mit denselben Gesten; die Mädchen sind ganz außer sich, so als ob sie ihrem Idol begegnet wären.

You americans have supported me very well: Ihr Amerikaner wart mir eine große Hilfe, sagt Johannes Paul, als er sich am 7. Oktober von den Journalisten verabschiedet, die ihn bei seinem Triumphzug durch fünf große Städte begleitet haben. Tatsächlich war Amerika zum Erstaunen aller diesem „großen Priester" aus Polen eine unerwartete „Hilfe", ihm, der seinerseits keinen Millimeter von der überkommenen Lehre und Disziplin abgewichen ist, als deren eifersüchtiger Hüter er sich sieht, bloß um billige Sympathie einzuheimsen.

Aber es gab doch einen wirklich schwierigen Moment in diesen sieben amerikanischen Tagen: nämlich den, als eine Frau zum Papst sagte, dass den Frauen der Raum, den ihnen die Kirche überlässt, nicht genügt. Es ist der erste Vorfall dieser Art, aber in Zukunft wird er es noch öfter mit Frauen zu tun bekommen (in Deutschland 1980, in der Schweiz 1984, in Holland und Belgien 1985), die aus der Reihe tanzen. Und Johannes Paul wiederholt und erklärt in Philadelphia erneut das kategorische Nein zum Priestertum der Frau. Drei Tage später macht ihn in Washington eine Ordensschwester – Theresa Kanes, die Vorsitzende der Konferenz der amerikanischen Ordensfrauen – darauf aufmerksam, dass diese Erklärung viele katholische Frauen der Vereinigten Staaten nicht befriedigt, und sie ersucht ihn darauf hinzuwirken, dass „der Frau alle Ämter in der Kirche zugänglich gemacht werden". Von einer Frau ist also zuletzt ein Problem aufgeworfen worden, mit dem sich Johannes Paul auch noch acht Jahre später bei seinem nächsten Besuch in den USA konfrontiert sehen wird.

Papst Johannes Paul II. wird bei seiner Ankunft am 29.9.1979 in den Vereinigten Staaten von der First Lady Rosalynn Carter begrüßt.

Die ökumenische Utopie

Ab dem zweiten Jahr seines Pontifikats besucht Johannes Paul die drei christlichen Hauptstädte Konstantinopel (1979), Canterbury (1982) und Genf (1984) und betont mehrmals, dass er auch die vierte – und für ihn vielleicht die wichtigste – aufsuchen möchte: Moskau. Die drei Reisen, die er unternimmt, zeugen von der Lebendigkeit seiner ökumenischen Utopie, jene, die er vielleicht nie unternehmen wird, weist darauf hin, dass er mit dieser Utopie Schiffbruch erlitten hat.

Johannes Paul betont immer wieder leidenschaftlich das ökumenische Bemühen, doch der katholische Weg zur Einheit der Christen ist während seines Pontifikats einige Male ins Stocken geraten. Zum großen Teil deshalb, weil im Osten neue Schwierigkeiten aufgetaucht sind – im Gefolge des Zusammenbruchs der kommunistischen Regime – und weil es im Westen in der anglikanischen Gemeinschaft zur Zulassung von Frauen zum Priesteramt gekommen ist. Aber – zu einem geringeren Teil – auch deshalb, weil einige päpstliche Entscheidungen, die vielleicht nicht notwendig gewesen wären und jedenfalls als aufdringlich empfunden wurden, und einige Verhaltensweisen der katholischen Gemeinschaften des orientalischen Ritus in den großen Kirchen der Orthodoxie zu einer Verstimmung und Verhärtung der eigenen Position geführt haben.

An den Besuchen in Konstantinopel, Canterbury und Genf können wir sehen, mit welchem Nachdruck der Papst zu Beginn seines Pontifikats den ökumenischen Gedanken betont. Von diesem mehr als zehn Jahre andauernden Enthusiasmus

zeugt seine uneigennützige Teilnahme an der Millenniumsfeier der russisch-orthodoxen Kirche im Jahr 1988. Das ökumenische Scheitern im Osten dokumentiert auf dramatische Weise die Weigerung der orthodoxen Kirchen – mit Ausnahme des Patriarchats von Konstantinopel –, Delegationen zur Sondersynode für Europa (1991) nach Rom zu entsenden. Die Schwierigkeiten mit der anglikanischen Gemeinschaft nehmen in der zweiten Hälfte der achtziger Jahre konkrete Gestalt an und führen zu einer schmerzlichen Pattstellung anlässlich des Besuches des Erzbischofs von Canterbury in Rom im Jahr 1996.

Der Papst leidet unter diesen Schwierigkeiten, die für ihn etwas überraschend kommen. Mit Stellungnahmen und symbolischen Gesten, die ganz an seinen Vorgänger Paul VI. erinnern, versucht er die Initiative wieder an sich zu reißen, wobei er keine Gelegenheit auslässt, die sich ihm bietet. Und in drei Richtungen geht er sogar über das Erbe des Montini-Papstes, von dem er sich leiten lässt, hinaus:

- Gerade wegen des ökumenischen Scheiterns macht er den Vorschlag eines „Schuldbekenntnisses“ der katholischen Kirche aus Anlass des Großen Jubiläums (1991–1994).
- Er lanciert die Idee einer gesamtchristlichen Begegnung in Jerusalem oder Bethlehem im Jahr 2000 (1994).

Beim Deutschen Katholikentag in Ulm hebt am Sonntag (20.6.2004) beim Abschlussgottesdienst die hannoversche Landesbischöfin Margot Käßmann die Hände zum Segen, neben ihr in der ersten Reihe der Bischof von Trier, Reinhard Marx (l.), und der Vorsitzende der Deutschen Bischofskonferenz, Kardinal Karl Lehmann (r.). Erstmals in der Geschichte der Katholikentage wurde der Schlussgottesdienst mit einer ökumenischen Segensfeier verbunden. Unter dem Motto „Leben aus Gottes Kraft“ fand vom 16. bis 20.6.2004 in Ulm der 95. Deutsche Katholikentag statt.

• Er fordert alle christlichen Kirchen auf, ihm bei der Suche nach einer neuen Art der Ausübung des „Petrusamtes", also des „Primats" des Bischofs von Rom, zu helfen: einer Amtsführung, die sich an der Praxis der ungetrennten Kirche des ersten Jahrtausends orientiert und sogar völlig neue Elemente enthalten soll, die von allen akzeptiert werden können (Enzyklika „Ut unum sint", 1995).

Aus dem Vorschlag einer gesamtchristlichen Begegnung im Jahr 2000 ist leider nicht viel geworden, aber wir können jetzt schon sagen, dass in der Gewissensprüfung zum Ende des Jahrtausends und in dem Gedanken, dass nun die Zeit gekommen sei, nach einer neuen Art der päpstlichen Amtsführung Ausschau zu halten, das fruchtbarste Vermächtnis des Pontifikats zu sehen sein wird.

Wir sehen also Johannes Paul II. kaum mehr als ein Jahr nach seiner Wahl in Konstantinopel (28. bis 30. November 1979). „Ich heiße Sie zu dieser historischen Begegnung willkommen. Gepriesen sei der Name des Herrn, der Sie hierher geführt hat", sagt der Ökumenische Patriarch Dimitrios zu ihm auf Griechisch. *Diese Begegnung ist bereits ein Geschenk Gottes,* antwortet ihm Johannes Paul auf Französisch.

Die Gesten, die das Treffen im kleinen Garten des Phanar, der Residenz des Patriarchen im byzantinischen Stadtviertel von Istanbul, begleiten, sind den Worten ebenbürtig: Dimitrios, angetan mit einer violett-goldenen Stola, geht dem Gast mit der roten Stola langsam entgegen – der liturgische Schritt von Byzanz ist langsamer als der römische – und Johannes Paul verlangsamt seinen Gang, um ihn dem des Patriarchen anzugleichen. Im Ritus kann man so etwas wie ein Gleichnis der verschiedenen Zeiten und Rhythmen erblicken, die die Beziehungen zwischen der römischen Kirche, die in der Lage ist, innerhalb von nur drei Jahren ein Konzil auf die Beine zu stellen (wie es Johannes XXIII. zwischen 1958 und 1962 gelang), und der Orthodoxie so schwierig machen, die dafür auch fünfzig Jahre benötigen kann (seit 1968 ist eine „Interorthodoxe Kommission zur Vorbereitung eines Großen und Heiligen Konzils der orthodoxen Kirche" an der Arbeit). Zum raschen Rhythmus Roms gesellt sich noch die persönliche Eile Johannes Pauls, der nach Konstantinopel kommt, um den Dialog zwischen der katholischen Kirche und der gesamten Orthodoxie zu eröffnen, und bei der Einsetzung der beiden Kommissionen, von denen jede 28 Mitglieder aufweist, bringt er folgenden Traum zum Ausdruck: *Möge die Morgendämmerung dieses neuen Jahrtausends über einer Kirche anbrechen, die zu ihrer vollen Einheit gefunden hat!* (29. November 1979)

Das ist wohl die kühnste Bestätigung seiner ökumenischen Utopie. Noch einige Male wird Johannes Paul sie wiederholen, nie jedoch kann er sie überbieten und in den neunziger Jahren ist er sogar gezwungen, sie so abzuändern, dass *man sich beim Großen Jubiläum wenn schon nicht völlig vereint, so doch zumindest so präsentieren kann, dass man einander ein gutes Stück näher gekommen und bemüht ist, die Trennungen des zweiten Jahrtausends zu überwinden* (Enzyklika „Ut unum sint", 1995).

An dem Tag, an dem Johannes Paul türkischen Boden betritt, veröffentlicht die Tageszeitung „Mylliet" (Die Nation) auf der ersten Seite einen Brief des gerade erst aus einem Militärgefängnis entflohenen Terroristen und Mörders Ali Agca: „Der Anführer der Kreuzzüge Johannes Paul II. wird von den westlichen Imperialisten in die Türkei geschickt, weil sie in diesem historischen Augenblick Angst vor den Türken haben, die gemeinsam mit den anderen islamischen Brüdern versuchen, eine größere wirtschaftliche und militärische Macht im Mittleren Osten zu erringen. Wenn dieser Besuch nicht abgesagt wird, werde ich den Papst mit Sicherheit töten."

Dieser Brief und die Konfrontation des Papstes mit dem sowjetischen System auf Grund seines Auftretens während des Besuchs in Polen sind die einzigen Elemente, die vor dem Attentat vom 13. Mai 1981 zu registrieren sind und zu seinem Verständnis beitragen können. Vielleicht haben sich die Geheimdienste jenes Imperiums, das den polnischen Papst so fürchtete, den „grauen Wolf" Ali Agca und seine autonome und bereits öffentliche Absicht, den Papst zu töten, zunutze gemacht. Oder vielleicht ist Agca von jemandem benutzt worden, dem es darum ging, die östlichen Geheimdienste in ein schiefes Licht zu rücken. Jedenfalls bleiben das nach unzähligen Untersuchungen die wahrscheinlichsten Hypothesen über das Zustandekommen des Attentats. Und es könnte in beiden Versionen, die der Attentäter selbst aufgetischt hat, ein Stück Wahrheit stecken: sowohl in der, allein gehandelt zu haben (erster Prozess), als auch in der, vom bulgarischen Geheimdienst unterstützt worden zu sein (zweiter Prozess).

Doch kehren wir zur ökumenischen Utopie zurück, die Johannes Paul bei seinem Besuch in Konstantinopel zum Ausdruck gebracht hat. Ebenso feierlich in den Gesten und gewichtig in den Inhalten ist der Besuch beim anglikanischen Primas und Erzbischof von Canterbury Robert Runcie am 29. Mai 1982. Schon Paul VI. war in Konstantinopel und in Genf gewesen, aber nach Canterbury hatte sich ein Papst noch nie begeben. Auf der bischöflichen Kathedra des Augustinus von Canterbury wird das Evangelienbuch deponiert, während der Papst und der Primas unten vor den Stufen des Altars Platz nehmen, auf gleich gearteten Sitzen und auf gleicher Höhe, etwas seitlich platziert und leicht zueinander geneigt.

Die Zeremonie in der Kapelle, die den „Heiligen und Märtyrern des zwanzigsten Jahrhunderts" geweiht ist, ist ganz darauf abgestimmt zu zeigen, dass es sich nicht bloß um einen Ritus des alten christlichen Europa handelt, das versucht, seine Wunden zu heilen: Auf einen sechsarmigen Leuchter stellen der Primas und der Papst sowie vier weitere Personen in Vertretung der wichtigsten christlichen Konfessionen je eine Kerze und sprechen dabei den Namen eines „Märtyrers" unserer Zeit aus. Es beginnt Johannes Paul und er widmet seine Kerze dem Polen Maximilian Kolbe, den er in vier Monaten heilig sprechen wird. Runcie nennt den Namen des Erzbischofs von San Salvador, Oscar Romero. Die weiteren Namen: der deutsche evangelische Pastor Dietrich Bonhoeffer, die ukrainische Nonne Maria Skobotsova (beide, wie Kolbe, Opfer des Nazismus), der amerikanische schwarze Pastor Martin Luther King, der anglikanische Bischof von Uganda Janani Luwun, der vom Diktator Idi Amin getötet wurde. Diese Feier bei den Anglikanern brachte Johannes Paul auf die Idee eines „neuen Martyrologiums", das er für das Große Jubiläum vorschlägt und das zu einer großen „Ökumenischen Gedenkfeier für die neuen Märtyrer" führen soll, die bereits für den 7. Mai 2000 fixiert ist. In Genf schließlich findet am 12. Juni 1984 eine Begegnung Johannes Pauls mit dem Ökumenischen Rat der Kirchen statt. Vielleicht war es keine bewusste Programmierung, Tatsache ist aber, dass die Abfolge der drei Besuche genau den drei Graden der Nähe zueinander entspricht: Am größten ist die Nähe der Kirche von Rom zur Orthodoxie, gleich danach kommt die anglikanische Gemeinschaft, an dritter Stelle folgt das weite Feld des Protestantismus, von dem die Genfer Vereinigung dominiert wird. Der größere Unterschied wird sofort schon in der Szene im großen Empfangssaal sichtbar: Um den Bischof von Rom zu empfangen, haben sich Männer und Frauen eingefunden, während bei den Begegnungen im Phanar und in Canterbury keine Frau eine wesentliche Rolle gespielt hat.

Der bayerische evangelische Landesbischof Johannes Friedrich, der Münchner Kardinal Friedrich Wetter und der griechisch-orthodoxe Bischof Dimitrios (von links) ziehen in einer Lichterprozession am 18.1.2000 durch den Liebfrauendom in München. Unter dem Motto: „Dies wird ein Jahrhundert der Ökumene" wurde hier der für Deutschland zentrale Eröffnungsgottesdienst zur Gebetswoche für die Einheit der Christen gefeiert. Die Gebetswoche wird seit Jahrzehnten jeweils im Januar weltweit von Christen aller Konfessionen als ökumenische Manifestation begangen. In der Arbeitsgemeinschaft Christlicher Kirchen in Deutschland wirken zur Zeit 17 christliche Kirchen und Gemeinschaften mit. Sie repräsentieren mehr als 64 Millionen in Deutschland lebende Christen.

Johannes Paul erinnert an die *Überzeugung* der katholischen Kirche, dass der Bischof von Rom ein *sichtbarer Bezugspunkt der Einheit* unter den Kirchen ist, eine Überzeugung, von der er sagt: *Unsere Treue zu Christus verbietet uns, sie aufzugeben,* über die man aber *offen und freundschaftlich diskutieren muss. Wir wissen* – sagt Johannes Paul weiter –, *dass das für die meisten von Ihnen – deren Gedächtnis vielleicht durch gewisse schmerzliche Erinnerungen gezeichnet ist, für die mein Vorgänger Papst Paul VI. Sie um Verzeihung gebeten hat – Probleme schafft* (Genf, 12. Juni 1984).

Im Augenblick bittet Johannes Paul nicht um Verzeihung, er bleibt gewissermaßen einen Schritt hinter Paul VI. zurück, aber später wird er dies noch nachdrücklicher tun als sein Vorgänger und er wird auch durch seine Taten eine positive Antwort (mit dem Gebetstag von Assisi und den Initiativen für das Große Jubiläum) auf den Vorschlag geben, den ihm nun der Generalsekretär des Ökumenischen Rates, der schwarze Pastor aus Jamaika Philip Potter, unterbreitet und dem er unmittelbar nichts abzugewinnen scheint: nämlich „die Phase der formalen Zusammenarbeit" zu überwinden und zur gemeinsamen Realisierung von „konkreten Akten des Gehorsams gegenüber dem Evangelium“ überzugehen.

Die verschiedene Abstufung der ökumenischen Utopie je nach dem Gesprächspartner ist auch in der folgenden, etwas zurückgeschraubten Version seiner Erwartung für die „Morgendämmerung des neuen Jahrtausends“ zu bemerken, mit der er sich – ein Jahr nach der Begegnung von Genf – an eine protestantische Kirche wendet: *Können wir nicht darauf abzielen, den Beginn des dritten Jahrtausends zum Beginn einer besonderen Zeit für die Suche nach der vollen Einheit in Christus zu machen?* (Brief an den Vorsitzenden der Lutherischen Kirche in Amerika James R. Crumley, 22. Juli 1985)

Einer der Aspekte der ökumenischen Utopie Johannes Pauls ist ihre weite geografische Ausdehnung auf der Suche nach allen möglichen Gesprächspartnern, weit über die wesentlichen Abstecher Pauls VI. nach Konstantinopel und Genf hinaus. Im Apostolischen Schreiben „Tertio millennio adveniente“ (1994) erinnert er daran, dass „die Entwicklung der ökumenischen Beziehungen“ ein beständiges Ziel seiner Reisen sei und er zieht folgende Bilanz: *Unter diesem Gesichtspunkt haben die Besuche in der Türkei (1979), in Deutschland (1980), in England, Wales und Schottland (1982), in den skandinavischen Ländern (1989) und zuletzt in den baltischen Staaten (1993) eine besondere Bedeutung.*

In den neunziger Jahren, als das Scheitern dieser Utopie offenkundig ist und der Bußweg zur Einheit eingeschlagen wird (siehe Kapitel 29), bleibt die Betonung der Wichtigkeit dieses Zieles in den Texten von Johannes Paul weiterhin ein Hauptanliegen. *Das Erreichen der gewünschten Einheit unter allen an Christus Glaubenden kann und wird gewiss eines der wichtigsten Ereignisse der Menschheitsgeschichte sein,* sagt er zum Beispiel bei der ökumenischen Begegnung in Tallinn (Estland) am 10. September 1993.

Im Augenblick ist der bevorstehende Bußweg noch lang. Aber schon an diesem frühen Morgen des Pontifikats kündigt sich – mit der Wiederaufnahme des Falles Galilei, die im gleichen Monat erfolgt wie der Besuch in Konstantinopel – bei Johannes Paul die Bereitschaft an, mit der Geschichte ins Reine zu kommen, die für diesen Weg die kulturelle Voraussetzung bildet.

Umringt von winkenden Menschen fährt Papst Johannes Paul II. bei seinem ersten Deutschlandbesuch im November 1980 in Begleitung des Mainzer Kardinals Volk (M.) im „Papamobil“ durch Mainz.

Die Abrechnung mit der Geschichte

Johannes Paul II. ist bereits wegen des Mutes, mit dem er den Kommunismus bekämpf hat, in die Geschichte eingegangen. Doch wahrscheinlich wird er wegen einer anderen unerwarteten und mutigen Entscheidung für lange Zeit in der Geschichte verankert bleiben: wegen des Mutes, mit dem er die Kirchengeschichte einer Überprüfung unterzog, wobei er die „dunklen Seiten" und die „Abweichungen vom Evangelium" aufzeigte und Gott sowie alle, die sich von der Kirche verletzt fühlen, um Verzeihung bat. Dieses größte Unterfangen des Wojtyla-Papstes, das unter dem Namen „Gewissensprüfung zur Jahrtausendwende" läuft, wird in den neunziger Jahren mit dem Apostolischen Schreiben „Tertio millennio adveniente" zu einem ausdrücklichen Programm des Pontifikats. Aber es steht am Ende seiner Amtszeit und stellt sich wie deren Zusammenfassung dar, obwohl dieses Anliegen schon am Anfang deutlich zu erkennen war: nämlich in der Wiederaufnahme des Falles Galilei.

Johannes Paul kündigt die Überprüfung des Falles Galilei bei einer Audienz für die Päpstliche Akademie der Wissenschaften am 10. November 1979 anlässlich einer Gedenkfeier für Albert Einstein an: etwas mehr als ein Jahr nach seiner Wahl. Mit dem Fall Galilei hatte sich schon das II. Vatikanum beschäftigt, das – ohne den Gelehrten ausdrücklich zu nennen – an einer Stelle der Konstitution „Gaudium et spes" (1965) eine Art Schuldeingeständnis gemacht hatte. Die Entscheidung, darüber hinaus zu gehen, zeugt von einer Unzufriedenheit mit diesem Eingeständnis und dem nur schwachen Echo, das es ausgelöst hat, sie zeigt aber auch das volle Vertrauen Johannes Pauls, dass alles geklärt werden kann und alle Missverständnisse überwunden werden können.

Die Größe Galileis ist wie jene Einsteins allen bekannt; doch im Unterschied zu dem, den wir heute im Beisein des Kardinalskollegiums im Apostolischen Palast ehren, hat der erste – wir wollen das nicht verschweigen – von den Männern und Organen der Kirche viel zu leiden gehabt. Das II. Vatikanische Konzil hat gewisse unrechtmäßige Eingriffe zugegeben und bedauert. „Deshalb sind gewisse Geisteshaltungen" – heißt es in Nr. 36 der Konzilskonstitution „Gaudium et spes" –, „die einst auch unter Christen wegen eines unzulänglichen Verständnisses für die legitime Autonomie der Wissenschaft vorkamen, zu bedauern. Durch die dadurch entfachten Streitigkeiten und Auseinandersetzungen schufen sie in der Mentalität vieler die Überzeugung von einem Widerspruch zwischen Glauben und Wissenschaft" ... Um über diese Stellungnahme des Konzils hinaus zu gehen, wünsche ich, dass Theologen, Gelehrte und Historiker, vom Geist ehrlicher Zusammenarbeit beseelt, die Überprüfung des Falles Galilei vertiefen und in aufrichtiger Anerkennung des Unrechts, von welcher Seite es auch immer gekommen sein mag, das Misstrauen beseitigen, das dieses Ereignis noch immer bei vielen gegen eine fruchtbare Zusammenarbeit von Glaube und Wissenschaft, von Kirche und Welt hervorruft. Ich werde diese Aufgabe, die der Wahrheit des Glaubens und der Wissenschaft zur Ehre gereichen und die Tür für eine künftige Zusammenarbeit öffnen kann, mit allen Kräften unterstützen.

Als Folge dieser Ankündigung setzt Papst Wojtyla am 3. Juli 1981 eine „Päpstliche Kommission zum Studium der ptolemäisch-kopernikanischen Kontroverse des 16. und 17. Jahrhunderts" ein, die vom französischen Kardinal Gabriel Marie Garrone geleitet wird und aus vier Arbeitsgruppen besteht, deren Vorsitzende sind: Kardinal Carlo Maria Martini für die exegetische Abteilung, Kardinal Paul Poupard für die kulturellen Angelegenheiten, Carlos Chagas (Präsident der Päpstlichen Akademie der Wissenschaften) und der Jesuit George Coyne (Direktor der vatikanischen Sternwarte) für die wissenschaftliche und epistemologische Sektion, der Priester Michele Maccarrone (Präsident des Päpstlichen Komitees für die historischen Wissenschaften) für die historischen und juristischen Fragen.

Es ist eine eingespielte Mannschaft, die so wie der Papst von der Notwendigkeit überzeugt ist, „die Hypothek zu beseitigen, die auf der Frage des Galileiprozesses lastet", wie sich Kardinal Garrone ausdrückte, als er 1984 die wichtigste jener Publikationen präsentierte, zu denen die elfjährige Untersuchung geführt hat, nämlich den Band „Die Dokumente des Prozesses gegen Galileo Galilei", dessen Herausgeber Sergio Pagano war und der im Verlag der Päpstlichen Akademie der Wissenschaften erschienen ist. Die entscheidenden Studien waren schon 1986 abgeschlossen mit der Veröffentlichung – unter der Verantwortung von Kardinal Martini – des Bandes von Rinaldo Fabris „Galileo Galilei und die exegetischen Richtungen seiner Zeit", ebenfalls im Verlag der Päpstlichen Akademie der Wissenschaften. Dass man trotz der eingespielten Equipe und der eifrigen Arbeit erst 1992 zum Abschluss kommt, ist dem passiven Widerstand kurialer Kreise gegen diese so neuartige Initiative des Papstes zuzuschreiben. Das Problem wird anlässlich der Initiativen für das Große Jubiläum und besonders die „Gewissensprüfung" von neuem auftreten: Die päpstlichen Projekte, die von der üblichen kurialen Praxis abweichen, treffen – selbst wenn sie Personen der Kurie anvertraut sind – auf einen Widerstand innerhalb der Kurie, den ein Papst ohne kuriale Erfahrung nur auf lange Sicht überwinden kann.

Doppelseite: Galilei vor der Inquisition, Gemälde von Joseph Nicolas Robert Fleury, 1847.

Galileo Galilei, Kreidezeichnung von Ottavio Leoni, 17. Jh.

Schließlich ist auch der „Poupard-Bericht" mit den Schlussfolgerungen der Kommission fertig (in der Zwischenzeit hat Kardinal Paul Poupard, Vorsitzender des Rates für kulturelle Angelegenheiten, die Nachfolge von Garrone in der Gesamtleitung angetreten) und kann bei der Papstaudienz für die Päpstliche Akademie der Wissenschaften am 31. Oktober 1992 präsentiert werden. Der „Osservatore Romano" vom 1. November publiziert ihn mit folgender Überschrift: „Die Schlussfolgerungen der Studienkommission zur Prüfung des Falles Galilei wurden dem Papst präsentiert. Die Resultate einer interdisziplinären Forschungsarbeit".

Das folgende Zitat (im Paragraf 5) ist die wichtigste Stelle des ausführlichen Berichtes, der – den päpstlichen Text aus dem Jahr 1979 zitierend – die „aufrichtige" Anerkennung des „Unrechts" formuliert, für das das Heilige Offizium verantwortlich war und auf Grund dessen Galilei „viel zu leiden hatte":

„Als Erben der einheitlichen Weltanschauung, die man bis zum Beginn des 17. Jahrhunderts allgemein vertrat, haben es einige Theologen zur Zeit Galileis nicht verstanden, die tiefere, nicht wörtliche, Bedeutung der Heiligen Schrift zu interpretieren, wenn diese die physische Struktur des geschaffenen Universums beschreibt, so dass sie die Frage der Beobachtung eines Faktums fälschlicherweise auf das Gebiet des Glaubens übertrugen. Unter diesen historisch-kulturellen Verhältnissen, von denen unsere Zeit weit entfernt ist, glaubten die Richter Galileis, unfähig, den Glauben von einer jahrtausendealten Kosmologie zu trennen, zu Unrecht, dass die Annahme der kopernikanischen Revolution, die im Übrigen noch nicht endgültig bewiesen war, zu einer Aufweichung der katholischen Tradition führen würde und dass es ihre Pflicht wäre, die Verbreitung dieser Lehre zu verhindern. Dieser subjektive Justizirrtum, der für uns heute so klar auf der Hand liegt, veranlasste sie, eine disziplinäre Maßnahme zu treffen, unter der Galilei ‚viel zu leiden hatte'. Wir müssen dieses Unrecht offen zugeben, wie es Eure Heiligkeit verlangt haben."

Die Sprache ist minimalistisch, aber der Inhalt ist klar. „Einige Theologen" und „die Richter Galileis" sind Ausdrücke, die dem, was im Palast des Heiligen Offiziums und im päpstlichen Rom von 1633 geschah, nicht gerecht werden: Jene Lehrmeinung wurde nämlich von der gesamten Umgebung des Papstes geteilt und die Richter handelten im Gehorsam gegenüber genauen Direktiven Urbans VIII. Die persönliche Beteiligung des Papstes an der Entscheidung über Galilei, mit den Anweisungen vom 16. Juni jenes Jahres (die in Nr. 47 der „Dokumente des Prozesses", die wir oben erwähnt haben, bestätigt werden: „Sanctissimus decrevit", d. h. „Der Papst ordnete an"), wird in diesem Dokument als wahrscheinlich eingestuft.

Jedenfalls ist das Wesentliche klar und der Mut zur Anerkennung des „Unrechts" ist offenkundig. Aber nicht weniger bedeutsam ist das, was der Papst am 31. Oktober 1992 sagt, als er aus dem Geschehenen und seiner Überprüfung einige „Lehren" für die Zukunft zieht:

Bei der Auseinandersetzung, in deren Mittelpunkt Galilei stand, ging es um eine doppelte Frage. Die erste betrifft das Verstehen und die Hermeneutik der Bibel ... Merkwürdigerweise zeigte sich Galilei als aufrichtig Glaubender in diesem Punkt weitsichtiger als seine theologischen Gegner ... Die vom kopernikanischen System hervorgerufene Umwälzung machte also eine Reflexion darüber notwendig, wie die biblischen Wissenschaften zu verstehen sind, ein Bemühen, das später überreiche Früchte für die modernen exegetischen Arbeiten bringen sollte, die ferner in der Konzilskonstitution „Dei Verbum" eine Bestätigung und einen neuen Impuls erhalten haben ... Das pastorale Urteil angesichts der Theorie des Kopernikus war in dem Maße schwierig zu formulieren, wie der Geozentrismus scheinbar selbst zur Lehre der Heiligen Schrift gehörte. Es wäre nötig gewesen, gleichzeitig Denkgewohnheiten zu überwinden und eine neue Pädagogik zu entwickeln, die dem Volk Gottes weiterhelfen konnte. Sagen wir es allgemein: Der Hirte muss wirklich kühn sein und sowohl eine unsichere Haltung, aber auch ein voreiliges Urteil vermeiden, da das eine wie das andere großen Schaden hervorrufen könnte ...

Vom Zeitalter der Aufklärung bis in unsere Tage hat der Fall Galilei eine Art Mythos dargestellt, in dem das Bild der Ereignisse, das man sich konstruiert hat, von der Realität ziemlich weit entfernt war. In dieser Sichtweise war der Fall Galilei das Symbol für die angebliche Ablehnung des wissenschaftlichen Fortschritts von Seiten der Kirche oder für einen „dogmatischen" Obskurantismus, der im Gegensatz steht zur freien Forschung nach der Wahrheit. Dieser Mythos hat eine beachtenswerte kulturelle Rolle gespielt: Er hat dazu beigetragen, dass manche Männer der Wissenschaft in gutem Glauben der Idee verfallen sind, es gäbe eine Unvereinbarkeit zwischen dem Geist der Wissenschaft und ihrer Ethik des Forschens auf der einen Seite und dem christlichen Glauben auf der anderen. Ein tragisches gegenseitiges Unverständnis ist als Reflex eines konstitutiven Gegensatzes zwischen Wissenschaft und Glaube interpretiert worden. Die Klärungen, die von jüngsten historischen Studien herbeigeführt worden sind, erlauben uns zu betonen, dass solche schmerzlichen Missverständnisse nunmehr der Vergangenheit angehören.

Außenansicht des Uffizio Palastes in Rom, in dem sich das Archiv der Glaubenskongregation des Vatikans befindet. Am 22.1.1998 hat der Vatikan offiziell sein bislang kaum zugängliches Inquisitionsarchiv für Wissenschaftler geöffnet. Die Inquisition mit spektakulären Ketzerprozessen und grausamen Hexenverfolgungen gilt als eines der dunkelsten Kapitel der Katholischen Kirche. Eines der bekanntesten Inquisitionsopfer ist der italienische Gelehrte Galileo Galilei. In Italien wurde die Inqusition 1859 abgeschafft, im Kirchenstaat gab es sie bis 1870. Als Garant der Kirchendisziplin wurde die Congregation Sancti Offici offiziell erst 1965 aufgelöst. Ihre Nachfolgebehörde ist die Glaubenskongregation mit derzeit Josef Kardinal Ratzinger als ihrem Vorsitzenden.

Weiters kann man aus dem Fall Galilei die Lehre ziehen, dass die verschiedenen Wissensdisziplinen verschiedene Methoden verlangen … Der Irrtum der Theologen von damals bestand am Festhalten an der Zentralstellung der Erde in der Vorstellung, unsere Kenntnis der Strukturen der physischen Welt wäre irgendwie vom Wortsinn der Heiligen Schrift gefordert.

Im Oktober 1992 ist Johannes Paul also zur Überzeugung gelangt, dass es notwendig ist, alle „dunklen Seiten" der Kirchengeschichte aufzuklären. Die passive Erwartung der kurialen Kreise war vielleicht die, dass der Papst im Laufe der Jahre auf die Absicht, „das Unrecht anzuerkennen", die er zu Beginn seines Pontifikats angekündigt hatte, vergessen oder sie zumindest abschwächen würde. Doch genau das Gegenteil ist geschehen: In den elf Jahren, in denen die Kommission an der Arbeit ist, berichtet Johannes Paul immer wieder über einzelne „Themenbereiche", wenn er anlässlich seiner Reisen mit kritischen Gesprächspartnern zusammentrifft. Keines jener Jahre vergeht ohne eine selbstkritische Äußerung von seiner Seite.

In Madrid spricht er beispielsweise am 3. November 1982 über die spanische Inquisition, die die schrecklichste von allen war und die in Spanien noch immer ein äußerst heikles Thema ist: *In Zeiten wie denen der Inquisition ergaben sich Spannungen, Irrtümer und Exzesse, Tatsachen, die die Kirche von heute im objektiven Licht der Geschichte wertet.*

In Wien wirft er am 10. September 1983 die Frage nach den Kriegen auf, von denen die Geschichte Europas voll ist und die allesamt von Getauften erklärt und geführt wurden, oft mit dem Ziel ungerechter Unterdrückung, und er kommt zu dem Urteil: *Wir müssen bekennen und um Vergebung bitten, dass wir Christen Schuld auf uns geladen haben – in Gedanken, Worten und Werken und durch tatenloses Gewährenlassen des Unrechts.*

In Bezug auf Galilei, die spanische Inquisition und die europäischen Kriege hatten die selbstkritischen Äußerungen des Papstes einen mehr oder weniger direkten Beweggrund: denn es sind Päpste gewesen, die für diese Dinge in irgendeiner Weise verantwortlich waren. Aber es wird sehr rasch auch eine selbstkritische Einstellung Johannes Pauls sichtbar, die über die Verantwortlichkeit von Päpsten oder kirchlicher Strukturen weit hinausgeht: in den Fällen der Sklaverei, der schändlichen Behandlung der eingeborenen Völker auf den verschiedenen Kontinenten durch die europäischen Kolonisten, ja sogar im Fall der Mafia im Süden Italiens. In diesen Fällen wird das Schuldbekenntnis nicht im Namen des römischen Papsttums oder der katholischen Hierarchie abgelegt, sondern im Namen des Volkes aller Getauften.

Der erste Fall, den wir gefunden haben, ist vielleicht der bezeichnendste für eine solche Einbeziehung des römischen Papstes – durch das „Wir" der liturgischen Versammlung – in die historische und aktuelle Verantwortlichkeit einer katholischen Bevölkerung: Wir befinden uns in Cosenza in Kalabrien, einer Region im italienischen Süden, die von der organisierten Kriminalität, die man hier „'ndrangheta" nennt, besonders heimgesucht wird. Wir schreiben den 6. Oktober 1983, der Papst feiert eine Messe unter freiem Himmel und bei der Predigt weist er auf die Verbrechen der Mafia hin und fordert die kirchliche Gemeinschaft auf, sich dafür verantwortlich zu fühlen und Abhilfe zu schaffen: *Wir, die wir der Weinberg des Herrn sind, welche wilden Trauben haben wir statt der guten hervorgebracht! Wie viel Hass und Rache, Blutvergießen, Diebstähle, Raubüberfälle, Freiheitsberaubungen, Ungerechtigkeiten und Gewalt jeder Art!*

In Santo Domingo spricht Johannes Paul am 12. Oktober 1984 mit folgenden Worten die Verantwortung der katholischen Kirche für die schändliche Behandlung der eingeborenen Bevölkerung an: *Die Kirche will die Wechselbeziehung von Kreuz und Schwert nicht leugnen, von der die erste Phase des missionarischen Vordringens in die Neue Welt gekennzeichnet war.* Johannes Paul war damals nach Santo Domingo gekommen, um eine neunjährige „Novene" zur Vorbereitung der 500-Jahrfeiern des Beginns der Evangelisierung Lateinamerikas zu eröffnen, und im Laufe der neun Jahre wird er an die zehnmal auf das Thema zu sprechen kommen, auch außerhalb von Lateinamerika (in Kanada, Australien, den USA), und er wird zum Abschluss dieser außergewöhnlichen Novene im Jahr 1992 noch sehr viel eindrucksvollere Worte finden.

Schon ein Jahr nach seinem Auftritt in Santo Domingo macht er in Afrika, in einer Ansprache an die Akademiker in Yaoundè (Kamerun) am 13. August 1985, sehr präzise Aussagen über die Behandlung der Schwarzen, eine Frage, die – was die Verantwortung der Kirche angeht – ganz ähnlich gelagert ist wie die der schlechten Behandlung der Indios: *Im Lauf der menschlichen Geschichte haben sich Angehörige der christlichen Nationen nicht immer als solche verhalten und wir bitten unsere afrikanischen Brüder, die so viel erleiden mussten, zum Beispiel durch die Behandlung der Sklaven, dafür um Vergebung.* Das ist das erste Mal, dass Johannes Paul eine dunkle Seite der Kirchengeschichte in Erinnerung ruft und eine formelle Vergebungsbitte an jene richtet, die ihre Opfer waren. Insgesamt sind es in den ersten zwanzig Jahren des Pontifikats 25 solcher Bitten, die an die verschiedensten Gesprächspartner gerichtet werden.

Für das Jahr 1985 müssten wir noch auf die Rede vor der islamischen Jugend in Casablanca (Marokko) am 19. August aufmerksam machen, in der er dazu auffordert, die Feindschaft der Vergangenheit zu überwinden und sich gegenseitig zu vergeben. Am 13. April 1986 erfolgt der Besuch in der Synagoge von Rom, wo er die *Verfolgungen* beklagt, die sich *zu irgendeiner Zeit und von wem auch immer gegen die Juden gerichtet haben; ich wiederhole: von wem auch immer!* (Er bezog sich dabei auf seine Vorgänger als Päpste.) Ebenfalls 1986 gibt es den Weltgebetstag der Religionen für den Frieden in Assisi (27. Oktober), in dessen Verlauf Johannes Paul im Namen der katholischen Kirche betont: *Wir sind nicht immer Friedensstifter gewesen.* Wir beschränken uns hier auf diese kurzen Hinweise, weil in den folgenden Kapiteln Näheres zu diesem Thema berichtet wird.

Im Jahr 1987 kommt er wieder auf die Frage der schändlichen Behandlung der amerikanischen Indianer von Seiten der Kolonisten zurück, jetzt noch eingehender und leidenschaftlicher als vier Jahre zuvor in Santo Domingo: *Es ist unsere Pflicht, die kulturelle Unterdrückung, die Ungerechtigkeiten, die Zerstörung eures Lebens und eurer traditionellen Gesellschaftsordnung einzugestehen. Leider lebten nicht alle Mitglieder der Kirche im Einklang mit ihrer christlichen Verantwortlichkeit* (Phoenix, USA, Begegnung mit den Ureinwohnern, 14. September 1987).

Ab 1987 werden die selbstkritischen Äußerungen immer zahlreicher; im Jahr 1988 stoßen wir zumindest auf zwei davon, in beiden Fällen ist Straßburg der Ort des Geschehens. Die erste stammt vom 8. Oktober und räumt ein, dass die Kirche nicht immer mit jenem Nachdruck gegen die Ungerechtigkeit zu Felde zieht, wie es notwendig wäre: *Es darf nicht Privilegien für die Reichen und Starken geben und die Ungerechtigkeit für die Armen und die Behinderten. Sagt die Kirche dies mit genügend lauter Stimme? Vielleicht nicht. Auch die Mitglieder der Kirche haben ihre Schwächen. Wir sind die Kirche, ihr und ich!* Johannes Paul präzisiert hier zwar nicht genau die Rollen und die Verantwortlichkeiten, es geht ihm vielmehr – wie im Fall der kalabresischen Mafia – darum, einen Sinn für gemeinsame Mitverantwortlichkeit zu erwecken. Die zweite Äußerung von Straßburg ist noch wichtiger, sie erfolgt drei Tage später vor dem Europäischen Parlament und stellt eine formelle Missbilligung des mittelalterlichen Integralismus dar, wie er von den Päpsten jener Jahrhunderte stets vertreten wurde: *Die lateinische Christenheit des Mittelalters ist der integralistischen Versuchung nicht immer entkommen, diejenigen aus der irdischen Gesellschaft auszuschließen, die nicht den wahren Glauben bekannten* (11. Oktober 1988).

Trotz dieser feierlichen Bekräftigung von Straßburg wird der polnische Papst auch später noch des Integralismus bezichtigt. Die direkteste und voll Entrüstung vorgebrachte Beschuldigung dieser Art muss er ausgerechnet in seiner Heimat Polen hinnehmen, die gerade die kommunistische Herrschaft abgeschüttelt hat, und zwar während seiner Reise im Jahr 1991 wegen seines Eintretens für den Schutz des Lebens. Er verteidigt sich mit einer

neuerlichen Erklärung gegen den Integralismus: *Die Kirche will am Leben der Gesellschaft nur als Zeuge des Evangeliums teilnehmen, und es sind ihr heute die Ten-denzen fremd, irgendeinen Bereich des öffentlichen Lebens beherrschen zu wollen. Ein fanatisches oder fundamentalistisches Verhalten ist mit der christlichen Wahrheit unvereinbar* (Olstyn, 6. Juni 1991).

Galilei widerruft seine Erkenntnisse am 22. Juni 1633 in Rom, Santa Maria sopra Minerva, Holzstich. Aus: Camille Flammarion, Astronomie populaire, Paris 1884.

יד ושם
YAD
VASHEM

Unsere Übersicht ist beim Jahr 1989 angelangt und in diesem Jahr stoßen wir auf das Thema der Teilnahme der Christen an den Kriegen in Europa, das er schon 1983 und 1985 angesprochen hatte. Diesmal nehmen seine Überlegungen, die im „Apostolischen Schreiben zum 50. Jahrestag des Beginns des Zweiten Weltkriegs" (26. August 1989) enthalten sind, einen dramatischen Ton an, der uns bereits zeigt, welchen Weg Johannes Paul – innerhalb kurzer Zeit – in einer so heiklen Materie zurückgelegt hat: *Die Ungeheuerlichkeiten jenes Krieges zeigten sich auf jenem Kontinent, der am längsten im Einflussbereich des Evangeliums und der Kirche gestanden ist. Es ist wahrlich schwer, den Weg fortzusetzen, wenn wir dieses schreckliche Kalvaria der Menschen und der Nationen hinter uns haben!*

1990 unternimmt Johannes Paul zwei Reisen nach Afrika (auf die Kapverdischen Inseln, nach Guinea-Bissau, Mali, Burkina Faso und Tschad im Januar/Februar; nach Tanzania, Burundi, Ruanda und Elfenbeinküste im September), die uns reichliches Material zum Thema des Kolonialismus und der Behandlung der schwarzen Bevölkerung liefern würden, doch wir wollen uns hier nicht weiter mit einer Analyse dieser Äußerungen beschäftigen, denn dieses Thema wird ausführlicher und noch eindrucksvoller anlässlich seines Besuches im „Sklavenhaus" auf der Insel Gorée (Senegal) am 22. Februar 1992 behandelt werden: *Von diesem afrikanischen Heiligtum des schwarzen Schmerzes aus flehen wir um die Vergebung des Himmels.*

Eindeutig ist auch die Selbstkritik in Bezug auf die Konflikte mit dem orthodoxen Osten in dem „Schuldbekenntnis", das er in Bialystok (Polen) während des Treffens in der orthodoxen Kathedrale am 5. Juni 1991 abgelegt hat: *Wir können nicht anders, als in Demut zuzugeben, dass in den Beziehungen zwischen unseren Kirchen in der Vergangenheit nicht immer der Geist evangelischer Brüderlichkeit geherrscht hat. Wo immer es Unrecht gegeben hat, gleichgültig von welcher Seite, kann es nur durch die Anerkennung der eigenen Schuld vor dem Herrn und durch die Vergebung überwunden werden!*

Schließlich das Jahr 1992. Die vielleicht eindrucksvollste Vergebungsbitte – in dieser ersten Entwicklungsphase der Materie – erfolgt im Oktober jenes Jahres mit dem Besuch Johannes Pauls in Santo Domingo, den er als einen „Akt der Sühne" betrachtet, und er hat nach unserer Meinung noch bei keiner anderen Gelegenheit so starke Worte gebraucht. *Durch die Wallfahrt, eine Dankwallfahrt, zum Ort, wo die Evangelisierung begann, wollten wir zugleich einen Akt der Sühne vor der unendlichen Heiligkeit Gottes für all das vollbringen, was in diesem Aufbruch zum amerikanischen Kontinent von der Sünde, Ungerechtigkeit und Gewalt gekennzeichnet war ... Wir hören nicht auf, diese Menschen um „Vergebung" zu bitten. Diese Bitte um Vergebung richtet sich vor allem an die Ureinwohner der Neuen Welt, an die Indios – und dann auch an alle, die von Afrika dorthin als Sklaven zur Zwangsarbeit verschleppt wurden. „Vergib uns unsere Schuld ..." Auch dieses Gebet gehört zur Evangelisierung* (Generalaudienz, 21. Oktober 1992).

Papst Johannes Paul II. hält am 23.3.2000 in der Holocaust-Gedenkstätte Jad Vaschem in Jerusalem eine Ansprache, in der er seine Erschütterung über Antisemitismus und Judenverfolgungen durch Christen äußert. Die römisch-katholische Kirche sei „tief traurig über den Hass, die Verfolgung und den offen zur Schau getragenen Antisemitismus" von Christen gegen Juden, zu welcher Zeit und an welchem Ort auch immer. Allerdings äußerte sich der Papst entgegen mancher Erwartungen nicht zum „Schweigen" des Vatikans während der Zeit der Nazigewalt.

Innerhalb von dreizehn Jahren – von der Wiederaufnahme des Falles Galilei bis zu dieser Sühne-Pilgerfahrt zum 500-jährigen Jubiläum des Beginns der Evangelisierung Amerikas – hat Johannes Paul also an die zwanzig selbstkritische Äußerungen getätigt, im Namen der Kirche und in Bezug auf ihre Geschichte. Das ist viel, aber noch wenig im Vergleich zu dem, was er ab 1993 auf diesem Gebiet noch alles tun wird. Bisher macht Johannes Paul seine Abrechnung mit der Geschichte, indem er sich ganz im Kielwasser des II. Vatikanums und Pauls VI. aufhält: Was das Konzil implizit zum Ausdruck gebracht hatte (Galilei), macht er explizit deutlich, die Botschaft, die die Konzilsväter Dokumenten anvertraut hatten (Juden, Moslems, orthodoxe und evangelische Gemeinschaften), richtet er direkt an die Adressaten, was schon allgemein und prinzipiell gesagt worden war, wendet er auf neue Themenbereiche an (Inquisition, Integralismus, Indios, Mafia, Behandlung der Schwarzen).

Fast alle diese selbstkritischen Äußerungen macht der Papst im Lauf seiner Reisen: In ihnen drückt sich die Sorge des missionarischen Papstes aus, der im Hinblick auf seine Mission *ad gentes* die Notwendigkeit sieht, die Verantwortlichkeit derer anzuerkennen, die vor ihm diese Völker aufgesucht und ihnen dieselbe Botschaft gebracht haben. Wir könnten eventuell sogar den Schluss ziehen, dass dieser Papst – das gilt zumindest für die erste Phase des Pontifikats – vielleicht nicht um Verzeihung gebeten hätte, wenn er nicht so viel gereist wäre. Doch vollkommen neu und historisch einmalig ist die vom Evangelium her begründete Selbstkritik anlässlich der Jahrtausendwende, die Johannes Paul seit 1993 entwickelt und die nicht mehr vorwiegend missionarisch motiviert ist, sondern einen Akt der Buße im Blick auf das Große Jubiläum darstellt. Es geht ihm nicht mehr darum, die Verkündigung an die Völker von den Missverständnissen und Unklarheiten der Geschichte zu befreien, sondern den Übergang vom zweiten ins dritte Jahrtausend im Geist der „Versöhnung und Buße" vorzubereiten. Mit der „Gewissensprüfung zum Ende des Jahrtausends" – etwas, was es in der katholischen Tradition noch nie gegeben hat – wird die Kirchengeschichte, die für die Päpste die Werkstatt aller Weisheit war, zum Schauplatz des höchsten Wagemutes.

IN HONOREM PRINCIPIS APOST PAVLVS V BVRGHESIVS ROMANVS PONT
PHILIPS

Der erste Papst der Neuzeit, der einem Attentat zum Opfer fällt

Das Blut kommt immer unerwartet. Und völlig unerwartet war das Attentat auf den Papst inmitten der Menge auf dem Petersplatz. Im Zeitalter des internationalen Terrorismus wird das Bild des Papstes, der blutüberströmt auf dem weißen Fahrzeug zusammenbricht, zu einem Zeichen der Zeit. Zum ersten Mal in der Neuzeit wird ein Papst Opfer physischer Gewalt. Zum ersten Mal liegt ein Papst im Krankenhaus. Die Fotos, die ihn im Morgenrock oder auf dem Bett sitzend zeigen, mit dem Wasserglas und dem Deodorant auf dem Nachtkästchen, tragen dazu bei, das Bild des Papsttums zu verändern. Auf Grund solcher Bilder hat die Welt das dramatische Zeichen dieses Pontifikats verstanden. Sie haben die Gestalt des Papstes den Veränderungen der Zeit angepasst.

Mittwoch, 13. Mai 1981, 17 Uhr 17. Johannes Paul begrüßt und segnet die dreißigtausend Touristen und Pilger, die den Platz anlässlich der Generalaudienz füllen. Im offenen Wagen fährt der Papst langsam die Absperrungen entlang, umarmt die Kinder. Wie jeden Mittwoch, wie er es immer bei allen Reisen in alle Teile der Welt getan hat. Er befindet sich am Ende der zweiten Runde auf dem Platz und nähert sich dem Bronzetor. Jetzt hat er gerade ein zweijähriges Mädchen auf dem Arm, das einen Luftballon in den Händen hält und Sara Bartoli heißt. Lassen wir unseren Blick noch eine Minute auf ihm ruhen, denn so werden wir ihn nie mehr sehen: Vom Attentat wird er zwar genesen, aber das Zeichen des Leidens wird sein Bild in Zukunft prägen.

Mitten unter der Menge befindet sich Mehmet Ali Agca, 23 Jahre alt, geboren in Yesiltepe in der südöstlichen Türkei, ledig: wegen Mordes zum Tode verurteilt, aus einem Militärgefängnis in Istanbul entflohen, ein Berufsterrorist, auf der halben Welt polizeibekannt. Er greift zu einer „Browning", Kaliber 9, und feuert zwei Schüsse ab, die den Papst im Unterleib treffen. Und es ist fast ein Wunder (der Krankenwagen ist rasch zur Stelle, das Herz hält trotz des Verlustes von drei Litern Blut der Belastung stand, eine Infektion kann gebannt werden), dass sie ihn nicht töten: drei Tage nach der Vollendung des 31. Monats seines Pontifikats, fünf Tage nach seinem 61. Geburtstag.

Durch die Schüsse werden die Tauben auf dem Platz aufgeschreckt. Der weiße „Toyota" fährt mit einem Ruck los, mitten durch die verblüffte Menge, die nicht weiß, was geschehen ist. Das Auto erreicht den Arco delle Campane an der linken Seite der Fassade des Petersdoms. Dort ist während der Zeremonien auf dem Platz stets ein Krankenwagen für Erste Hilfe stationiert. Der Papst wird in das Ambulanzfahrzeug gelegt, doch es ist mit keinen Geräten zur Reanimation ausgestattet. Also wird er wieder ausgeladen und in ein anderes, geeigneteres Fahrzeug gebracht. Um 17 Uhr 24 verlässt der Ambulanzwagen den Vatikan durch die Porta di Sant'Anna, rast die vatikanische Mauer an der Seite, wo sich der Eingang zu den Museen befindet, entlang und erreicht in nur 8 Minuten die Poliklinik Gemelli. Während der Fahrt versagt auch noch die Sirene. Im Fahrzeug befinden sich der Leibarzt des Papstes, Renato Buzzonetti, ein Sanitäter und der päpstliche Sekretär Don Stanislaw. Bis zum Eintreffen im Spital ist der Papst bei Bewusstsein, wie um die Fahrt mit seinen Gebeten zu begleiten. Erst als man ihn auf der Tragbahre in die Klinik bringt, verliert er das Bewusstsein.

In der Gemelli-Klinik ist stets ein kleines Appartement im 10. Stockwerk bereitgestellt für den Fall einer eventuellen Einlieferung des Papstes. Daher wird er zunächst dorthin gebracht. Doch es ist ein sinnloser Umweg und so bringt man ihn in aller Eile wieder hinunter zum Operationssaal. Am Eingang zum OP ist sein Puls kaum noch fühlbar. Don Stanislaw erteilt ihm die Krankensalbung. Die Anästhesistin zieht ihm den Ring vom Finger.

Um 18 Uhr beginnt die Arbeit der Chirurgen. Sie dauert fünf Stunden und zwanzig Minuten. Schnitt und Verkürzung des Magendarmkanals an den Stellen, die vom Projektil verletzt wurden: ein „klassischer" chirurgischer Eingriff. Radio und Fernsehen übertragen die fragmentarischen und indirekten Nachrichten über das Befinden des Papstes in die ganze Welt. Später wird man wissen, dass die Todesgefahr auf Grund des hohen Blutverlustes groß war. Nach der Öffnung des Bauchraumes ist da nichts als Blut, überall Blut. „Es waren etwa drei Liter", sagt der Chirurg Crucitti zu Frossard: „Das Projektil hatte nach dem Eindringen durch die Vorderwand des Unterleibs das Kreuzbein durchschlagen. Doch die wesentlichen Organe sind nur gestreift worden."Der kollektive Alptraum dauert bis zum darauf folgenden Sonntag, dem 17. Mai, als Radio Vatikan für die auf dem Petersplatz versammelte Menge die müde klingende und schleppende, aber klare Stimme des Papstes überträgt: *Ich bete für den Bruder, der mich verwundet hat und dem ich aufrichtig vergeben habe. Mit Christus vereint, der Priester und Opfer zugleich war, opfere ich meine Leiden auf für die Kirche und für die Welt.*

Das „medizinische, juristische und ballistische Gutachten" des römischen Gerichts wird später feststellen, dass Ali Agca die beiden Schüsse aus einer Distanz von drei, höchstens dreieinhalb Metern abgefeuert hat, wobei er „rechts vom Fahrzeug des Heiligen Vaters" stand und „ein wenig davor".

Doppelseite: Zur Heiligsprechung von 25 Mexikanern durch Papst Johannes Paul II. am 21.5.2000 erschienen rund 20 000 Mexikaner auf dem Petersplatz in Rom.

Papst Johannes Paul II. bricht in seinem offenen Fahrzeug auf dem Petersplatz in Rom verletzt zusammen, nachdem mehrere Schüsse auf ihn abgegeben wurden.

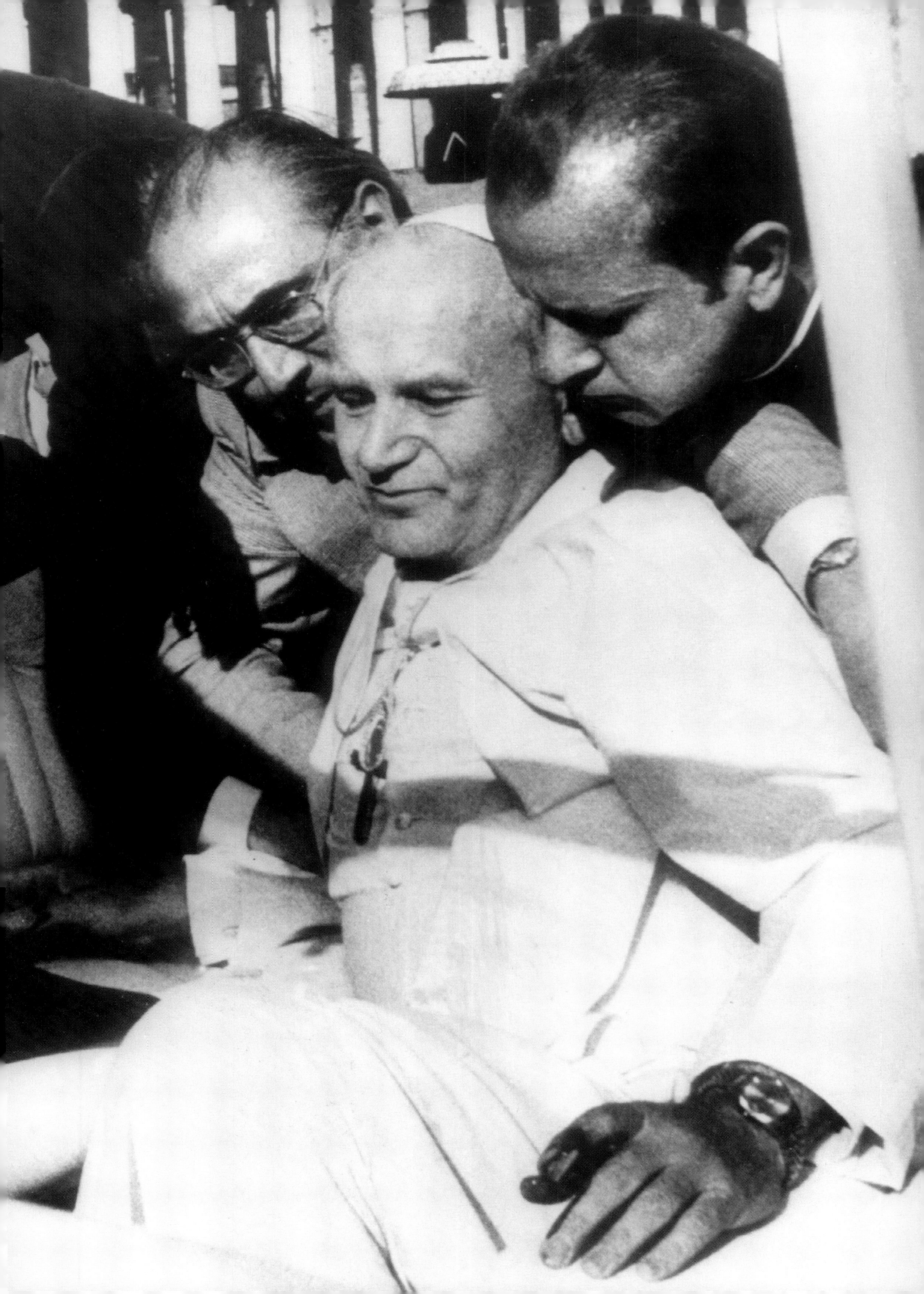

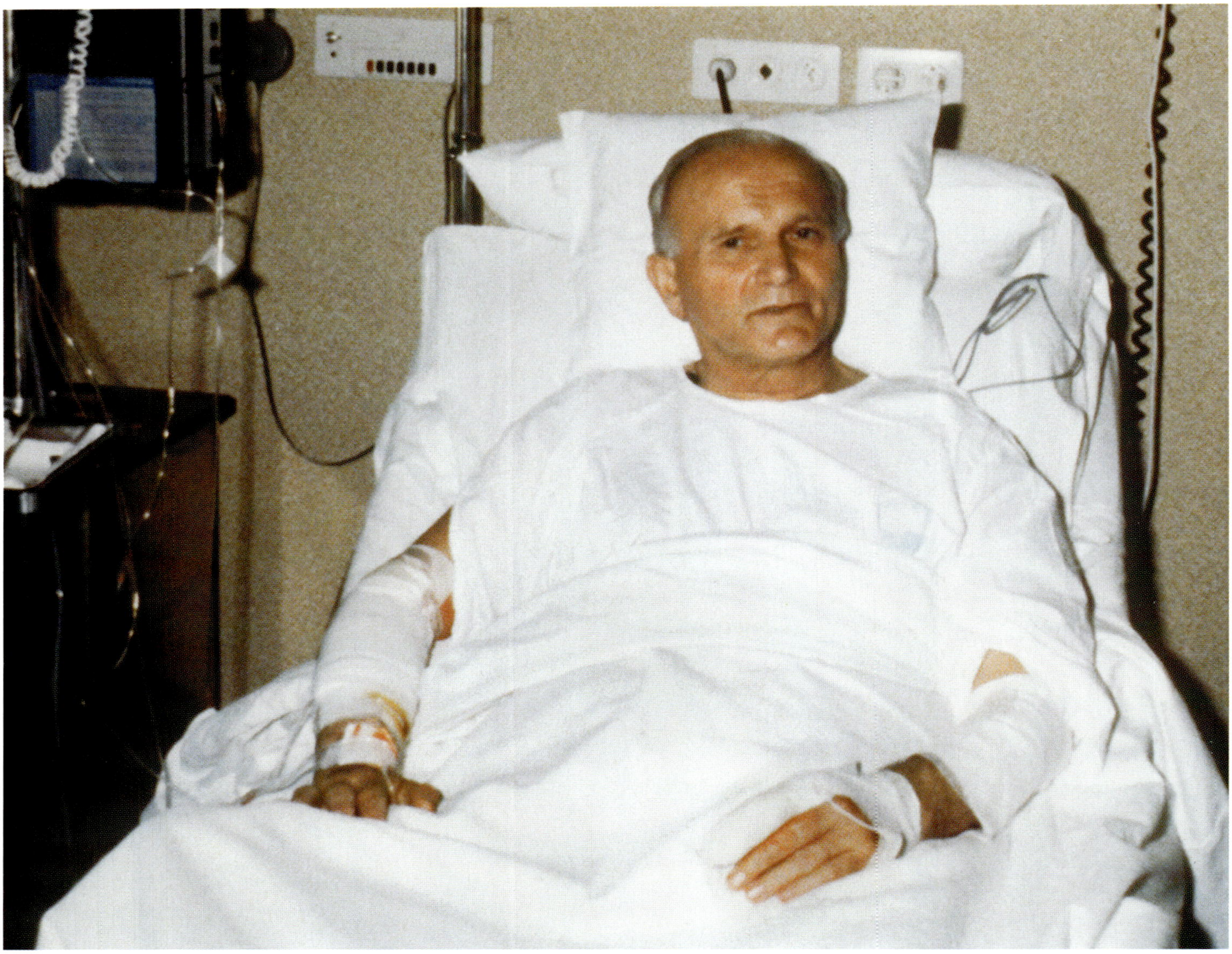

Aufgenommen am 19.5.1981. Erstes Bild von Papst Johannes Paul II. im Krankenhaus nach dem Attentat, bei dem ihn Mehmet Ali Agca am 13. Mai auf dem Petersplatz in Rom mit mehreren Schüssen schwer verletzte.

Das erste Projektil trifft den Papst im Unterleib, durchschlägt das Kreuzbein, tritt bei den Lenden wieder aus, streift die Rückenlehne des Toyota und landet schließlich im Brustkorb von Anne Odre, einer amerikanischen Touristin. Man entfernt ihr die Milz und findet darin das Projektil: Anne wäre gestorben, wenn dieses Projektil sie getroffen hätte, ohne dadurch „seine Verletzungskraft zu verlieren", dass es vorher „den Unterleib des Papstes durchschlagen hat", wie es im Gerichtsgutachten heißt.

Das zweite Projektil, etwa eine Sekunde nach dem ersten abgefeuert, „nimmt eine etwas höhere Flugbahn": Es trifft den Zeigefinger der linken Hand des Papstes – der Hand, mit der er sich an einer Verstrebung des Toyota abgestützt hatte und die Johannes Paul in jenem Sekundenbruchteil gerade nach unten führte –, verletzt seinen rechten Oberarm („Streifschuss" nennt es das Gutachten) und trifft eine weitere amerikanische Touristin, Rose Hall, die links neben Anne Odre stand, am linken Arm.

Die beiden zugleich mit dem Papst verletzten Frauen werden in das Heilig-Geist-Krankenhaus eingeliefert, das sich etwa zweihundert Meter vom Petersplatz entfernt befindet. Der Papst jedoch wird in die weiter entfernte Gemelli-Klinik gefahren, obwohl höchste Eile geboten war und ungeachtet der Gefahren des starken Verkehrs, denn – so berichtet Don Stanislaw im Gespräch mit Frossard – der Papst „hatte eines Tages gesagt, wenn er einmal ärztliche Hilfe benötige, dann soll man ihn wie alle anderen in ein Krankenhaus bringen, und das kann auch die Gemelli-Klinik sein".

Bis zum 3. Juni bleibt der Papst in einem kleinen Appartement (ein Zimmer und ein Vorzimmer) im 10. Stock der Poliklinik. Auf Grund seines heftigen Drängens wird er schließlich entlassen und nimmt seine Arbeit wieder auf. Am 6. Juni, dem Pfingstfest, begibt er sich in den Petersdom, um vor den ökumenischen Delegationen, die zum Gedenken an die Konzilien von Konstantinopel und Ephesos (am 1600. und 1550. Jahrestag) eingetroffen waren, ein Grußwort zu verlesen. Doch eine Woche danach geht es Wojtyla wieder schlechter. Später wird man erfahren, dass es sich um eine Infektion handelte, die auf die Bluttransfusionen bei der Operation zurückzuführen war, und dass für den Papst größte Lebensgefahr bestanden hat. Doch im Augenblick ist es nur „ein Fieberanfall auf Grund einer rechtsseitigen Rippenfell- und Lungenentzündung“: So drückt sich das medizinische Bulletin Nr. 19 vom 24. Juni aus.

Der Papst war am 20. Juni wieder in die Klinik eingeliefert worden. Das Bulletin präzisiert, dass es sich um eine Infektion durch den „Cytomegalo-Virus“ handelt: „Das Blutbild, die Untersuchungen und die mikrobiologischen Tests haben ergeben, dass eine Infektion jüngeren Datums durch den Cytomegalo-Virus vorliegt, deren Entwicklung jedoch günstig zu verlaufen scheint.“

Am 5. August erfolgt ein zweiter chirurgischer Eingriff zur „Schließung des künstlichen Darmausgangs“, den man am 13. Mai angelegt hatte, damit der durchtrennte und wieder zusammengenähte Darm verheilen kann. Nach erfolgter Verheilung und Überwindung der Infektion wurden also die physiologischen Funktionen wieder in den Endteil des Darms „zurückgeleitet“. Nach einer Woche halbflüssiger Ernährung wird der Papst dann wieder entlassen.

Am 14. August verlässt er die Klinik. Bis zum 30. September hält er sich zur Genesung in Castelgandolfo auf. Am 4. Oktober feiert er wieder einen Gottesdienst auf dem Petersplatz. Die Ärzte sagen, er sei „vollkommen wiederhergestellt“. Er scheint auch wirklich gut in Form zu sein, nur ein wenig abgemagert, und steht eine Feier von dreieinhalb Stunden ohne weiteres durch. Er ergreift wieder von dem Platz Besitz, auf dem er zu sterben drohte und zeigt, dass er keine Angst vor einem neuerlichen Attentat hat. Oder besser: Er scheint entschlossen, sich von einer solchen Angst nicht blockieren zu lassen. Nach dem Gottesdienst geht er wie immer auf die Menge zu und schüttelt Hände, streichelt Kinder und Kranke, berührt und segnet alle.

Von diesem Kontakt mit der Menge war ihm dringend abgeraten worden, weil er viel zu gefährlich sei. Doch Johannes Paul wollte sich selbst und allen (die Zeremonie wurde in die ganze Welt übertragen) zeigen, dass er trotz des „Ereignisses“ – wie er es nennt – vom 13. Mai noch derselbe ist wie früher.

Am 7. Oktober: erste Audienz auf dem Petersplatz. Angekündigt war sie in der Audienzhalle Pauls VI., und zwar aus Sicherheitsgründen angesichts der unkontrollierbaren Menge auf dem Platz. Aber er will auch noch das letzte Tabu brechen: Er hält nicht nur die Audienz auf dem Platz, sondern nimmt mit dem weißen Fahrzeug auch noch genau denselben Weg durch die Menge wie am 13. Mai, als Ali Agca die zwei Schüsse auf ihn abgab.

Angeblich (so schreiben es die Zeitungen, und es wird nicht dementiert) haben die 77 Tage des Aufenthaltes in der Gemelli-Klinik den Vatikan 45 Millionen Lire gekostet. Es ist der letzte Akt dieser „Menschlichen Komödie“, die fünf Monate gedauert hat und die Gestalt des Papstes den allgemeinen menschlichen Lebensverhältnissen wieder ein Stück näher gerückt hat: Opfer eines Attentats, wie es jedes Jahr tausende auf der Welt gibt; eingeliefert in ein städtisches Krankenhaus an Bord eines Ambulanzwagens, der sich zur Stoßzeit mühsam einen Weg durch den dichten Verkehr bahnen muss; zweimalige Operation, mit Angabe aller anatomischen Details, die durch die Kommunikationsmittel der Öffentlichkeit ausgeliefert werden; mehrmals fotografiert (auch der „Osservatore Romano“ veröffentlicht diese Fotos), abgemagert und mit fiebrigen Augen, wie alle älteren Männer, die Opfer eines Unfalls geworden sind. In der Geschichte des Papsttums wird dieses Bild des Papstes im Krankenhaus nicht ohne Wirkung bleiben.

Der Papst im Spital, nicht um die Kranken zu besuchen, sondern weil selber krank – das hatte es noch nie gegeben. Raniero La Valle, ein italienischer Journalist und Theologe, hat in der Zeitschrift „Concilium“ (8/1975) einmal über den Papst als Bischof von Rom geschrieben und dabei auf die Zweckmäßigkeit hingewiesen, dass er sich „in den städtischen Spitälern behandeln lässt und nicht in Operationssälen, die eigens im Vatikan eingerichtet werden“, wie es bei Paul VI. anlässlich seiner Prostata-Operation (1969) geschehen ist. Da sieht man die verändernde Kraft des Attentats und der Zeichen, die es mit sich gebracht hat: Was noch einen Tag vorher wie eine kühne Utopie aussah, ist mit einem Schlag Wirklichkeit geworden, unter den Augen der ganzen Welt.

Mehmet Ali Agca wurde, wie es der Vertrag zwischen dem Heiligen Stuhl und Italien vorsieht (der im Artikel 8 „das Attentat gegen die Person des Papstes“ jenem „gegen die Person des Königs“ gleichsetzt), am 22. Juli 1981 – 70 Tage nach dem Attentat – nach einer Untersuchung und einer Verhandlung, die nichts über die Hintergründe dieses Verbrechens ans Tageslicht brachten, zu lebenslänglichem Zuchthaus verurteilt. Das am 24. September rechtskräftig gewordene Urteil betont die Überzeugung, dass es hinter der Tat des Türken eine „Machenschaft“ gegeben habe: „Das Attentat gegen Johannes Paul II. war nicht das Werk des ideologischen ‚Wahns‘ eines Verbrechers,

Papst Johannes Paul II. reicht am 27.12.1983 im römischen Gefängnis Ribibbia Mehmet Ali Agca die Hand.

der ‚alles aus sich und ohne Hilfe von irgendwelcher Seite' vollbrachte ..., sondern es war das Resultat einer komplexen Machenschaft, die von geheimen Hintermännern vorbereitet wurde, deren Interesse es ist, neue destabilisierende Zustände zu schaffen." Aber es wird noch hinzugefügt: „Das Gericht muss allerdings betonen, dass die gefundenen Elemente es zum gegenwärtigen Zeitpunkt nicht erlauben, die Identität der Urheber der ‚Konspiration' festzustellen."

Auch im Vatikan ist man der Meinung, dass es sich um „Hintermänner" gehandelt habe und nicht um einen „Verbrecher, der alles von sich aus gemacht hat". Der Staatssekretär, Kardinal Agostino Casaroli, bringt diese Überzeugung bei einem feierlichen Anlass zum Ausdruck: am 29 Juni 1981, dem Fest der heiligen Apostel Petrus und Paulus, in der vatikanischen Basilika bei einem Gottesdienst, den eigentlich der Papst hätte leiten sollen: „Ein Herz – oder sind es Herzen? –, ein feindseliges Herz hat einer feindlichen Hand die Waffe in die Hand gedrückt, um im Papst das Herz der Kirche selbst zu treffen, um zu versuchen, eine Stimme zum Schweigen zu bringen, die als einzige sich erhoben hat, um mit einem Mut, der eine Frucht der Liebe ist, die Wahrheit zu proklamieren, die Liebe und die Gerechtigkeit zu predigen, den Frieden zu verkünden!"

Viel ist über das Thema des Komplotts schon geschrieben worden. Als Ergebnis ihrer Recherchen hat die unabhängige englische Fernsehstation „Itv" betont, sie könne bestätigen, dass der Heilige Stuhl die „Überzeugung" gewonnen habe, dass der sowjetische Geheimdienst KGB am Komplott gegen den Papst beteiligt gewesen sei: Es waren die Monate, in denen die polnische Gewerkschaftsbewegung Solidarnosc unter dem Schutz des polnischen Papstes die Ordnung der kommunistischen Länder erschütterte und irgendjemand beschlossen hatte, Johannes Paul müsse von der Bildfläche verschwinden. „Der Heilige Stuhl hat nie Erklärungen abgegeben noch Hypothesen vertreten, wonach irgendeine Organisation oder ein Land als eventuelle Auftraggeber des Attentats auf Johannes Paul II. in Frage kämen", erklärte am 5. September 1981 der Vizedirektor des vatikanischen Pressebüros Pierfrancesco Pastore.

Ali Agca beharrte im ersten Prozess darauf, ganz allein gehandelt zu haben. Doch später erklärte er, er hätte drei Komplizen gehabt, die wie er auf dem Platz anwesend waren: Oral Celik, Omer Ay und Sedat Kadem. Es ist die so genannte „bulgarische Spur", wegen der es zu einem zweiten Prozess kam, in dem alle drei wegen Mangels an Beweisen freigesprochen wurden. Aber der Staatsanwalt, der den Freispruch der Angeklagten gefordert hatte, betonte, dass er vom Vorhandensein eines Komplotts zutiefst überzeugt sei: „Agca hat nicht allein gehandelt, er kann nicht allein gehandelt haben. Es gab ein Komplott, eine Organisation, die Agca angeworben und beschützt hat."

Er dankt der Gottesmutter, der Gefahr entronnen zu sein

Mit Papst Wojtyla bricht das Papsttum mit der gewohnten Ordnung und den Regeln einer jahrhundertelangen Tradition und wendet sich dem Abenteuer zu, dem Abenteuer der „Mission *ad gentes*", in das der Papst die ganze katholische Kirche einbeziehen möchte. Dieses Abenteuer der Mission bedeutet auch Konfrontation mit der Welt. Teil dieser Konfrontation ist auf mysteriöse Weise auch das Ereignis des Attentats: ein Drama, welches das Drama des ganzen Pontifikats gleichsam in einem Bild zusammengefasst hat.

Im vorigen Kapitel hatten wir Johannes Paul nach den Schüssen von Ali Agca in die Gemelli-Klinik begleitet, um das Ereignis des Attentats zu verfolgen. Jetzt kehren wir an den Schauplatz der Schüsse zurück, um zu versuchen, die Zeichen zu erfassen, die das Attentat mit sich gebracht hat. Und so stehen wir nun vor einer Patronenhülse auf dem Straßenpflaster, um die die Polizei bei ihren Erhebungen mit Kreide einen Kreis gezogen hat. Jedes Jahrhundert hat seine Spur auf dem Platz hinterlassen: Dieser Kreis, der nur einen Tag lang sichtbar war, könnte das Zeichen unserer Zeit sein. Es wurde auf dem Platz keinerlei Hinweis angebracht, der an das Attentat erinnert hätte. Und das war eine weise Entscheidung. Fünf Monate nach den Schüssen, am 4. Oktober, kehrt Johannes Paul zurück, um auf dem Petersplatz eine Messe zu feiern. Es war gewissermaßen eine neue Besitzergreifung des Platzes, die Überwindung eines Tabus. Eine Gedenktafel an der Stelle des Anschlags wäre hingegen ein Fixpunkt zur endgültigen Aufrechterhaltung des Tabus gewesen.

Der „Osservatore Romano" hat an den Jahrestagen des Attentats oft feierliche Töne angeschlagen. Doch diese feierliche Rhetorik hat nie den Papst selbst erfasst. Mehr als einmal hat Johannes Paul aus diesem Anlass vielmehr einen ironischen Ton verwendet. *Ich versichere Ihnen, Eminenz, dass kein Ort gefährlicher ist als der Petersplatz,* sagte er einmal zum französischen Kardinal Decurtray, der ihm von dem Gerede über eine Weissagung des Nostradamus berichtete, das darauf abzielte, seinen bevorstehenden Besuch in Lyon im Oktober 1986 als verhängnisvoll darzustellen.

Es gibt keine offizielle Erklärung des Vatikans über das Attentat, und schon gar nicht eine Interpretation desselben. Der Papst hat sich immer darauf beschränkt, von der spirituellen Bedeutung dieses Ereignisses zu sprechen. Was die Fakten betrifft, bleibt die Version der italienischen Justizbehörde in den Akten der beiden Prozesse aufrecht. Sie werden in dem Antrag, ein zweites Verfahren zu eröffnen, der von Ilario Mastella unterzeichnet ist, folgendermaßen zusammengefasst: „Mit Urteil vom 22. Juli 1981 hat das Erste Schwurgericht von Rom den türkischen Staatsbürger Mehmet Ali Agca zu lebenslänglichem Zuchthaus mit Einzelhaft für die Dauer eines Jahres verurteilt, weil er am 13. Mai 1981 auf dem Petersplatz in Rom einen Terroranschlag auf das Leben von Papst Johannes Paul II. verübt hat, indem er mit einer Pistole der Marke ‚Browning', Kaliber 9, einige Schüsse auf ihn abfeuerte, die nicht nur bei ihm, sondern – wegen falscher Handhabung der Waffe – auch bei den amerikanischen Staatsbürgerinnen Odre Anne und Hall Rose Verletzungen hervorriefen." Das Ereignis des Attentats bleibt also nüchternen Darstellungen wie dieser überlassen, welche die Verwirrung der Herzen zumindest nicht noch vergrößern.

Das Attentat hat zu einer enormen Verschärfung der Sicherheitsmaßnahmen rund um die Person des Papstes geführt, und die Medien haben in verstärktem Maße dazu beigetragen, alle seine Ortsveränderungen geheim zu halten. Das konnte man sofort am 4. Oktober 1981 bei seiner ersten Rückkehr auf den Petersplatz sehen: Das ganze Areal innerhalb der Kolonnaden ist abgeriegelt, die Leute werden durchsucht und mit „Metalldetektoren" überprüft, die Journalisten von Polizeikräften überwacht. Doch er, der Papst, weigerte sich, sich von der Menge fern zu halten. Er nahm sofort die alte Gewohnheit wieder auf, den Platz zu benützen, in Rom herumzufahren sowie Italien und die Welt zu bereisen.

Ergebnis des Attentat-Syndroms ist das „Papamobil": jenes Spezialfahrzeug mit schusssicheren Glasscheiben, das der Papst seit 1981 bei seinen Auftritten in der Öffentlichkeit benützt. Johannes Paul hasst dieses Instrument, das ihn von der Menge abschirmt, und wo er nur kann, verlässt er es. Doch in den Reiseplänen ist es immer vorgesehen, wenn eine große Menschenmenge zu erwarten ist. Das „Papamobil" sei die neue

„Sedia gestatoria des römischen Papstes", hat Gianni Baget Bozzo geschrieben. Und außerdem muss man sagen, dass es für die Päpste tatsächlich schwer ist, von dieser „Sedia" herunterzusteigen oder aus ihrem Schatten zu treten, den der Terrorismus auf sie geworfen hat.

Das Attentat hat das Gefühl der ständigen Gefahr heraufbeschworen, in die der Papst sich jedes Mal begibt, wenn er den Vatikan verlässt. Diese Gefahr war theoretisch bekannt. Schon Paul VI. drohte in Jerusalem (1964) von der Menge erdrückt zu werden und hatte in Manila (1970) eine Art von Attentat erlebt: Ein als Priester verkleideter Maler hatte ihn angegriffen und mit einem kreuzförmigen Stilett an der Brust leicht verletzt. Doch niemand hatte sich einen tödlichen Anschlag mitten auf dem Petersplatz vorstellen können. Das war zumindest die von vatikanischen Kreisen zum Ausdruck gebrachte Überzeugung am Tag nach der Tat. „Der dominierende Eindruck war der Schock über das Geschehene: Gewalt gegen den Papst nach so vielen Jahrhunderten!", erklärte der Dekan des Heiligen Kollegiums, Kardinal Confalonieri, der in seinem Leben (er war schon 88 Jahre alt) schon viele andere Tragödien erlebt hatte, in einem Interview vom 23. September 1981 dem „Messaggero".

Das Zeichen des Blutes hat außerdem die schon bisher enorme Popularität dieses Papstes der Gesten und der Volksmassen einschneidend verändert. Es hat sie gleichsam zur Reife gebracht und ein Element größerer Tiefe in sie hineingelegt. Es liegt ein neuer Ernst in der Art und Weise, wie seine Worte – nach dieser Bluttat – vom gläubigen Volk und von der öffentlichen Meinung aufgenommen werden. Man denke nur an die Wirkung, die seine Appelle gegen die Gewalt und den Terrorismus seit damals erzielen. Nach dem Brief Pauls VI. an die „Männer der Roten Brigaden" (April 1978) und der inständigen Bitte von Wojtyla selbst *an die Männer der Gewalt, die auch meine Brüder sind* (Weihnachten 1980, während des Entführungsfalles D'Urso), wurde von einem Papst ein Wort des Blutes verlangt, um die Botschaft der Kirche so gleichsam verpflichtender und besser verständlich zu machen.

Eine weitere Wirkung des Attentats bestand darin, dass es die Worte über die Teilnahme am Schmerz anderer wahr gemacht hat, die so mancher Papst vielleicht allzu oft und nicht immer in einem überzeugenden Ton ausgesprochen hat. Johannes Paul besucht ständig Spitäler und Kranke, in Rom und bei seinen Reisen. Das tat schon Paul VI., der dem Beispiel von Johannes XXIII. folgte. Doch ganz außergewöhnlich groß muss die Gemütsbewegung bei den Patienten der Gemelli-Klinik gewesen sein, als sie den Besuch des Papstes empfingen, der so wie sie Patient war. Wir können uns den unsicheren Schritt Johannes Pauls im Schlafrock, mit dem umgehängten Dränagebeutel, gut vorstellen, sein eingehendes Interesse – das allen Patienten eigen ist – für die Situation der anderen Kranken, die ihn gleichzeitig nach seinem Befinden befragen. *Jetzt weiß ich besser als je zuvor, dass das Leiden eine Dimension des Lebens ist, in der die Gnade der Erlösung tiefer als sonst in das Herz des Menschen eindringt,* sagt er am 14. August, als er zum zweiten Mal die Gemelli-Klinik verlässt. Und dem Geheimnis des Leidens widmet er auch eines der persönlichsten Dokumente seines Pontifikats: das Apostolische Schreiben „Salvifici doloris" (1984).

Eine Statue der Jungfrau Maria, aufgenommen am 13.5.2000 während der Seligsprechung der Hirtenkinder in Fatima in Portugal. In die Krone der Marienstatue ist eine der Pistolenkugeln eingearbeitet, die den Papst Johannes Paul II. während des Attentats am 13.5.1981 in Rom getroffen hatten. Den Anschlag hatte Mehmet Ali Agca verübt.

Der Aufenthalt in der Klinik bot dem Papst auch die Gelegenheit zu einem besonderen Nachdenken über die Beziehung zwischen Arzt und Patient, das später in den Ansprachen an die Kranken und Ärzte seinen Niederschlag findet. Mindestens zweimal in jenen 77 Tagen widersetzte er sich den Plänen des Ärzteteams, das ihn behandelte, und setzte seinen Willen durch: als er am 3. Juni zum ersten Mal das Spital verlassen wollte und die Ärzte dies für unklug hielten; und als er sich ihrem Vorhaben entgegenstellte, den Eingriff zum Verschluss des künstlichen Darmausgangs auf Oktober zu verschieben.

Vergesst nicht, dass ihr zwar die Ärzte, ich aber der Kranke bin und dass ich ein Mitspracherecht bei meinen Problemen als Kranker haben muss. Vor allem bei folgender Frage: Ich möchte nicht in den Vatikan zurückkehren, wenn ich nicht vollkommen gesund bin. Ich fühle mich aber absolut in der Lage, eine neuerliche Operation durchzustehen: Das sagte er zum Ärzteteam, das darüber zu entscheiden hatte.

Es bleiben noch, unergründlich für den Beobachter, die Konsequenzen des Attentats für den Menschen Wojtyla. Als der Papst nach fünf Monaten seine öffentliche Tätigkeit wieder aufnimmt, widmet er die Ansprachen der ersten fünf Generalaudienzen (ab dem 7. Oktober 1981) dem *Inhalt meiner Betrachtungen in jener Zeit, als ich eine große göttliche Prüfung zu bestehen hatte.* Er erzählt, *er habe sich einsam und zum Tod bestimmt gefühlt* wie der Apostel Petrus, der vom König Herodes eingekerkert wurde. Indem er die Bibel zitiert (Apg 12,11), wendet er die Worte des aus dem Gefängnis befreiten Petrus auf sich selbst an: *Nun weiß ich wahrhaftig, dass der Herr mich der Hand des Herodes entrissen hat.*

Er zitiert den zweiten Korintherbrief des heiligen Paulus, wo dieser betont, dass „sich die Kraft in der Schwachheit erweist" (12,9) und wendet dieses Zitat in folgender Weise auf sich selbst an: *Mit großer Dankbarkeit gegenüber dem Heiligen Geist denke ich an jene Schwachheit, die Er mich seit dem 13. Mai hat erfahren lassen und ich glaube und vertraue darauf, dass sie zur Stärkung der Kirche und auch zu meiner Stärkung als Mensch hat beitragen können.* Es ist offensichtlich eine „Stärkung" im Glauben, auf die der Papst anspielt: sich gleichsam eine noch totalere Hingabe an die eigene Sendung vorzunehmen, über jedes Kalkül „menschlicher Klugheit" hinaus, einschließlich jenes instinktiven und ursprünglichen der körperlichen Sicherheit.

Etwas von dieser Stärkung können wir beim Besuch erahnen, den der Papst am 27. Dezember 1983 Ali Agca im Gefängnis abstattet, in einer Hochsicherheitszelle des Flügels „G7" der Anstalt Rebibbia. Dieser Besuch vervollständigte durch die Geste das Wort der Vergebung, das Johannes Paul bereits ausgesprochen hatte, und zeigt der Welt so etwas wie das letzte Bild des Attentats. Jenes Bild, von dem der Papst wünschte, dass es in Erinnerung bleiben möge.

Mehmet Ali Agca, 26 Jahre alt, schwarze Haare, blauer Pullover, unrasiert, kommt dem Papst entgegen. Er verneigt sich, kniet gleichsam nieder und küsst die rechte Hand, die Wojtyla ihm entgegenstreckt. Dann drückt er sein Gesicht auf den Handrücken des Papstes: eine Geste der islamischen Kultur, die Respekt und Vertrauen gegenüber dem Gesprächspartner ausdrückt.

Die Bilder von dieser Begegnung haben wir alle im Fernsehen verfolgt. An der rechten Seite der Zelle befindet sich das Klappbett von Ali. Links, gegenüber der Eingangstür stehen zwei Stühle, einer mit der Rückenlehne gegen den Heizkörper. Auf diesen setzt sich Ali. Auf den anderen Wojtyla. Der Papst berührt mit der rechten Hand kurz das Knie von Ali und nähert sich ihm mit dem Kopf, wie um zu sagen: „Jetzt wollen wir miteinander reden!" Der Kameramann zieht sich zurück. Er kommt erst nach 21 Minuten wieder, um den Abschied aufzunehmen. *Was wir uns gesagt haben, bleibt ein Geheimnis zwischen mir und ihm,* sagt der Papst später zu den Journalisten: *Ich habe mit ihm gesprochen, wie man mit einem Bruder spricht, dem ich vergeben habe und der mein Vertrauen genießt.*

Johannes Paul sagt zu Frossard, er habe während der Fahrt ins Krankenhaus nie Angst gehabt zu sterben: *Nicht weil ich so mutig bin, sondern weil ich in dem Augenblick, als ich auf dem Petersplatz zusammenbrach, die lebendige Vorahnung hatte, dass ich gerettet würde. Diese Gewissheit hat mich nie verlassen, nicht einmal in den schlimmsten Momenten, sei es nach der ersten Operation, sei es während der Erkrankung durch die Virusinfektion. Eine Hand hat geschossen, eine andere hat die Kugel gelenkt.*

Die Hand, die ihn rettet, ist die des „Erbarmens" des Herrn, das in Johannes Paul Gestalt annimmt und als Nähe Gottes empfunden wird. Kaum ist er wieder imstande, Rom zu verlassen, begibt er sich aus Dankbarkeit am 22. November 1981 zum Heiligtum der Erbarmenden Liebe nach Collevalenza (Todi) und sagt dort Folgendes: *Meine persönlichen Erfahrungen dieses Jahres, die mit den Ereignissen des 13. Mai verbunden sind, gebieten mir, mit lauter Stimme zu rufen: „Wir verdanken es dem Erbarmen Gottes, dass wir nicht tot sind."*

Sehr rasch nimmt das „Erbarmen" des Herrn das mütterliche Antlitz Marias an, und Johannes Paul unternimmt zwei Dankwallfahrten zur Muttergottes, am ersten und zehnten Jahrestag des Attentats, und er wählt zu diesem Zweck das Heiligtum von Fatima als Ziel: *Als ich von der Kugel des Attentäters getroffen wurde, beachtete ich zunächst nicht, dass sich gerade an diesem Tag das Ereignis jährte, da Maria den drei Kindern aus Fatima in Portugal erschienen war* („Die Schwelle der Hoffnung überschreiten", S. 233).

Maria ist in der Frömmigkeit von Johannes Paul stets gegenwärtig. Man könnte sagen, dass es eine durchgehende marianische Dimension in seinen Gebeten gibt. Doch das widerspricht keineswegs der starken christozentrischen Orientierung seiner theologischen Überzeugungen, die von seinen Worten bei der Annahme der Wahl, von der Ansprache am Beginn des Pontifikats (22. Oktober 1978) und von der ersten Enzyklika „Redemptor hominis" (1980) bestätigt werden.

Sehen wir, wie er selbst – im Buch „Die Schwelle der Hoffnung überschreiten" – jenes fruchtbare Miteinander von Sohn und Mutter in seiner Frömmigkeit beschreibt, wenn er von den Motiven spricht, die ihn veranlasst haben, die Worte „Totus Tuus" zu seinem bischöflichen Wahlspruch zu machen: *Dieser Wahlspruch ist nicht nur ein Zeichen von Frömmigkeit und auch nicht einfach nur Ausdruck der Hingabe: Er besagt mehr. Die Hinwendung zu dieser Frömmgkeit hat sich in mir vollzogen, als ich während des Zweiten Weltkriegs in einer Fabrik arbeitete. Zunächst schien es mir, als müsse ich mich zu Gunsten der Christozentrik ein wenig von der Marienverehrung meiner Kindheit entfernen. Dank des heiligen Ludwig Maria Grignion de Montfort begriff ich jedoch, dass gerade die wahre Verehrung der Muttergottes christozentrisch und tief im Geheimnis der Dreieinigkeit Gottes sowie in den Geheimnissen der Menschwerdung und der Erlösung verwurzelt ist* (S. 224).

Dem „Draht zu Maria", der die verschiedenen Phasen seiner Entwicklung durchzieht und verbindet, widmet Johannes Paul ein eindrucksvolles Kapitel auch in dem autobiografischen Buch „Geschenk und Geheimnis" (S. 36–40). Dort findet sich die gesamte Geschichte seiner marianischen Frömmigkeit. In dem Buch „Die Schwelle der Hoffnung überschreiten" betont er, dass sie im 8. Kapitel von „Lumen gentium" ihren Ausdruck findet, gerade im Sinn jener christozentrischen Ausrichtung der Marienverehrung: *Als ich am Konzil teilnahm, erkannte ich mich in diesem Kapitel vollkommen wieder, da ich hier alle meine vorhergehenden Erfahrungen wieder fand, bis zurück in die Jugendzeit und bis hin zu jenem besonderen Band, das mich in ständig neuen Formen mit der Muttergottes vereint* (S. 225).

Das fruchtbare Miteinander des marianischen und christologischen Elements in seiner Frömmigkeit, wie es in den Dokumenten des Pontifikats zum Ausdruck kommt, könnte durch eine Übersicht seiner Entscheidungen, die, auch wenn sie Dinge von geringfügiger Bedeutung betrafen, gegenüber seinen Vorgängern und der römischen Tradition innovativ waren, dokumentiert werden:

- Kaum gewählt, nennt er den Rosenkranz „mein Lieblingsgebet" (Angelus, 29. Oktober 1978), und fünf Monate später beginnt er dieses Gebet an jedem ersten Samstag im Monat in Radio Vatikan zu rezitieren, entweder aus der Cappella Paolina oder aus einem anderen Ort des Vatikans oder von Castelgandolfo.
- Er will, dass in der Sakramentskapelle der vatikanischen Basilika die „Ewige Anbetung" gehalten wird: Den Beginn dieses Brauches setzt er selbst mit einer feierlichen Messe in dieser Kapelle am 2. Dezember 1981.
- Zum Weihnachtsfest 1981 lässt er im Petersdom eine monumentale Krippe aufstellen und eine weitere 1982 (samt einem Christbaum) auf dem Petersplatz.
- 1982 lässt er an einer Front des Apostolischen Palastes auf der linken Seite des Damasushofes ein vom Petersplatz aus gut sichtbares Marienbild anbringen und wendet sich diesbezüglich am 28. Juni jenes Jahres mit folgenden Worten an die Kurie: *Seit diesem Jahr blickt von der Höhe des Apostolischen Palastes ein schönes Marienbild auf die Menge herab, die an diesem Mittelpunkt der Christenheit zusammenkommt, um zu beten und „Petrus zu sehen"*.
- Er ordnet an, dass im Petersdom jeden Tag „Gläubige und Besucher" um 12 Uhr „mit dem Läuten der Glocke" zum Gebet des „Angelus" eingeladen werden (dieser Brauch beginnt am 25. März 1982).
- Ebenfalls 1982 wünscht er, dass das Fest der heiligen Stadtpatrone Petrus und Paulus am 29. Juni in Rom wieder als Feiertag begangen wird (der Feiertag war 1977 abgeschafft und das Gedächtnis der Heiligen auf den darauf folgenden Sonntag verlegt worden).
- 1982 bestimmt er auch, dass in Rom die Fronleichnamsprozession von San Giovanni nach Santa Maria Maggiore mit Beteiligung des Papstes wieder am eigentlichen Tag dieses Festes abgehalten wird (das, wie das Fest Peter und Paul, auf den darauf folgenden Sonntag verlegt worden war).

Wir beschränken uns auf die Neuerungen der ersten vier Jahre, die genügen, um jenes lebendige Miteinander in der Frömmigkeit Johannes Pauls aufzuzeigen, sein pastorales und pädagogisches Bemühen, die Absicht, die liturgischen Reformen Pauls VI. (die er alle übernimmt) mit der traditionellen Volksfrömmigkeit zu verbinden. Auf diese Besorgtheit – im Sinne jenes Miteinander – kann auch die „Ausrufung" eines außerordentlichen Heiligen Jahres der Erlösung im Jahr 1983 und des Marianischen Jahres, das sich vom 6. Juni 1987 bis 15. August 1988 erstreckt, zurückgeführt werden.

„Totus Tuus" heißt auch, ganz spontan alles der Fürbitte Marias anzuvertrauen. Wir könnten eine Unmenge von Texten zitieren. Der folgende, der mehr als alle anderen aussagt, mag genügen, weil er zu Ostern 1988 (im Marianischen Jahr) am Ende der Botschaft „Urbi et orbi" als Improvisation und flehentliche Bitte formuliert ist: *Bitte für die ganze Welt, für die ganze Menschheit, für alle Völker! Bitte für den Frieden in der Welt, für die Gerechtigkeit! Bitte für die einzelnen Rechte des Menschen, besonders für die Religionsfreiheit jedes Menschen, jedes Christen und Nichtchristen! Bitte für Solidarität der Völker aller Welten: der ersten und der dritten, der zweiten und der vierten!* In dieser Anrufung ist wahrlich das ganze bisherige Pontifikat Johannes Pauls enthalten. Wenn ein vorherrschender Gedanke das Leben eines Menschen leitet, dann offenbart er sich in unmittelbaren, spontanen und vor allem als Notschrei geäußerten Worten. Und hier ist der Gedanke, der die Mariologie Wojtylas zusammenfasst, der, dass das ganze Drama der Welt Maria anvertraut werden kann, denn ihr „Zeichen", nämlich das „Zeichen der Frau", von dem die Apokalypse spricht, ist ein Zeichen des Heils für die Weltgeschichte. Wie wir noch sehen werden, fasst diese flehentliche Anrufung von der Loggia der Petersbasilika aus, mitten im Marianischen Jahr, die Enzyklika „Redemptoris mater" synthetisch zusammen, die zwölf Monate vorher, im Hinblick auf jenes Jahr, veröffentlicht worden war.

Es gibt bei Johannes Paul eine Tiefendimension, die ständig auf Maria, oder besser: auf das „Zeichen der Frau" verweist, das seiner Meinung nach die Geschichte und vor allem unsere Epoche beherrscht, indem es gleichzeitig ihren dramatischen Charakter und ihre Bestimmung zum Heil offenbart. Diese „tiefere" Ebene wird nicht immer in Worten ausgedrückt, ihre Mitteilung erfolgt zum Teil durch solche Anrufungen, die oft mehr Gedichte als Gebete sind. Man müsste vor allem einmal eine sprachliche Untersuchung dieser Texte vornehmen, doch soweit wir wissen hat das noch nie jemand versucht. Der Biograf kann daher nicht mehr als eine allgemeine Intuition davon haben. Wir werden aber versuchen, das Wesentliche dieser Intuition darzustellen.

Ich beziehe mich vor allem auf eine Erklärung von Kardinal Ratzinger vom 25. März 1987, als er der Presse die Enzyklika „Redemptoris mater“ und das Marianische Jahr vorstellte, das diese Enzyklika ankündigte: „Das Marianische Jahr bedeutet, dass der Papst das ‚Zeichen der Frau‘ als wesentliches ‚Zeichen der Zeit‘ in unserer geschichtlichen Epoche betonen will: Auf dem Weg, der von diesem Zeichen vorgegeben wird, gehen wir auf den Spuren der Hoffnung Christus entgegen, der die Geschichte durch diejenige lenkt, die den Weg angibt.“

Wie man sieht, hat auch Ratzinger seine Schwierigkeiten, die tiefe Intuition Johannes Pauls in Worte zu fassen. Und das tröstet uns. Doch sehen wir weiter. „Zeichen der Frau“: Das ist das Zeichen, das unseren Stammeltern mit den Worten an die Schlange verheißen wurde: „Feindschaft setze ich zwischen dich und die Frau“ (Gen 3,15). Und das mit dem letzten Buch der Offenbarung, der Apokalypse, endgültig enthüllt wurde, die vom „Zeichen der Frau“ spricht und sie als „großes Zeichen am Himmel“ vorstellt, als Frau, die vom Drachen bedroht wird und ihn schließlich besiegt. Ratzinger sagt: „Im Buch, welches das Neue Testament abschließt, wird ausdrücklich vom ‚Zeichen der Frau‘ gesprochen, die in einem bestimmten Augenblick der Geschichte auftritt, um von da an Himmel und Erde miteinander zu versöhnen. Das Zeichen der Frau ist das Zeichen der Hoffnung. Sie ist diejenige, die den Weg der Hoffnung aufzeigt.“

Die Absicht des Papstes, die er Ratzinger mitgeteilt hat und die dieser den Journalisten präsentierte, ist also diese: Das Marianische Jahr und die ständige Anrufung Marias, das „Totus Tuus“, die Weihen an Maria und die marianischen Wallfahrten, die häufige Bezugnahme auf Jasna Góra und alles Übrige wollen das Zeichen der Frau in unserer Geschichte hervorheben, d. h. die Hoffnung auf den Sieg über die Schlange, auf den Triumph des Segens über den Fluch, des Guten über das Böse. Alles das teilt uns Johannes Paul mit neuen Worten und alten Gesten gemäß einer katholischen Pädagogik mit, die sich schon in der römischen Tradition bewährt hat: Das Marianische Jahr dient dazu, allen Menschen das zu sagen, was die Enzyklika den Lesern der Bibel sagt.

Aber das „Zeichen der Frau“ verweist auch auf die Frau und die Frauen unserer Geschichte. Auf die Frau als Hüterin der Liebe und ihrer Frucht. Auf die Frau, die den Menschen zur Welt bringt und der der Mensch anvertraut ist. Und hier berühren wir eine weitere tiefe Ebene von Johannes Paul, die ebenso beeindruckend und geheimnisvoll ist und die wir im Kapitel 20 über die „Theologie des Leibes“ und die „Theologie der Frau“ kurz behandeln werden, denen die Verkündigung des Papstes zuneigt, in der die Gedanken oft durch slawische und literarische Bezugnahmen und Besonderheiten vertieft werden, die der römischen Tradition vollkommen fremd sind: Maria – das Zeichen der Frau – die Schlange – das Kind – Christus – Maria – die Frau – das Leben – der Leib – die Liebe ... Und in dieser Tiefendimension stoßen wir auf Urs von Balthasar, den Schweizer Theologen, den Karol Wojtyla und Johannes Paul häufig zitieren und der der Kirche des 20. Jahrhunderts Bleibendes über die schwierigen und neuartigen Fragen der „marianischen Gestalt“ der Kirche sowie der leiblichen, ja sogar sexuellen Dimension der Erlösung zu sagen hatte. Diese Übereinstimmung ist vom Theologen und Bischof Angelo Scola in einer Abhandlung über die anthropologischen Grundlagen der Lehre Johannes Pauls über die Liebe und über die Frau eindrucksvoll dargestellt worden.

Wer die theologischen Komponenten der Lehrverkündigung Johannes Pauls vertiefen will, wird letztlich diese seine Abhängigkeit von den Gedanken des großen Schweizer Theologen auf allen Ebenen herausarbeiten müssen. Auf Urs von Balthasar – mehr als auf Congar – kann auch der Anstoß zum Eingeständnis der historischen Schuld der Christen zurückgeführt werden, eine Frage, die der Schweizer Theologe in seinen Büchern „Wer ist ein Christ?“ (1965), „Casta Meretrix“ (1961) und „Wurzel Jesse“ (1960) anschneidet. Bei Johannes Paul zeigt sich auch die Bereitschaft, die dem Papst vorbehaltenen Ehrentitel in Frage zu stellen, die im „Gegensatz“ zum Evangelium zu stehen scheinen, wie von Balthasar in seinem Werk „Sponsa Verbi“ (1961) meint. Johannes Paul spricht darüber in dem Buch „Die Schwelle der Hoffnung überschreiten“ (S. 36–41).

Ganz im Sinne Balthasars ist schließlich auch die Kühnheit, zu betonen, dass man die Hoffnung haben kann, dass alle Menschen gerettet werden, was der große Theologe in seinem Buch „Hoffnung für alle“ (1986) zum Ausdruck bringt und dem sich Johannes Paul im Kapitel 28 von „Die Schwelle der Hoffnung überschreiten“ anschließt. In dieser Hinsicht zeigt er sich von einem unglaublichen Mut für einen Papst und es ist erstaunlich, dass diese Haltung von der Kritik kaum registriert wurde: Er zitiert ausdrücklich von Balthasar und macht sich dessen Hauptargument zu Eigen (dass sich nämlich die Kirche nie angemaßt hat, sagen zu können, dass jemand verdammt sei), wenn er abschließend sagt: *Das Schweigen der Kirche ist also die einzig angemessene Haltung der Christen* (S. 201).

Sogar der mit aller Entschiedenheit gefasste Entschluss Johannes Pauls, sich an die nichtchristliche Welt zu wenden, der in das Jahr 1985 datiert, könnte auf eine Anregung Urs von Balthasars zurückgehen, wie wir noch sehen werden.

Papst Johannes Paul II. am 14.8.2004 während des Gebets am Schrein der Jungfrau Maria in der berühmten Grotte im Wallfahrtsort Lourdes.

QUE SOY
ERA
IMMACULADA COUNCEPCIOU

Papst der Mission

Zehn Jahre lang verteidigt Johannes Paul II. Polen gegen die sowjetische Bedrohung: von der ersten Reise in die Heimat im Juni 1979 bis zu den Wahlen vom Juni 1989, die zur Bildung einer Regierung führen, die vom Katholiken Tadeusz Mazowiecki geleitet wird, der auch vom Kreml unter Michail Gorbatschow Gratulationen und Glückwünsche empfängt. Doch bevor Gorbatschow diese befreienden Glückwünsche unterschreibt, muss er noch – im Verlauf einer stürmischen Sitzung des Leitungsgremiums des Warschauer Paktes – den rumänischen Vorschlag einer Intervention in Polen ähnlich der in der Tschechoslowakei 1968 abwehren.

Von diesem zehnjährigen Abenteuer, das zu einem großen Teil den Beitrag Johannes Pauls zur Niederlage des Kommunismus darstellt, interessiert uns hier die subjektive Seite: das Drama des Menschen Wojtyla, der aus dem Papsttum die Kraft schöpft, seinem Vaterland zu helfen, der aber sein päpstliches Amt scharf von den Vorgängen in der Heimat abgrenzt und der vielleicht – manchmal – fürchtet, die Kirche in eine polnische Angelegenheit hineinzuziehen, die sie nichts angeht.

Dieses Drama mag für den Menschen Wojtyla vielleicht schmerzlich gewesen sein, aber es stellte einen glücklichen historischen Umstand dar, der die friedliche Loslösung Osteuropas von der sowjetischen Herrschaft beschleunigte und dem Papst das Recht auf Vaterlandsliebe zurückgab, das die lange aszetische und neutrale Tradition der italienischen Päpste ihm genommen hatte. Man braucht nur daran zu erinnern, dass die nationale Entpersönlichung bei Pius XII. so weit gegangen war, dass er den Ausdruck „euer Vaterland" gebrauchte, wenn er sich an die Italiener wandte.

Nur selten hat Johannes Paul ein Zeichen seines subjektiven Dramas, das er durchlebte, von sich gegeben, während es ihm hingegen stets gelang, ein Bild starker Identifikation mit dem Schicksal seiner Heimat und des unerschütterlichen Willens zu vermitteln, sie im Augenblick der Not nicht im Stich zu lassen. Manchmal – Anfang der achtziger Jahre – reagierte er empfindlich auf die Bezeichnung „polnischer Papst", die er selbst in den ersten Jahren des Pontifikats gerne verwendet hatte: Er sah darin ein Zeichen des Tadels wegen seiner ausgeprägten Heimatliebe. Zuweilen – ich denke da an eine Begegnung mit den Arbeitern der Solvay-Fabrik in Livorno 1982 – zeigte er diese Empfindlichkeit mit der Bemerkung: *Ich werde zu euch nicht über Polen sprechen!*

Ein einziges Mal, wenn wir uns nicht irren, greift er die Frage in einem schriftlichen Text auf, und zwar um ein für allemal klarzustellen, dass er alles, was er für seine Heimat getan hat, als Papst und nicht als Privatmann getan hat, und dass er dies auch für jedes andere Land, das nicht Polen ist, getan hätte oder tun würde. Das sagt er am 20. Oktober 1989, als er im Vatikan seinen Freund Mazowiecki empfängt, den ersten Katholiken an der Spitze der polnischen Regierung nach dem Zweiten Weltkrieg. In seiner Antwort auf den Dank Mazowieckis „für die Unterstützung, die Sie uns in diesen Jahren haben zuteil werden lassen", erklärt Johannes Paul feierlich: *Ich glaube, wenn ich in dieser Hinsicht etwas getan habe, dann habe ich es als Teil meiner universalen Sendung getan, und so muss es auch gesehen werden.*

Von der Hilfe, die Johannes Paul seiner gefährdeten Heimat angedeihen ließ, berichten wir an Hand von zehn Ereignissen, die ein Dezennium des Leidens und der Gebete gleichsam zusammenfassen.

31. August 1980: Unterzeichnung des Danziger Protokolls, die die offizielle Geburtsstunde der Gewerkschaftsbewegung Solidarnosc darstellt. Wie schon an den anderen Tagen während des Streiks wird am Morgen in der Lenin-Werft eine Messe gefeiert: auf dem Absperrgitter das Bild der Madonna von Tschenstochau und ein großes Poster mit dem Foto von Johannes Paul.

25. Dezember 1980: Nach der Mitternachtsmesse rufen Gruppen von Jugendlichen in Warschau: „Es lebe Johannes Paul II., der König von Polen!"

19. Januar 1981: Johannes Paul empfängt den Führer von Solidarnosc, Lech Walesa, der sich auf einer Italienreise befindet, und betont: *Es gibt keinen Gegensatz – und es darf ihn nicht geben – zwischen einer autonomen gesellschaftlichen Initiative der Arbeiter und der Struktur eines Systems, das sich auf die Arbeit beruft.*

28. März 1981: Am Höhepunkt einer Periode, die von der konkreten Bedrohung einer sowjetischen Intervention gekennzeichnet war, schickt Johannes Paul an den schwerkranken Primas Wyszynski ein dramatisches Telegramm, in dem er betont, dass *die Polen das unbestreitbare Recht haben, ihre Probleme allein, aus eigenen Kräften zu lösen.* Einen Tag später bekräftigt er dieses Prinzip bei seinem sonntäglichen Grußwort vom Fenster des Vatikanpalastes, indem er sich auf die Schlussakte von Helsinki beruft, zu deren Unterzeichnern die UdSSR und der

Doppelseite: Papst Johannes Paul II. am Denkmal der Werftarbeiter in Gdynia (Gdingen). Das Oberhaupt der Katholischen Kirche besuchte vom 8. bis 14.6.1987 sein Heimatland. Es war, nach 1979 und 1983, seine dritte Polenreise.

Der polnische Pater Maximilian Kolbe wird seit dem 9.7.1998 in der Westminster Abtei in London als Märtyrer geehrt. In Anwesenheit der Queen und Prinz Philips wurden an der Fassade über dem Westeingang der alten britischen Krönungskirche zehn Statuen von christlichen Opfern der Gewalt im 20. Jahrhundert enthüllt. Eine davon stellt den polnischen Franziskanerpater Maximilian Kolbe dar, der 1941 im KZ Auschwitz ermordet wurde.

KOLBE

Heilige Stuhl gehören und die jede Art von Einmischung in die Angelegenheiten eines anderen Landes zurückweisen. Zur gleichen Zeit schreibt er an Leonid Breschnew: Dieser Brief ist nie bekannt geworden, aber wie es heißt enthielt er dieselben Gedanken wie das Telegramm an Wyszynski und die Ansprache beim Angelus.

Eineinhalb Monate später erfolgt das Attentat, am 28. Mai stirbt Wyszynski und schließlich kommt der 13. Dezember 1981, die Erklärung des Ausnahmezustands in Polen. Johannes Paul äußert sich zu Mittag vom Fenster aus folgendermaßen: *Die Ereignisse der letzten Stunden veranlassen mich, mich neuerlich wegen unseres Vaterlandes an alle zu wenden und um ihr Gebet zu bitten. Es darf kein weiteres polnisches Blut vergossen werden, denn es ist schon zu viel davon geflossen, vor allem während des letzten Krieges!*

26. August 1982: In Tschenstochau feiert man das 600-Jahr-Jubiläum des Heiligtums, auf der Bühne neben dem Altar signalisiert ein leerer Thronsessel die Abwesenheit des Papstes. Zu diesem Termin war ein zweiter Besuch Johannes Pauls vorgesehen gewesen, doch die Regierung hatte eine Verschiebung durchgesetzt.

10. Oktober 1982: Auf dem Petersplatz spricht Johannes Paul Maximilian Kolbe als Märtyrer heilig. Die Feierlichkeit wird in Polen auch als eine Art Entschädigung für die Nation verstanden, die schwer unter dem Kriegsrecht leidet: Vier Tage vor der Heiligsprechung löst die Regierung formell die Gewerkschaft Solidarnosc auf.

29. Dezember 1982: Die sowjetische Nachrichtenagentur TASS beschuldigt den Papst (der seit einem Jahr jeden Sonntag und jeden Mittwoch von seiner Heimat spricht), in den kommunistischen Ländern „subversive Aktivitäten" zu fördern, für die Krise in Polen verantwortlich zu sein und „eine antikommunistische Propagandaaktion auf breiter Ebene" voranzutreiben.

16. bis 23. Juni 1983: Zweiter Besuch von Johannes Paul in Polen, den er mit folgenden Worten beginnt: *Mein Aufschrei ist der Aufschrei des ganzen Vaterlandes!* Es herrscht noch das Kriegsrecht. Jedes Wort wird genau abgewogen. Jede Geste kann gefährlich sein. Jedes Mal, wenn der Papst das Wort „Solidarität" ausspricht, erhebt sich ein Applaus, der einer Abstimmung gleichkommt. Bei der Begegnung mit den Vertretern des Staates stellt Johannes Paul sein Verhalten als Pole und als Papst in folgender Weise klar: Ich werde weiterhin jedes wahre Wohl meines Vaterlandes als mein Wohl betrachten, so als wohnte ich weiterhin in diesem Land, ja auf Grund der Entfernung in noch viel stärkerem Maß. Mit genau der gleichen Intensität werde ich auch weiterhin all das empfinden, was Polen bedrohen, schaden, was ihm Abbruch tun, was für das Land Stagnation oder Scheitern bedeuten könnte (16. Juni).

8. bis 14. Juni 1987: Dritter Besuch in Polen. Der Himmel über der Heimat hat sich aufgehellt, in Moskau regiert seit zwei Jahren Gorbatschow, erste Reformen beginnen. Johannes Paul begrüßt die Polen mit folgenden Worten: *O polnisches Land! Schwieriges und geprüftes Land! Du schönes Land! Mein Land! Sei gegrüßt! Und seid gegrüßt ihr, meine Landsleute, die ihr die Freude und Bitternis des Daseins in diesem Lande kennt* (Warschau, 8. Juni).

In seiner Ansprache an die Bischöfe am letzten Tag dieser Reise zieht Johannes Paul Bilanz über die kommunistische „Herausforderung", die die Kirche angenommen und der er sich an vorderster Front gestellt hat: *Nach tausend Jahren musste das Christentum in Polen diese Herausforderung annehmen, die in der Ideologie des dialektischen Materialismus enthalten ist, wo jegliche Religion als ein den Menschen entfremdender Faktor qualifiziert wird. Wir kennen diese Herausforderung. Ich habe sie hier, im polnischen Land, erfahren. Die Kirche erfährt sie an unterschiedlichen Orten der Erde. Es ist eine sehr tief gehende Herausforderung ... Es kann eine destruktive Herausforderung sein. Aber nach jahrelangen Erfahrungen kommen wir um die Feststellung nicht herum, dass dies auch eine Herausforderung sein kann, die dazu mobilisiert, Anstrengungen zu unternehmen und nach neuen Lösungen zu suchen, und in diesem Sinne wäre das gewissermaßen eine schöpferische Herausforderung. Davon zeugt in beredter Weise das II. Vatikanische Konzil. Die Kirche hat die Herausforderung angenommen. Sie hat in ihr eines der providentiellen „Zeichen der Zeit" gesehen. Und durch dieses „Zeichen" gab sie mit neuer Tiefe und Überzeugung Zeugnis von der Wahrheit über Gott, über Christus und den Menschen. Entgegen allen Reduktionismen erkenntnistheoretischer oder systemhafter Natur, entgegen der ganzen materialistischen Dialektik.*

Für die Entschlossenheit, mit der Johannes Paul diesen zehnjährigen Kampf geführt hat, genügt es, sich den Mut vor Augen zu halten, dessen es für den zweiten Besuch in Polen im Juni 1983 bedurft hat, da zu dieser Zeit noch das Kriegsrecht in Kraft war. Am Tag nach der Proklamation des „Ausnahmezustands" vom 13. Dezember 1981 kritisierte die französische Zeitung „Le Monde" die vorsichtige Reaktion des Vatikans und schrieb, der Papst hätte „nach Polen gehen" müssen. Gegen die jahrhundertealten Regeln der päpstlichen Diplomatie erfolgte der zweite Besuch, während der Ausnahmezustand noch andauerte: Der päpstliche Wagemut schien der Fantasie der Medien ebenbürtig zu sein.

Johannes Paul erwartete sicher nicht, dass der Zusammenbruch des Kommunismus während seines Pontifikats erfolgen würde. Das bringt er nach 1989 häufig zum Ausdruck. Doch wir

Papst Johannes Paul II. hört am 6.3.2004 bei einer Privataudienz im Vatikan Bundespräsident Johannes Rau zu. Bundespräsident Johannes Rau hat den Beitrag von Papst Johannes Paul II. zur deutschen Wiedervereinigung hervorgehoben. „Die Deutsche Einheit ist auch Polen und Ihrem klaren Profil und Ihrer festen Haltung zu verdanken", sagte Rau bei der Privataudienz beim Oberhaupt der Katholischen Kirche.

beschränken uns hier darauf – als Beweis für seine viel langfristigere Erwartung –, einen Witz wiederzugeben, den er gegenüber Frossard zum Besten gibt, wahrscheinlich im Sommer 1982:

Der Papst betet gerade und fragt den himmlischen Vater: „Herr, wird Polen jemals die Freiheit, die Unabhängigkeit erlangen?" – „Ja", antwortet ihm Gott, „aber nicht, solange du lebst". Darauf der Papst: „Herr, wird es nach mir wieder einen polnischen Papst geben?" – „Nicht, solange ich lebe", erwiderte Gott.

In einer so ernsten Materie ist nichts so zuverlässig wie ein Witz! Doch nun zu dem, worauf wir hinaus wollen: Obwohl er ein so rasches Ende des Kommunismus nicht erwartete, waren alle seine Worte und Gesten von der Gewissheit dieses Endes inspiriert. *Unbekannt blieben nur der Zeitpunkt und die Art und Weise,* sagt er in Prag am 21. April 1990. Nach dem Fall des Eisernen Vorhangs spricht er von einem *Unglück von fünfzig Jahren,* unvergleichbar mit *den tausend Jahren des slawischen Christentums* (ebd.). Doch so hatte er immer gedacht, wie die folgende Bemerkung acht Jahre zuvor, am 19. Februar 1982 auf dem Flug von Libreville nach Rom, bestätigt: *Das Militärregime hält sich seit Dezember, die Madonna von Tschenstochau seit sechshundert Jahren!*

Über die Art, wie die Verantwortlichen des Sowjetimperiums auf die Wahl von Johannes Paul reagiert haben, wissen wir – auch heute noch – sehr wenig. Doch wir können uns vorstellen, dass ihre Reaktion das genaue Gegenteil der Begeisterung war, die der russische Schriftsteller Alexander Solschenizyn äußerte, der in Amerika im Exil lebte: „Die Wahl von Papst Wojtyla ist das einzig Gute, das der Menschheit im 20. Jahrhundert widerfahren konnte!"

Der „Bogomolow-Bericht" (der vom Politbüro in Auftrag gegeben wurde und den Oleg Bogomolow – Direktor des Instituts für das sozialistische Weltsystem bei der Akademie der Wissenschaften – am 4. November 1978 übergibt: nur 19 Tage nach dem Konklave!) hatte einige gute Empfehlungen gegeben, wie man sich gegenüber dem neuen Papst verhalten solle: „Nach Aussage hochrangiger katholischer Experten wird die Wahl des polnischen Kardinals den Universalismus der Kirche fördern – nämlich ihre Aktivität in allen soziopolitischen Systemen, vor allem im sozialistischen System ... Wahrscheinlich wird dieser Dialog, von Seiten des Vatikans, einen systematischeren und aggressiveren Charakter haben als unter Paul VI. Aller Voraussicht nach wird Wojtyla weniger zu Kompromissen mit den Regierungen der sozialistischen Staaten bereit sein, vor allem was die Ernennungen in den Lokalkirchen betrifft" („La Stampa", Turin, 23. April 1993).

Dem Kreml fehlte es also nicht an Einschätzungen und Beurteilungen. Doch die Verantwortlichen vermochten den Empfehlungen der Experten nicht zu folgen, wie aus der Reaktion von Leonid Breschnew auf die Nachricht hervorgeht, dass die polnische Regierung gerade dabei sei, mit dem Vatikan über den ersten Besuch des Papstes in der Heimat zu verhandeln: Er empfiehlt dem Sekretär der kommunistischen Partei Polens Gierek, für den Papst „die Grenzen dicht zu machen". Gierek erinnert sich später, ihm am Telefon Folgendes entgegengehalten zu haben: „Wie könnte ich einen polnischen Papst nicht empfangen, wenn die Mehrheit meiner Landsleute katholisch ist?" Breschnew zeigt mit seiner Erwiderung, dass er das Neuartige eines polnischen Papstes nicht begreift: „Gomulka war ein besserer Kommunist als Sie, denn er ließ Paul VI. nicht nach Polen, und nichts Schreckliches ist passiert."

Ein Jahr nach den guten Ratschlägen von Bogomolow trifft das Sekretariat des Zentralkomitees der sowjetischen kommunistischen Partei am 13. November 1979 mit einer „Resolution Suslow" schlechte Vorkehrungen: auf die „vatikanischen Kreise" einwirken, „die sich für den Frieden einsetzen", Materialien verbreiten, die „die gefährliche Tendenz von Johannes Paul aufzeigen" und weitere ähnliche Maßnahmen, die nicht einmal zu Zeiten des Pacelli-Papstes Resultate gezeitigt hatten. In der Ära Wojtyla schon gar nicht!

Reisender Papst.
Nämlich Papst der Mission.

In den etwas mehr als 25 Jahren des Pontifikats hat Johannes Paul bisher 104 Reisen außerhalb Italiens und mehr als 150 in Italien unternommen: insgesamt gut 250 Reisen. Sie haben den Papst in 128 verschiedene Länder und in mehr als 250 verschiedene Orte in Italien geführt. Das ständige Reisen ist der zugleich spektakulärste und originellste, aber auch umstrittenste Aspekt des Pontifikats. Er benützt die Pastoralbesuche und Pilgerfahrten einerseits als Massenkommunikationsmittel, andererseits als Instrument für die Leitung der Kirche.

Zunächst das Spektakuläre der Reisen. Sie stellen seine wichtigste Aktivität dar, was den Zeit- und Energieaufwand betrifft. Man schätzt, dass er dafür insgesamt – nur für die internationalen Reisen – mehr als ein Jahr seines Lebens als Papst aufgewendet hat. Sie spielen für das Image des Pontifikats eine

Papst Johannes Paul II. trifft im Januar 1979 auf dem Flughafen „Benito Juarez" in Mexiko Stadt ein.

Papst Johannes Paul II. küsst kubanischen Boden, der ihm von Kindern auf dem Flughafen José Marti in Havanna dargeboten wird.

entscheidende Rolle und zeigen deutlich die Präsenz der katholischen Kirche in den Medien und auf der Weltbühne. Kein anderer Mensch auf der Welt ist zwischen 1978 und dem Beginn des neuen Jahrhunderts von so vielen Menschen direkt gesehen worden, die Johannes Paul auf allen Kontinenten begeistert umjubelt haben. Und kein anderer Mann oder keine andere Frau auf der Welt hat so lange das Interesse der internationalen Medien und eines jeden Landes, das in den Reiseplan des Papstes aufgenommen wurde, auf sich ziehen können.

Zweiter Punkt: die Originalität seines Reisens. Die Papstreise hat keineswegs er erfunden: Auch in der Neuzeit hatten schon Pius VI. und Pius VII. in der napoleonischen Ära ausgedehnte Reisen unternommen, Pius IX. bei dem Versuch, die Auflösung des Kirchenstaates zu verhindern, Paul VI. nach dem Konzil. Aber seine Art des Reisens ist von allen anderen grundverschieden: Er ist kein Gelegenheitsreisender, sondern ein Reisender aus Methode und aus Berufung.

Oft wird der Vergleich mit Paul VI. angestellt, der sicherlich als der Erfinder der Papstreisen unserer Zeit angesehen werden kann. Aber Johannes Paul ist kein Papst, der bloß zu irgendeinem Anlass reist, um eine symbolische Mission zu erfüllen, wie Paul VI. es getan hat, der ins Heilige Land, zur UNO, nach Konstantinopel und Genf, nach Afrika und Indien, nach Lateinamerika, auf die Philippinen, nach Australien und nach Fatima reiste.

Mit Johannes Paul haben wir einen Papst, der seine Reisen in der Absicht unternimmt, jede Lokalkirche zu besuchen, um eine systematische missionarische Mobilisierung der weltweiten katholischen Gemeinschaft zu bewirken. Die neun internationalen Reisen des Montini-Papstes waren neun symbolische Missionen: um den Dialog mit den getrennten Brüdern und dem Judentum, mit der internationalen Gemeinschaft, mit den verschiedenen Völkern und Kontinenten zu eröffnen oder die Kontakte zu ihnen wieder aufzunehmen. Die über hundert internationalen Reisen von Johannes Paul bilden hingegen den wichtigsten Bestandteil seiner normalen Sendung als Papst, sie sind seine Art, das „Petrusamt" auszuüben und die „Neuevangelisierung" voranzutreiben.

Zweck und Ergebnisse seiner Reisen sind Gegenstand einer ständigen Diskussion innerhalb und außerhalb der Kirche, während des ganzen Pontifikats. Die Haupteinwände werden im Namen der Lokalkirche, des Ökumenismus und der Beseitigung des Triumphalismus vorgebracht.

Auf der Welt gibt es heute 200 unabhängige Staaten: Der Papst hat drei Fünftel von ihnen besucht, und in gut dreißig Länder ist er sogar mehrmals gereist:

- zweimal nach Argentinien, Australien, Belgien, Benin, Burkina Faso, El Salvador, Guatemala, Kamerun, Bosnien-Herzegowina, Nicaragua, Nigeria, Papua-Neuguinea, Peru, Philippinen, Slowakei, Schweiz, Slowenien, Südkorea, Tschechische Republik, Ungarn, Uruguay, Venezuela, Zaire;
- dreimal nach Brasilien, Deutschland, Dominikanische Republik, Kanada, Kenia, Kroatien, Österreich;
- viermal nach Portugal, Spanien und Mexiko, fünfmal in die USA, sechsmal nach Frankreich, achtmal nach Polen.

Innerhalb Italiens war er zweimal in Belluno, Brescia, Genua, Mailand, Neapel, Reggio Calabria, Siena, Treviso; dreimal in Bologna, viermal in Loreto und Turin, fünfmal in Assisi.

Die längsten Reisen ins Ausland waren jene nach Uruguay, Chile und Argentinien im April 1987 und in den Fernen Osten (Bangladesh, Singapur, Fidschi, Neuseeland, Australien, Seychellen) im November 1986, von denen jede 14 Tage dauerte. Die längsten Reisen in ein einzelnes Land waren jene nach Brasilien (das Land mit den meisten Bischöfen und getauften Katholiken) im Juli 1980 und nach Polen im Juni 1999, die 13 Tage in Anspruch nahmen. Die längsten in Italien waren jene in die Diözesen der Emilia Romagna im Juni 1988 sowie in die Diözese Neapel im November 1990: fünf Tage.

Internationale Reisen gab es – im Durchschnitt – vier pro Jahr. Doch angesichts der Tatsache, dass er zwei Jahre – 1981 und 1994 – praktisch nicht gereist ist, wegen des Attentats und des Oberschenkelbruchs, steigt der wirkliche Durchschnitt auf über sechs Reisen pro Jahr. Sie haben ihn über hundertmal in verschiedene Teile Europas und auf die anderen Kontinente geführt.

In Europa hat er alle Länder Westeuropas besucht, sogar Liechtenstein, Malta und San Marino: Es fehlen ihm nur noch Andorra, Gibraltar und Monaco. Doch östlich von Italien und im ehemals kommunistischen Europa konnte er Russland, Serbien und Weißrussland bisher noch immer nicht besuchen.

Er war über zwanzigmal in Amerika und hat dabei alle Länder besucht mit Ausnahme der beiden Guayana, Surinams und einiger Ministaaten der Antillen. Dreizehn Reisen hat er nach Afrika unternommen und neun nach Asien und Ozeanien.

Die bei seinen Reisen zurückgelegten Kilometer hätten ausgereicht, um über 30-mal den Erdball zu umrunden, und doch gibt es zumindest sechs Reisen, von denen er stets geträumt hat, die er aber nicht mehr verwirklichen konnte: nach Moskau, China und Vietnam, Nordirland und Weißrussland.

Im Mittleren Osten hatte er bisher bloß den Libanon besuchen können. Anlässlich des Jubiläumsjahres 2000 besuchte er das Heilige Land einschließlich des Irak und Syriens, Ägyptens, Jordaniens und des Libanon, auf einer Reise, welche die ganze biblische Geografie umfassen sollte, von Abraham bis zu Mose und Jesus. Doch es war ihm nur ein Teilerfolg beschieden. Er konnte nach Ägypten und zum Sinai, nach Jordanien und Israel sowie in das palästinensische Autonomiegebiet kommen und dabei die biblischen Stätten in Jerusalem, Bethlehem und Nazareth aufsuchen. Als erster Papst sucht er eine Moschee in Nazareth auf. Syrien besuchte er im Mai 2000. Der Irak blieb ihm aber verschlossen.

Nach Nordirland wollte er schon im September 1979 reisen, als er die Katholiken in der Republik Irland besuchte, doch er kam nur bis Drogheda, an der Grenze zu Ulster. Denn man erklärte ihm, dass es unklug sei, sich weiter vorzuwagen, und dass seine Anwesenheit mehr Krieg als Frieden hervorgerufen hätte.

Schließlich fehlten ihm noch alle Länder unter kommunistischer Herrschaft, mit Ausnahme von Polen (bei den ersten drei Reisen), Kuba (1998) und einigen kleinen afrikanischen Republiken, die er besucht hatte, als dort noch ein marxistisch-leninistisches Regime am Ruder war, wie Kongo-Brazzaville (1980), Benin und Äquatorial-Guinea (1982). Nach dem Ende der sowjetischen Herrschaft konnte er die Tschechoslowakei (1990), dann noch zweimal die Tschechische Republik (1995 und 1997) und zweimal die Slowakei (1995 und 2004), Albanien (1993), Litauen, Lettland und Estland (1993), Kroatien (1994 und 1998), Slowenien (1996 und 1999) und Berlin (1996) sowie Sarajevo (1997) besuchen. Doch auch nach dem Fall des Eisernen Vorhangs fehlt ihm immer noch Russland, so wie alle anderen Länder mit orthodoxer Mehrheit, mit Ausnahme von Rumänien (1999) und Georgien (1999), von der Ukraine bis Weißrussland, von Bulgarien bis Serbien: Wohin er zuerst wegen des Kommunismus nicht reisen konnte, dorthin kann er später wegen des Konflikts mit den „Schwesterkirchen" nicht reisen.

Und natürlich bleiben ihm China und Vietnam verwehrt. Oft hat er an die Pforte Chinas geklopft, aber man hat ihn nicht erhört. Und noch mehr schmerzt ihn, die katholische Gemeinschaft von Vietnam nicht besuchen zu können, die zahlenmäßig stärkste in Asien nach den Philippinen.

Bei seinen Reisen kommt Wojtyla zugute, dass die Gestalt des Papstes für die Medien ein willkommenes Objekt darstellt: Eine ihrer Regeln ist die Vereinfachung, und das Bild des weiß gekleideten Papstes ist einfach und einzigartig. Die Medien könnten sich zum Teil wohl für jeden beliebigen Papst begeistern, aber zum Teil rührt ihre Faszination sicher daher, dass es eben dieser Papst ist. Die erste Trumpfkarte, die er ausspielt, sind die Interviews im Flugzeug: Die Journalisten begleiteten auch Paul VI. auf seinen Reisen, der während des Fluges zu ihnen kam, um sie zu begrüßen, doch er duldete keinerlei Fragen.

Wojtyla hingegen verschließt sich keiner Frage, auch später nicht, wo er nicht mehr die Runde macht wie früher, sondern sich auf eine kollektive Begrüßung in jenem Teil des Flugzeugs beschränkt, der den Journalisten vorbehalten ist. Alles geschieht in einem großen Durcheinander, zwischen

Mikrofonen und Fernsehkameras, Fotografen, die auf die Sitze springen, und Aufnahmegeräten, die das Gesicht des Papstes verdecken. Jeder kann eine Frage in seiner Muttersprache stellen und der Papst antwortet ihm so gut er kann in dieser Sprache. Diese Interviews erregen immer Aufmerksamkeit und noch nie ist es vorgekommen, dass der Vatikan eine Äußerung des Papstes dementieren musste, die eine Zeitung wiedergegeben hatte.

Neben dem direkten Zugang gibt es noch eine zweite Regel der Medien, die der Papst instinktiv befolgt: Er begibt sich in Gefahr, er besucht Länder, in denen Krieg herrscht, er geht dorthin, wohin zu gehen man ihm dringend abrät und wo er nicht willkommen ist, er spricht unvermittelt – sogar schon im Flugzeug – über Themen, die bei dieser Reise eigentlich tabu sind. Etwa über das „Kriegsrecht" während der Polenreise 1983, als dort gerade der „Ausnahmezustand" herrschte. Oder über das Blutbad der „Bartholomäusnacht", wie er es am 23. August 1997 in Paris getan hat. Kurz und gut, er schafft das Ereignis, wenn es nicht schon da ist.

Papst Johannes Paul II. gibt am 21.1.1998 während seines Fluges nach Havanna vor den ihn begleitenden zahlreichen Journalisten eine Pressekonferenz.

Der spanische Traditionalisten-Priester Juan Fernandez Krohn wird am 12.5.1982 von Sicherheitsbeamten überwältigt, nachdem er im portugiesischen Marienwallfahrtsort Fatima versucht hatte, sich mit einem Bajonett auf Papst Johannes Paul II. zu stürzen.

Bei den Papstreisen ist schon alles Mögliche passiert. Nicht nur in Polen, auch in Argentinien (1982), El Salvador (1983), Guatemala (1983), Osttimor (1989), Sarajevo und Beirut (1997) hat sich Wojtyla in Situationen des Ausnahmezustands befunden. In Managua, der Hauptstadt Nicaraguas, wurde 1983 von der sandinistischen Jugend gegen ihn protestiert. In Fatima (1982) wäre es beinahe zu einem Attentat gekommen: Ein traditionalistischer Priester versuchte ihn mit einem Bajonett anzugreifen.

Während einer Messe in Santiago de Chile (1987) kam es zu gewalttätigen Auseinandersetzungen zwischen einer protestierenden Menge und der Polizei, wobei die Tränengasschwaden bis zum Altar vordrangen. In São Paulo in Brasilien 1980 und in Asunción in Paraguay 1988 verwandelten sich eine Begegnung mit den Arbeitern und eine mit den „Baumeistern der Gesellschaft" – ohne Missbilligung des Papstes – in Manifestationen gegen die Diktatur in beiden Ländern.

Manchmal ist es ein Unwetter, das „Interesse" erweckt, wenn das Flugzeug des Papstes deshalb seinen Kurs ändern muss. Im September 1988, während des Fluges von Botswana nach Lesotho, muss die Maschine in Johannesburg landen und der Papst ist gezwungen, vier Stunden lang im Auto durch die Savanne zu fahren, um Maseru zu erreichen. In Kanada verhindert 1984 ein Schneesturm die Landung in Fort Simpson nahe am arktischen Polarkreis, wo eine Begegnung mit den Eskimos vorgesehen war. 1986 bei der Rückkehr aus Indien muss das Flugzeug in Neapel niedergehen, da die Flughäfen von Rom ebenfalls wegen starken Schneefalls gesperrt sind, so dass der Papst erst am nächsten Morgen mit dem Zug in der Stadt eintrifft.

Bis zu den Erkrankungen des Jahres 1992 (Dickdarmtumor) und 1993 (erste Anzeichen der Nervenkrankheit, die das Zittern der linken Hand und den starren Blick verursacht) scheint er die Anstrengungen der Reisen, von denen er sich rasch erholt, gar nicht zu bemerken.

„Wie machen Sie es, dass Sie die vielen Reisen körperlich so gut durchstehen?", fragen ihn auf dem Flug von San Juan (Puertorico) nach Rom am 13. Oktober 1984 die Journalisten und seine Antwort lautet: *Am besten sich nicht darum kümmern und es einfach tun.* Die Journalisten stellen diese Frage eineinhalb Jahre später noch einmal: „Fühlen Sie sich denn nicht müde nach einer solchen Reise?"– und die Antwort ist noch einfacher: *Nein, das wundert mich selbst* (auf dem Flug von Lima nach Rom am 6. Februar 1985).

Er reagiert jedoch gereizt, wenn die Frage die Kosten der Reise betrifft: *Es ist dumm, von den Kosten zu sprechen und zu versuchen, den Papst aufzuhalten!,* sagte er auf dem Flug von den Seychellen nach Rom am 2. Dezember 1986.

Den Kindern einer römischen Pfarrei erklärt er, dass Wandern und Reisen für ihn immer schon etwas ganz Natürliches gewesen sei: *Als Bub war ich ein großer Wanderer. Dann bin ich ein großer Reisender geworden und hoffe es weiterhin zu bleiben!*

Einmal fragt ihn ein 11-jähriger Ministrant während seines Besuchs in der römischen Pfarrgemeinde San Benedetto außerhalb der Porta San Paolo im Februar 1988: „Warum gehst du immer auf Reisen rund um die Welt?" Und der Papst: *Weil die ganze Welt nicht hier ist! Hast du gelesen, was Jesus gesagt hat?* So spricht er zu den Kindern. Für die Erwachsenen lautet die Botschaft: *Ich halte die Zeit für gekommen, da alle kirchlichen Kräfte für die Neuevangelisierung und die Mission „ad gentes" einzusetzen sind.* So heißt es in der Enzyklika „Redemptoris missio" (1991), in der die tiefste Motivation seiner „Missions"-Reisen zu erkennen ist. Denn *der Bischof von Rom ist der erste Glaubensbote, er hat die Hauptverantwortung für die Verbreitung des Glaubens in der Welt* (Generalaudienz, 10. März 1993).

Die in der Kurie am weitesten verbreitete Kritik an den Reisen – vor allem zu Beginn des Pontifikats – betrifft ihr Übermaß oder jedenfalls ihre Anzahl und ihren Rhythmus. Johannes Paul kennt diese Kritik und anerkennt sie als berechtigt, aber er ist der Ansicht, dass es sich um ein Übermaß handelt, das ihm von der Vorsehung „eingegeben" wird.

„Geht und verkündet das Evangelium der ganzen Welt! Und daher gehe ich in die ganze Welt."

Wir sind nun beim Kernpunkt des Papstbildes und des päpstlichen Tuns, wie Johannes Paul es versteht: Er überschreitet oft das von der römischen Tradition vorgegebene Maß. Er tut das ganz bewusst und rechtfertigt dieses Übermaß, diesen Wagemut, diese Kühnheit, diese Herausforderung (das sind die Worte, die er benützt, um auf das Abweichen von den Spuren seiner Vorgänger aufmerksam zu machen) mit den besonderen Erfordernissen des Augenblicks oder der Zeitepoche. Bei der Kontroverse mit den Mitarbeitern der Kurie – die immer weniger versuchen, ihn an das goldene Maß der italienischen Päpste zu erinnern – beruft er sich auf die Eingebung der Vorsehung.

Es ist bezeichnend, dass der erste Konflikt wegen der Reisen ausbricht: Das Übermaß, das Johannes Paul am unmittelbarsten geboten schien, ist gleichzeitig jenes, das die Mitarbeiter am meisten störte. Der Papst verteidigt mehrmals seine Entscheidung in Interviews und Ansprachen an die Kurie, wobei er auf die verschiedenen Einwände eingeht, und er spricht von der Bedeutung der Reisen insbesondere in der Apostolischen Konstitution über die Reform der Kurie und in dem Schreiben „Tertio millennio adveniente". Unter allen verfügbaren Texten (am geschlossensten und ausführlichsten ist die Ansprache an die Mitarbeiter der Kurie vom Juni 1982) haben wir einen sehr kurzen ausgewählt, der aber den Geist, von dem Johannes Paul beseelt ist, vielleicht am besten erkennen lässt. Es ist eine Stelle aus einem Interview für Radio Vatikan, das der „Osservatore Romano" am 13. Juni 1980 veröffentlicht hat. Der unmittelbare Zweck dieses Interviews war der, auf den Einwand zu antworten, wegen der vielen Reisen vernachlässige er die Leitung der Kirche. Dieser Einwand war gerade damals in Kurienkreisen sehr häufig zu hören, denn der Papst war soeben von einer Reise nach Frankreich zurückgekehrt, einen Monat vorher war er zehn Tage lang in Afrika gewesen und er traf nun schon wieder Vorkehrungen für eine 13-tägige Reise nach Brasilien:

Viele sagen, dass der Papst zu viel reist und in zu kurzen Abständen. Ich glaube, dass sie, menschlich gesprochen, Recht haben. Aber es ist die Vorsehung, die uns leitet und uns manchmal eingibt, etwas „per excessum", also im Übermaß, zu tun. Mit Recht lehrt uns der heilige Thomas, dass die Tugend in der Mitte liegt. Jedenfalls kam seit einiger Zeit aus Frankreich so etwas wie ein Appell, eine informelle Einladung, die mich überraschte.

Etwas „per excessum" zu tun ist gleichsam ein Motto des Pontifikats, das natürlich mit der kurialen Regel, dass die Tugend in der Mitte liegt, in Widerspruch gerät!

Den Widerstand der Kurie gegen die vielen Reisen muss Johannes Paul wohl schon lange gespürt haben. Sicherlich war er bis zum Attentat vom 13. Mai 1981 schon groß genug und er wurde – nach der einjährigen Pause – mit der Wiederaufnahme der Reisen 1982 unerbittlich. In diesem Jahr stellte er einen Rekord auf, galt es doch, die versäumten Begegnungen des Vorjahres aufzuholen, und so kam es zu insgesamt sieben Auslandsreisen: nach Afrika im Februar, nach Portugal im Mai, nach Großbritannien im Mai/Juni, nach Argentinien und Genf im Juni, nach San Marino im August, nach Spanien im Oktober. Und nun kommt zur Kritik an der Häufigkeit der Reisen auch noch die an der Opportunität, da Johannes Paul zwischen Mai und Juni Großbritannien und Argentinien gerade in den Wochen des Falklandkonflikts besucht und erklärt, er wolle auch noch in den Libanon fahren, der sich ebenfalls im Kriegszustand befand.

Johannes Paul antwortet auf diese Einwände in einer denkwürdigen Rede an die Mitarbeiter der Kurie am 28. Juni jenes Jahres, in der er seine Reisen als *Anwendung des Charismas Petri auf universaler Ebene* bezeichnet und ihre *theologische Wurzel* in der Tatsache sieht, dass der *Dienst des Papstes heute seine universalen Dimensionen hervorkehren muss.*

Bei ähnlicher Gelegenheit hatte er zwei Jahre vorher – am 28. Juni 1980 – die Reisen auf das *Bewusstsein von ihrer Sendung* zurückgeführt: *So gesehen reist der Papst, um das Evangelium zu verkünden, um die Brüder im Glauben zu stärken, um der Kirche Trost zu spenden, um mit dem Menschen zusammenzutreffen ... Darüber hinaus sind diese Reisen Gelegenheiten zu einer Art Wanderkatechese, zur Verkündigung der Frohbotschaft in der allseitigen Fortsetzung des Evangeliums und des apostolischen Lehramtes, das die heutigen planetarischen Sphären einbezieht. Es sind Reisen der Liebe, des Friedens, der universalen Brüderlichkeit ... Bei diesen Begegnungen mit den Seelen lässt sich, auch im ungeheuren Ansturm der Massen, das Charisma des heutigen Petrusamtes auf den Straßen der Welt erkennen.*

Menschlich gesehen interessanter ist das, was Johannes Paul – in jener Periode der besonders lebhaften Auseinandersetzung mit seiner kurialen Umgebung – dem französischen Schriftsteller André Frossard anvertraut, um das scheinbare Übermaß seiner Reisen zu erklären. Frossard fragt, warum der Papst „solche Eile" habe, „die Welt zu bereisen, so als ob ihm nur mehr kurze Zeit bliebe, um die Herde der Gutwilligen vor dem hereinbrechenden Sturm zu sammeln, als ob eine Art von Notstand ausgerufen worden wäre". In seiner Antwort betont Johannes Paul, auch wenn er sich vorsichtig ausdrückt, dass ihn die Wahrnehmung einer besonderen historischen Dringlichkeit dazu veranlasse, dieselbe übrigens, die ihn schon bei seinen Exerzitienvorträgen an der Kurie im Beisein Pauls VI. von einer „eschatologischen Zeit" und einem „neuen Advent in der Geschichte der Menschheit" hatte sprechen lassen:

Wenn Gott es zulässt, werde ich den größten Teil jener Orte besuchen, in die ich eingeladen bin ... Je schwieriger der Weg der Menschen, der Familien, der Gemeinschaften und der Welt wird, desto notwendiger ist es, dass sie sich der Gegenwart des Guten Hirten bewusst werden, der für seine Schäflein das Leben hingibt ... Mir scheint sogar, dass das Leben der nachkonziliaren Kirche diese Notwendigkeit in einen Imperativ verwandelt hat, in ein Gebot und eine Gewissenspflicht ... Vielleicht gestatten Sie mir die Bemerkung, dass ich nicht von jenem von Ihnen erwähnten Notstand gesprochen habe ... Meiner Meinung nach wäre es besser, von einer „dringlichen Situation" zu sprechen. Das würde viel besser dem heiligen Paulus und dem Evangelium entsprechen.

Die Kritik seitens der Kurie ist nicht zu stoppen, sie stoppt aber auch nicht den Papst. Er findet in den Reisen, die er unternimmt, die Bestätigung für ihre Notwendigkeit. Und so wendet er sich während seiner ersten Afrikareise (2. bis 12. Mai 1980) in einer improvisierten Ansprache an diejenigen, denen seine Reisen gelten, und nicht an die Kritiker in der Kurie: *Manche in Europa glauben, dass der Papst nicht reisen dürfe, dass er in Rom bleiben müsse, wie es immer gewesen ist. Ich lese diese Dinge in den Zeitungen und erhalte auch Ratschläge in diesem Sinn. Doch hier will ich sagen, dass es eine Gnade Gottes ist, hierher gekommen zu sein, denn dadurch kann ich euch kennen lernen. Wie könnte ich sonst wissen, wie ihr lebt, was eure Geschichte ist? Und das bestärkt mich in der Überzeugung, dass die Zeit gekommen ist, in der die Bischöfe von Rom – nämlich die Päpste – sich nicht nur als Nachfolger des Petrus betrachten dürfen, sondern auch als die Erben des Paulus, der, wie wir sehr wohl wissen, nie Ruhe gab: er war ständig auf Reisen! Und wenn etwas wahr ist, dann ist es auch wahr für diejenigen, die mit dem Papst in Rom arbeiten und ihn begleiten.*

„Wer durchhält, gewinnt", sagt ein römisches Sprichwort, und tatsächlich hat Johannes Paul mit den Jahren der verschiedentlichen Kritik seitens der Kurie den Wind aus den Segeln genommen, so dass sie nur mehr hinter vorgehaltener Hand geäußert wurde und schließlich ganz verstummte. Geraume Zeit nach dem Höhepunkt dieser Kritik fand Johannes Paul Gelegenheit, scherzhaft auf die Tatsache hinzuweisen, dass es gerade diese Kritik war, die ihn von der Wichtigkeit der Reisen überzeugt habe. Am 6. Februar 1985, auf dem Rückflug von Lima nach Rom (er hatte gerade Venezuela, Ekuador, Peru, Trinidad und Tobago besucht) entwickelt sich folgender Dialog mit den Journalisten:

– „Heiligkeit, kennen Sie die Kritik an Ihren Reisen?"
– *Ich weiß, dass es viele gibt, die sie verstehen und nach ihnen verlangen, weil sie sie für sinnvoll halten. Aber ich weiß auch, dass es Personen gibt, denen diese Reisen nicht gefallen, und gerade diese Tatsache bestärkt mich darin, dass man sie unternehmen muss.*
– „Halten Sie denn die Reisen für wirkungsvoll?"
– *Was die Wirksamkeit betrifft, so kann man diese Kategorie nicht als absolutes Kriterium gelten lassen. Auch das Wort des Evangeliums gibt nur selten 100 Prozent. Aber auch eine Wirksamkeit von 10 oder 15 Prozent ist der Mühe wert.*

Angetan mit einer traditionellen, einheimischen Kopfbedeckung grüßt Papst Johannes Paul II. am 30.1.1990 Gläubige im Tschad, der letzten Station seiner Afrikareise. Während seiner 45. Pastoralreise vom 25.1. bis 1.2.1990 bereiste der Papst fünf westafrikanische Länder.

Es kann sein, dass Johannes Paul in der Kritik seitens der Kurie ein Echo jener Voreingenommenheit gegenüber dem nichtitalienischen Papst erblickt hat, die zwar nie offen zutage getreten ist, aber doch in den ersten Jahren des Pontifikats im kurialen Unterholz lange Zeit geknistert hat. Mehrmals hat der Papst scherzhaft das Bild der heiligen Katharina von Siena beschworen (der Heiligen des 14. Jahrhunderts, die sich für die Rückkehr der Päpste aus Avignon einsetzte), die den Päpsten vorwarf, Rom verlassen zu haben. Die vielleicht bezeichnendste Bemerkung ist folgende: *Und ich habe auch gedacht: Was sagt mir Katharina? Soll ich mehr oder weniger reisen? Und die Antwort, die ich erhalten habe: Ja, du kannst reisen, sollst aber nie den Stuhl, den Heiligen Stuhl, von Rom weg verlegen. Reisen ja, aber immer wieder zurückkehren!* Diese Äußerung fällt am 17. Februar 1996 in einer Ansprache an die Alumnen des römischen Priesterseminars, nachdem er zusammen mit ihnen an einem Vortrag über die heilige Katharina teilgenommen hatte. Er war gerade von seiner 69. Auslandsreise zurückgekehrt, die ihn nach Guatemala, Nicaragua, El Salvador und Venezuela geführt hatte (5. bis 12. Februar), Länder, die er alle schon einmal besucht und die er nun in schlechterer körperlicher Verfassung neuerlich aufgesucht hatte, wobei er fast jeden Tag bei seinen Gastgebern und den Fernsehzuschauern – die weniger als seine Mitarbeiter das Durchhaltevermögen hinter dem vom Leiden gezeichneten Antlitz einzuschätzen vermochten – den Einwand über die Opportunität dieses Unternehmens provozierte. Was er da sagt, ist also nicht nur ein Scherz, sondern eine neuerliche Antwort auf den ewigen Einwand, der jetzt auch noch mit gesundheitlichen Gründen untermauert wird. Wenn es nach der Kurie ginge, dürfte ein Papst nur in extremen Notfällen verreisen (wie es alle Päpste der Neuzeit taten: Pius VI. und Pius VII., weil sie durch die Französische Revolution und von Napoleon dazu gezwungen wurden, Pius IX., weil das italienische „Risorgimento" ihn dazu nötigte) oder in symbolischer Mission (wie es Paul VI. tat). Analog dazu müsste er lateinisch sprechen und dürfte nur in den Konsistorien oder bei ganz wenigen anderen Gelegenheiten das Wort ergreifen und hätte dabei stets darauf zu achten, nur ja keine heiklen Themen zu berühren. Johannes Paul jedoch tut genau das Gegenteil und meint, dass dies für die Worte genauso gelten müsse wie für die Gesten, und so bereichert er das päpstliche Vokabular auch mit gewagteren Dingen: *Ich habe den Wunsch zum Ausdruck gebracht, nach China zu fahren, denn der Papst muss manchmal auch ungewöhnliche Dinge sagen! Und weiter: Man muss zuweilen auch ein mutiges Wort sagen. Das wird genauso erwartet wie entsprechende Gesten.*

Papst Johannes Paul II. wird am 27.1.1985 bei seiner Ankuft in Montalban in Venezuela, der ersten Station seiner 25. Auslandsreise, von einheimischen Priestern begrüßt. Er zelebrierte anschließend eine Messe unter freiem Himmel, an der über eine Million Menschen teilnahmen.

Das sagt er am 24. Januar 1994 zu den Journalisten bei einem Zusammentreffen im vatikanischen Pressesaal. Dieser Papst ist sich also der Freiheit voll bewusst, die einem Papst zugestanden werden muss: Er ist ein Mann des Übermaßes und des Wagnisses, des Mutes und der unmittelbaren Reaktionen, ja sogar der Zornesausbrüche. Und der Erklärungen gegenüber den Journalisten. Wenn er eine Ungerechtigkeit sieht, eine Notlage bemerkt, kann er sein Herz nicht mehr zurückhalten.

Manche könnten vielleicht denken, dass er nur gegenüber der Presse gewagte Dinge äußert, aber nein! Sehen wir doch, wie der Bischof von Rom zum römischen Klerus (bei der Begegnung in der Fastenzeit am 1. März 1990) über die römische Synode spricht, also vor einem Publikum, das mit dieser Materie bestens vertraut ist: *In welcher Weise könnte diese Synode noch mehr zu einer Herausforderung werden? Vielleicht wäre es nützlich, wenn sie noch mehr zur Herausforderung würde, denn viele schlafen!* „Viele schlafen" ist ein Zitat des Apostels Paulus, doch die Wahl des Wortes „Herausforderung" ist typisch Wojtyla. Und „Kühnheit" schließlich, ein Ausdruck, der sehr oft in der Lehrverkündigung dieses Papstes vorkommt und den Eifer für die Mission wecken soll: *Angesichts der Herausforderungen der gegenwärtigen Welt brauchen wir etwas von der Kühnheit des Evangeliums* (Botschaft zum Tag der geistlichen Berufe, 7. Dezember 1996).

Wo ein Übermaß in Erscheinung tritt, da soll man der Sache nachgehen. Übermäßig ist das, was die Norm oder eine vernünftige Erwartung überschreitet. Im menschlichen Verhalten ist es fast immer das Signal für tiefgreifende Bestrebungen. Der übermäßige Einsatz, den Johannes Paul bei seinen Reisen an den Tag legt, ist das Zeichen seines missionarischen Eifers: Dieser kommt von dem Willen, auf eine als außerordentlich erkannte Anforderung eine außergewöhnliche Antwort zu geben, die darin besteht, die katholische Gemeinschaft in allen ihren lokalen Komponenten in missionarischer Hinsicht neu zu aktivieren, um sie in die Lage zu versetzen, auf die Herausforderungen des dritten Jahrtausends zu antworten.

Das Übermaß der Reisen ist also das Zeichen eines allgemeinen Übermaßes an missionarischer Aktivität, das uns helfen kann, viele umstrittene Aspekte des Pontifikats besser zu verstehen: Aspekte, die bei den Kritikern für Diskussionsstoff sorgen, die Johannes Paul aber als von der Vorsehung eingegeben betrachtet.

Neben dem Übermaß der Reisen hat die Kurie immer schon auch am Übermaß an Ansprachen, an Selig- und Heiligsprechungen und schließlich am Übermaß an Synoden Kritik geübt. Doch man hat auch in seinen Interventionen für Polen und im Falle des Golfkriegs, in seinem Einsatz zum Schutz des

Lebens und der Ehemoral sowie in den „Schuldbekenntnissen" für Vorfälle in der Geschichte der Kirche eine Aktivität „im Übermaß" erblickt. Richtig gesehen handelt es sich immer um ein Übermaß, das auf den missionarischen Eifer zurückgeführt werden kann, der das wesentliche Kennzeichen des Pontifikats ist: Die Ansprachen sind von derselben Intention diktiert, möglichst alle Menschen zu erreichen, von der auch die Reisen inspiriert sind; die Synoden dienen dazu, die katholischen Gemeinschaften auf den verschiedenen Kontinenten im Hinblick auf die Mission zu mobilisieren; die Seligsprechungen sind dazu bestimmt, Modelle für die Verlebendigung der Gemeinschaften zu liefern; die „Schuldbekenntnisse" haben auch die Aufgabe, die Völkermission von Missverständnissen zu befreien, die sich im Lauf der Jahrhunderte angesammelt haben.

Für ein kritisches Verständnis dieser Abweichungen von der Norm wäre es notwendig, zwischen denen zu unterscheiden, in denen das quantitative Element überwiegt (Reisen) und denen, die durch ein ideologisches Element gekennzeichnet sind („Schuldbekenntnis"). Man könnte sagen, dass das quantitative Übermaß sowohl traditionelle Aspekte der päpstlichen Aktivität (Heiligsprechungen und Ansprachen) als auch neue Aspekte (Reisen und Synoden) beinhaltet.

In ähnlicher Weise ist das ideologische Übermaß sowohl als Betonung von bereits bekannten Elementen der päpstlichen Aktivität (Friede, Ehemoral, Schutz des Lebens) wie auch als vollkommen neue Aussage („Schuldbekenntnis", Gegnerschaft zur Todesstrafe) zu betrachten. In einem Fall – dem der Todesstrafe – wird die Bekräftigung einer traditionellen Lehrmeinung hinsichtlich der Abtreibung und der Euthanasie auf ein neues Gebiet ausgedehnt. An manchen kirchlichen Dokumenten ist direkt ersichtlich, wie sehr die Kurie die Neigung des Papstes zum „Übermaß" eingebremst hat. Man kann ruhig sagen, dass alle Normüberschreitungen, die wir hier aufgezählt haben, von der Kurie teilweise und auch vernünftigerweise auf ein gesundes Maß zurückgeführt worden sind, auch wenn es dem Papst – wie es auf den ersten Blick aussieht, aber tatsächlich nicht immer der Fall ist: die Historiker kennen viele Fälle, in denen die Kurie die Oberhand über die Päpste gewonnen hat – scheinbar gelungen ist, seine Linie durchzusetzen. Aber im Fall der Todesstrafe, wo das Gewicht der Praxis und der Aussagen in der Vergangenheit besonders schwer wiegt, kann man eindeutig sagen, dass Johannes Paul daran gehindert wurde, sie klar zu verurteilen, wie es wahrscheinlich seine Absicht war.

Papst Johannes Paul II. streicht Mutter Teresa über die Wangen, als er sie zu einer Privataudienz am 5.2.1992 im Vatikan empfängt. Sechs Jahre nach ihrem Tod wird Papst Johannes Paul II. am 19. Oktober 2003 Mutter Teresa selig sprechen. Zu der Zeremonie in Rom erschienen Hunderttausende Gläubige aus aller Welt. Die Seligsprechung ist eine der schnellsten in der jüngeren Kirchengeschichte.

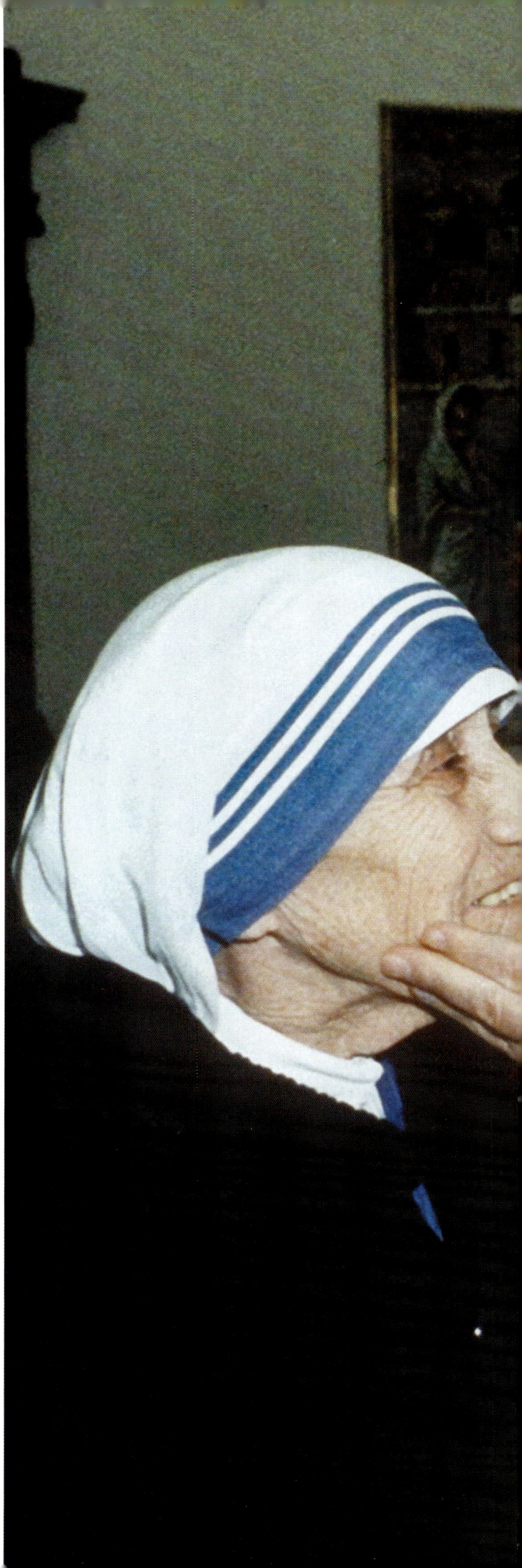

Die Widerstände der Kurie verhelfen uns dazu, den Geist eines Pontifikats zu erfassen. Johannes XXIII. stieß auf eine Opposition, die taub war für seinen ökumenischen und aufgeschlossenen Gedanken eines Konzils. Paul VI. wurde beschuldigt, die liturgische Tradition verraten zu haben. Johannes Paul wird verdächtigt, bei der Mission *ad gentes* über das Ziel hinauszuschießen und ganz allgemein in Worten und Gesten das rechte Maß im Hinblick auf die päpstliche Tradition zu überschreiten.

Besondere Aufmerksamkeit würde das Übermaß der Ansprachen verdienen, das eng mit dem der Reisen verbunden ist. Früher einmal unternahmen die Päpste keine Reisen und ergriffen fast nie das Wort. Schon über Pius XII. machte man sich lustig, weil er nie auf Reisen ging, aber „zu allem etwas zu sagen hatte". Auf Grund der größeren Mobilität der Päpste nahmen auch die Reden und Ansprachen zu, und bei Paul VI. sah sich der vatikanische Verlag schließlich gezwungen, alljährlich einen über tausend Seiten umfassenden Band mit seinen gesammelten „Lehräußerungen" herauszugeben. Johannes Paul hat diesen Rekord geradezu pulverisiert, bei ihm sind es schon zwei Bände geworden, die auch umfangmäßig zugenommen haben: In den ersten zwanzig Jahren des Pontifikats hat er mehr als das Zehnfache an Ansprachen und Dokumenten produziert als Pius XII., dessen Pontifikat – genauso wie das von Johannes Paul zur Zeit der Abfassung dieses Buches – ebenfalls an die zwanzig Jahre dauerte.

Nach einer Berechnung der italienischen Zeitschrift „Trenta giorni" (Juli 1989) hielt Pius XII. im Durchschnitt 70 Ansprachen pro Jahr, was 478 Seiten entspricht. Bei Johannes XXIII. steigt diese Zahl auf 182 Ansprachen und 777 Seiten. Paul VI. kommt auf 347 Ansprachen und 1255 Seiten. Bei Johannes Paul sind es 746 Ansprachen und 3626 Seiten. Und in den letzten zehn Jahren hat sich der Rhythmus der päpstlichen Lehräußerungen kaum verändert. Wir können also sagen (wenn wir die Anzahl der Seiten und die Tatsache berücksichtigen, dass der vatikanische Verlag die ganze Zeit über dasselbe grafische Format beibehalten hat), dass er die Menge der Worte im Vergleich zu Montini verdreifacht hat, der sie selbst wiederum fast verdoppelt hat gegenüber Johannes XXIII., der dasselbe im Vergleich zu Pius XII. getan hat. Die ständige Steigerung von Pius XII. bis Johannes Paul II. zeigt uns, dass es eine objektive, sagen wir institutionelle Logik gibt, die die modernen Päpste dazu zwingt, die Anlässe und die Menge ihrer Botschaften zu vervielfachen. Aber der Sprung, den diese Steigerung mit Johannes Paul macht, ist sicherlich auf seine besondere Persönlichkeit zurückzuführen.

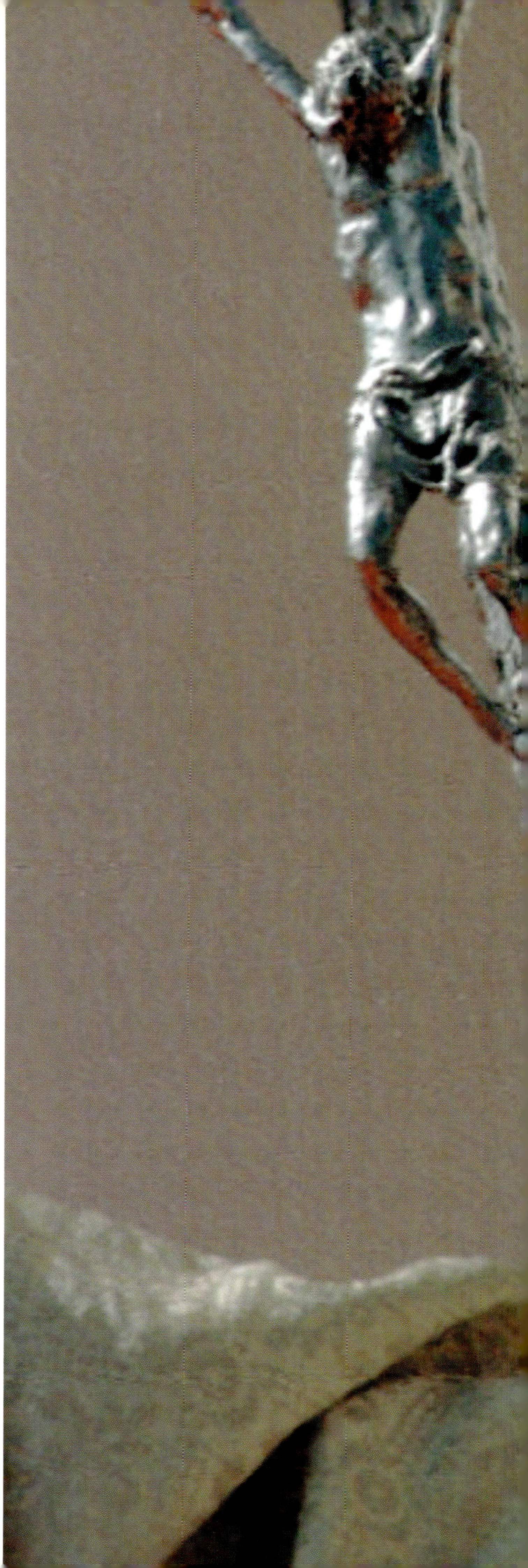

Papst Johannes Paul II. hält sein Kruzifix in die Höhe, während er am 21.9.1996 im französischen Tours einen Gottesdienst zelebriert.

Pius XII. vermehrt die Massenaudienzen und verfasst bei jeder Gelegenheit schriftliche Texte (was vorher nicht üblich war). Johannes XXIII. führt die wöchentlichen Audienzen ein und das sonntägliche Grußwort aus dem Fenster sowie den Besuch römischer Pfarrgemeinden. Paul VI. die Reisen innerhalb Italiens und ins Ausland. Johannes Paul besucht systematisch die Pfarreien, er hat die Anzahl der Reisen vervielfacht und dabei die einzelnen Tage mit öffentlichen Auftritten voll gestopft. Der Höhepunkt wurde bei seinem Besuch in Genf am 15. Juni 1982 erreicht, als er innerhalb von zwölf Stunden zehn Ansprachen hielt.

Die institutionellen Aufgaben, die sich von einem Pontifikat zum anderen häufen, und die überragende Persönlichkeit Johannes Pauls, der dazu neigt, die katholische Gemeinschaft eher zu animieren als zu leiten (oder der es vorzieht, sie mehr durch gezielte Anregungen als durch normative Eingriffe zu leiten), bestimmen gemeinsam die Quantität – die allen als übermäßig erscheint – der Reisen und Ansprachen. Ganz offenkundig ist das Bestreben, möglichst alle zu erreichen und alle zu überzeugen. Jede andere Erklärung scheint ungenügend zu sein. Es gab auch die paradoxe Hypothese, dass die Kurie den Papst zu solcher Aktivität gedrängt habe, in der Meinung, dass die Krise der katholischen Kirche sonst unaufhaltsam sei. Der Vatikansprecher Navarro reagierte auf diese Hypothese, auf die ihn die italienische Zeitschrift „Panorama" aufmerksam machte, in einem Interview folgendermaßen: „Niemand hat jemals den Papst gedrängt, das zu tun, was er tut. Er tut es, weil er glaubt, es tun zu müssen. Einmal habe ich ihn sagen gehört: Wir werden eine ganze Ewigkeit lang Zeit haben, uns auszuruhen" (7. Februar 1993).

Auf den Vorwurf der viel zu vielen Ansprachen gab Johannes Paul einmal dieselbe Antwort, die er schon bezüglich der vielen Reisen gegeben hatte: *Der tägliche Stachel, die Sorge um alle Kirchen sowie der Wunsch, der ganzen Menschheit in ihren Bestrebungen und Nöten, die mir anvertraut sind, nahe zu sein, erfordern ein sorgfältiges und aufmerksames Lehramt, bei allen Anlässen, ob gelegen oder ungelegen, das den Erfordernissen und dem Verständnis aller angepasst ist* (Ansprache bei einer Studientagung über das päpstliche Lehramt, 24. Mai 1983).

Die Menge der produzierten Texte ist so groß, dass kein Mensch sie alle lesen kann. Wahrscheinlich werden es kaum dreißig Personen sein, die üblicherweise die gesamten päpstlichen Texte lesen: der Theologe des Päpstlichen Hauses (der die Aufgabe hat, vom doktrinären Gesichtspunkt aus zu prüfen, was der Papst sagt oder unterschreibt), der Sprecher des Vatikans, die unmittelbaren Mitarbeiter des Staatssekretariats und einige Journalisten, die Spezialisten für vatikanische Angelegenheiten sind. Die anderen, einschließlich der Mitarbeiter des Papstes, arrangieren sich, so gut sie können. Und heute kann überhaupt nur mehr der Computer Auskunft darüber geben, was der Papst zu einem bestimmten Thema schon gesagt oder angedeutet hat, bei den zehn, fünfzig oder hundert Gelegenheiten, bei denen er darüber gesprochen hat. Das alles entbehrt nicht einer gewissen Abenteuerlichkeit.

Dieser Papst, der aus einem fernen Land kam, aber mit einer schon früh grundgelegten Neigung für alles Römische versehen ist, hat es verstanden, aus seinem Hang zum Abenteuer eine Methode des Regierens zu machen: Mehr und besser als durch die Kurie leitet er die Kirche durch seine fortwährenden Initiativen. Oder besser: Die Kurie hat seinen ständigen Initiativen in Wort und Tat die Form des Lehr- und Leitungsamtes gegeben. Und so ist ein Pontifikat entstanden, das sich dem Rhythmus der Fakten anpasst oder versucht, sie zu beeinflussen, sich aber nicht von den Ereignissen ins Schlepptau nehmen lässt.

Die Schwächung durch das Alter und die Krankheit hat keine Minderung seiner Führungskraft mit sich gebracht, denn seit Mitte der neunziger Jahre hat Johannes Paul, indem er den Motor des Großen Jubiläums startete, einen Großteil der Aktivitäten zur Animierung der katholischen Ökumene, die er vorher persönlich entfaltete, gleichsam an einen „Autopiloten" delegiert und so eine wesentliche Kontinuität in den unaufhörlichen Initiativen garantiert.

Aus der Neigung zum Übermaß stammt die Dimension des Abenteuerlichen – im positiven Sinn des Wortes – dieses Pontifikats, und aus der wiederum kommt sein unvorhersehbarer Charakter. Niemand kann einem Papst Regeln auferlegen, wenn er sie sich nicht selbst auferlegt. Fehlen solche Regeln und Programme bei einem Papst, der der Tradition verhaftet ist, dann kann man Initiativen und Entscheidungen erwarten, die sich am Kriterium der „Vorgänger" orientieren. Doch ein solches Kriterium ist trügerisch, wenn der fragliche Papst – wie in unserem Fall – eine Verhaltensregel im Übermaß und mit großem Wagemut auslegt. Und so ist durch einen Papst, der völlig unvermutet gewählt wurde, konsequenter- und glücklicherweise ein unvorhersehbares Pontifikat entstanden.

Heute liegt die Unvorhersehbarkeit der Entscheidungen hinsichtlich der Leitung der Kirche und der missionarischen Initiativen, die dieses so lange andauernde Pontifikat geprägt haben, vor aller Augen offen zutage. Niemand hatte die Gewissensprüfung zum Ende des Jahrtausends vorhergesehen oder die ökumenische und interreligiöse Dimension des Großen Jubiläums, oder das Angebot an die Schwesterkirchen zur Bereitschaft, gemeinsam nach neuen Formen des „Petrusamtes" zu

Der Staats- und Parteichef der Sowjetunion, Michail Gorbatschow (M.), hört am 1.12.1989 zusammen mit seiner Ehefrau Raissa Gorbatschowa (l.) einer Rede von Papst Johannes Paul II. in der Vatikanstadt in Rom zu. Es war das erste Zusammentreffen zwischen einem sowjetischen Regierungschef und einem Papst.

suchen. Und die Überraschung hat es nicht erst am Nachmittag oder gegen Abend des Pontifikats gegeben. Die Wiederaufnahme des Falles Galilei – die den Keim der Gewissensprüfung zur Jahrtausendwende in sich enthielt – geschah zu Beginn des Pontifikats. Weitere Überraschungen waren die Erweiterung des Blickwinkels und das „Weiterausholen" (um einen Ausdruck der Enzyklika „Dominum et vivificantem" zu verwenden) um die Mitte der achtziger Jahre: von Casablanca bis zur römischen Synagoge und dem interreligiösen Gebetstag von Assisi. Selbst ein nicht so bedeutendes Ereignis wie die Sondierungsmission in den lutherischen Ländern Nordeuropas (Juni 1989) war nicht vorhersehbar und wurde nicht vorhergesehen. Die Unvorhersehbarkeit bezieht sich nicht nur auf Entscheidungen und Initiativen dieses Papstes: Das Merkmal des Abenteuerlichen hat glücklicherweise auch seine lehramtliche Tätigkeit gekennzeichnet. Wie bei den Initiativen hat Johannes Paul auch in der theologischen Reflexion das Beste von sich gegeben, als er die Leinen der päpstlichen Tradition losließ und auf das offene Meer der „Theologie des Leibes" oder der „Theologie der Frau" sowie der „Versöhnung und Buße" im Leben der Kirche zusteuerte. So wie er der erste Papst ist, der seine Art der Kirchenleitung nicht auf die Modalitäten und die Reichweite der Kurie beschränkt, so ist er auch der erste Papst, der sein Lehramt vollkommen von der römischen Theologie abkoppelt. Schon die Päpste Roncalli (durch die Wiederaufnahme der patristischen und synodalen Tradition) und Montini (durch den Einfluss der französischen Schule) waren ihr nicht mehr verpflichtet, aber Wojtyla distanziert sich von ihr auch in der Sprache: Er formuliert gewagte Thesen, lässt sich auf kühne Hypothesen ein, er beansprucht eine völlige Freiheit der Ausdrucksweise und scheut vor einem experimentellen Gebrauch seiner Worte nicht zurück, er lässt sich in seinen Äußerungen nicht von Erfordernissen der Synthese und der Klarheit leiten.

Wir stehen also vor einem Pontifikat, in dem die persönliche Aktivität gegenüber der institutionellen überwiegt und in dem diese persönliche Aktivität vom Charisma und von der Geste geprägt ist, ja sogar vom Wagemut und vom Übermaß. In Wort und Tat hat er sich eine Freiheit herausgenommen, die für jeden Nachfolger eine Chance darstellt.

Ein Papst, der schwimmt und zum Schifahren in die Berge geht

Lubumbashi: damals Zaire, heute Kongo, 16. August 1985. Über der Menge eine Staubwolke, auf dem Papstpodium Weihrauchschwaden. Eine riesige Menge, in Hufeisenform geordnet, vor dem Altar und an den Seiten. Vielleicht 200.000 Menschen. Der Papst steigt die lange Treppe zum Altar hinauf und als er oben angekommen ist, dreht er sich zur Menge um, die mit den Händen vor dem Mund rhythmische Schreie ausstößt. Der Papst hebt den Kreuzstab etwas empor, er hält ihn, etwas nach vorn geneigt, in der linken Hand. Das rote Messkleid wird vom Wind nach hinten geweht und gibt der Gestalt das Papstes so dieselbe Neigung wie der Hirtenstab. Das Gesicht des Pontifex ist gleichsam zur Menge nach vorn gestreckt, während die goldfarbene Mitra nach hinten geneigt ist, weil er den Kopf zur Begrüßung etwas anhebt. Die rechte Hand des Papstes hebt und senkt sich nach allen Richtungen, wie zu einer kollektiven Zärtlichkeit. Diese Leute verstehen kaum Französisch und erfassen nichts von der komplizierten Predigt des Papstes. Von all dem, das zu sagen und zu tun der Papst gekommen ist, verstehen sie nur diese väterliche Geste.

Zwanzig Mädchen in weißen Röcken mit langen Fransen tanzen das Gloria und begleiten es mit zarten Bewegungen der Arme. Begeistert und glücklich wie beim Fest ihrer Initiation. Der Rhythmus reißt mit. Auch der Papst verfolgt den Tanz und bewegt im Rhythmus die Schultern. Die Menge klatscht ihm Beifall nur dafür. Johannes Paul ist glücklich. „In Afrika ist die Messe ein Fest. Dabei werden die Schultern im Rhythmus bewegt und es wird sogar getanzt", hat der senegalesische Präsident Leopold Senghor einmal gesagt. *Sie leben mit ihrem Herzen, wie sie auch mit ihrem Körper leben,* sagte der Papst über die Afrikaner. Vielleicht beginnen der Papst und Afrika einander zu verstehen, über den Körper.

Der Körper hat Johannes Paul schon große Dienste geleistet. Und er liebt diese seine zunächst sportliche und dann vom Leiden gezeichnete physische Gestalt. Spontane Körperlichkeit, erfinderische Gestik, neues Papstbild: Vieles haben wir in 25 Jahren erlebt. Als er nach der Wahl die weiße Soutane anzog, hat er seine Persönlichkeit nicht mehr oder weniger aufgegeben, wie es die italienischen Päpste taten, sondern er hat – auf der Ebene des äußeren Erscheinungsbildes – eine Rückkehr zu den Päpsten der Renaissance signalisiert, die auf die Jagd gingen, Gedichte schrieben und das Theater liebten.

Ein Papst, der schwimmt und in die Berge zum Schifahren geht. Er schreibt in den Enzykliken: *Nach meiner Ansicht* („Redemptor hominis", Nr. 4). Und selbstverständlich lehnt er die Sedia gestatoria ab. Einmal – ganz am Anfang – hat jemand aus der Menge im Petersdom, während er vorbeiging, ihm zugerufen: „Wir wollen dich auf der Sedia gestatoria sehen!" Er bleibt stehen, dreht sich um, hebt den Zeigefinger – wie er es eines Tages bei Ernesto Cardenal auf dem Flughafen von Managua tun wird und ein andermal gegenüber der Mafia in Sizilien – und sagt: *Nein, auf der Sedia nicht!*

Ein Papst, der den Jugendlichen zuruft: *Nennt mich einfach Karol!* Der von seiner Wahl zum Papst – die in der Sprache der Kurie einst „Erhebung auf den Thron Petri" genannt wurde – wie von einer Etappe seines Berufslebens spricht: *Nach meinem Wechsel nach Rom* („Die Schwelle der Hoffnung überschreiten", S. 123). Er küsst die Mädchen mitten auf die Stirn. Er begibt sich ins Krankenhaus, um sich operieren zu lassen.

Das ist Johannes Paul, der erste Papst, der sich in seinem alltäglichen Gehaben wirklich als „Bischof von Rom" verhält. Er hat das Papstbild verändert, hat es von der Bronze und vom Latein befreit, die seine Vorgänger geliebt oder ertragen hatten, und hat es dem allgemeinen Empfinden der Menschen näher gebracht. Es ist die einzige wahre Erneuerung eines Pontifikats ohne Reformen. Hätte ihn das Nervenleiden, das ihn seit Ende 1992 sichtlich quält, zum Rücktritt gezwungen – dann wäre die Veränderung des Papstbildes komplett gewesen und er hätte tatsächlich der Kirche des dritten Jahrtausends eine neue Art der päpstlichen Amtsausübung hinterlassen.

Denn das, was Johannes Paul uns mit seinem Verhalten zeigt, ist nicht nur ein neues Bild. Er „verändert die Gestalt des Papsttums, indem er das Gewohnheitselement zurücktreten lässt, um das petrinische Charisma hervorzuheben", betont Baget Bozzo.

Das ist das Erscheinungsbild des Pontifikats, das am besten verstanden wurde. Und es ist jener Aspekt, auf Grund dessen Johannes Paul seinem Mythos am ehesten gleicht. Denn es gibt einen Mythos um den Menschen Wojtyla, der unerschrocken und unermüdlich ist, vielsprachig und kreativ, der keine Angst kennt und nichts zu bedauern hat. Doch er kennt die Angst und die Mühsal, die Schwierigkeit, sich verständlich zu machen, und vielleicht die Traurigkeit über das, was er in seinem Leben versäumt hat. Doch über diesen Punkt, dass nämlich der Mensch schwerer wiegt als der Papst, sagt der Mythos die Wahrheit: Denn in der Tat hat Johannes Paul Karol Wojtyla keine Gewalt angetan!

Während seines Urlaubs im Aostatal in den italienischen Alpen 1994 legt Papst Johannes Paul II. bei einem Spaziergang am Goletta-Gletscher eine Pause ein.

Man könnte also in den einfachen Verhaltensweisen Johannes Pauls nach großen Bedeutungen und Intentionen suchen, die es sicherlich gibt. *Wir müssen unsere Zeit lieben und dem Menschen unserer Zeit beistehen,* hat er am 30. Dezember 1978 zur Katholischen Aktion Italiens gesagt. Und *auch ein Papst kann noch etwas lernen,* meinte er auf dem Flug von Brüssel nach Rom am 21. Mai 1985 gegenüber den Journalisten, die ihn über das Risiko befragten, sich den Protesten der Straße auszusetzen. Wir haben gesehen, dass er schon als Bischof in seiner Beantwortung des Fragenkatalogs, der zur Vorbereitung des II. Vatikanums an alle Bischöfe ergangen war, vorgeschlagen hatte, dass sich die Priester allen Aspekten des Lebens öffnen müssten, einschließlich des Theaters und des Sports. Jetzt als Papst setzt er das für sich in die Tat um, was er als Bischof für die anderen vorgeschlagen hatte.

Manchmal liegt auch in einer scherzhaften Bemerkung eine bestimmte Absicht, wie folgender Dialog mit Jugendlichen in Manila am 14. Januar 1995 zeigt:

- „We love you, Papa Lolek!"
- *Lolek ist der Name für ein Kind, ich bin ein alter Mann!*
- „Noo! Noo!"
- *No? Lolek ist zu wenig ernst, Johannes Paul II. ist zu ernst. Nennt mich einfach Karol!*

Das instinktive Verlangen, sich mit den Gesprächspartnern auf eine Stufe zu begeben, ist so stark, dass ihm wenige Worte genügen, um alles zu sagen:

- „Viva il Papa! Es lebe der Papst!"
- *Es lebe jedermann!*

(Castelgandolfo, 17. April 1995)

Hinter den schlichten Worten und Gesten Johannes Pauls stecken also bestimmte Absichten. Aber wir können sie auch so einfach und schlicht wie sie sind auf uns wirken lassen und froh sein, dass endlich ein Mann Papst geworden ist, dem es gelungen ist, sich nicht vom Bild seiner Vorgänger beherrschen zu lassen. Denn es geht darum: Johannes Paul ist der erste moderne Papst, der dem Papsttum seinen eigenen Stempel aufgedrückt hat, statt sich dem überkommenen Papstbild zu unterwerfen. Natürlich handelt es sich um eine Begegnung in der Mitte und um einen Kompromiss, den wir am besten so ausdrücken könnten: In der Kombination von institutionellen Elementen und persönlicher Eigenart, aus der jedes Papstbild besteht, behält bei diesem Papst – zum ersten Mal in den letzten vier Jahrhunderten – Karol Wojtyla die Oberhand über Johannes Paul. Er hätte auch der erste Papst sein können, der seinen Namen nicht ändert, der also als Papst jenen Namen beibehält, den er laut Meldezettel und seit der Taufe trug. Instinktiv hat die öffentliche Meinung ihn so akzeptiert und immer mehr Menschen nannten ihn Papst Wojtyla statt bei dem Namen, den er angenommen hatte. Baget Bozzo meinte: „Karol Wojtyla ist nie ganz Johannes Paul II. geworden."

Es gibt bei Johannes Paul auch eine Strenge, die vielleicht schwerer wiegt als die liebenswürdige Natürlichkeit als Zeichen des Bemühens des Menschen Wojtyla, sich selbst treu zu bleiben, trotz aller päpstlichen Zwänge. Manchmal dirigiert er die Massen ganz energisch – oder er versucht es zumindest. Und das nicht nur bei öffentlichen, Aufsehen erregenden Gelegenheiten wie jener, als er den sandinistischen Demonstranten am 4. März 1983 in Managua mehrmals *Ruhe!* gebot. Sondern auch bei den ganz normalen Auftritten im Audienzsaal. Wie es bei einer Musikgruppe der Fall war, die zu spielen anfing und kein Ende fand, bis der Papst trocken ins Mikrofon sagte: *Genug!* und sie mit einem Schlag Schluss machten.

In den meisten Fällen wird die natürliche Einfachheit des Papstes von der selbstverständlichen Natürlichkeit der Kinder herausgefordert. Einmal in Melbourne, in Australien, am 28. November 1986, legte er bei einem Treffen mit Schülern einer Volksschule – in Beantwortung einer Frage über seine Lieblingsmusik – folgendes Geständnis über seinen musikalischen Geschmack ab, das seine Bereitschaft vorwegnahm, sich mit der heutigen Musik der Jugendlichen auseinanderzusetzen, die erst am 27. September 1997 in Bologna voll zum Ausdruck kommen sollte, an jenem Abend mit Bob Dylan: *Vielleicht mag ich die klassische Musik mehr, aber mir gefällt auch die moderne. Ich bin kein Mann der Vergangenheit, nein. Ich bin an der zeitgenössischen Musik sehr interessiert. Auch bin ich ein Anhänger des ... wie sagt man? Des Rock! Ich kann die verschiedenen Stilrichtungen unterscheiden. Aber mehr als alles liebe ich die tiefe Musik, die liturgische, die gregorianische.*

In seiner Jugend stieg Wojtyla auf die Berge und schrieb Gedichte, er liebte das Schwimmen und ein gutes Essen, er spielte mit den Mädchen im Gymnasium Theater und hatte viel Spaß mit ihnen, leidenschaftlich gern ging er mit seinen Freunden und später dann mit Jugendlichen auf Wanderungen. Nun, dies alles hat er auch nach seiner Wahl beibehalten, so gut er eben konnte.

Früher einmal gab es eine strenge Trennung zwischen den privaten und den öffentlichen Räumen im Apostolischen Palast: Nichts durfte man vom Privatleben des Papstes wissen, das Protokoll und das Latein waren für die Öffentlichkeit maßgebend. Johannes Paul hat diese Trennung durchbrochen: Er lud Gäste in die Privatkapelle und zum Frühstück ein und hat dabei Journalisten und Fotografen zugelassen. Er hat das Öffentliche und das Private vermischt, das öffentliche

Papst Johannes Paul II. zeigt dem amerikanischen Präsidenten George W. Bush am 23.7.2001 vom Balkon aus die schöne Landschaft mit dem Albaner See, die seine Sommerresidenz Castelgandolfo südwestlich von Rom umgibt. Die Audienz beim Pontifex war für den frommen Texaner der Höhepunkt seines Italien-Besuchs. Nach der Audienz äußerte er sich dankbar dafür, dem Mann begegnet zu sein, „der eine profunde Wirkung auf die Welt ausübt".

Auftreten personalisiert und auch das Privatleben im Dienste seines Leitungsamtes eingesetzt, oder zumindest seiner Kommunikation mit der Außenwelt.

Er hat auch nach seiner Wahl weiter Gedichte geschrieben, die jedoch nie veröffentlicht wurden. Wir wissen davon nur aus einer Erklärung des Vatikansprechers Navarro.

Ganz am Anfang schon ließ er in Castelgandolfo ein Schwimmbad bauen, um auch weiterhin schwimmen zu können. Es heißt, das sei auch aus medizinischer Sicht erforderlich: Er hatte in seiner Jugend an Mononukleose gelitten und musste sich durch den Schwimmsport fit halten. Doch wahrscheinlicher ist wohl, dass sein Wunsch nach freier körperlicher Betätigung ihm die Idee zu einem Schwimmbad eingegeben hat, ein Wunsch, der bei einem so sportlichen Mann wie ihm, der zu einem ununterbrochenen offiziellen Auftreten gezwungen ist, äußerst stark sein muss.

Als er einmal im Flugzeug nach seiner menschlichen Befindlichkeit als Papst gefragt wurde, gab er zur Antwort: *Mir fehlt vor allem der Kontakt mit den Jugendlichen, und außerdem der Sport.*

Das Schwimmbecken machte die Eintönigkeit der Sommerferien in Castelgandolfo erträglicher, aber es genügte ihm nicht. Er musste aus der päpstlichen Residenz ausbrechen. Einmal sagte er zu den Journalisten, die ihn bei einem Spaziergang in Cadore begleiteten und vom „Gefängnis des Vatikans" sprachen: *Man muss jenes Gefängnis erlebt haben, um diese Freiheit schätzen zu können* (12. Juli 1987).

Seinem Freiheitsinstinkt folgend unterbricht er den sommerlichen Aufenthalt in Castelgandolfo jedes Jahr durch kurze zweiwöchige Ferien in den Alpen.

So ist Johannes Paul der erste Papst dieses Jahrhunderts, der auch außerhalb von Castelgandolfo Urlaub macht. Und er ist der erste Papst, der sich ohne weißes Gewand fotografieren lässt, in Schi- oder Wanderkleidung. Als er im Juli 1984 nach Adamello zum Schifahren ging, sah man die Fotos des schifahrenden Papstes längst in den Zeitungen, ehe noch der „Osservatore Romano" den Mut fand zu schreiben: „Der Papst war beim Schilaufen". Denn es ist viel leichter, Neues zu tun als davon zu sprechen und in der vatikanischen Symbolik zählt – aus uraltem Instinkt heraus – das Bild mehr als das Wort. Castelgandolfo passte gut zu den sesshaften Päpsten, die Alpen gehören zum reisenden Papst. *Die Berge haben auf mich immer eine besondere Faszination ausgeübt,* sagte er einmal.

Wojtyla ist also der Erfinder der Ferien in den Alpen, und er ging sechsmal in die Gegend von Cadore, nach Lorenzago (Belluno), und siebenmal in das Aostatal. Nach Lorenzago kam er erstmals im Juli 1987, dann noch in den Jahren 1988, 1992, 1993, 1996 und 1998. Dazwischen wechselte er immer wieder ins Aostatal, wo er Introd (Aosta) zu seinem Aufenthaltsort wählte; dort war er 1989, 1990, 1991, 1994, 1995, 1997 und 1999.

Diese Ferienaufenthalte hatten – wie schon gesagt – einen außergewöhnlichen Prolog am 16. und 17. Juli 1984 mit dem zweitägigen Ausflug nach Adamello, in Begleitung seines „Freundes" Sandro Pertini, des italienischen Staatspräsidenten. Weitere Ausflüge in die Berge, zum Schifahren oder Spazierengehen, unternimmt er in den folgenden Jahren, zwei- oder dreimal pro Jahr, bis er sich diesbezüglich einschränken und

Johannes Paul hat den Ringkuss durch den Stirnkuss ersetzt.

Papst Johannes Paul II. wandert 1998 während eines zweiwöchigen Urlaubs bei Lorenzago di Cadore in den norditalienischen Dolomiten.

nach dem Sturz vom November 1993 mit dem Schifahren überhaupt Schluss machen muss. Die Ziele seiner kurzen, bloß eintägigen Ausflüge, ohne öffentliche Vorankündigung, waren verschieden: der Terminillo, der Gran Sasso, die Maiella.

Dass der urlaubende Papst bloß zwanzig Jahre nach dem Tod Pius' XII. gewählt wurde, erscheint unglaublich. Vergleichen wir die Gestalt des Pacelli-Papstes, wie er in dem Film „Pastor angelicus" erscheint, mit den Fotos von Papst Wojtyla, der mit Wanderschuhen und einer Windjacke um die Schultern in die Berge geht, oder versuchen wir uns Pacelli beim Schifahren vorzustellen! Da scheint ein Jahrhundert dazwischen zu liegen und nicht bloß zwei Jahrzehnte.

In der Kurie hat man die Freiheiten, die sich Johannes Paul herausnimmt, nie gerne gesehen. Wir haben bereits darauf hingewiesen, wie man an seinen Reisen Kritik geäußert hat: Die Kritik am schifahrenden Papst stammt aus derselben Quelle und ist noch viel drastischer. Kardinal Siri, ein großer Nostalgiker Pius' XII. und wahrscheinlich der, der beim Konklave vom Oktober 1978 nach Wojtyla die meisten Stimmen bekam, äußert sich in einem vertraulichen Gespräch folgendermaßen: „Johannes Paul II. hat den Sinn für das Religiöse in der Welt wieder geweckt, und das ist nicht wenig. Er ist zu einer großen moralischen Autorität geworden, zu dem alle aufblicken. Doch jetzt ist es genug. Es gibt schließlich die Kurie, es gibt die Aufgabe der Kirchenführung, und um zu führen, muss man an der Arbeit sitzen. Wissen Sie, was es heißt, ein vatikanisches Dikasterium jemandem anzuvertrauen, der aus einem anderen Kontinent kommt? Ich befürchte, ohne über den Papst richten zu wollen, wenn ihn morgen der Pfarrer von Pentema einlädt, und Pentema ist ein winziges Dorf in Ligurien, dann kommt der Papst sogar dorthin. Manchmal denke ich, dass die göttliche Vorsehung einen Papst dieser Art gewollt hat – eine hervorragende Persönlichkeit, versteht sich, mit seinen Eigenschaften –, damit die Kirche vor vielen Gefahren gewarnt wird. Viele haben Anstoß daran genommen, dass er zum Schifahren auf den Terminillo und den Monte Adamello gegangen ist. Ich habe keinen Anstoß daran genommen, denn ich habe mir gesagt: Die künftigen Päpste werden begreifen, dass das etwas ist, was man einfach nicht tun darf."

Diese Worte von Siri erinnern uns an eine Szene, die – so unbedeutend sie auch sein mag – einen epochalen Fortschritt andeutet: Wir befinden uns im Sportpalast von Genua, Johannes Paul nimmt das Gesicht des Mädchens, das ihn im Namen von 13.000 Jugendlichen begrüßt hat, in beide Hände und küsst es mitten auf die Stirn. Das Mädchen geht dann zu Kardinal Siri, der zwei Schritte vom Papst entfernt steht, aber eine Stufe tiefer, und der strenge achtzigjährige Erzbischof hebt die Hand und reicht dem Mädchen den Ring zum Kuss. An diesem Tag ahnten wir, dass Johannes Paul den Ringkuss durch den Kuss auf die Stirn ersetzt hatte.

Kleine halbtägige Verschnaufpausen in den Bergen oder in Naturparks baut Wojtyla auch in das Programm der großen internationalen Reisen ein. Zum ersten Mal in Kanada 1984, in den Rocky Mountains: im selben Jahr wie sein bahnbrechender Ausflug auf den Adamello. Und später dann in Kenia, dreimal in Polen, einmal auf dem Monte Bianco während eines Besuchs im Aostatal, einmal im spanischen Asturien und einmal in den USA.

Die Reisen dokumentieren sowohl den Missionseifer Johannes Pauls II. als auch die Vitalität des Menschen Wojtyla. Dieser rein menschliche Aspekt der Reisen Wojtylas ist nicht zu unterschätzen: seine Lust an der Bewegung, an die frische Luft zu gehen, die Welt und die Völker kennen zu lernen. Vielleicht reist er letztendlich auch deshalb so viel, weil er neugierig ist auf das Andersartige und weil ihm Gastfreundschaft sehr viel bedeutet.

Der Traum von einer „Theologie des Leibes“

Hier ist das Empfinden Johannes Pauls weiter und offener als sein Denken. Wir können feststellen, dass er mit Worten zurückhaltend ist und – obwohl er sagt, was er denkt – nicht alles sagt, was er empfindet. Und wir glauben zu verstehen, dass das, was dieser mutige Papst hinsichtlich der menschlichen Liebe – und ihres von den Theologen vernachlässigten Glanzstücks, des Leibes – empfindet, ein großes Geschenk für seine Kirche sein könnte. Wahrscheinlich vertritt er denkerisch nicht wirklich eine Theologie des Leibes – die vielleicht noch niemand unter den Christen aller Konfessionen zu denken wagt –, aber er empfindet sie, präsentiert sie, er wünscht sie sich: Wir können sagen, er träumt von ihr.

Wir möchten diesen Traum gerne näher kennen lernen und über die Worte hinausgehen, mit denen er uns davon erzählt, aber das ist uns nicht möglich. Wir können ihn nur erahnen. Damit unsere Ahnung aber fundiert ist, müssen wir nicht nur auf seine Worte hören, sondern auch seine Gesten beobachten. Vor allem die Gesten körperlicher Nähe und Zärtlichkeit, die Johannes Paul gegenüber allen Gesprächspartnern, einschließlich der jungen Frauen, an den Tag legt. Und wir müssen uns die Geschichte seiner mehr als dreißig Jahre – vom Neupriester bis zum Kardinal – andauernden Beziehungen zu jungen Ehepaaren und ihren Liebeserfahrungen vor Augen halten. *Als junger Priester lernte ich, die menschliche Liebe zu lieben*: So fasst er in dem Buch „Die Schwelle der Hoffnung überschreiten“ (S. 145) jene Erfahrung zusammen, die er für seinen Lebensweg als entscheidend betrachtet. Und wir betrachten sie als entscheidend für sein Papstbild: Er ist ein Papst, der in die menschliche Liebe verliebt ist.

Wenn er über die Liebe spricht, wird seine Sprache kühn, wenn auch manchmal unklar. Johannes Paul spricht nicht nur von einer Theologie des Leibes, sondern auch von einer Theologie der Sexualität: *Die Theologie des Leibes ... wird in gewisser Weise auch zu einer Theologie der Sexualität, oder vielmehr zu einer Theologie der Männlichkeit und der Weiblichkeit* (14. November 1979).

Eine solche Theologie hat die Aufgabe, *den Grund und die Folgen der Entscheidung des Schöpfers zu verstehen, dass der Mensch immer nur als Frau oder als Mann existiert* („Mulieris dignitatem“, Nr. 1). Die wichtigste dieser Konsequenzen ist die, dass der Mensch von Natur aus ein Beziehungswesen ist, und diese Natur des Menschen äußert sich in der ehelichen Dimension des Leibes *(also in seiner Fähigkeit, die Liebe auszudrücken)* und findet ihre Vollendung in der Verbindung von Mann und Frau, verstanden als „Einheit der zwei“, wo die eheliche Liebe – die ihren vollen Ausdruck in der sexuellen Vereinigung als „gegenseitige Hingabe“ findet – zum Modell jeder Liebe wird. Von einer Theologie des Leibes spricht Johannes Paul nicht etwa bloß ein- bis zweimal, sondern über einen langen Zeitraum hinweg bei den „Mittwochskatechesen“, nämlich den Generalaudienzen von Oktober 1979 bis Oktober 1984. Vier Jahre hindurch spricht er jede Woche davon! Diese Katechesen sind in Italien als Sammelband unter dem Titel „Als Mann und Frau erschuf er sie. Katechesen über die menschliche Liebe“ erschienen. Aber wenn Johannes Paul die Wahl gehabt hätte, dann hätte zumindest der Untertitel wahrscheinlich gelautet: „Katechesen über die Theologie des Leibes“.

Doch die Behandlung dieses Themas ist damit keineswegs abgeschlossen. Von einer Theologie des Leibes hat Johannes Paul in seinem Pontifikat ständig gesprochen. Es sei nur an die wichtigsten Texte erinnert: das „Apostolische Schreiben an die Jugendlichen“ (1985), das Apostolische Schreiben „Mulieris dignitatem“ (1988), vor allem die Kapitel 3 und 4, die vom biblischen Fundament der gleichen Würde von Mann und Frau handeln; den „Brief an die Familien“ (1994) mit den Kapiteln „Als Mann und Frau erschuf er sie“, „Der eheliche Bund“, „Die Einheit der zwei“; die Predigt bei der ersten Messe in der Sixtinischen Kapelle nach der Restaurierung der beiden Bilderzyklen von Michelangelo (8. April 1994); den „Brief an die Frauen“ (1995).

Aus „Mulieris dignitatem“ zitieren wir die schönste Ode an die menschliche Liebe, die man im Gesamtwerk von Johannes Paul finden kann: *Im biblischen Schöpfungsbericht ist der Ausruf des ersten Menschen beim Anblick der soeben geschaffenen Frau ein Ausruf der Bewunderung und Verzauberung, wie er die ganze Geschichte des Menschen auf Erden durchzieht* (Nr. 10). Im „Brief an die Familien“ findet sich folgender abenteuerlicher Blick auf das, was uns die menschliche Liebe über die Liebe Gottes zu sagen vermag: Wenn Jesus das Bild des Bräutigams verwendet, um von Gott zu sprechen, zeigt er, welche Väterlichkeit und welche Liebe Gottes sich in der Liebe eines Mannes und einer Frau widerspiegeln, die sich in der Ehe miteinander verbinden.

Schon Jahre vorher hatte er im Apostolischen Schreiben „Familiaris consortio“ (1981) die biblische Bedeutung der Liebe zwischen Mann und Frau hervorgehoben: Das im Mittelpunkt der Offenbarung stehende Wort „Gott liebt sein Volk“ wird auch in den persönlichen Worten ausgesprochen, mit denen Mann und Frau einander ihre eheliche Liebe konkret kundtun. In dem Buch „Liebe und Verantwortung“ sagte er sogar, dass auch die begehrende Liebe an der Liebe Gottes Anteil hat.

Doppelseite: Papst Johannes Paul II. am 24.2.2003 während der Messe zum Aschermittwoch, mit der die Fastenzeit eingläutet wird, in der Peterskirche in Rom.

„Die Natur des Menschen findet ihre Vollendung in der Verbindung von Mann und Frau“, so Johannes Paul II.

In dieser Hinsicht wagt Johannes Paul die unkonventionellsten Worte in dem „Apostolischen Schreiben an die Jugendlichen": *Ja, durch diese Liebe, die in euch aufkeimt, sollt ihr Gott schauen, der die Liebe selber ist ... Wenn Christus sagt „Folge mir nach", kann sein Ruf bedeuten: Folge mir, der ich der Bräutigam der Kirche, meiner Braut, bin; komm, werde auch du Bräutigam deiner Braut, werde auch du Braut deines Bräutigams ... Christus hat sich wie ein Bräutigam „hingegeben" und lehrt jeden Bräutigam und jede Braut, „sich selbst zu schenken", und zwar nach dem vollen Maß der personalen Würde jedes Einzelnen. Christus lehrt uns die bräutliche Liebe. Den Weg der ehelichen Berufung einschlagen bedeutet, die bräutliche Liebe zu lernen, Tag für Tag, Jahr für Jahr: jene Liebe, die Seele und Leib umfasst.*

In der Predigt zur Wiedereröffnung der Sixtina nannte Johannes Paul – mit Bezug auf die nackten Gestalten von Michelangelo – die Kapelle schöpferisch ein *Heiligtum der Theologie* des menschlichen Leibes und formulierte unter anderem folgende Zusammenfassung seiner Gedanken über die Nacktheit der Stammeltern: *Nur in den Augen Gottes kann der menschliche Leib nackt und unbedeckt bleiben und zugleich seinen Glanz und seine Schönheit unversehrt bewahren* (8. April 1994).

Doch welchen Sinn hat es, von einer Theologie des Leibes zu sprechen? Als Antwort auf diesen Einwand erinnert der Papst an die Menschwerdung Gottes, das zentrale Geheimnis des Christentums: *Dadurch, dass das Wort Fleisch wurde, ist der Leib, ich möchte sagen, wie durch das Hauptportal in die Theologie eingetreten, also in die Wissenschaft von den göttlichen Dingen* (2. April 1980).

Und noch eine weitere Kostprobe seiner Gedanken über Männlichkeit und Weiblichkeit vom Gesichtspunkt Gottes aus: *Männlichkeit und Weiblichkeit sind zwei verschiedene Inkarnationen, also zwei Arten, Leib zu sein, desselben menschlichen Wesens, das nach dem Bild Gottes geschaffen ist. Die Funktion der Sexualität ist für die Person konstitutiv und nicht nur ein Attribut der Person. Sie zeigt, wie der Mensch in seinem Leib zutiefst als er und sie geprägt ist. Die Gegenwart des weiblichen an der Seite des männlichen Elements – und ganz mit ihm verbunden – bedeutet eine Bereicherung für den Menschen in der ganzen Perspektive seiner Geschichte, verstanden als Heilsgeschichte* (ebd.).

Vielleicht die gewagteste Formulierung zum Thema der Theologie des Leibes findet sich in dem Buch „Die Schwelle der Hoffnung überschreiten", wenn er die Erlösung einfach so zusammenfasst: *Als Mann und Frau erlöste er sie* (S. 74).

In seinen „Mittwochskatechesen" interpretiert der Papst die „Sprache des Leibes", wie die Liebenden sie im Augenblick ihrer gegenseitigen Hingabe verstehen, in einer Art wiedergewonnener Unschuld der ursprünglichen Nacktheit, auf folgende Weise: *Die Worte der Liebe, die von beiden gesprochen werden, konzentrieren sich auf den Leib, nicht nur, weil er an und für sich eine Quelle gegenseitiger Faszination darstellt, sondern auch und vor allem, weil auf ihm direkt und unmittelbar jene Anziehungskraft der anderen Person, des anderen Ich, ob weiblich oder männlich, beruht, die im inneren Antrieb des Herzens die Liebe entstehen lässt.*

Und weiter: *Die Worte „Sie waren nackt, aber schämten sich nicht" können und müssen verstanden werden als Offenbarung – und zugleich Wiederentdeckung – der Freiheit, die den „ehelichen" Sinn des Leibes ermöglicht und kennzeichnet.* In seinem Jugendwerk „Liebe und Verantwortung" hatte er von der *Absorption der Scham durch die Liebe* gesprochen.

Diese anthropologische und psychologische Tiefe findet sich bei Johannes Paul auch, wenn er eher beiläufige Bemerkungen über die Sexualität als Sprache der Liebe macht, wie zum Beispiel beim „Angelus" am 26. Juni 1994: *Die Sexualität ist eine „Ausdrucksweise" der Liebe und kann deshalb nicht als reine Triebhaftigkeit gelebt werden.*

Theologie des Leibes ist – in der gegenwärtigen theologischen Diskussion – ein Ausdruck, der auf die Wiedergewinnung einer positiven Bewertung der Sexualität und die Wertschätzung der Zärtlichkeit in der sexuellen Beziehung anspielt. Diese beiden Elemente sind im Traum Wojtylas von einer Theologie des Leibes im Überfluss vorhanden! Aber noch besser – oder sagen wir: in noch größerer Freiheit – sind sie in seinen Gesten zu erkennen.

Die menschliche Nähe und die Zärtlichkeit, die Johannes Paul bei seinen Begegnungen mit allen möglichen Gesprächspartnern zum Ausdruck zu bringen vermag, sind nicht nur eine natürliche Gabe, sondern auch die Frucht einer langen Erziehung zur Selbstbeherrschung und schlagen sich wie Reflexe in seiner Theologie des Leibes nieder.

Wir müssten die Gestik Johannes Pauls im Lichte seiner Schriften interpretieren und die Schriften lesen, indem wir sie mit seinen Gesten illustrieren. Wir könnten von einem Kapitel seines Buches „Liebe und Verantwortung" (1960) ausgehen, das den Titel „Zärtlichkeit und Sinnlichkeit" trägt, und mit dem Brief vom 7. April 1995 an alle katholischen Priester über die „Bedeutung der Frau im Leben des Priesters" schließen. Wir könnten diese Schriften in einem autobiografischen Sinn lesen und viele Aussagen seiner Verkündigung, vor allem an die Jugendlichen, darin einflechten.

Papst Johannes Paul II. verlässt nach einer Taufzeremonie am 11.1.1998 die Sixtinische Kapelle im Vatikan. Die Altarwand schmückt Michelangelos Fresko „Das Jüngste Gericht", das von 1989 bis 1993 restauriert wurde.

Die Zärtlichkeit hat ihre Daseinsberechtigung nur in der Liebe, heißt es in jenem Kapitel. Und weiter: *Die Zärtlichkeit ist die Kunst, den Menschen als Ganzen zu fühlen, seine ganze Person, selbst die verborgensten Regungen seiner Seele, und stets an sein wahres Wohl zu denken. Ihr Wesen besteht in der Tendenz, sich in den Seelenzustand eines anderen zu versetzen. Aber es ist nicht reine Freundlichkeit und Gefühlsduselei: Die wahre menschliche Liebe muss zwei Elemente in sich vereinen: die Zärtlichkeit und eine gewisse Festigkeit, denn man darf nicht vergessen, dass die menschliche Liebe auch Kampf bedeutet.*

Wer noch mehr wissen möchte, den weise ich noch auf eine weitere Stelle in „Liebe und Verantwortung" hin, ein Buch, das Wojtyla als Priester und Bischof geschrieben hat, als er etwa 37 bis 40 Jahre alt war und in dem sich mit Sicherheit etwas von seinem ungezwungenen und respektvollen Umgang mit den Frauen niedergeschlagen hat: *Die Zärtlichkeit entsteht aus dem Erfassen des Seelenzustands des anderen und möchte ihm mitteilen, wie sehr man sich ihm nahe fühlt ... Das Gefühl bringt seiner Natur nach die Menschen einander näher. So entsteht das Bedürfnis, den anderen unsere innerliche Nähe mitzuteilen, und deshalb äußert sich die Zärtlichkeit in verschiedenen Akten, die diese Nähe zum Ausdruck bringen: in der Geste, jemanden an sich zu drücken, ihn zu umarmen oder sich einfach bei ihm einzuhängen, in bestimmten Formen des Kusses.*

Wie oft haben wir diese Gesten bei Johannes Paul beobachtet! Wenn er sagt „bestimmte Formen des Kusses", könnten wir an die Küsse denken, die er den Mädchen auf die Stirn zu geben pflegt. Und auch an die Geste, sie an die Brust zu drücken, wenn sie ihn auf den Stufen des Podiums begrüßen, nachdem er bei den Jugendtagen oder ähnlichen Anlässen durch das Mikrofon zu ihnen gesprochen hat.

Wir erinnern uns, wie Johannes Paul sich in San José in Costa Rica von der Terrasse der Nuntiatur zu einer Gitarrespielerin hinunter beugte und sie einen Luftsprung machte, um ihn zu berühren (3. März 1983). Und wir erinnern uns weiter, dass er zwölf Jahre später im Zentralpark von New York der Sängerin, die die Messfeier so verschönt hatte, mit der Hand über die Haare strich (7. Oktober 1995). Aber unter allen Erinnerungen an seine ungewöhnlichen Gesten gegenüber den Frauen kommt uns als schönste jene von Sydney in Australien in den Sinn, am 26. November 1986 im Cricketstadion: Er küsst das Mädchen, das die Begrüßungsworte gesprochen hat, auf die Stirn, wobei er ihren Kopf zwischen den Händen hält; und nach diesem Kuss nimmt er zwei Mädchen in roten Leibchen, die zum Chor gehören, an der Hand und reiht sich so in eine Kette von 30.000 Personen ein, die das ganze Areal verbindet, er schunkelt und singt mit ihnen, schließlich umarmt er die beiden Mädchen, drückt sie an die Brust und streicht mit einer Hand über die Haare ihres Pferdeschwanzes.

Er kennt keine Scheu vor der physischen Nähe und dem körperlichen Kontakt, wie es bei seinen Vorgängern der Fall zu sein schien, sondern er sucht und schätzt sie sogar als Methode pastoraler „Begegnung": *Ich habe noch einen ziemlich weiten Weg vor mir und hoffe, vielen Menschen zu begegnen und ihnen nahe zu sein. Im Gebet versuche ich das immer zu tun, aber der Pastoralbesuch ist ein besonderer Moment, weil ich euch da berühren und umarmen kann!* Das sagt er am 13. Mai 1995 beim Besuch einer römischen Pfarrgemeinde.

Einmal, als er in Jakarta am 13. Oktober 1989 aus dem Stegreif zu den Bischöfen Indonesiens spricht, sagt er sogar, dass die *beste Verwirklichung* der Mission des Papstes in dieser Zeit darin besteht, *hinzugehen, Erfahrung zu sammeln, den Menschen zu begegnen und sie zu berühren,* so als ob er den physischen Kontakt als einen Höhepunkt der pastoralen Begegnung hinstellen wollte. Und dann ist da noch der Brief von 1995 über die „Bedeutung der Frau im Leben des Priesters": ein Schlüsseltext, um die Gedanken des Priesters Wojtyla über die Liebe ins rechte Licht zu rücken.

Wir haben gesehen, dass Johannes Paul im Umgang mit den Frauen eine Unbefangenheit und Zärtlichkeit an den Tag legt, die uns immer wieder überraschen. Er möchte, dass alle Priester diese Unbefangenheit und Zärtlichkeit aufbrächten. Und deshalb schreibt er diesen Brief, in dem er sich auf die Anweisungen beruft, die der Apostel Paulus seinem Schüler Timotheus im ersten Brief, den er ihm schreibt, gibt: „Ältere Frauen sollst du wie Mütter, jüngere wie Schwestern behandeln, in aller Zurückhaltung" (5,2). Johannes Paul ergänzt diese Lehre, indem er hinzufügt, dass der ältere Priester die Mädchen wie Töchter behandeln soll, weil sein *Dienst echter geistlicher Vaterschaft ihm „Söhne und Töchter" im Herrn verschafft.*

Jedes Jahr schreibt der Papst zum Gründonnerstag einen Brief an die Priester: Das ist der 15. dieser Briefe, sicher der persönlichste und reizvollste, in dem er eine sehr offene Sprache führt: *Um in reifer und froher Weise im Zölibat zu leben, erscheint es vor allem wichtig, dass der Priester tief in sich selbst das Bild der Frau als Schwester entwickelt.*

Und er findet sehr eindrucksvolle Worte, um diese schwierige und hochstehende Beziehung zu artikulieren: *Ohne Zweifel stellt die „Schwester" eine besondere Manifestation der geistigen Schönheit der Frau dar, aber sie ist gleichzeitig die Offenbarung ihrer Unberührbarkeit.* Berührend sind die Worte, die er der unverheirateten Frau widmet, die lernt, *sich als Schwester zu schenken* und so *eine besondere geistige Mutterschaft entwickelt: Dieses uneigennützige Geschenk schwesterlicher Weiblichkeit erhellt die menschliche Existenz, weckt die edelsten Gefühle, deren der Mensch fähig ist und hinterlässt stets eine Spur der Dankbarkeit für das unverdient gewährte Gute.*

Papst Johannes Paul II. unterhält sich am 10.6.1989 bei seinem Besuch auf der Vadstena-Burg in Finnland mit Birgittaschwestern. Das Oberhaupt der Katholischen Kirche bereiste während seiner 42. Pastoralreise vom 1. bis 10.6.1989 die nordeuropäischen Länder Norwegen, Island, Finnland, Dänemark und Schweden.

Der Brief sagt uns etwas darüber, wie Wojtyla als Mann es fertig gebracht hat, jede Frauengestalt zu lieben, obwohl es in seinem Leben als Mann nie eine Frau gegeben hat. Er ist so weit gekommen, weil er das Bild der Frau als Schwester in sich hat wachsen lassen.

Vielleicht ist die Meinung nicht ganz falsch, dass die völlig unbefangenen affektiven Gesten Johannes Pauls mehr wiegen als seine Worte: Sie drücken nämlich seine innere Einstellung zur Theologie des Leibes am besten aus. Und vielleicht ist es erlaubt, mit dem Wunsch zu schließen, die neuen und ungewohnten Gesten dieses Papstes möchten ein Vorspiel sein zu ähnlich neuen und ungewohnten Worten bei seinen Nachfolgern. Nie hätten wir uns vorstellen können, dass wir nur zwanzig Jahre nach dem Pontifikat Pius' XII., des „Pastor angelicus“, der geradezu körperlos zu sein schien, das Geschenk eines Papstes erhalten würden, der die Mädchen wie ein Vater seine Töchter an die Brust drückt! Warum sollten wir uns also nicht vorstellen, dass es eines Tages einen Papst geben wird, der diese neuen Gesten konsequenterweise mit seinen Worten vollendet und uns jene Theologie des Leibes lehrt, von der Johannes Paul nur geträumt hat und von der er uns hat träumen lassen?

Jedenfalls sind wir zur Überzeugung gelangt, dass wir es hier mit den tiefsten Dimensionen des Wojtyla-Papstes zu tun haben, mit der besten Hinterlassenschaft für die Zukunft. Zu dieser Thematik hat er mehr indirekte Anspielungen gemacht als direkt gesagt, hat mehr Taten gesetzt als Erklärungen abgegeben. Er hat uns gezwungen, seine Gesten zu deuten, als wären sie Homilien und die Homilien im Lichte der Gesten zu verstehen. Und die Inhalte seiner Theologie des Leibes durch die Zeichen seiner Gestik zu entziffern. Wir haben den Eindruck, dass Johannes Paul von den Menschen wegen dieser Dinge mehr geliebt wird als wegen aller anderen Aspekte seines Wirkens.

Eine große Familie der Glaubenden

Er spricht zur islamischen Jugend in Casablanca

Die Herausforderung durch den Islam zieht sich durch das ganze Pontifikat. Es ist nicht eine Herausforderung im Sinn eines Wettstreits – zumindest nicht nach den Absichten Johannes Pauls –, sondern in Richtung einer Annäherung, die sich jedoch als schwierig herausstellt. In Anwendung der Entscheidung des II. Vatikanums zum Dialog mit den nichtchristlichen Religionen und um den Unannehmlichkeiten zu begegnen, denen die katholischen Gemeinschaften in den islamischen Ländern zunehmend ausgesetzt sind, versucht der Papst persönlich den direkten Zugang zur Welt des Islams.

Die erste wichtige Geste ist die so genannte „Predigt von Casablanca an die islamische Jugend" im August 1985. Etwas mehr als ein Jahr später findet in Assisi der Gebetstag für den Frieden statt, an dem auch die Muslime teilnehmen, die der Einladung des Papstes zu einem Treffen mit allen Weltreligionen gefolgt sind, um ein Zeugnis des Gebetes und des Fastens abzulegen. Für die Annäherung an den Islam von Bedeutung sind auch die lange Besuchsreise (eine Woche!) nach Indonesien im Oktober 1989 und der kurze Abstecher (sieben Stunden) nach Tunesien im April 1986.

Sehr wichtig sind auch die Stellungnahmen zu den Kriegen im Libanon, in der Golfregion und in Bosnien. Besonders zum Krieg am Persischen Golf (Januar/Februar 1991), als Johannes Paul seine radikale Gegnerschaft zur bewaffneten Intervention im Irak, die von der UNO beschlossen und von den USA angeführt wurde, zum Ausdruck bringt, wodurch er dem Islam signalisiert, dass sich die katholische Kirche nicht länger mit den Interessen, der Kultur und den Kriegen des Westens identifiziert. Das wiederholt sich 2003, als Johannes Paul II. verzweifelt versucht, die USA von einem Angriff abzubringen.

Schließlich muss noch die Reise nach Khartoum (Sudan) im Februar 1993 erwähnt werden: der wohl gewagteste Auftritt Johannes Pauls auf islamischem Boden mit dem Ziel, wenigstens ein Minimum an Freiheit für die christliche Gemeinschaft im Süden des Landes zu erreichen.

Die Gesamtheit dieser Gesten gegenüber dem Islam stellt eine der originellsten Unternehmungen des Pontifikats in kreativer Anwendung des II. Vatikanums dar. Zum ersten Mal spricht ein Papst zu islamischen Volksmassen. Zum ersten Mal nennt er die Moslems „Brüder" und anerkennt sie als solche nicht nur als Teil der allgemeinen Menschheit, sondern in Abraham, nämlich als Angehörige der weit verzweigten Familie der Anbeter eines einzigen Gottes (Monotheismus), die sich auf den Patriarchen beruft. Zum ersten Mal lädt er sie zum gemeinsamen Gebet ein. Zum ersten Mal gesteht er ein, wie wenig die Methode der Kreuzzüge zur Verteidigung des Glaubens „dem Evangelium entsprochen" hat (12. Februar 1995).

Diese abenteuerliche Suche nach einem direkten Zugang zum Islam – die er trotz bescheidener Resultate unbeirrt fortsetzt – scheint also noch nicht beendet zu sein: Angesichts des Großen Jubiläums hat Johannes Paul den Juden und Moslems ein Treffen auf dem Berg Sinai im Namen von Abraham und Mose vorgeschlagen, das im Jahr 2000 hätte zustande kommen sollen. Und ebenfalls im Blick auf das Jubiläum hat er wieder seine alte Absicht kundgetan, den biblischen Weg Abrahams, Moses und Jesu nachzuvollziehen, der ihn vom Irak nach Syrien, Jordanien, Ägypten, Israel und in den Libanon hätte führen sollen: Wenn das gelungen wäre, dann hätte ihn diese Reise mit sechs islamischen Völkern in Berührung gebracht, von denen er bis heute erst zwei Länder besucht hat: das Volk des Libanon 1997 und Syrien 2000.

Am Beginn dieses Abenteuers steht also der Besuch in Marokko am 19. August 1985 auf Einladung von König Hassan II., wo er in einem Stadion von Casablanca anlässlich der „Panarabischen Spiele" zu 50.000 jungen islamischen Menschen sprechen kann. Er ist der erste Papst in der Geschichte, der dieses evangelische Wagnis – das an Franz von Assisi erinnert – auf sich nimmt, zu einer islamischen Menge zu sprechen. Fünftausend Jugendliche in Turntrikots haben sich in der Mitte des grünen Rasens postiert und dirigieren die Beifallskundgebungen, bündelweise lassen sie bunte Luftballons mit den Bildern des Königs und des Papstes aufsteigen. Wer weiß, ob sie auch zuhören, sie und ihre Kameraden auf den Tribünen des Stadions! Aber wer kann sagen, dass keiner von ihnen nicht wenigstens eines seiner Worte hasst? Und das würde diesem Papst schon genügen, der einfach Zuhörer sucht. Hassan II. stellt Wojtyla vor als „Förderer und Verteidiger von Werten, die dem Islam und dem Christentum gemeinsam sind". Johannes Paul bedient sich einer einfachen Sprache, wie sie für den ersten Kontakt mit einem unbekannten Auditorium angemessen ist: Als ein Glaubender komme ich heute zu euch. Ich möchte von dem Zeugnis ablegen, was ich glaube, was ich für das Wohl meiner Brüder, der Menschen, wünsche und was ich aus Erfahrung für nützlich für alle halte.

Doppelseite: Oberrabbiner Israel Lau beugt sich am 23.3.2000 in Jerusalem im Gespräch zu Papst Johannes Paul II.

Demonstration gegen einen möglichen Krieg: Die Golfkrise hatte am 2.8.1990 mit dem Einmarsch irakischer Truppen nach Kuwait begonnen. Der UN-Sicherheitsrat forderte daraufhin am 29.11.1990 den Irak auf, seine Truppen bis zum 15.1.1991 aus Kuwait zurückzuziehen. Nach Ablauf des UN-Ultimatums begannen am 17.1.1991 alliierte Streitkräfte unter der Führung der USA mit der Bombardierung Bagdads.

Kein Krieg für Öl
KÖRFEZ SAVAŞI'NA

Er sagt nichts Neues, wiederholt das, was vom II. Vatikanum über den Dialog mit den Anhängern Mohammeds gesagt worden ist. Aber er richtet folgende Botschaft an seine Adressaten: Hier geschieht etwas Neues, das von nicht geringer Bedeutung ist. Das Neue dieser direkten Annäherung lässt den Papst einen Appell aussprechen, die Kriege der Vergangenheit zu vergessen und sich als Glaubende zu begegnen:

Christen und Muslime verstehen sich für gewöhnlich falsch, und manchmal haben wir uns in der Vergangenheit missverstanden und uns auch in Polemiken und Kriege verloren. Ich glaube, dass Gott uns heute auffordert, unsere alten Gewohnheiten abzulegen. Wir sollten uns gegenseitig respektieren und zu guten Werken auf dem Weg Gottes anspornen ... In einer Welt, die sich nach Einheit und Frieden sehnt und trotzdem tausend Spannungen und Konflikte kennt, müssen die Gläubigen die Freundschaft und Einheit unter den Menschen und Völkern, die auf der Erde eine einzige Gemeinschaft bilden, begünstigen.

Die Annäherung ist für Johannes Paul so kreativ, dass er sogar die Bitte um „Vergebung" anklingen lässt: ein Thema, das in den neunziger Jahren zu einer Dominante des Pontifikats werden wird, das aber hier – Mitte der achtziger Jahre und auf islamischem Boden – etwas Außergewöhnliches und Erstmaliges ist. Mit einer abschließenden Anrufung des *guten Gottes, dessen Erbarmen keine Grenzen kennt* (eine Formulierung, die sowohl in der Bibel als auch im Koran vorkommt), bittet der

Papst für die Christen und die Moslems um *Empfindungen des Mitleids und Verstehens, der Vergebung und Versöhnung, des Dienstes und der Zusammenarbeit.*

Es liegt etwas Rührendes in diesem vorurteilslosen Vertrauen auf das Wort, von Bruder zu Bruder, mit dem der Papst an die Moslems appelliert. Im Namen der gemeinsamen Zugehörigkeit zur Menschheit und zur *großen Familie der Glaubenden.* Aber auch im Namen der gemeinsamen Abstammung von Abraham, dem Vater aller Glaubenden. Dieser kreative Fortschritt äußert sich auch in der Bezeichnung als „Brüder", die Johannes Paul auf die Moslems ausdehnt und die historisch beispiellos ist in der Sprache der Päpste.

Die Bezeichnung „Brüder" für die Anhänger des Islams klingt wie das Versprechen einer neuen Einstellung ihnen gegenüber, und tatsächlich hat sie in die Einladung an die Muslime, an den Gebetstagen von Assisi in den Jahren 1986 und 1993 teilzunehmen, Eingang gefunden. Sie „Brüder" zu nennen und zu den Gebetstreffen einzuladen ist wahrscheinlich eine höchst persönliche Entscheidung des Papstes, die ihm wohl sein praktischer Sinn nahegelegt hat: Wenn Christen und

Papst Johannes Paul II. hält am 25.3.2000 eine Messe in der Verkündigungskirche in der arabischen Stadt Nazareth in Nordisrael. Am Ort der heutigen Verkündigungskirche hat nach christlicher Überlieferung der Engel Gabriel der Jungfrau Maria die Geburt Jesu Christi angekündigt. Israel hatte in unmittelbarer Nähe der Kirche den Bau einer Moschee genehmigt, der Vatikan war darüber irritiert.

Papst Johannes Paul II. und Palästinenser-Präsident Jassir Arafat unterhalten sich am 22.3.2000 bei einer Willkommensfeier für den Papst in Bethlehem. Bei seinem Treffen erinnerte der Papst an die Leiden der Palästinenser.

Moslems wirklich lernen, miteinander zu beten – so wird er sich gedacht haben –, dann werden sie aufhören, gegeneinander Krieg zu führen.

Schon seit Beginn des Pontifikats wagt es Johannes Paul, die Anhänger des Propheten Mohammed „Brüder" zu nennen. Am 10. Dezember 1978, als er noch nicht einmal zwei Monate im Amt ist, sagt er anlässlich eines Appells für den Frieden im Libanon, in dem er Maria als die „Königin des Friedens" anruft: *Wir wissen, dass die Mutter Gottes auch von unseren moslemischen Brüdern sehr verehrt wird.*

Drei Jahre später kommt schließlich die Gelegenheit, für die Johannes Paul sich neuerlich vornimmt, die Moslems „Brüder" zu nennen – sie also mit jener Anrede zu grüßen, welche die große christliche Tradition den Brüdern im Glauben, nämlich den übrigen Getauften, vorbehalten will –, als er nicht mehr von seinem römischen Fenster aus zu ihnen spricht, sondern ihnen direkt auf einem Boden die Hand reicht, der „von der Sonne des Islams erleuchtet" ist. Die Kühnheit der päpstlichen Geste zeigt sich uns in den Begleitumständen jener ersten Aussage: Sie ist in einer Ansprache enthalten, die für ein Treffen vorbereitet war, das gar nicht stattgefunden hat, weil diejenigen, für die sie bestimmt war, nicht erschienen sind. Wir sind in Nigeria, am 14. April 1982, in Kaduna, im moslemischen Norden des Landes, und Wojtyla ist gezwungen, seinen wichtigen Text auf dem Flughafen vor den Vertretern des Staates zu verlesen, die zu seiner Begrüßung gekommen sind, weil das vorgesehene Treffen mit den moslemischen Führern nicht stattfinden kann: Die sind nämlich gar nicht erschienen, scheinbar weil sie untereinander uneins waren, aber manche Zeitungen haben später den Papst – samt seinen Vorgängern – beschuldigt, für die mittelalterlichen Kreuzzüge verantwortlich zu sein. Und da auch die auf dem Flughafen anwesenden Persönlichkeiten moslemischen Glaubens waren, sagte der Papst zu ihnen Folgendes: *Wir alle, Christen und Moslems, leben unter der Sonne des einen barmherzigen Gottes. Wir glauben beide an einen Gott, der der Schöpfer des Menschen ist. Wir erkennen Gottes Souveränität an und verteidigen die Würde des Menschen als Diener Gottes. Wir beten Gott an und bekennen uns zur vollkommenen Unterwerfung unter ihn. So können wir uns gegenseitig im wahrsten Sinne des Wortes Brüder und Schwestern im Glauben an den einen Gott nennen.*

Sieben Jahre später verwendet Wojtyla zweimal den Ausdruck „moslemische Brüder" in einem „Apostolischen Schreiben an alle Bischöfe der katholischen Kirche über die Situation des Libanon", das am 26. September 1989 veröffentlicht wird. Am selben Tag ergeht auch ein Appell an die Moslems, an die er sich wie an Brüder im Glauben wendet und sagt: *Wie könnten wir Gläubigen, Kinder des barmherzigen Gottes, unseres Schöpfers, unseres Führers, aber auch unseres Richters, gleichgültig bleiben angesichts eines ganzen Volkes, das vor unseren Augen stirbt?*

Der bedeutsamste Text, in dem Johannes Paul die Moslems wie Brüder im Glauben behandelt, ist eine Fürbitte bei der Nachtwache für den Frieden in Europa am 10. Januar 1993 in Assisi, in der die Moslems zusammen mit den Juden und den Christen als Brüder, weil Kinder Abrahams, bezeichnet werden: *Für alle diejenigen, die Abraham als ihren Vater im Glauben anerkennen, Juden, Christen und Moslems: auf dass jedes Unverständnis und alle Hindernisse verschwinden und alle zur Herstellung des Friedens zusammenarbeiten.*

Diese Fürbitte ist ein einzigartiger Fall in der katholischen Liturgie. In ihr werden die Moslems als Letzte erwähnt, weil sie historisch gesehen – im Vergleich zu den Christen – die *jüngeren Brüder* sind, die in Abraham ihren Ursprung haben, so wie die Juden, die *älteren Brüder*, an erster Stelle stehen. Aber an diesem Tag (die Augen waren auf Bosnien und das Schicksal der moslemischen Bevölkerung gerichtet, die von den Serben und Kroaten angegriffen wurde) standen die Moslems für den Papst doch an erster Stelle. Und diese Fürbitte wurde tatsächlich in arabischer Sprache verlesen, denn der Papst wollte, dass Europa *in allen seinen Sprachen betet:* In Europa lebten schon damals 15 Millionen Moslems, von denen die Hälfte Arabisch als Muttersprache hatte.

Im christlichen Sprachgebrauch sind mit dem Wort „Bruder" noch andere Worte verbunden wie Liebe und Vergebung. Johannes Paul scheut sich nicht, sie alle zu verwenden, wenn er sich an die Brüder des Islams wendet. Schon Ali Agca hatte er bei seinem Besuch im Gefängnis „Bruder" genannt, als er zu den Journalisten sagte: *Ich habe ihm vergeben, wie man einem Bruder vergibt, der mein Vertrauen genießt* (27. Dezember 1983).

Vom „Mut zur Vergebung" spricht der Papst häufig und er verwendet diesen Ausdruck auch in Bezug auf den islamischen Extremismus. Eine Utopie, Fantasterei eines Mannes, der in den Worten Trost sucht, weil er von den Fakten enttäuscht ist? Nein, es ist mehr: Das Wort Vergebung, das der Papst im Hinblick auf den Islam verwendet, ist kein leeres Wort, und ein schrecklicher Vorfall im Frühjahr 1996 hat gezeigt, dass es mit einer Goldwährung gedeckt ist, die mit dem Leben bezahlt wird. Am 24. Mai 1996 verlautbart eine „bewaffnete islamische Gruppe" in Algerien, sie habe sieben Mönchen, die in der Nacht vom 26. zum 27. März entführt worden waren, „die Kehle durchgeschnitten", und Johannes Paul reagiert darauf sofort am Pfingstsonntag, dem 26. Mai, mit folgenden Worten: *Trotz unseres tiefen Schmerzes danken wir Gott für das Zeugnis der Liebe, das diese Ordensmänner gegeben haben. Ihre Glaubenstreue gereicht der Kirche zur Ehre und wird sicherlich ein Samenkorn der Versöhnung und des Friedens für das algerische Volk sein, mit dem sie solidarisch waren. Unser Gebet gilt auch ihren Familien, dem Zisterzienserorden und der kleinen kirchlichen Gemeinschaft in Algerien: Mögen ihnen in dieser schweren Prüfung nie der Mut zur Vergebung und die Kraft der Hoffnung fehlen, die auf Christus beruhen, der den Tod überwunden hat.*

Als Antwort auf die Exzesse des islamischen Integralismus von Vergebung zu sprechen könnte unbesonnen, ja geradezu wie eine Provokation klingen, wenn die vom Evangelium geforderte Radikalität des Verzeihens in diesen Jahren von den Christen, die in islamischen Ländern leben, nicht auf breitester Front bezeugt worden wäre. Ein außergewöhnliches Dokument dieser Spiritualität des Verzeihens ist gerade durch das Massaker an den algerischen Mönchen bekannt geworden: Ihr Prior hatte – in Voraussicht seines Schicksals – ein Testament an seine Familienangehörigen geschickt, das mit 1. Januar 1994 datiert ist: „Wenn ich eines Tages (und das könnte schon heute der Fall sein) ein Opfer des Terrorismus werden sollte, der zur Zeit alle Ausländer, die in Algerien leben, zu bedrohen scheint, möchte ich, dass meine Gemeinschaft, meine Kirche, meine Familie sich daran erinnern, dass mein Leben Gott und diesem Land geweiht war ... Ich habe lange genug gelebt, um mich als mitverantwortlich für das Böse zu betrachten, das leider in der Welt überhand zu nehmen scheint, und auch für das Böse, das mich zufällig treffen kann. Ich möchte, wenn der Augenblick gekommen ist, jene geistige Klarheit besitzen, die es mir erlaubt, um die Vergebung Gottes und meiner Menschenbrüder zu bitten und gleichzeitig mit ganzem Herzen denen zu verzeihen, die mich verletzt haben."

Für Papst Wojtyla hat sich die Front des Islams als die schwierigste herausgestellt. Trotz fehlender Antworten hört er nicht auf, sich an dieser Front mit seiner Botschaft der Brüderlichkeit und der Vergebung zu Wort zu melden. Er unternahm diesen Versuch nicht nur in Marokko. Der folgende Dialog – der sich an Bord des Flugzeugs abspielte, das den Papst an jenem 19. August 1985 von Nairobi nach Casablanca brachte – könnte sich auch heute wiederholen:

– „Heiligkeit, würden Sie auch nach Libyen oder Saudiarabien fahren?"

– *Ja. Wie schon Pius XI. sagte, wäre ich bereit, sogar mit dem Teufel zu reden, wenn es um die Wahrheit, die Religion und die Menschenrechte geht.*

– „Würden Sie auch Mekka besuchen?"

– *Wenn es nach mir ginge, ja. Doch ihr Empfinden ist vielleicht anders.*

Er besucht die Synagoge von Rom und erkennt den Staat Israel an

Eineinhalb Stunden dauert am 13. April 1986 die Begegnung des Papstes mit den Juden in der Synagoge von Rom. Der Papst umarmt zweimal den Oberrabbiner Elio Toaff. Seine Gastgeber nennt er „jüdische Brüder". Er rezitiert einen Psalm in ihrer Sprache. Er bedauert die Unterdrückung der Juden, für die seine Vorgänger als Päpste verantwortlich waren. Mit bewegten Worten gedenkt er des von Hitler angeordneten „Völkermords". Die Juden applaudieren ihm mit ungewohnter Herzlichkeit.

Es ist das erste Mal, dass ein Papst eine Synagoge betritt. Das Ereignis wird vom Fernsehen übertragen. Wenige andere Gesten dieses Pontifikats finden auf der ganzen Welt eine ähnliche allgemeine Zustimmung.

Die beiden jüdischen Sprecher, die vor dem Papst am Wort sind, der Vorsitzende der jüdischen Gemeinde von Rom, Giacomo Saban, und der Oberrabbiner Elio Toaff, halten sich mit harten Worten nicht zurück. Vor allem Saban, der an das Schweigen Pius' XII. über die Tragödie der Juden während des letzten Krieges erinnert und vom Papst die Anerkennung des Staates Israel verlangt. Dieselbe Forderung, in weniger politischer und mehr religiöser Form, wiederholt der sehr angesehene Toaff. Der Papst geht mit keinem Wort auf die Israelfrage ein. Er verteidigt hingegen indirekt Pius XII., indem er darauf hinweist, dass zahlreiche Juden während des letzten Krieges in vielen Ordenshäusern und „selbst in der Vatikanstadt" Unterschlupf gefunden haben.

Saban hatte an die Päpste erinnert, die jüdische Bücher verbrennen ließen, und an Paul IV., der 1555 das Getto einrichtete und die Juden „dem ökonomischen und kulturellen Elend" aussetzte und sie „einiger der fundamentalsten Rechte beraubte". Zu diesem Punkt macht der Papst die bedeutsamste Aussage: *Die Akte der Diskriminierung, der ungerechtfertigten Einschränkung der religiösen Freiheit und der Unterdrückung auch auf der Ebene der bürgerlichen Freiheit gegenüber den Juden waren objektiv äußerst bedauerliche Vorfälle. Ja, die Kirche beklagt nochmals durch mich mit den Worten des bekannten Dekrets „Nostra aetate" (Nr. 4) „alle Hassausbrüche, Verfolgungen und Manifestationen des Antisemitismus, die sich zu irgendeiner Zeit und von wem auch immer gegen die Juden gerichtet haben". Ich wiederhole: „von wem auch immer".* An dieser Stelle gibt es einen lang anhaltenden Beifall. Es ist offenkundig, dass die Wiederholung der Worte „von wem auch immer" nach all den Hinweisen Sabans auf die Vergehen der Päpste anzeigt, dass der Papst ausdrücklich die von den Päpsten und ihrer Regierung ausgeübte Unterdrückung „bedauert".

Papst Johannes Paul II. betet zum Abschluss seiner einwöchigen Nahost-Reise am 26.3.2000 an der Klagemauer in Jerusalem, nachdem er nach jüdischer Sitte einen handgeschriebenen Zettel mit einer Bitte an Gott in eine Mauerritze gesteckt hat.

Ein Wort tiefer Verabscheuung möchte ich noch einmal zum Ausdruck bringen für den während des letzten Krieges angeordneten Völkermord an den Juden, für den Holocaust, der Millionen unschuldiger Opfer gekostet hat. Die spontanen Beifallskundgebungen lassen ihn viermal den Ausdruck „Brüder" verwenden, wenn er sich an seine Zuhörer wendet. Schon zu Beginn sagt er: Liebe Freunde und Brüder! und gegen Ende: Ihr seid unsere besonders geliebten Brüder und in gewisser Weise, könnte man sagen, unsere älteren Brüder.

Der Papst und der Rabbiner, die beide je einen Psalm rezitieren und gemeinsame Vorhaben zur Zusammenarbeit zum Ausdruck bringen, beide in weißen Gewändern nebeneinander sitzend: Das haben an jenem Tag Millionen von Menschen auf der ganzen Welt gesehen. Und sie haben viele Juden in dieser Synagoge weinen gesehen und den Papst, der selber sehr gerührt war. Nichts oder nur wenig Neues – in den Worten – im Vergleich zu den schon vom Konzil getroffenen Aussagen. Aber eine kühne Geste, um zu ihrer konkreten Verwirklichung beizutragen. Das II. Vatikanum hatte die Kirche verpflichtet, ihr Verhalten zu ändern. Johannes Paul – angetrieben von seinem Sinn für das Praktische und die Gesten – zeigt den Katholiken, wie dieses neue Verhalten aussehen könnte.

Der Besuch in der Synagoge von Rom als ein für alle verständliches Ereignis fasst die vielfachen Initiativen Johannes Pauls gegenüber den Juden eindrucksvoll zusammen. Um auf die Anfänge zurückzukommen, müssten wir zunächst an die bewegten Worte vor dem jüdischen „Gedenkstein" auf dem Gelände von Auschwitz am 7. Juni 1979 erinnern, während seines ersten Besuches in Polen: *Gerade dieses Volk, das von Gott das Gebot „Du sollst nicht töten" erhalten hat, hat an sich selbst in besonderem Maße erfahren müssen, was töten heißt. An diesem Gedenkstein darf niemand gleichgültig vorübergehen.*

Die Worte vor dem Gedenkstein in Auschwitz sind eine entscheidende Vorgeschichte, um die Initiative des Besuchs der Synagoge zu verstehen. Und um einen Ausdruck aus jener Homilie zu verwenden, könnten wir sagen, dass den Besuch in der Synagoge ein Papst absolviert, *der aus jener Diözese auf den Stuhl Petri gelangt ist, auf deren Territorium sich das Lager von Auschwitz befindet.* Und dessen abenteuerlicher Weg als Mensch und als Christ ihn schon in die Synagogen von Krakau und Wadowice geführt hatte.

Aber von seiner Seite aus ist die Umarmung mit den älteren Brüdern in der Synagoge von Rom dazu bestimmt, weitere Gesten folgen zu lassen. Ein Jahr darauf, am 11. September 1987, findet die Begegnung mit der amerikanischen jüdischen Gemeinschaft in Miami statt, die durch einen Brief vom August desselben Jahres an den Vorsitzenden der Bischofskonferenz der Vereinigten Staaten vorbereitet wird, in dem Johannes Paul folgendes – noch immer allgemein gehaltenes, aber ausdrückliches – Schuldbekenntnis für die Verfolgungen der Vergangenheit ablegt:

Es besteht kein Zweifel, dass die Leiden der Juden auch für die Kirche ein Grund aufrichtigen Schmerzes sind, besonders wenn man an die Gleichgültigkeit und manchmal auch an die Ressentiments denkt, die – unter bestimmten geschichtlichen Umständen – Juden und Chris-ten getrennt haben. Gerade dies bestärkt uns noch mehr in unserem Bemühen, für die Gerechtigkeit und den wahren Frieden zusammenzuarbeiten.

Zu Beginn der neunziger Jahre gibt es zwei weitere Gelegenheiten, bei denen – durch Worte und Gesten: eine stets kreative Kombination für Johannes Paul – die Änderung des Verhaltens gegenüber den „älteren Brüdern" wichtige Fortschritte macht. Die erste ist ein Bußgottesdienst in der Petersbasilika zum Abschluss der europäischen Synode am 7. Dezember 1991: eine außerordentlich bedeutsame Feier, weil dabei die ökumenische Schande zur Sprache kommt, die Johannes Paul zur Gewissensprüfung am Ende des Jahrtausends veranlasst. In dieser liturgischen Feier wird beim Sündenbekenntnis eine Bitte um Vergebung für die Passivität der Christen angesichts der Shoa verlesen, die den bisher deutlichsten Text zu diesem Thema darstellt, der vom Papst selbst autorisiert ist:

Herr, unser Erlöser, in den christlichen Gemeinschaften Europas haben wir uns nicht immer an dein Gebot gehalten, sondern sind im Vertrauen auf die rein menschlichen Kräfte einer weltlichen Logik gefolgt mit Religionskriegen, Kämpfen von Christen gegen Christen, mit der Passivität angesichts der Verfolgungen und des Holocaust an den Juden, mit dem Wüten gegen so viele Gerechte. Vergib uns und erbarme dich unser!

Die zweite Gelegenheit bietet sich am 50. Jahrestag der Shoa, aus dessen Anlass Johannes Paul ein besonderes Grußwort an die *geliebten jüdischen Brüder* richtet, die am 18. April 1993 auf dem Petersplatz anwesend sind:

In tiefer Solidarität mit jenem Volk und in Übereinstimmung mit der ganzen Gemeinschaft der Katholiken möchte ich jener schrecklichen Ereignisse gedenken, die zeitlich zwar weit zurückliegen, aber in den Geist vieler unter uns eingemeißelt sind: Die Tage der Shoa waren wahrlich eine dunkle Nacht in der Geschichte mit unerhörten Verbrechen gegen Gott und gegen den Menschen. Wie könnte ich nicht an eurer Seite stehen, geliebte jüdische Brüder, um im Gebet und in der Betrachtung eines so schmerzlichen Jahrestages zu gedenken? Ihr könnt sicher sein: Ihr braucht den Schmerz dieser Erinnerung nicht allein zu tragen. Wir beten und wachen mit euch, unter den Augen des heiligen und gerechten Gottes, der reich ist an Erbarmen und Vergebung.

Als wichtigste Ergebnisse des Besuchs der Synagoge lassen sich – bis heute – drei anführen: das Übereinkommen mit Israel vom 30. Dezember 1993 (das zur Aufnahme diplomatischer Beziehungen am 15. Juni 1994 führt), das Dokument über die Shoa vom März 1998 und die Aufnahme der jüdischen Frage in den Bußakt am ersten Fastensonntag des Heiligen Jahres 2000.

„We remember: A reflection on the Shoa" („Wir erinnern uns: Nachdenken über die Shoa") lautet der Titel des Dokuments, das am 16. März 1998 von der Kommission für die religiösen Beziehungen zum Judentum veröffentlicht wird und von einem Brief Johannes Pauls begleitet ist, der sich mit seinem Inhalt voll identifiziert. Die Shoa wird darin als *untilgbarer Schandfleck in der Geschichte des Jahrhunderts,* als *unsagbarer Frevel, unaussprechliche Tragödie, als eines der größten Dramen der Geschichte dieses Jahrhunderts, als fürchterlicher Völkermord* und *Gipfelpunkt des Verbrechens,* als *etwas, das man mit Worten nicht wiedergeben kann und als schreckliches Drama* bezeichnet.

In dem Dokument finden sich Paragrafen über die historische „Sünde" des Antijudaismus, die sehr interessant und für ein vatikanisches Dokument neu sind. Es wird auf die *Gefühle der Verachtung und Feindseligkeit* hingewiesen, *die seit Jahrhunderten andauern und deren sich leider auch Christen schuldig gemacht haben.* Man gesteht ein, dass *Gruppen von aufgehetzten Christen* seit Beginn ihrer Machtergreifung im römischen Kaiserreich *die Synagogen stürmten,* wie sie es mit den heidnischen Tempeln taten.

Es wird zugegeben, dass die Juden in den christlichen Jahrhunderten *eine allgemeine Diskriminierung* erleiden mussten, *die manchmal zu gewaltsamen Ausbrüchen oder zu Versuchen erzwungener Bekehrungen führte,* und dass in Zeiten einer Krise *die jüdische Minderheit oft als Sündenbock herhalten musste und so Opfer von Gewalt, Plünderungen und sogar Massakern wurde.*

Die Irrtümer und die Schuld der Christen in den Jahren des Zweiten Weltkriegs werden so apostrophiert: *Einige zogen Vorteile aus der Situation* der Judenverfolgung, *andere veranlasste der Neid* zu ihrer faktischen Teilnahme an der Verfolgung, wieder *andere waren nicht stark genug, um ihre Stimme des Protests zu erheben,* obwohl sie wussten, was geschah.

Schließlich kommt man zu folgenden Passagen, die bereits einen „Akt der Reue" darstellen, wie ausdrücklich gesagt wird:

Papst Johannes Paul II. bei einer Messe am 26.2.2000 am Berg Sinai in Ägypten. Selten ist ein Ereignis im Vatikan mit solcher Spannung erwartet worden wie das angekündigte Schuldbekenntnis des Papstes für Verfehlungen der Katholischen Kirche. Das Schuldbekenntnis wird ein schwerer Gang des Papstes: Da sind die blutigen Kreuzzüge und die Inquisition im Mittelalter, gewaltsame Missionierungen im Zuge der Kolonialisierung – und natürlich das schwarze Kapitel des Judenhasses, das sich wie ein roter Faden durch die mehr als 2000-jährige Kirchengeschichte zieht.

Haben die Christen den Juden jeden möglichen Beistand gewährt? Viele taten es, andere aber nicht. Diejenigen, die halfen, so viele Juden wie möglich zu retten, und dabei ihr eigenes Leben aufs Spiel setzten, dürfen nicht vergessen werden ... Neben solchen mutigen Männern und Frauen waren jedoch der geistige Widerstand und das konkrete Handeln anderer Christen nicht so, wie man es von Jüngern Christi hätte erwarten können. Wir wissen nicht, wie viele Christen in den von den Nazis und ihren Verbündeten besetzten oder regierten Ländern mit Schrecken das Verschwinden ihrer jüdischen Nachbarn feststellen mussten, aber sie waren dennoch nicht stark genug, um ihre Stimme des Protests zu erheben. Für die Christen muss diese schwere Gewissenslast ihrer Brüder und Schwestern während des letzten Weltkriegs ein Aufruf zu Reue und Buße sein. Wir bedauern zutiefst die Fehler und das Versagen dieser Söhne und Töchter der Kirche ... Dies ist ein Akt der Reue (teshuva): Als Glieder der Kirche haben wir Anteil sowohl an den Sünden als auch an den Verdiensten aller ihrer Kinder ... Wir möchten das Wissen um die Sünden der Vergangenheit in den festen Vorsatz münden lassen, eine neue Zukunft aufzubauen, in der es keine antijüdischen Gefühle unter den Christen und keine antichristlichen Gefühle unter den Juden mehr gibt ... Der vergiftete Samen des Antijudaismus und Antisemitismus darf im Herzen des Menschen niemals mehr Wurzeln schlagen.

Viele Schritte wurden von Johannes Paul unternommen, um den Juden entgegenzukommen, vom Besuch der Synagoge bis heute, und doch ist sein Weg noch nicht zu Ende. Er plante eine förmliche und längst fällige Vergebungsbitte für die Verfolgungen in der Geschichte, um die Unzufriedenheit, die von den Juden bei jeder päpstlichen oder vatikanischen Äußerung zu ihren Belangen zum Ausdruck gebracht wird, zu beseitigen oder zumindest zu mildern. Das geschah auch am ersten Fastensonntag des Jahres 2000 im Petersdom zu Rom im Rahmen einer großen Bußfeier.

Dieser Bußakt mit der Bitte um Vergebung war gleichsam der Augenblick, auf den der ganze Weg zu den „älteren Brüdern" hinauslief, den Johannes Paul bis heute zurückgelegt hat. Nachdem das Unrecht eingestanden und die Reue mit dem Dokument „We remember" formuliert worden war, blieb nichts anderes mehr übrig als ein Akt, der sich direkt an die Gesprächspartner wandte: Brüder, verzeiht uns! Nach allem, was wir bisher gesehen haben, könnten wir uns vorstellen, dass Johannes Paul dies nicht in erster Linie als eine Pflicht seinerseits ansah, sondern als ein Recht, das den Juden zusteht.

Der Ruf nach Assisi im Namen des Friedens

Um die Mitte der achtziger Jahre erweitert Johannes Paul mit einer Reihe von Initiativen die Horizonte seines Pontifikats im Zeichen der Mission ad gentes. Dieser missionarische Impuls findet seinen Niederschlag in einem zweiten Motto des Pontifikats – nach jenem ersten: *Öffnet die Tore für Christus!* –, das in der Enzyklika „Dominum et vivificantem“ so formuliert ist: *Im Blick auf das Große Jubiläum müssen wir sodann den Blick ausweiten und noch weiter ausholen, weil wir wissen, dass „der Wind weht, wo er will“.* Erste, anfängliche Etappen dieses Zeitabschnitts sind die Reisen nach Afrika im August 1985 und nach Indien im Januar/Februar 1986. Weitere, schon fortgeschrittenere Etappen sind dann der Besuch der Synagoge von Rom im April 1986 und der Gebetstag der Religionen für den Frieden im Oktober 1986 in Assisi unter Teilnahme aller wichtigen Weltreligionen. Diese Zeitspanne findet schließlich ihren Höhepunkt im Januar 1991 mit der Enzyklika „Redemptoris missio“, die jedoch von den Medien kaum zur Kenntnis genommen wird, da sie in den entscheidenden Wochen des Golfkriegs veröffentlicht wird, und heute zu Unrecht fast in Vergessenheit geraten ist.

Der Gebetstag von Assisi (27. Oktober 1986) ist der kreativste Teil dieses Verlangens, weiter auszuholen, das den Papst schon mehr als einmal in ein neues, bisher unbekanntes Szenarium hineingestellt hat. In den letzten beiden Kapiteln haben wir gesehen, wie Johannes Paul als erster Papst vor islamischen Massen predigt und eine Synagoge betritt. Hier in Assisi sehen wir ihn nun – wieder zum ersten Mal – im Kreis von Bonzen und Imams, animistischen Priestern und Rabbinern, Schintoisten, Sikhs und Parsen.

Der Gebetstag findet im Oktober statt, aber die Idee eines solchen „Gebetstreffens für den Frieden“ wurde vom Papst schon am 25. Januar während eines ökumenischen Gottesdienstes in der Basilika San Paolo fuori le Mura geäußert: *Der Heilige Stuhl möchte dazu beitragen, eine Weltgebetsbewegung für den Frieden ins Leben zu rufen, die über die Grenzen der einzelnen Nationen hinweg die Gläubigen aller Religionen einbezieht und die ganze Erde umfassen soll,* sagte Johannes Paul und kündigte gleichzeitig an, *dass er entsprechende Beratungen mit den Verantwortlichen nicht nur verschiedener christlicher Kirchen und Gemeinschaften, sondern auch anderer Weltreligionen in Gang gesetzt habe, um mit ihnen ein besonderes Gebetstreffen für den Frieden in die Wege zu leiten: in Assisi.*

Die Initiative des Papstes war etwas Neues, aber sie fiel auf einen vorbereiteten Boden. Seit 1968 gab es eine „Weltkonferenz der Religionen für den Frieden“, die periodische Versammlungen mit immer größerer und hochrangigerer Beteiligung der verschiedenen religiösen Gruppen abhielt. Gerade im Jahr 1986 begann der Ökumenische Rat der Kirchen in Genf mit der Vorbereitung einer Weltkonferenz der christlichen Kirchen über „Gerechtigkeit, Frieden und Bewahrung der Schöpfung“, die 1990 in Seoul stattfand.

Am 12. Dezember 1985 hatte der anglikanische Primas Robert Runcie – anlässlich der Begegnung Reagan–Gorbatschow in Genf – angekündigt, dass er an der Vorbereitung eines „religiösen Gipfeltreffens für den Frieden“ arbeite. Die russisch-orthodoxe Kirche hatte schon im Juni 1977 in Moskau eine Weltkonferenz über „die religiösen Menschen für einen dauerhaften Frieden“ beherbergt.

Die Zeit war also reif für eine Geste von großer Tragweite. Johannes Paul hat sie gewagt und ist auf keinen nennenswerten Widerstand gestoßen. Der Tag verlief ohne Zwischenfälle und fand ein außergewöhnlich großes Echo in der Welt, wie es noch kein interreligiöses oder ökumenisches Treffen je zuvor gehabt hatte. Und es ist bezeichnend, dass die Initiative des Papstes außerhalb der katholischen Kirche auf größeres Verständnis stieß als in den eigenen Reihen.

Noch nie war eine interreligiöse Versammlung von so vielen und so hochrangigen Repräsentanten beschickt worden: 160 offiziell Eingeladene, in 60 Delegationen, die 32 christliche, 2 jüdische und 26 nichtchristliche Organisationen vertraten. Die nichtchristlichen Delegationen wurden von den Beobachtern nicht immer als wirkliche Vertreter ihrer Religion betrachtet, vor allem was den Islam und den Hinduismus betrifft: Doch man muss berücksichtigen, dass es in diesen Religionen an einer zentralen Organisation oder jedenfalls an irgendeiner Einrichtung allgemeiner Repräsentanz fehlt. Was hingegen die christliche Welt angeht, so kann man mit Sicherheit sagen, dass es – bis auf die Versammlung des Weltkirchenrates – noch nie ein ökumenisches Treffen gegeben hat, bei dem alle wichtigsten Kirchen und kirchlichen Gemeinschaften auf so hohem Niveau anwesend waren wie in Assisi.

Die katholische Kirche war vertreten durch den Papst, sein Gefolge (Casaroli, Etchegaray, Willebrands, Arinze: um nur die Kardinäle zu nennen) und ein paar Bischöfe für jeden kontinentalen Episkopat (Quarracino, Hubert, Malone, Hume, Tomasek Malula, Sfeir, Poletti, Fernandes, König: um die be-

Doppelseite: Papst Johannes Paul II. beim vom Vatikan organisierten interreligiösen Friedenstreffen mit Vertretern von insgesamt zwölf Religionen 2002 in Assisi. Gerade vier Monate war es her, dass fanatische Moslems das World Trade Center zum Einsturz gebracht und fast 3000 Menschen getötet hatten. Dass die Attentate religiös motiviert waren, ließ Gläubige vieler Religionen zusammenrücken.

Der Papst begrüßt einen Würdenträger zum Gebetstag in Assisi 1986.

kanntesten Männer anzuführen, die aus Argentinien, Kanada, den USA, Großbritannien, Tschechoslowakei, Zaire, Libanon, Italien, Indien und Österreich kamen).

Für die orthodoxe Kirche waren anwesend: das Ökumenische Patriarchat von Konstantinopel (Methodios, Erzbischof von Thyateira), das griechisch-orthodoxe Patriarchat von Antiochia (Gabriel, Bischof von Palmyra), die russisch-orthodoxe Kirche (Filaret, Metropolit von Kiew und Galizien), die orthodoxen Kirchen von Georgien, Rumänien, Bulgarien, der Tschechoslowakei und Finnlands.

Für die altorientalischen Kirchen: das koptische Patriarchat von Kairo, das syrische Patriarchat von Antiochia und dem ganzen Orient (Damaskus), das armenische Katholikat von Etchmiadzine, das armenische Katholikat von Zilizien, die syrische Kirche von Indien und die ostassyrische Kirche.

Unter den „Christlichen Weltgemeinschaften und Weltorganisationen" waren vertreten: die Union von Utrecht (Altkatholiken), die anglikanische Gemeinschaft (die zahlenmäßig stärkste Delegation, angeführt von Primas Robert Runcie und bestehend aus weiteren sechs Mitgliedern aus Tanzania, Japan, Nigeria, Jerusalem und Canterbury), der Lutherische Weltbund (mit der Vizepräsidentin Susanna Telenowa und dem Generalsekretär Staalsett), der Weltbund der reformierten Kirchen (mit dem Präsidenten Allan Boesak, einem südafrikanischen Mischling, bekannt wegen seiner Opposition gegen die Apartheid), der methodistische Weltrat, die Disciples of Christ, der Weltbund der Baptisten, der Ökumenische Rat der Kirchen (mit dem Generalsekretär Emilio Castro und den beiden Präsidenten Barrow und Buhrig), die Reformed Ecumenical Synod, die Mennonite World Conference, das Friends World Committee for Consultation (Quäker), die World Young Men's Christian Association, die International Association for Religious Freedom (IARF).

Das Judentum war repräsentiert durch die Anti Defamation League of B'Rith und die israelitische Gemeinde von Rom (mit dem Oberrabbiner Elio Toaff).

Unter den nichtchristlichen religiösen Gruppen befanden sich die Buddhisten aus Indien, Thailand, Korea und Japan, mit dem Dalai Lama, der im Exil in Indien lebt, und dem Japaner Nikkyo Niwano (einem der Begründer der Weltkonferenz der Religionen für den Frieden); die Hindus aus Indien (mit Rajmoham Gandhi, dem Enkel von Mahatma Gandhi) und Großbritannien; die Parsen und die Sikhs aus Indien; die Moslems aus Marokko, Pakistan, der Türkei, Italien, Indien, Bangladesch, Elfenbeinküste, Kenia, Saudiarabien und Mozambique; die traditionellen afrikanischen Religionen von Kenia, Ghana und Togo; die Religion der amerikanischen Indianer und die japanischen Schintoisten.

Der Tag gliederte sich in drei große Abschnitte: den Empfang, mit einem Grußwort des Papstes, in Santa Maria degli Angeli in der Ebene von Assisi; die getrennten Versammlungen der zwölf wichtigsten weltweiten religiösen Gruppierungen, um jeder Tradition Gelegenheit zu geben, nach ihrer eigenen Liturgie zu beten; die gemeinsame Zusammenkunft aller auf dem Vorplatz der unteren Basilika von San Francesco, mit den Gebeten der zwölf Gruppierungen und einer Pause des Schweigens nach jedem Gebet, um jeden Verdacht eines „religiösen Synkretismus" zu vermeiden. Der ganze Tag war so angelegt, dass man zum Beten „zusammen sein" konnte (nach einer Formulierung des Papstes), wobei ein „gemeinsames Gebet" bewusst vermieden wurde, das der Beschuldigung seitens traditionalistischer Kreise in den einzelnen Religionen, hier würde eine Vermischung der verschiedenen Glaubensüberzeugungen stattfinden, Anlass geboten hätte.

Der Empfang in Santa Maria degli Angeli wurde mit dem Gesang eines hebräischen Psalms eröffnet und endete mit einem japanischen Hymnus. Die sechzig Delegationsführer saßen im Halbkreis vor der Kapelle von Portiunkula, in der Mitte der Papst, zu seiner Linken der Dalai Lama und zur Rechten der Vertreter des Patriarchats von Konstantinopel. Die zwölf getrennten Versammlungen mit einer Dauer von zweieinhalb Stunden wurden um die Mitte des Tages an verschiedenen Örtlichkeiten der Stadt Assisi abgehalten.

Die ökumenische Feier in San Rufino war die offenste und repräsentativste, die es seit Bestehen der ökumenischen Bewegung je gegeben hat. Der Papst in weißer Tunika und mit roter Stola eröffnete das Treffen mit einer kurzen Ansprache in englischer Sprache: *Was wir heute hier tun, wird weniger vollkommen sein, wenn wir ohne einen tieferen Entschluss von hier fortgehen, uns weiter darum zu bemühen, nach vollerer Einheit zu suchen und die schwerwiegenden Trennungen zu überwinden, die noch bleiben.*

Der Metropolit Filaret las auf Russisch eine Stelle aus dem Römerbrief des heiligen Paulus: „Wir wollen uns nicht mehr gegenseitig richten." Die Präsidentin des Weltrates der Kirchen, Marga Buhrig, verlas auf Englisch eine Stelle aus dem Epheserbrief: „Ihr, die ihr einst in der Ferne wart, seid durch das Blut Christi in die Nähe gekommen." Emilio Castro, der Generalsekretär des Weltkirchenrates, trug auf Spanisch den Brief an die Kolosser vor: „Vergebt einander! Wie der Herr euch vergeben hat, so vergebt auch ihr!" Der Vertreter des Patriarchats von Antiochia las auf Französisch eine Stelle aus dem Jakobusbrief: „Wo

Auf Einladung von Papst Johannes Paul II. nehmen etwa 80 Vertreter nichtchristlicher Religionen, darunter Moslems, Buddhisten, Shintoisten und Sikhs sowie ebenso viele Führer christlicher Religionsgemeinschaften 1986 an dem Gebetstag in Assisi teil.

FRIEDE
EIPHNH
VREDE

Eifersucht und Ehrgeiz herrschen, da gibt es Unordnung und böse Taten jeder Art." Der Metropolit der rumänisch-orthodoxen Kirche las auf Arabisch aus dem ersten Johannesbrief: „Gott ist Licht und keine Finsternis ist in ihm." Den Abschluss bildete der Papst mit einer Stelle aus dem Johannesevangelium: „Wenn ihr mich liebt, werdet ihr meine Gebote halten."

Die zentralen Zeichen des Tages waren das Gebet, die Wallfahrt und das Fasten. Die Wallfahrt bestand darin, dass man sich von jedem der zwölf Orte, an denen die getrennten Versammlungen stattfanden, zu Fuß auf den Vorplatz der unteren Basilika von San Francesco zur gemeinsamen Zusammenkunft begab, die im Freien abgehalten wurde, um den Nichtchristen keine christlichen Symbole aufzuzwingen. Der Papst legte diesen Weg wie alle anderen zu Fuß zurück: Dieses Bild wird aus der Ikonografie des Papsttums nie mehr verschwinden. Das Fasten bestand im Verzicht auf das Frühstück.

Die gemeiname Zusammenkunft, die drei Stunden dauerte, wurde vom Fernsehen übertragen. Es war ein großes Schauspiel an Gewändern, Bärten, Psalmen und Gesängen. Zum ersten Mal in der Weltgeschichte haben die Worte und Gesten aller religiösen Traditionen ein einziges Gebet um Frieden zum Ausdruck gebracht, formuliert in den verschiedenen Sprachen. Die Symbolik war überaus reichhaltig: Verteilung von Olivenzweigen, Anzünden der Friedenspfeife, Fünfjahresriten, freigelassene Tauben, brennende Fackeln, erhobene Arme, Verneigungen aller Art und in verschiedenem Rhythmus, Umarmungen zum Zeichen des Friedens. Diese friedliche Begegnung der Religionen war auch ein Fest der Farben: das Gelb der Schintoisten, das Orange und Rot der Buddhisten und Hinduisten, die Federn der amerikanischen Indianer, die bunten Gewänder der afrikanischen Priester, das Violett der Anglikaner, das Schwarz der Orthodoxen und der Lutheraner, der Purpur der katholischen Kardinäle und das Weiß der päpstlichen Soutane.

Eröffnet hat die Zusammenkunft Kardinal Roger Etchegaray, der Hauptorganisator des Gebetstages in seiner Eigenschaft als Präsident der Kommission „Justitia et Pax": „Wir sind hier zusammengekommen ohne eine Spur von Synkretismus ... Was wir jetzt tun werden, nämlich dass wir einer nach dem anderen unsere Gebete darbringen, müsste alle und uns selbst verstehen lassen, wie wir alle, obwohl jeder seine eigene Identität bewahrt, dazu berufen sind, für das große Gut des Friedens zu beten und zu arbeiten."

„Die Diener des barmherzigen Gottes sind diejenigen, die in Demut auf Erden wandeln, und wenn der Unwissende sich an sie wendet, sagen sie: Frieden" – so beteten die Moslems, indem sie den Koran zitierten. Und die Hindus rezitierten aus den „Upanishaden": „Wir flehen um den Frieden in den Himmeln, Frieden im Himmel und auf der Erde, Frieden in den Meeren, Frieden in den Kräutern und den Pflanzen, Frieden in allen Gottheiten, Frieden in der ganzen Schöpfung." Und die Buddhisten: „Mögen alle Lebewesen frei sein von der Angst, dass eines vom anderen gefressen wird." Nachdem er die Friedenspfeife entzündet hatte, sagte der Indianer aus Amerika: „Diese Pfeife wurde meinem Volk vom Schöpfer des Friedens und der Freundschaft geschenkt. Deshalb biete ich sie euch an, Brüder und Schwestern der ganzen Welt."

Der Rabbiner Toaff las im Namen der Juden aus dem Propheten Jesaja: „Man zieht nicht mehr das Schwert, Volk gegen Volk, und übt nicht mehr für den Krieg." Für die Christen (nacheinander haben gelesen: eine farbige protestantische Frau, der orthodoxe Erzbischof als Vertreter des Patriarchats von Konstantinopel, der Erzbischof von Canterbury und der Papst) wurden die Seligpreisungen nach Lukas mit der paradoxen Weisung vorgetragen: „Liebt eure Feinde; tut denen Gutes, die euch hassen. Segnet, die euch verfluchen; betet für die, die euch misshandeln."

Eine Ansprache Johannes Pauls beendete die Zusammenkunft: Mehr vielleicht als je zuvor in der Geschichte ist die innere Verbindung zwischen einer aufrichtigen religiösen Haltung und dem großen Gut des Friedens allen deutlich geworden. Niemand hat wegen der Kühnheit des Papstes protestiert, im Namen aller zu sprechen, da man sich der historischen Schuld der Religionen, was Krieg und Frieden betrifft, bewusst war: Ich wiederhole demütig hier meine eigene Überzeugung: Friede trägt den Namen Jesu Christi. Aber zur selben Zeit und im selben Atemzug bin ich bereit anzuerkennen, dass Katholiken nicht immer treu zu dieser Glaubensaussage gestanden haben. Wir sind nicht immer „Friedensstifter" gewesen. Deshalb ist für uns selbst, aber vielleicht auch in einem gewissen Sinn für alle diese Begegnung in Assisi ein Akt der Buße. Nachdem er daran erinnert hatte, dass wir hier als die Herolde des moralischen Bewusstseins der Menschheit handeln, die vor der dramatischen Herausforderung unserer Epoche steht: wahrer Friede oder katastrophaler Krieg, appellierte Johannes Paul an die UNO und an die „Führer der Welt" und lud sie ein, davon Kenntnis zu nehmen, dass wir Gott demütig um Frieden anflehen. Aber wir bitten sie auch, ihre Verantwortungen zu erkennen, die Strategien des Friedens mit Mut und Weitblick zu verwirklichen.

Seine Rede verliest Papst Johannes Paul II. neben Israels Präsident Eser Weizman am 23.3.2000 in Jerusalem. Der Papst ist mit Weizman und den beiden höchsten Würdenträgern der jüdischen Religion zusammengetroffen. Dabei sprach er sich wiederholt dafür aus, „die Wunden der Vergangenheit zu heilen".

ישראל

Wir hoffen, dass heute die Waffen schweigen und die Kämpfe aufgehört haben, sagte Johannes Paul weiter, indem er an seinen Appell zu einem „allgemeinen Waffenstillstand" erinnerte, den er am 4. Oktober von Lyon aus an die Regierungen, die Guerillabewegungen, die Terroristen „und ihre Auftraggeber" gerichtet hatte. Über die 113 Apostolischen Nuntiaturen hatte er ihn den Regierungen ebenso vieler Länder überreichen lassen und denen, die keine diplomatischen Beziehungen mit dem Vatikan unterhalten, hatte er ihn durch den Nuntius in Italien, Luigi Poggi, über ihre römischen Botschaften zustellen lassen.

„Fast auf der ganzen Welt wird die Waffenruhe Gottes eingehalten", schrieb der „Corriere della Sera" am 28. Oktober, doch die optimistische Bilanz – auf Grund der ersten vatikanischen Erklärungen – musste kaum einen Tag später eine bemerkenswerte Einschränkung hinnehmen. „Une trêve profanée" (Ein gebrochener Waffenstillstand) lautete nämlich der Titel eines sehr detaillierten Berichts in der Zeitung „Le Monde" vom 29. Oktober: „Außer in Mittelamerika hat der Appell des Papstes keinerlei Einfluss auf die Hauptkampfgebiete gehabt. Im Libanon, wo die rivalisierenden Milizen in Beirut sich verpflichtet hatten, die Waffen schweigen zu lassen, haben Kämpfe zwischen den schiitischen Amal-Milizen und den palästinensischen Kämpfern am Montag nahe von Saida im Süden einen Toten und zwei Verletzte gefordert, trotz einer am Vortag vereinbarten ‚Feuereinstellung'. Der Krieg zwischen dem Iran und dem Irak wird fortgesetzt, da Teheran den Appell von Johannes Paul ignoriert hat. In Afghanistan hat Radio Kabul den Appell des Vatikans gar nicht erwähnt, und die Nachrichtenagentur TASS hat es gleichfalls unterlassen, auf ihn hinzuweisen, obwohl man die ökumenische Initiative der ‚Leitung der katholischen Kirche in Rom' begrüßte. Der afghanische Widerstand hatte mangels einer positiven Antwort des Gegners den Waffenstillstand nicht unterschrieben. In Sri Lanka, wo die beiden Lager die Waffenruhe akzeptiert hatten, hat die Regierung in Colombo die tamilischen Separatisten beschuldigt, sie durch den Abschuss eines Militärflugzeugs gebrochen zu haben, der einen Soldaten das Leben kostete. In Punjab haben extremistische Sikhs drei Hindus und einen gemäßigten Politiker aus ihren eigenen Reihen getötet. In Nordirland war der Tag von einem Attentat der IRA gekennzeichnet. In El Salvador hat die Armee die Guerilla beschuldigt, einen Angriff auf einen Militärposten im Norden verübt zu haben, der einige Opfer kostete. Von anderen militärischen Fronten liegen keine Informationen vor: Kambodscha, Philippinen, Angola, Mozambique, Westsahara."

In Wirklichkeit hat es den „allgemeinen Waffenstillstand" nie gegeben. Es gab wohl Erklärungen, ihn einhalten zu wollen, und vielleicht hat es von manchen Seiten wirklich „eine Verringerung der Kampfhandlungen" gegeben, um wenigstens sagen zu können, dass „der Appell des Papstes auf die eine oder andere Weise zur Kenntnis genommen wurde und in vielen Ländern ein Echo gefunden hat" („La Croix", 29. Oktober 1986).

Wenn auch der Waffenstillstand als Faktum nicht zustande gekommen ist, so ist er doch als Zeichen wirksam geworden: Er hat nämlich so viel Echo gefunden als notwendig war, damit der Gebetstag von Assisi über die Religionen hinaus auch die Aufmerksamkeit der politischen Kreise erregte, er hat die Absicht des Papstes und der anderen religiösen Führer, auf die realen Friedensvoraussetzungen der Menschheit Einfluss zu nehmen, deutlich gemacht und die Sehnsucht der Menschen nach Frieden artikuliert, die bereit sind, den möglichen Beitrag der Religionen zum Frieden anzuerkennen. *Ich erhebe diesen Appell voll Vertrauen, weil ich an den Wert und die geistige Wirksamkeit der Zeichen glaube,* hatte Johannes Paul in Lyon am 4. Oktober gesagt, als er die Waffenruhe forderte.

Der Gebetstag von Assisi hat im Pontifikat seine Spuren hinterlassen. Ein zweites Treffen in Assisi fand am 9. und 10. Januar 1993 statt. Es war so wie das erste von Gebet und Fasten geprägt und dem „Frieden in Europa, besonders in Ex-Jugoslawien" gewidmet, mit der Teilnahme von Christen, Juden und Moslems. Im Oktober 1999 gab es in Rom eine „interreligiöse Zusammenkunft", die neuerlich alle wichtigen Weltreligionen vereinte: Sie hatte das Große Jubiläum im Auge und stand unter der Verantwortung von Kardinal Roger Etchegaray, dem Vorsitzenden des Komitees für das Große Jubiläum, der auch der Organisator von Assisi war.

Bei allen Reisen in multireligiöse Länder, die Johannes Paul nach der Erfahrung von Assisi unternommen hat, gab es stets Begegnungen mit den „Führern der nichtchristlichen Religionen". Manchmal wurde der Appell des Papstes zum Dialog nicht aufgenommen. Wir haben schon die Weigerung der Moslems erwähnt, an einem solchen Zusammentreffen 1982 in Nigeria teilzunehmen. Dasselbe geschieht in Nairobi (Kenia) am 19. September 1995. Kurz vorher war eine ähnliche Ablehnung von Seiten der Buddhisten in Sri Lanka erfolgt wegen des negativen Urteils über den Buddhismus, das Johannes Paul in dem Buch „Die Schwelle der Hoffnung überschreiten" (S. 109 ff) gefällt hatte. Der Papst litt sehr unter dieser Ablehnung und versuchte bei mehreren Gelegenheiten dieses Urteil zu korrigieren oder abzuschwächen, und bei der Begegnung selbst ergänzte er den schriftlichen Text mit einer leidenschaftlichen Erklärung seiner Absichten: *Diese Begegnung bedeutet zusammen sein. Wir sind zusammen, es ist notwendig, zusammen zu sein, nicht zusammen zu sein ist gefährlich!* (Colombo, Sri Lanka, 21. Januar 1995)

Am 27.11.2003 trifft der Dalai Lama im Vatikan mit Papst Johannes Paul II. zu einem Gespräch über den Frieden zusammen. „Ich habe ihm von meiner Bewunderung über sein Eintreten für den Frieden und für die Harmonie zwischen den Religionen in der Welt berichtet", sagte das geistliche und weltliche Oberhaupt der Tibeter nach der 20 Minuten langen Audienz.

Vielleicht ist es möglich, die Entstehungsgeschichte dieses unerwarteten „Weiterausholens" von Johannes Paul um die Mitte der neunziger Jahre genauer anzugeben: Es könnte sich um die Antwort auf eine Anregung des Schweizer Theologen Hans Urs von Balthasar handeln, dem der Papst im Juni 1984 den Preis Pauls VI. verleiht und den er im Juni 1988 zum Kardinal ernennt. In einem Interview anlässlich der Preisverleihung erklärt von Balthasar gegenüber der italienischen Zeitschrift „Trenta giorni": „Vielleicht müsste der Papst den Dialog mit den anderen Religionen vertiefen. Er geht immer nur zu den Katholiken. Ich will ihn nicht anklagen, er hat schon genug getan; Gott weiß es, bis nach Manila und weiß Gott wohin ist er gereist. Aber er versammelt immer nur die Katholiken um sich, doch das Gespräch über die Grenzen der Kirche hinaus unterlässt er."

Wir wissen nicht, ob es diese Worte von Balthasars waren, die Johannes Paul umgestimmt haben. Wir haben auf den mehr als großen Einfluss dieses Theologen auf das Pontifikat schon auf Seite 128 hingewiesen. Tatsache ist, dass die interreligiöse Offensive Johannes Pauls die Beobachter und sogar die Mitarbeiter der römischen Kurie überrascht hat. „Man hat einen übermäßig großen Nachdruck auf die Werte der nichtchristlichen Religionen gelegt", sagte gerade in jenen Monaten Kardinal Ratzinger – der wichtigste theologische Berater des Papstes – am Schluss des Interviews mit Messori, das 1985 unter dem Titel „Bericht über den Glauben" als Buch erschienen ist. Doch Johannes Paul lädt unbeirrt zum Gebetstag von Assisi ein, den er dann monatelang – vom Sommer 1986 bis zum Frühjahr 1987 – gegen die internen Kritiker verteidigen muss, wobei er sich auf die Bibel, auf Paul VI. und auf das Konzil beruft.

Was die Welt am 11. September 2001 erschütterte, hätte andere vielleicht irre werden lassen an ihren Bemühungen. Hatte es überhaupt Sinn im Klima der allgemeinen Friedlosigkeit zur Gewaltfreiheit zu mahnen? Johannes Paul II. ließ sich nicht entmutigen: Am Morgen nach dem unfassbaren Anschlag auf New York und Washington sprach er von einem „dunklen Tag in der Geschichte der Menschheit" und von einem „Angriff auf die Würde des Menschen". Zugleich aber ließ er seine Emissäre in aller Welt sondieren, ob es nicht Zeit sei, den Gebetstag der Weltregligionen für den Frieden in Assisi nach anderthalb Jahrzehnten zu wiederholen. Es dürfe nicht in Vergessenheit geraten, dass Glauben immer auch den Andersgläubigen einbeziehe und dass die Verantwortung für den Nächsten nicht nach dem Gebetbuch frage.

Schon am 24. Januar 2002 konnte der Papst wieder Vertreter der verschiedenen christlichen Kirchen, der Hindus und der Moslems, der Buddhisten, der Juden und der afrikanischen Naturreligionen in der Stadt des demütigsten aller Heiligen begrüßen. Franz von Assisi erschien auch den Nichtchristen als geeignete Symbolfigur für das Anliegen aller Religionen, den Frieden zu fördern. In einem Festzelt auf der Piazza vor dem großen Komplex von San Francesco lauschten die Delegierten, darunter auch viele junge Mönche und einige Frauen, den diversen Kurzpredigten, die alle in ihrer Weise zur Toleranz aufriefen. Johannes Paul erinnerte daran, dass es allein in den 1990-er Jahren 56 Kriege in 44 Ländern gegeben habe, und dass aufgrund der Herausforderung durch den Terror ein Ende der Spirale der Gewalt nicht abzusehen scheine. Doch er können auch Hoffnungsschimmer erkennen. Es wächst das Pflichtbewusstsein, sich für das fundamentale Gut des Friedens einzusetzen. Lasst uns die Wolken des Terrorismus vertreiben! Man besiegt die Finsternis nicht mit den Waffen, sondern indem man Leuchttürme des Lichts entzündet. Den Hass besiegt man nur durch Liebe.

Gespannt war man vor allem auf die Reaktion der Vertreter des Islam. Die Massenmörder vom 11. September, die der Papst als „Wahnsinnige“ bezeichnete, hatten sich ja gerade auf Allah berufen bei ihrem menschenfeindlichen Tun. Da es eine islamische Kirchenorganisation nicht gibt, kam der Äußerung des Scheichs der Kairoer Azhar-Moschee, Mohammed Said Tatawi, besondere Bedeutung zu. Der hohe Geistliche hatte zwar nicht selbst nach Assisi kommen können, doch er ließ eine Botschaft verlesen, in der es hieß, auch der Islam trete wie alle monotheistischen Religionen gegen Gewalt und für Gerechtigkeit ein. Gott wolle eine glückliche Menschheit. In seiner Heimat sei bewiesen worden, dass ein Miteinander möglich sei, denn hier hätten Moslems und Christen „vierzehn Jahrhunderte wie Brüder unter demselben Himmel, auf derselben Erde, gleich in Rechten und Pflichten“ gelebt.

Sein Fernbleiben aber wurde gerade von Kritikern der globalen Initiative von Johannes Paul II. als Zeichen der Unaufrichtigkeit der Moslems bei der Ablehnung des Terrorismus interpretiert. Dem Papst halten sie „multireligiöse Konfusion“ vor. Das kann ihn nicht irritieren bei seinem Versöhnungswerk, denn wo der Dialog verstumme, sprächen bald die Waffen. Das aber könne niemand wollen und vor seinem Gott verantworten.

Kontraste: Ein Slumbewohner baut 2001 in Manila seine durch einen Brand zerstörte Hütte wieder auf. Im Hintergrund ragen die Hochhäuser des Banken- und Geschäftsviertels von Makati in den Himmel. Fast ein Drittel der Stadtbewohner in Asien, Afrika und Lateinamerika leben nach einem UN-Bericht unter der Armutsgrenze. An den meisten Bürgern gehen die Segnungen des modernen Stadtlebens spurlos vorüber.

Gegen jeden Krieg und gegen jede Gewalt

Kein Jahrhundert hat je so viele Kriege gesehen wie das 20. Jh. und alle Päpste haben immer wieder gemahnt: „Frieden, Frieden!" Benedikt XV. ist in die Geschichte eingegangen, weil er den Ersten Weltkrieg als ein „sinnloses Gemetzel" gebrandmarkt hat. Pius XII. hat gewarnt: „Nichts ist verloren mit dem Frieden, aber alles kann verloren sein mit dem Krieg!" Johannes XXIII. ist der Papst der Enzyklika „Pacem in terris". Paul VI. hat vor der UNO ausgerufen: „Nie wieder Krieg!" Unzählige Male hat er sich gegen diesen oder jenen Krieg gewandt und er hat den Welttag des Friedens ins Leben gerufen.

Johannes Paul bewahrt und vollendet dieses Erbe. Kein Papst vor ihm hat wahrscheinlich mit solcher Vehemenz den Frieden gepredigt wie er und keiner hat so offen die Sünde des Krieges eingestanden, die von den Christen begangen wurde, und für sie um Verzeihung gebeten.

Neben der Bitte um Vergebung für die Kriege der Vergangenheit besteht das Neue an seinem Eintreten für den Frieden in Wort und Tat hauptsächlich in vier Punkten:

• der Bekräftigung der prinzipiellen Verurteilung des Krieges, wie sie in „Gaudium et spes" enthalten ist, und ihrer Ausweitung auf den konventionellen Krieg;

• der Verkündigung dieser Botschaft direkt vor Ort: wie seine Reisen zu Völkern, die sich im Kriegszustand befinden, oder der Besuch von Gebieten, die vom Guerillakrieg und Terrorismus heimgesucht werden, beweisen;

• der wiederholten Warnung vor einem bestimmten Krieg, verbunden mit begleitenden Initiativen, in erster Linie der Einbeziehung der Episkopate und der anderen Religionen des betreffenden Gebietes in die Friedensbemühungen;

• der Entwicklung der Lehre von der „humanitären Einmischung": nämlich der Pflicht der internationalen Gemeinschaft, bestehende Kriege zu stoppen und den Aggressor zu entwaffnen.

Die beiden ersten Punkte zeigten sich deutlich bei den Reisen nach Großbritannien und Argentinien, während die beiden Länder sich wegen der Falkland-Inseln im Krieg befanden (Mai/Juni 1982). Die Einbeziehung der Episkopate Krieg führender Länder – die zu Konsultationen nach Rom gerufen, zu gemeinsamen Gottesdiensten animiert und in dem Bemühen unterstützt werden, eine koordinierte Aktion für den Frieden zu entfalten – wurde schon damals versucht und anlässlich des Golfkriegs und anlässlich des 1. Septembers mit noch größerem Nachdruck wiederholt. Die Lehre von der Einmischung aus humanitären Gründen stellt er vor allem im Hinblick auf den Krieg in Bosnien in den Vordergrund.

Die Äußerungen Johannes Pauls zum Thema Krieg und Frieden häufen sich besonders in den Monaten der Vorbereitung und während der Golfkriege. Wir werden darauf in einem eigenen Kapitel zu sprechen kommen. Hier beschränken wir uns darauf, auf die Bekräftigung der Verurteilung des Krieges hinzuweisen, wie sie schon das II. Vatikanum zum Ausdruck gebracht hat.

Die radikalste Aussage gegen jede Art von Krieg hören wir von Johannes Paul am 30. Mai 1982 in der englischen Märtyrerstadt Coventry (die während des Zweiten Weltkriegs durch deutsche Bombenangriffe zerstört wurde): *Die moderne Kriegführung – mit oder ohne Nuklearwaffen – wird heute auf Grund ihres Ausmaßes und ihrer Schrecken vollkommen unannehmbar als Mittel, Differenzen zwischen Nationen auszutragen. Der Krieg sollte zur tragischen Vergangenheit, zur Geschichte gehören; in Zukunft sollte er in der Agenda der Menschheit keinen Platz mehr finden.*

„Vollkommen unannehmbar" ist hier auch der konventionelle Krieg, wie es gerade auch der um die Falkland-Inseln einer war. Die traditionelle Lehre (die eindeutigste Formulierung findet sich in Nr. 80 von „Gaudium et spes" aus dem Jahr 1965) ließ diese Qualifizierung hingegen nur für den „totalen Krieg" und den Atomkrieg gelten. Johannes Paul hat also in Coventry ein neues und mutiges Wort gesprochen, wie man es aus dem Mund eines Papstes der Neuzeit noch nie gehört hatte.

Die Reise nach Großbritannien war schon geraume Zeit vor Ausbruch des Krieges geplant: Alle raten ihm nun, sie abzusagen, doch der Papst will unbedingt an ihr festhalten. Die Kurie ist verblüfft, bei jeder Gelegenheit hält man ihm die jahrhundertealten Regeln über die Neutralität in Konflikten vor Augen und dass man sich aus ihnen heraushalten müsse. Solche Kriterien scheinen Johannes Paul jedoch töricht zu sein, ja geradezu dem Evangelium zu widersprechen. Wer ihm vorhält, wenn er ein Volk, das im Krieg ist, besuche, würde er dem anderen Unrecht tun, dem gibt er zur Antwort, er werde eben alle beide besuchen. Und das tut er auch, indem er an die Reise nach Großbritannien (28. Mai bis 2. Juni 1982) die nach Argentinien (10. bis 13. Juni) anschließt.

Johannes Paul II. 2001 während der Seligsprechung von 233 Christen, die während des spanischen Bürgerkriegs getötet wurden.

Über diese doppelte Abweichung von den diplomatischen Regeln des römischen Papsttums sagt er am 28. Juni 1982 vor den Mitarbeitern der römischen Kurie Folgendes: *Diese beiden Reisen, die ich der bekannten Situation wegen in sehr kurzem Abstand unternommen habe, waren sozusagen atypisch, das heißt, ihr pastoraler Charakter unterschied sich von dem aller übrigen Reisen, weil sie unter Bedingungen durchgeführt wurden, die in der Regel vom Besuch eines Papstes in zwei miteinander im Kriegszustand stehenden Ländern abgeraten hätten. Doch diese „Gefahren" gehören jetzt in die Optik vom universalen pastoralen Wirken des Papstes heute. Ich konnte die beiden Völker nicht allein lassen und musste im Übrigen vor der öffentlichen Meinung aller Länder der Welt darauf hinweisen, dass die Universalität, wesenhafte Dimension im Volk Gottes, dem Patriotismus weder entgegensteht, noch tritt sie in einen Konflikt mit ihm ein.*

Was die Schuldbekenntnisse hinsichtlich der Kriege betrifft, so haben wir ein solches in feierlicher Form beim Gebetstag von Assisi erlebt und von einem anderen haben wir im Kapitel „Abrechnung mit der Geschichte" berichtet. Aber es gibt noch weitere, und drei davon wollen wir uns näher ansehen.

Das erste ist eine an Gott gerichtete Bitte um Vergebung für die Kriege von heute und nicht mehr nur für die der Vergangenheit. Sie wird am zweiten Gebetstag von Assisi formuliert, gewissermaßen als Antwort auf die Frage, wie Feindschaft auf der Welt überhaupt möglich ist, wenn Christus sie *zunichte gemacht* hat, und wie es möglich ist, mitten in Europa sich *gegenseitig zu töten*, an der Schwelle des dritten Jahrtausends:

Auf solche Fragen gibt es keine andere Antwort als die demütige Bitte um Vergebung für uns und für alle. Gerade deshalb ist unsere Gebetswache zugleich ein Bußgottesdienst und ruft uns zur Umkehr auf (Assisi, 9. Januar 1993, Gebetswache für den Frieden in Europa).

Doch die beeindruckendsten Vergebungsbitten sind jene, die sich auf den Zweiten Weltkrieg beziehen, so als ob die Christen auch für Kriege verantwortlich wären, die von anderen angezettelt wurden: weil sie sie nicht verhindert oder jedenfalls daran teilgenommen haben.

Im ersten der beiden Texte fragt sich der Christ Wojtyla, wie man *den Weg fortsetzen kann* mit einer solchen Geschichte auf den Schultern: *Die Ungeheuerlichkeiten jenes Krieges zeigten sich auf jenem Kontinent, der am längsten im Einflussbereich des Evangeliums und der Kirche geblieben ist. Es ist wahrlich schwer, den Weg fortzusetzen, wenn wir dieses schreckliche Kalvaria der Menschen und der Nationen hinter uns haben. Eine solche Feststellung muss uns zu einer Gewissensprüfung über die Qualität der Evangelisierung Europas anspornen. Der Verfall der christlichen Werte, der die Irrtümer von gestern begünstigt hat, muss uns dafür wachsam machen, wie das Evangelium heute verkündet und gelebt wird (Apostolisches Schreiben anlässlich des 50. Jahrestages des Beginns der Zweiten Weltkriegs,* 26. August 1989).

Auf der Stadtbrücke, dem deutsch-polnischen Grenzübergang in Frankfurt (Oder), stehen am Abend des 20.3.2003 viele deutsche Demonstranten mit einer Kerze in der Hand und bilden eine Lichterkette ins polnische Slubice. Mit Friedenssymbolen und Transparenten forderten sie ein Ende des Krieges.

Eine irakische Mutter wartet mit ihrem zwei Jahre alten, an Unterernährung leidenden Kind im IBN Gazwan Krankenhaus in Basra am 8.5.2003 auf medizinische Versorgung. Größtes Problem sind Infektionen durch verunreinigtes Wasser und fehlende Medikamente. Die Gesundheitsorganisation WHO meldete am 7.5.2003 16 Fälle von Cholera-Verdacht.

katholisch nannten und betonten, sie hätten zur Verteidigung ihres Vaterlandes so handeln müssen. Diese Bitte des Papstes um Gottes Erbarmen für solche barbarischen Untaten war jedenfalls besonders eindrucksvoll. Zwölf Jahre später spricht Johannes Paul im Hinblick auf den Völkermord in Ruanda ausdrücklich von der *Verantwortung* der Katholiken für dieses Geschehen. Sowohl in seinem Leben als Mensch wie in seiner Lehre gibt es einen ständigen Reifungsprozess: Er ist deshalb so gegen den Krieg, weil er während eines Krieges geboren wurde und schon in jungen Jahren mit einem weiteren Krieg konfrontiert war; und mit jedem Krieg, der ihm begegnet, wird sein Eintreten für den Frieden eindringlicher, weil er weiß, dass jeder sein Menschsein und seinen Glauben in Frage stellt.

Im zweiten Text präzisiert er, dass die Christen den Wahnsinn des Zweiten Weltkriegs zwar nicht gewollt, sich ihm aber auch nicht widersetzt haben, dass er in christlichen Ländern wütete und sie an ihm beteiligt waren:

Angesichts jedes Krieges sind wir alle aufgerufen, über unsere Verantwortung nachzudenken, um Vergebung zu bitten und selbst zu vergeben. Als Christen bleibt für uns eine Bitterkeit zurück, wenn wir bedenken, dass die Ungeheuerlichkeiten jenes Krieges sich auf einem Kontinent ereignet haben, der sich einer besonderen Blüte von Kultur und Zivilisation rühmte; auf einem Kontinent, der am längsten unter dem Einfluss des Evangeliums und der Kirche stand. Daher müssen die Christen Europas um Vergebung bitten und anerkennen, dass ganz verschiedene Kräfte Verantwortung trugen für den Aufbau der Kriegsmaschinerie (Botschaft aus Anlass des 50. Jahrestages des Endes des Zweiten Weltkriegs in Europa, 16. Mai 1995).

Das Schuldbekenntnis ist ein Geschenk Wojtylas aus jüngerer Zeit, aber die Bitte um Vergebung in Sachen Krieg und Gewalt stammt schon aus den ersten Jahren des Pontifikats. So sagte er nach den Massakern in den palästinensischen Flüchtlingslagern von Sabra und Shatila im Libanon am 19. September 1982: *Ich bitte den barmherzigen Herrn, dass er Mitleid mit unserer Menschheit habe, die sich zu solchen Auswüchsen der Barbarei hinreißen ließ!* Unter den Verantwortlichen für diese Massaker befanden sich auch die libanesischen Falangisten, die sich stolz

Am eindrucksvollsten sind die Friedensappelle Johannes Pauls dann, wenn er sich an terroristische Gruppen wendet, vor allem wenn er es an Ort und Stelle tut, in physischer Nähe zu ihren Operationsgebieten. Der erste derartige Appell ist an die Katholiken der IRA gerichtet:

Mit der Überzeugung meines Glaubens an Christus und im Bewusstsein meiner Sendung rufe ich euch zu, dass Gewalttätigkeit ein Übel ist, dass Gewaltanwendung als Lösung von Problemen unannehmbar und des Menschen unwürdig ist. Gewalt ist eine Lüge, denn sie verstößt gegen die Wahrheit unseres Glaubens, gegen die Wahrheit unserer Menschlichkeit ... Ich wende mich an alle Männer und Frauen, die sich an Gewaltakten beteiligen. Ich appelliere an euch, auf den Knien flehe ich euch an: Kehrt um vom Weg der Gewalt und kehrt zurück zu den Wegen des Friedens (Drogheda, 29. September 1979).

Dieser Appell „auf den Knien" klingt wie ein Echo des Briefes, den Paul VI. im April 1978 an die Roten Brigaden gerichtet hatte: „Ich bitte euch auf den Knien ..." Als er drei Jahre später in Spanien zur baskischen ETA spricht, verweist er auf das Attentat, dessen Opfer er selbst inzwischen geworden war: *Den jungen Menschen, die sich von Ideologien des Materialismus und der Gewalt in Versuchung führen lassen, möchte ich mit Liebe und Festigkeit sagen – und meine Stimme ist die von einem, der persönlich Gewalt erlitten hat –, sie mögen über ihren Weg nachdenken. Gewalt ist kein Mittel zum Aufbau: Sie ist eine Beleidigung Gottes, sie verletzt den, der sie erleidet, und den, der sie ausübt* (Loyola, 6. November 1982).

Dieselben Argumente verwendet er in Peru gegenüber den Guerillas des „Leuchtenden Pfades“, wenn er zum Schluss sagt: *Ich bitte euch im Namen Gottes: Verlasst diesen Weg!* (Ayacucho, 3. Februar 1985) Keine terroristische Bewegung gibt zu erkennen, dass sie seine Appelle akzeptiert, doch er ist überzeugt, dass der Ruf des Evangeliums zum Gewaltverzicht seine Wirkung zeitigen wird. Und so sagt er auf dem Rückflug von Lima nach Rom am 6. Februar 1985:

– „War Ihr Appell an die Terroristen des ‚Leuchtenden Pfades‘ nicht ein Ruf in der Wüste?“
– *Es war notwendig, dass sich eine Stimme in der Wüste erhob. Immer wieder ist es notwendig.*
– „Glauben Sie, dass sie auch gehört wird?“
– *Letztendlich wird diese Stimme immer mehr gehört werden. Sie ruft schon seit zweitausend Jahren in der Wüste.*

Ich betrachte es als einen persönlichen Glücksfall, an jenem Tag auf dem Flugplatz von Ayacucho Johannes Paul erlebt zu haben, wie er im Angesicht der vom „Leuchtenden Pfad“ kontrollierten Berge seine Stimme erhob, und ihn eines anderen Tages, ja eines Abends, acht Jahre später wieder erlebt zu haben, wie er in Agrigent vom Tempelhügel herab den Männern der sizilianischen Mafia zurief:

Gott hat einmal gesagt: Du sollst nicht töten! Kein Mensch, keine menschliche Gemeinschaft, keine Mafia kann dieses heiligste Recht Gottes ändern und mit Füßen treten. Dieses sizilianische Volk ist ein Volk, welches das Leben liebt und das Leben gibt. Es kann nicht immer unter dem Druck einer gegenteiligen Zivilisation leben, einer Zivilisation des Todes. Hier will man eine Zivilisation des Lebens. Im Namen Christi, des Gekreuzigten und Auferstandenen, dessen, der Weg, Wahrheit und Leben ist, wende ich mich an die Verantwortlichen: Kehrt um! Eines Tages wird das Gericht Gottes kommen! (Agrigent, 9. Mai 1993)

Diese Worte allein sagen noch nicht alles. Hinzu kommt noch der Zorn in der Stimme, der starre Blick, die geballte Faust und der erhobene Zeigefinger. Mit Johannes Paul hat die „Scheltrede“ in die päpstliche Verkündigung wieder Einzug gehalten. Und zu den Bildern des Evangeliums, die den Christen zur Betrachtung empfohlen werden, gehört von nun an auch wieder die *Vertreibung der Händler aus dem Tempel.*

Aber es kann sein, dass nicht nur die Mafiosi in Sizilien oder die Terroristen in den Anden den Frieden bedrohen. Es kann sich herausstellen, dass ihn die Mächtigen dieser Welt mit ihrem Krieg der Sterne noch viel mehr bedrohen. Dieselben Repräsentanten der Staaten, die der Papst üblicherweise mit allen Ehren empfängt. Und daher hat sich Johannes Paul am 18. März 1984 aus dem Petersdom direkt an sie gewandt und gesagt, wobei er den vom Staatssekretariat vorbereiteten Text verließ und ganz seinem Herzen folgte:

Warum diese Drohung mit dem Krieg? Warum diese Prinzipien des Kampfes? Wir müssen darüber nachdenken, ob die fundamentalen Prinzipien, mit denen die Menschheit lebt, nicht falsch sind, ob sie nicht verändert werden müssen, um die wahre Gerechtigkeit zu retten, um den Frieden auf der Welt zu retten, um – schließlich – die Menschheit zu retten!

In solchen Appellen nennt er die Gerechtigkeit und den Frieden, den Krieg und den Hunger meist in einem Atemzug: *Man muss die Menschen vor dem Tod bewahren, Millionen von Menschen, vor dem nuklearen Tod und vor dem Hungertod. Alles, was menschlich ist, muss vor dem Tod bewahrt werden* (Ottawa, 20. September 1984).

Angesichts apokalyptischer Bedrohungen nimmt auch sein flehentliches Gebet apokalyptische Ausmaße an: *Das Feuer, das Christus auf die Erde gebracht hat, möge brennen und unseren Hochmut wie auf einem einzigen großen Scheiterhaufen verbrennen, es möge den Hass und die Waffen des Todes vernichten* (Assisi, 9. Januar 1993).

Beides, Gewalt und Hunger, nahm Johannes Paul auch unmittelbar nach dem Anschlägen vom 11. September 2001 ins Visier. Zum Auftakt einer römischen Bischofsversammlung zwei Wochen später warnte er vor den „unguten“ Folgen der Globalisierung: Die Kirche muss die Stimme erheben zur Verteidigung der Ärmsten der Armen und jene beim Namen nennen, die missbräuchlich von den Verhältnissen profitieren. In der heutigen Situation, da die Reichen immer reicher werden und die Armen immer ärmer, darf sich die Kirche nicht als Apparat der Macht verstehen, sondern als Einrichtung, die den Menschen hilft.

Zugleich wandte sich der Papst am 27. September 2001 im fernen Kasachstan gegen alle Gewaltlösungen politischer Konflikte, womit er sowohl auf die Terroristen zielte, als auch die USA vor besinnungslosem Militärschlag gegen Afghanistan warnte: Auseinandersetzungen werden durch Verhandlungen und im Dialog gelöst, nicht mit Waffen. Kritiker fragten allerdings bitter, mit wem man denn auf Seiten der Terroristen verhandeln solle. Unbeirrt davon rief der Papst seine Bischöfe dazu auf, die Welt mit dem wachsamen Auge und dem mitleidvollen Herzen des guten Hirten zu betrachten.

Die „Weltjugendtage“ u
kirchlichen „Bewegun

die
n"

Im Pontifikat Johannes Pauls spielen die Jugendlichen eine große Rolle. In dem Buch „Die Schwelle der Hoffnung überschreiten" betont er, sie seien ganz von allein gekommen: *Niemand hat die Weltjugendtage erfunden. Die Jugendlichen selber haben sie geschaffen ... In den meisten Fällen haben sie die Priester und auch die Bischöfe in hohem Maße überrascht. Sie haben auch ihre eigenen Erwartungen übertroffen* (S. 147).

Johannes Paul spielt seine Rolle herunter. Tatsächlich haben die Jugendlichen eine ermutigende Antwort gegeben, aber er ist es gewesen, der zuerst einen mutigen Aufruf an sie ergehen ließ. Trotz seiner Worte wollen wir daher dieses Kapitel der schönsten seiner Erfindungen widmen.

Ja, er hat die Weltjugendtage erfunden, und diese Erfindung war in der Tat nicht einfach: Die Tage entstehen Mitte der achtziger Jahre und sind ganz von der Antwort der Jugend bestimmt, aber sein Aufruf an sie stammt bereits aus den ersten Tagen des Pontifikats und hat alle seine Stationen geprägt.

Der Aufruf geht auf jenen ersten Tag auf dem Petersplatz zurück, den Tag des Appells *Öffnet die Tore für Christus:* Nach der überlangen feierlichen Zeremonie, die durch den unvorhergesehenen Kontakt mit der Menge noch länger dauerte, wollte Johannes Paul sich noch einmal am Fenster des Apostolischen Palastes zeigen, um mit den Menschen auf dem Platz den Angelus zu beten, denn es war schon 13 Uhr 20. Nach dem Gebet richtete er das folgende improvisierte Grußwort an die Jugendlichen, die vom Platz herauf „Es lebe der Papst!" schrien: *Ihr seid die Zukunft der Welt, die Hoffnung der Kirche! Ihr seid meine Hoffnung* (22. Oktober 1978).

Im Dezember beginnen seine Besuche in den römischen Pfarrgemeinden und von allem Anfang an will der Papst, dass jedes Mal auch ein Treffen mit den Jugendlichen stattfindet. Und das gilt für alle seine Besuche in den verschiedenen Regionen Italiens und für alle Reisen außerhalb Italiens.

Eine entscheidende Etappe war das Treffen mit den Jugendlichen im Parc-des-Princes von Paris am 1. Juni 1980: Die Veranstaltung dauerte drei Stunden, es war ein großes Fest und ein spannender Dialog mit Burschen und Mädchen, die Fragen stellten, auf die der Papst antwortete. Aber es waren vorbereitete Texte, wie fast immer. Unter anderem trat ein junger Mann ans Mikrofon und sagte: „Ich bin Atheist. Ich lehne jeden Glauben und jeden Dogmatismus ab. Im Übrigen möchte ich sagen, dass ich den Glauben von niemandem bekämpfe, weil ich ihn nicht verstehe. Heiliger Vater, an was glauben Sie? Warum glauben Sie? Was bedeutet das Geschenk unseres Lebens und wie ist jener Gott, den Sie anbeten?"

Zu Frossard sagt Johannes Paul später im Interview, er habe sofort gemerkt, dass die Fragen jenes Jugendlichen „nicht auf der Liste standen", die ihm vorgelegt worden war. Er merkte sich diese Fragen und nahm sich vor, darauf zu antworten, so gut er konnte. Doch dann lenkte ihn der „fünfzigtausendstimmige Dialog" jenes Abends ab und er gab dem jungen Mann, der die schwerwiegendsten Fragen angesprochen hatte, keine Antwort.

Nach seiner Rückkehr nach Rom schreibt er *tief betrübt wegen jener Unterlassung* an Kardinal Marty, um ihn zu *bitten, jenen Jugendlichen auszuforschen und ihm mein Bedauern auszudrücken.* Der junge Mann wird tatsächlich gefunden und die Entschuldigung wird akzeptiert. Doch der Papst vergisst diese Herausforderung nicht und unternimmt praktisch bei jeder Begegnung mit den Jugendlichen den Versuch, auf jene fundamentalen Fragen zu antworten, denn *heute ist es nicht mehr möglich, vom Glauben zu sprechen, ohne sich des Unglaubens bewusst zu sein.*

Das große Fest der Begegnung mit den Jugendlichen in Paris war eine Überraschung für alle. Bis zu diesem Zeitpunkt hatte es zwar große Jugendveranstaltungen mit dem Papst in Mexiko, in Polen, in Irland und den USA, in Afrika und da und dort in Italien gegeben, aber man hatte sich gesagt: Das ist die Dritte Welt, es ist Polen, es sind die sehr katholischen Länder Italien und Irland, es ist Amerika, das für so etwas immer zu haben ist! Niemand glaubte, dass dasselbe – und sogar in noch größerem Ausmaß – in Frankreich geschehen würde, im orientierungslosen Paris, wo man daran zweifelte, ob es überhaupt noch Zwanzigjährige gibt, die bereit sind, sich öffentlich als gläubig zu bekennen. Dieselbe Überraschung liefert 17 Jahre später – und in noch gigantischerer Form – der Weltjugendtag in Paris im August 1997 mit 1,2 Millionen Teilnehmern. Wer weiß, ob seine Nachfolger auch solchen Erfolg haben werden und wer weiß, ob sie den Mut aufbringen werden, Ähnliches zu versuchen!

In dieser allgemeinen Überraschung über die Massen von Jugendlichen, die sich von Johannes Paul angezogen fühlen, und über ihre ständige Zunahme im Laufe der Jahre drückt sich die große und einhellige Wertschätzung für sein Pontifikat aus. Andere Aspekte, wie der Schutz des Lebens oder

Doppelseite: Zum Weltjugendtag in Rom im August 2000 entzünden Jugendliche Kerzen, als Papst Johannes Paul II. am Rande von Rom eine große Nachtwache eröffnet.

Blick auf die Menschenmenge auf der Pferde-Rennbahn von Longchamps bei Paris, die am 24.8.1997 mit Papst Johannes Paul II. eine Messe feierte. Vor rund einer Million Menschen beendete der Papst mit dem Gottesdienst den 12. Weltjugendtag der Katholiken. Französische Kirchenkreise werteten die Messe als eine der größten in der Geschichte Frankreichs. Der Abschluss-Gottesdienst sowie die aufwändig gestaltete Gebetsnacht am Vorabend galten als Höhepunkte des einwöchigen Treffens, an dem mehrere hunderttausend Jugendliche aus 160 Nationen teilnahmen.

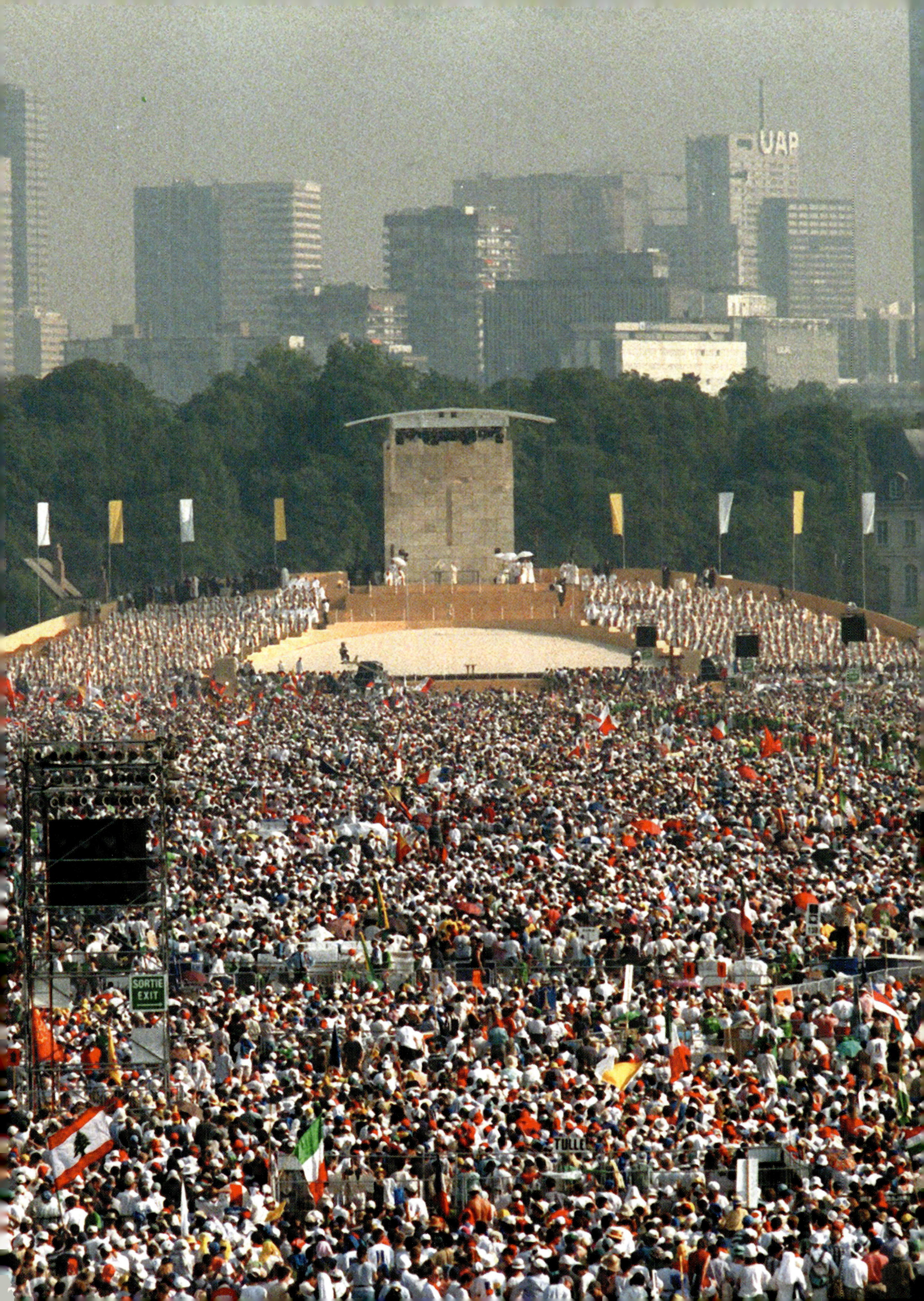
UAP
SORTIE
EXIT
TULLE

Zur Eröffnung des Weltjugendtages am 15.8.2000 am Kolosseum in Rom mit Papst Johannes Paul II. kamen eine halbe Million junger Menschen aus Italien und 160 anderen Ländern.

das „Schuldbekenntnis", finden nur bei einem Teil der Menschen Anerkennung. Der Kampf gegen den Kommunismus wurde von sehr weiten Kreisen anerkannt, aber nicht von denen, die Kommunisten gewesen oder geblieben sind. Hier hingegen, im Fall der Jugend, gibt es keine Einwände. Weder die Rechte noch die Linke hat den Jugendlichen von heute viel zu sagen, und es versetzt jeden Beobachter in Erstaunen, zu sehen, wie sie dem Papst nachlaufen.

Unter den Erklärungsversuchen für dieses Phänomen hat vielleicht der am meisten für sich, den der ungläubige rumänische Schriftsteller und Mitglied der Academie de France Eugène Ionesco am Tag nach jenem ersten Besuch in Paris unternommen hat: „Seit langer Zeit hat niemand mehr von Gott und von der Liebe gesprochen. Man dachte im Gegenteil, damit würde man sich vor den Leuten nur lächerlich machen. Aber diesmal sind die Menschen gekommen, um zuzuhören, und sie haben nicht gelacht!" („Le Matin", 4. Juni 1980) Ionesco sagte dies vom gesamten Publikum in Paris, aber dasselbe kann man – mit noch größerer Berechtigung – von den Jugendlichen sagen. Dieselbe Interpretation des Erfolgs bei den Menschen „jeglichen Alters", den Johannes Paul von Anfang an erzielt, gab damals auch noch ein anderer laizistischer Intellektueller, der Italiener Giuseppe Prezzolini: „Weil sie aus seinen Worten etwas heraushören, was über jedes übliche Maß hinausgeht."

Ein Anziehungsfaktor ist sicherlich auch die Aufrichtigkeit der Worte, die der Papst an die Jugendlichen richtet: Er macht keine Abstriche von der Botschaft, nur damit sie besser ankommt, er neigt vielmehr zu einer radikalen Verkündigung, die von der Jugend eher angenommen zu werden scheint als die „zahnlosen" Predigten. In dem Buch „Die Schwelle der Hoffnung überschreiten" schrieb er: *Obschon es anspruchsvolle Antworten sind, fliehen die Jugendlichen nicht vor ihnen; vielmehr könnte man sagen, dass sie diese erwarten* (S. 146).

Oft begründet er im Dialog mit den Jugendlichen auf herausfordernde Weise den Ernst seiner Botschaft: *Die moralische Permissivität macht die Menschen nicht glücklich. Die Konsumgesellschaft macht die Menschen nicht glücklich. Sie waren nie dazu imstande!* (Paris, 1. Juni 1980)

Die Droge überwindet man nicht mit der Droge, sagt er vier Jahre später im selben Geist der Herausforderung, als er im Vatikan Jugendliche empfängt, die an einer Weltkonferenz therapeutischer Gemeinschaften teilnehmen (7. September 1984).

Er geht sogar so weit, den Jugendlichen seine radikalsten Mahnungen zum Schutz des Lebens zuzumuten: Liebe Jugendliche! *Habt keine Angst davor, das Leben zu schützen, das ganze Leben. Das Leben an seinem Anfang und an seinem Ende!* (Caravaggio, Bergamo, 20. Juni 1992)

In Holland hat er dieses Thema einmal sehr eingehend behandelt und zu den Jugendlichen, die ihm Fragen über die neue Sexualkultur stellten, gesagt: *Liebe Jugendliche! Gestattet, dass ich ganz offen rede. Seid ihr wirklich sicher, dass das Bild, das ihr von Christus habt, der Wirklichkeit entspricht? Das Evangelium zeigt uns einen anspruchsvollen Christus, der will, dass die Ehe unauflöslich ist, der den Ehebruch verurteilt, auch schon als Begehren. In Wirklichkeit war Christus nicht nachsichtig in Sachen der ehelichen Liebe, der Abtreibung, der sexuellen Beziehungen vor und außerhalb der Ehe, der homosexuellen Beziehungen!* (Utrecht, 13. Mai 1985)

Ein weiterer Anziehungsfaktor besteht darin, dass der Papst an die Jugendlichen glaubt, er hat Vertrauen in sie, er liebt sie, er freut sich über ihre Anwesenheit, er hört ihnen gerne zu, und die Jugendlichen nehmen diese Wertschätzung wahr. Er lügt nicht, wenn er sagt, dass er von den Jugendlichen immer etwas lernt und dass er sich von ihnen leiten lässt.

„Heiligkeit, ich glaube, dass Sie diese Jugendlichen dahin bringen, wohin Sie wollen", sagt Frossard vor der Begegnung von Paris zu ihm und Johannes Paul entgegnet: *Ich glaube eher, dass sie es sind, die mich führen!*

Er ist überzeugt, dass im Menschen unter der Decke einer scheinbaren Gleichgültigkeit eine tiefe religiöse Erwartung lebendig ist und dass die Jugendlichen ihre wichtigsten Träger sind: *Die Kultur von heute widerspricht sich zuweilen in blasphemischer Weise, dann wiederum macht sie sich auf ironische Weise lustig; aber das Herz des Menschen ist in seiner Tiefe voller Erwartung: Der ganze Mensch erwartet den ganzen Christus!* (Sacro Monte di Varallo, 3. November 1984)

Es geht also darum, sich von dem Vorurteil frei zu machen, das diese Erwartung leugnet: *Liebe Freunde, lasst euch von Christus verführen: Nehmt seine Aufforderung an und folgt ihm!,* heißt es in seiner Botschaft an die Jugendlichen vom 21. November 1993. Diese Verführung ist auch in unserer Zeit möglich, denn: *Christus ist immer jung!* („Die Schwelle der Hoffnung überschreiten", S. 136) Und wer einmal verführt worden ist, kann selbst zum Verführer werden: *Geht hin und predigt die erlösende Frohbotschaft: Tut es mit einem Herzen voll Glück und werdet Vermittler der Hoffnung in einer Welt, die nicht selten zur Verzweiflung versucht ist* (Botschaft an die Jugendlichen, 21. November 1993). Verführer auch auf dem Gebiet der menschlichen Werte: *Hört niemals auf, den Frieden zu verkünden und ihm Gehör zu verschaffen!* (Ypres, Belgien, 17. Mai 1985)

Aber unabhängig vom Ziel des Apostolates oder des menschlichen Fortschritts sind die Jugendlichen einfach zum Leben notwendig: *Wir brauchen die Lebensfreude der Jugend. In ihr spiegelt sich etwas von der ursprünglichen Freude, die Gott hatte, als er den Menschen schuf* („Die Schwelle der Hoffnung überschreiten", S. 147). Diese Worte gehören zum Schönsten, was Johannes Paul je geschrieben oder gesagt hat. Vielleicht sind die Jugendgedichte von Karol Wojtyla nichts Weltbewegendes, aber sie waren von der Vorsehung dazu bestimmt, Johannes Paul zum Abenteuer des Wortes zu ermutigen! Dieses herrliche Wort der Bewunderung für die *Lebensfreude der Jugend* eröffnet uns den tiefen Sinn einer leicht hingeworfenen Bemerkung, die er mit zunehmendem Alter immer öfter wiederholt: *Die Jugend macht mich immer jünger* (Catania, 4. November 1994). Und noch einmal: *Ich treffe mich immer gerne mit den Jugendlichen: Ich weiß nicht warum, aber es gefällt mir* (Syrakus, 5. November 1994).

Seine Verbundenheit mit den jungen Leuten schwindet nicht, trotz des Alters: *Ich fühle mich jung, trotz all der Jahre, die ich zu tragen habe,* sagt er beim Besuch einer römischen Pfarrgemeinde am 3. März 1996. Von den Jugendlichen erwartet er sich eine Hilfe, um gleichsam selbst wieder jung zu werden: *Habt ihr so viel Geld in der Tasche, um wegzufahren? Auch ich gehöre zu denen, die gerne wieder jung sein möchten* (Besuch in der römischen Pfarrgemeinde zum heiligen Judas Thaddäus, 6. April 1997). Manchmal findet er gar kein Ende mit seinen scherzhaften Bemerkungen, aber im Grunde ist immer jene Bewunderung spürbar, die ihn bewegt, wie ein Vater, der mit seinen Kindern spielt: *Manche sagen, dass dieser Stock mich älter gemacht habe, andere wieder sagen, er hätte mich wieder jung gemacht* (Catania, 4. November 1994).

Der Stock kann in seinen Händen zu einem Spielzeug werden und er vermag den rhythmischen Zurufen der Jugendlichen nicht mehr zu widerstehen, wie etwa in Manila am 15. Januar 1995:

– „John Paul Two – We kiss you!"
(Johannes Paul II. – Wir küssen dich!)
– *I also kiss you, all you. No jealousy!*
(Auch ich küsse euch, euch alle. Nur keine Eifersucht!)

Oft legt er die Ansprache, die er geschrieben oder die man für ihn vorbereitet hat, beiseite und rechtfertigt das so: Viel wichtiger als zu euch zu sprechen ist es mir, euch zu sehen so wie ihr seid: jung, spontan, ehrlich, zur Liebe fähig (Damasushof, Ostern 1980).

Manchmal kann man sehen, wie er den Versuch macht, den ernsten Faden seiner Ansprache wieder aufzugreifen, doch er verzichtet sehr schnell wieder darauf, wie um erkennen zu lassen, dass auch der Scherz seinen Ernst besitzt: *Darüber habe ich ein Buch geschrieben mit dem Titel „Die Schwelle der Hoffnung überschreiten". Aber ihr habt es sicher nicht gelesen. Das ist auch besser so. Es ist gar kein Buch, es ist eher ein Interview* (Syrakus, 5. November 1994).

In einer Ansprache an den Klerus von Rom fasst er diese seine Strategie, die auf dem Vertrauen zu den Jugendlichen basiert, folgendermaßen zusammen: *Man muss auf die Jugend setzen, das denke ich immer. Ihr gehört das dritte Jahrtausend. Und unsere Aufgabe ist es, sie auf diese Perspektive vorzubereiten. Sie ist bereit dazu* (2. März 1995).

Der Dialog mit den Jugendlichen lässt ihn zuweilen sogar zum Dichter werden. An einem herrlichen Sonnentag gibt er einmal folgende spontane Bemerkung von sich, die sich an Horaz anlehnt („Wenn du einen Sonnentag erlebst": *Epistulae*, 20): *Ich wünsche euch ein wenig von dieser Sonne in eurem Leben!* (Prato, 19. März 1986)

Aber mehr als die Sonne ist es der Wind, der ihn zum Dichter werden lässt: *Der Wind liebt die Jugendlichen und die nicht mehr ganz Jungen verjüngt er!* (Petersplatz, Palmsonntag, 5. April 1998)

Am Anfang will der neue Papst den Jugendlichen in den Pfarrgemeinden Roms und auch sonst bei jeder Gelegenheit begegnen: Die Pfarrer und die Bischöfe sind skeptisch, doch dann stellt sich heraus, dass diese Begegnungen ein großer Erfolg sind. So geht es sechs Jahre lang weiter, bis fast von selber, wie Johannes Paul II. meint, die Weltjugendtage entstehen. In Wirklichkeit hat natürlich er selbst die Initiative dazu ergriffen, genau genommen sind es zwei Initiativen.

Die erste erfolgt im Jahr 1984 anlässlich des außerordentlichen Heiligen Jahres der Erlösung und die zweite 1985 während des von der UNO ausgerufenen Jahres der Jugend. Es sind Einladungen an die Jugendlichen, *zu einer Begegnung des Gebetes, des Miteinanderteilens, des Gesprächs und der Freude* nach Rom zu kommen. So lautet die erste Einladung, ausgesprochen in Mailand am 22. Mai 1983.

Papst Johannes Paul II. wird zu einer Feier zum katholischen Weltjugendtag am 1.4.2004 in Rom von jubelnden jungen Leuten begrüßt. Tausende junge Leute haben den Papst in Rom gefeiert. Mehrfach unterbrachen sie die Rede des Kirchenführers auf dem Petersplatz mit minutenlangem Beifall und Sprechchören. „Der Papst ist mit Euch!“, rief das Oberhaupt der Katholiken den jungen Leuten aus Rom und anderen italienischen Städten zu.

Das Oberhaupt der Katholischen Kirche segnet die Teilnehmer der Morgenmesse am 14.1.1995 in Manila. Der erste Höhepunkt war der Gottesdienst zum Weltjugendtag am 15.1., zu dem nach offiziellen Angaben mehr als vier Millionen Menschen in den Rizal-Park in Manila drängten.

Beim zweiten Mal gilt die Einladung für den Palmsonntag: *Wir werden feiern, verkündigen und Zeugnis geben:* Und er bittet die Bischöfe sowie die kirchlichen „Bewegungen“ und Gemeinschaften, diese Initiative zu unterstützen (Petersplatz, 25. November 1984).

Beide Treffen waren ein großer Erfolg und wurden wiederholt – und das war der „Weltjugendtag“, der formell mit dem „Apostolischen Schreiben an die Jugend der Welt“ (31. März 1985) aus der Taufe gehoben wurde. Dieser Tag wird auf zwei Arten begangen: Jedes Jahr findet er am Palmsonntag in den Lokalkirchen und in Rom mit dem Papst statt, alle zwei Jahre an einem stets wechselnden Ort und mit einem Programm, das versucht, alle Kontinente anzusprechen.

Ein solcher Tag fand 1987 in Buenos Aires statt, 1989 in Santiago de Compostela, 1991 in Tschenstochau, 1993 in Denver, 1995 in Manila, 1997 in Paris. Dabei sind die Teilnehmerzahlen ständig angestiegen. In Manila waren es mehr als zwei Millionen (die Presseagenturen sprachen übertrieben von vier bis fünf Millionen!) und es hieß, dass noch nie bei einer Papstreise so viele Menschen auf den Beinen waren. Doch nicht nur die Massen bei der Schlussveranstaltung sind immer wieder beeindruckend, auch das jeweils vorangehende Treffen des Papstes mit den Jugendlichen findet von Mal zu Mal mehr Zuspruch. In Paris waren es – laut Angaben der Polizei – 750.000, die an der Nachtwache vor der sonntäglichen Schlussfeier teilnahmen. Für den Weltjugendtag im August 2000 in Rom begrüßen die Organisatoren zwei Millionen Teilnehmer!

Mit den Jugendtreffen und den Jugendtagen hängt auch die Entwicklung einer ganz besonderen Beziehung von Johannes Paul zu den kirchlichen „Bewegungen“, den so genannten „movimenti" zusammen. In ihnen sieht der Papst die providentiellen Träger des Zeichens der Radikalität des Evangeliums in der säkularisierten Gesellschaft der Jahrtausendwende. Er ist nämlich der Überzeugung, dass der Eintritt in das neue Jahrtausend eine entschiedene Wiederaufnahme einer christlichen Verkündigung ohne Abstriche mit sich bringen muss: *Es ist an der Zeit, das Evangelium mit neuer Kraft und in aller Klarheit zu bezeugen und es „sine glossa" zu verkünden* (Rieti, 2. Januar 1983).

Von dieser Radikalität hat er einmal zu der Fokolar-Bewegung gesprochen, die ihm besonders ans Herz gewachsen zu sein scheint: *Es gab in der Kirchengeschichte viele Radikalismen der Liebe, wie jenen des heiligen Franziskus, des heiligen Ignatius von Loyola, von Charles de Foucauld und vielen anderen bis in unsere Tage. Es gibt auch euren Radikalismus der Liebe, den von Chiara, den der Focolarini: einen Radikalismus, der versucht, dieser Liebe in allen Situationen, in allen Schwierigkeiten zum Sieg zu verhelfen* (Rocca di Papa, 19. August 1984).

Die hier vom Papst genannte Chiara ist Chiara Lubich, die Gründerin dieser Bewegung. Der Papst würdigt diese Frau, die in seinem Alter ist, in aller Öffentlichkeit seiner Freundschaft, er geht ihr bei Audienzen wie einer Schwester entgegen, er zitiert sie und lobt sie in den höchsten Tönen. Wenn er sie nicht sogleich erblickt, fragt er die Menge: *Ist Chiara hier?* Es freut ihn, dass die Fokolar-Bewegung ein Statut hat, das sie verpflichtet, immer eine Frau an der Spitze zu haben: Er selbst hat diesen kühnen Schritt offiziell gebilligt.

Und so erzählt Chiara Lubich selbst die Geschichte: „Johannes Paul kennt unser Werk ... und hat mehrfach die marianische Prägung dieses Werkes hervorgehoben. Es war uns ein Anliegen, dass diese Prägung auch in Zukunft nicht nur in seiner inneren geistlichen Natur zum Ausdruck kommen sollte, sondern auch nach außen hin. Gott hat den Beginn und die Entwicklung der Bewegung einer Frau anvertraut und wir wollen dem treu bleiben. So habe ich Mut gefasst, den Papst eines Tages im Vertrauen zu fragen, ober er es für denkbar halte, dass in unseren Statuten festgeschrieben werde, dass der Präsident des Werks immer eine Frau sein wird. Spontan und entschieden antwortete er: Warum denn nicht? Ja, es sollte so sein!" (Chiara Lubich, „Die Welt wird eins", München ³1998, S. 149f.)

Wenn man solche Dinge liest, mag man bedauern, dass Johannes Paul neben seinen vielen Begabungen nicht auch das Gespür für das Recht in der Kirche und für Strukturreformen gehabt hat, denn sonst hätte er in dieser Hinsicht sicher außergewöhnliche Dinge vollbracht, wenn man sich die Freiheit vor Augen hält, mit der er stets auf neue Vorschläge reagiert, die einen anderen Papst aus der Fassung gebracht hätten. Um die Bedeutung dieser Norm im Statut der Fokolar-Bewegung zu erfassen, braucht man nur daran zu denken, dass diese Bewegung Millionen von Menschen erreicht, dass sie in mehr als hundert Ländern präsent ist und dass sie nicht nur viele Laien, sondern auch Ordensleute, Priester, Bischöfe und Kardinäle zu ihren Mtgliedern zählt!

In solchen „Bewegungen" sieht der Papst ein Zeichen der Lebendigkeit der Kirche, die er als eine Kompensation für die Krise auf dem Gebiet der geistlichen Berufe interpretiert:

An die Stelle der traditionellen Berufungen, die zum Priestertum und zu den monastischen Orden führen, ist ein anderer Typ von Berufungen getreten, nämlich die Laienbewegungen („La Stampa", 4. April 1989).

Im Hinblick auf das Große Jubiläum wünschte Johannes Paul ein Treffen von *Bewegungen und neuen kirchlichen Gemeinschaften* in Rom zu Pfingsten 1988, jenem Vorbereitungsjahr, das dem Heiligen Geist gewidmet war. Am Samstag, dem 30. Mai, konnte man auf dem Petersplatz ein wahrlich ungewohntes Schauspiel erleben: 180.000 Menschen waren da versammelt, die 56 verschiedenen Bewegungen und Gemeinschaften aus der ganzen Welt angehörten, dazu Bischöfe und Kardinäle, und alle hörten Chiara zu, die ihr Zeugnis ablegte, so wie Kiko Arguello (der Gründer des „Neukatechumenalen Weges"), wie Jean Vanier (der Gründer der „Arche-Gemeinschaft"), wie Don Luigi Giussani (der Gründer von „Comunione e Liberazione").

Zum Schluss ergriff Johannes Paul das Wort und fasste seine besondere Vorliebe für diese Bewegungen folgendermaßen zusammen: *In unserer Welt, die oft von einer säkularisierten Kultur beherrscht wird, die Lebensmodelle ohne Gott fördert und verlangt, wird der Glaube vieler auf eine harte Probe gestellt und nicht selten erstickt und ausgelöscht. Es ergibt sich daher die dringende Notwendigkeit einer kraftvollen Verkündigung und einer soliden und vertieften christlichen Erziehung ... Die neuen kirchlichen Bewegungen und Gemeinschaften sind nun eine vom Heiligen Geist hervorgerufene Antwort auf diese dramatische Herausforderung der Jahrtausendwende ... Ihre Entstehung und Verbreitung hat etwas unerwartet Neues und manchmal sogar Bahnbrechendes in das Leben der Kirche gebracht. Das hat zuweilen Fragen aufgeworfen und zu Unbehagen und Spannungen geführt. Manchmal hat es Überheblichkeit und Maßlosigkeit auf der einen und nicht wenige Vorurteile und Vorbehalte auf der anderen Seite mit sich gebracht. Es war eine Periode der Prüfung für ihre Treue, eine wichtige Gelegenheit, die Echtheit ihrer Charismen unter Beweis zu stellen. Heute tut sich vor euch eine neue Etappe auf: jene der kirchlichen Reife. Das soll nicht heißen, dass alle Probleme beseitigt sind. Es ist vielmehr eine Herausforderung. Ein Weg, der erst beschritten werden muss. Die Kirche erwartet sich von euch reife Früchte der Gemeinschaft und des Engagements.*

Diese Ansprache gleicht einem Testament. Damit gibt Johannes Paul diesen von ihm besonders geliebten Organisationen eine historische Verpflichtung mit auf den Weg.

Wenn es Schwierigkeiten gab (wie bei der Bischofssynode über die Laien im Oktober 1987), nahm er die Bewegungen in Schutz gegenüber dem Verlangen der Bischöfe, sie in das normale kirchliche Leben zu integrieren. Im Apostolischen Schreiben „Christifideles laici" (1989) forderte er die Bischöfe auf, ihren Wert anzuerkennen. Er approbierte Statuten und erteilte Genehmigungen, die seit Jahren anhängig waren. Einige Bewegungen (wie die „Neukatechumenalen" und „Comunione e Liberazione") ermächtigte er, eigene Seminare zu unterhalten, und integrierte sie – wenn es nicht anders möglich war – in die Diözese Rom, die so zu einer Versuchsanstalt für die institutionelle Entwicklung dieser neuen Gegebenheiten geworden ist. Bei einem Treffen der Neukatechumenalen in Porto San Giorgio (Marken) am 30. Dezember 1988 führte er bei der Liturgie den Vorsitz und ermutigte die Bischöfe, solche Feiern in ihren Kirchen zu erlauben. Der Bewegung „Erneuerung im Geist" und allen anderen spirituellen Gemeinschaften garantierte er gewissermaßen das Bürgerrecht in der Kirche, weil es ihm darum ging, dass nichts von dem verloren geht, was in den Jahren seines Pontifikats aufgeblüht ist.

Die Bewegungen als Mittel, um die Jugend anzusprechen, die Jugendlichen als Mittel, um bei allen Menschen anzukommen: ein praktischer Hinweis, den Johannes Paul im Laufe der Jahre und nach Überwindung vielfältiger Widerstände seiner Kirche zu geben vermag und den er als wichtiges strategisches Erbe seinem Nachfolger hinterlassen wird.

Zum vorerst letzten Mal betonte Johannes Paul den besonderen Auftrag der Jugend beim Treffen in der Schweiz im Juni 2004, das er als einen *Moment von großem geistlichem Aufbruch* bezeichnete. Die Kirche brauche die Energien und die Ideale der Jugendlichen, denn es sei Zeit, das *Evangelium von den Dächern zu verkünden. Der Glaube bewährt sich in einer Mission, zu der Gott jeden von uns persönlich ruft.* Rückblickend bedankte er sich bei den Jugendlichen, dass er ihren Enthusiasmus und ihre spirituellen Erwartungen habe erfahren dürfen.

Es war ihm nicht mehr vergönnt, am Weltjugendtreffen im Sommer 2005 in Köln teilzunehmen, für das er schon Reisepläne geschmiedet hatte. Während seines langen Sterbens im Frühjahr desselben Jahres waren es denn auch vor allem Jugendliche, die ihre Trauer in Tränen, Gebeten und Bekenntnissen für die TV-Kameras äußerten.

Johannes Paul II. mit fünf jungen Pilgern aus fünf Kontinenten bei einem gemeinsamen Gebet während des Weltjugendtages am 19.8.2000 in Rom.

Er bremst die fortschrittlichen Episkopate und verlässt sich auf die Kurie

Los Angeles, 16. September 1987. Noch nie war es bei den vorangegangenen 35 internationalen Reisen des Papstes vorgekommen, dass eine Begegnung mit dem Episkopat vier Stunden dauerte, den Charakter einer Arbeitssitzung hatte und vier Reden an den Gast beinhaltete, die von ebenso vielen Delegierten der Versammlung gehalten wurden. Das geschieht an diesem Tag in Los Angeles und ist typisch amerikanisch: Mit der Freiheit und Unbekümmertheit des Wortes, die ein charakteristisches Merkmal der amerikanischen katholischen Gemeinschaft ist, bringen die vier Bischöfe gegenüber dem Papst ihr Unbehagen darüber zum Ausdruck, gleichzeitig von Seiten der Basis beanstandet und von Rom getadelt zu werden. Johannes Paul antwortet mit derselben Offenheit und bekräftigt die Grenzen der lokalen Anpassungsmöglichkeiten, die nach Auffassung Roms nicht überschritten werden dürfen.

320 Bischöfe sind anwesend. Die Versammlung hat (nach breiter Konsultation der Basis) die zu behandelnden Themen und die Berichterstatter ausgewählt. Die Begrüßungsworte richtet der Vorsitzende der Konferenz, der Erzbischof von St. Louis John L. May, an den Papst: „Sie sind sehr gerne unserer Bitte nachgekommen, mit uns zu diskutieren."

Als erster tritt Kardinal Bernardin, der Erzbischof von Chicago und ehemalige Vorsitzende der Konferenz, ans Mikrofon. Ein Mann, der hohes Ansehen genießt, der zehn Jahre später an einem Tumor stirbt und die Welt durch sein christliches Vertrauen beeindruckt, mit dem er dem Tod ins Auge blickt. Ihm hat man das heikelste Thema anvertraut, nämlich die Beziehungen zu Rom: „Wir leben in einer offenen Gesellschaft, in der jeder die Freiheit zu schätzen weiß, die eigene Meinung ausdrücken zu können. Viele tendieren dazu, die Dinge zur Diskussion zu stellen, besonders jene Probleme, die für sie wichtig sind, wie die Religion. Sie wollen die Gründe kennen, warum bestimmte Entscheidungen getroffen werden und sie fühlen sich zur Kritik berechtigt, wenn sie nicht einverstanden und mit den Erklärungen nicht zufrieden sind ... Diese Neigung ist an sich nicht notwendigerweise schädlich und destruktiv. Oft ist sie ein Wachstumszeichen ... Manchmal werden Sie missverstanden, manche sind der Meinung, dass Sie die aktuelle Situation, in der sich die Kirche heute in verschiedenen Teilen der Welt befindet, nicht verstehen. Es ist auch für uns als Hirten unserer Partikularkirchen schmerzlich, Positionen einnehmen zu müssen, die denen des Heiligen Stuhls oder mancher Gruppen in unseren eigenen Diözesen widersprechen ... Wir müssen imstande sein, vollkommen offen und ehrlich mit den anderen zu sprechen, ohne Angst. Das müsste auch für unsere Gespräche mit dem Heiligen Stuhl und unter uns Bischöfen selbst Geltung haben."

Dann ist John R. Quinn an der Reihe, der Erzbischof von San Francisco und ebenfalls ehemaliger Vorsitzender der Konferenz. Sein Thema ist die Schwierigkeit der Amerikaner, die moralische Lehre der Kirche anzunehmen: „Wir sind sehr besorgt, weil gewisse Teile der kirchlichen Lehre – sowohl auf dem Gebiet der Sexualmoral als auch auf dem der Soziallehre – in unserem Land manchmal einer negativen Kritik ausgesetzt sind, oft sogar durch Katholiken guten Willens. Dieses Phänomen kann in einigen Fällen dem permissiven, narzisstischen und konsumistischen Charakter unserer Gesellschaft zugeschrieben werden ... Nichtsdestoweniger glauben wir, dass dieses Problem bei jeder Darstellung der aktuellen Situation der Morallehre der Kirche angesprochen werden muss ... Der Dialog und die Diskussion ersetzen natürlich nie die Entscheidung des Lehramtes, aber sie waren und sind die unabdingbare Voraussetzung dafür, wie Kardinal Newman so schön gezeigt hat."

Als Dritter kommt Rembert G. Weakland, der Erzbischof von Milwaukee, der schon der Koordinator bei der Vorbereitung jenes Briefes über die Wirtschaft gewesen war, der sich mit der Lehre des Papstes über die Gerechtigkeit befasste und in den USA als ein schwerer Angriff auf die liberale amerikanische Gesellschaft verstanden wurde. Er spricht über die Laien und die Frauen: „Gegenwärtig kann die Kirche in den USA stolz darauf sein, die größte Anzahl an gebildeten Gläubigen in der Welt zu besitzen ... Die Gläubigen neigen mehr dazu, auf den inneren Wert einer von den Dienern der Kirche vorgelegten Lehre zu achten, als sie auf Grund der Autorität anzunehmen ... Außerdem, was die politischen Probleme betrifft, so sind die Katholiken der USA sehr auf ihre Tradition der Freiheit bedacht und fühlen sich zutiefst getroffen, wenn ihnen gesagt wird, wie sie über ein bestimmtes Problem abzustimmen haben oder welche Kandidaten sie wählen sollen ... Es fehlen die Worte, um zu erklären, welchen Schmerz es heute vielen und kompetenten Frauen bereitet, sich als Bürgerinnen zweiter Klasse in einer Kirche zu fühlen, die sie lieben."

Als Letzter ist Daniel E. Pilarczyk am Wort, der Erzbischof von Cincinnati und Vizepräsident der Konferenz. Er spricht über die Berufungen der Laien und Ordensleute, denn es wurde keines der heiklen Themen ausgelassen: „Was wir heute erleben, ist eine Ausweitung des Begriffs der Berufung der Kirche und des Dienstes in der Kirche, ein Begriff, der in früheren Zeiten nur die Priester und die Ordensleute einschloss, heute aber auch die Laien in einer immer größer werdenden

Papst Johannes Paul II. begrüßt am 21.1.2004 lächelnde Nonnen während seiner wöchentlichen Audienz in der Paul VI.-Halle im Vatikan.

Anzahl von Funktionen einschließt ... Wir begrüßen die Entwicklungen, die die Kirche in unserem Land zu einer Kirche immer tieferer Teilnahme und Zusammenarbeit machen statt zu einer Organisation von wenigen Aktiven und vielen Passiven."

Die Regie war sehr klug gewählt: Die Redner sind vier Exponenten der liberalen Position, aber auch vier Protagonisten einer Debatte, die schon längst über die Grenzen der USA hinaus gelangt ist und die diese selben Männer schon mehrmals bei den Synoden und auf Weltebene vertreten haben.

Der Papst antwortet auf alle Fragen.

Verhältnis zu Rom: *Vermeiden muss man eine bloß soziologische Sicht dieses Verhältnisses. Die universale Kirche darf nicht als Summe der Einzelkirchen oder als Föderation von Teilkirchen aufgefasst werden.*

Morallehre: *Manchmal wird die Meinung vertreten, eine Abweichung vom Lehramt sei völlig vereinbar damit, ein „guter Katholik" zu sein, und bedeute kein Hindernis für den Empfang der Sakramente. Dies ist ein schwerwiegender Irrtum ... Euer Dialog muss versuchen, die Unannehmbarkeit des Dissenses und der Auseinandersetzung als Politik und Methode im Bereich der kirchlichen Lehre aufzuzeigen.*

Laien und Frauen: *Der Dienst unserer pastoralen Führung darf keinen irgendwie autoritären Stil aufweisen, wir müssen vielmehr dabei zuhören und ermuntern, herausfordern und gelegentlich korrigieren ... Die Frauen sind nicht zum Priestertum berufen. Das ändert in keiner Weise die Tatsache, dass Frauen wirklich ein wesentlicher Teil sind im Plan des Evangeliums.*

Berufungen: *Ich bitte euch, darüber zu wachen, dass die dogmatische und die moralische Lehre der Kirche den Seminaristen getreu und klar vorgelegt und von ihnen voll angenommen und verstanden wird.*

Johannes Paul ist dankbar, dass er zuhören und antworten konnte. Er dankt den Katholiken für diese lebendige Erfahrung des amerikanischen Weges zum Glauben: *Ich habe mich bemüht, meine Aufgabe als Nachfolger des Petrus in einem Geist brüderlicher Solidarität mit euch zu erfüllen. Ich möchte einzig und allein allen Bischöfen der Welt zu Diensten sein und sie in ihrem eigenen kollegialen Dienst bestärken. Bei dieser Aufgabe hat mich immer eure brüderliche Unterstützung kräftig ermuntert und eure Partnerschaft im Dienst am Evangelium, wofür ich euch erneut meine tiefe Dankbarkeit ausspreche.*

Wiederholt war Johannes Paul bei seinen Reisen mit dem Protest der katholischen Basis konfrontiert. In Deutschland und der Schweiz, in Holland und Belgien wurden ihm von den Sprechern der einzelnen kirchlichen oder sozialen Gruppierungen Fragen gestellt. Manchmal (das war auch in den schwierigen Situationen in Mexiko, Zaire, Chile und Argentinien der Fall) waren es Bischöfe, die dem Papst mutig die Probleme vortrugen. Nie zuvor hatte sich jedoch, wie in den USA, die Bischofskonferenz selbst in kollegialer und öffentlicher Form zum Interpreten des Unbehagens der lokalen Gemeinschaft gegenüber Rom gemacht.

Zwei Elemente charakterisieren die Reaktion des Papstes: Er akzeptiert die Auseinandersetzung, weist aber die Forderungen zurück. Das Pontifikat Johannes Pauls stellt einen bedeutenden Schritt vorwärts dar in der Beziehung zwischen dem Papst und den Episkopaten, die jetzt miteinander reden, diskutieren, manchmal etwas absprechen und gemeinsam entscheiden. Aber der Papst ist ebenso zur Konfrontation bereit, so wie er streng darauf bedacht ist, die Vorrechte des römischen Papsttums in allem, was er an Wesentlichem – oder was er dafür hält – von der Tradition übernommen hat, zu wahren. Im Grunde haben die vier Stunden von Los Angeles den Bischöfen dazu gedient, den Katholiken zu zeigen, dass man den Gast über die Unruhe an der Basis nicht im Unklaren gelassen hat, und sie haben dem Papst dazu gedient, den Katholiken zu signalisieren, dass ihre Bischöfe auf der Suche nach neuen Beziehungen und neuen Regeln nicht ihre eigene Geschwindigkeit beibehalten dürfen. Mit anderen Worten: zu betonen, dass die Bischöfe der USA ihren Weg in die Zukunft verlangsamen müssten.

Die Zügel, die den fortschrittlichen Episkopaten angelegt werden, sind eine der Konstanten des Pontifikats. Es ist fast wie ein Wunder, dass dies nicht zu großen Konflikten geführt hat, wenn man von Mitteleuropa (Österreich, Deutschland,

Blick in den Petersdom im Vatikan während einer Gründonnerstagsmesse, die Papst Johannes Paul II. am 20.4.2000 vor katholischen Bischöfen und Erzbischöfen zelebriert.

Schweiz, Holland) und einigen Einzelfällen in Frankreich und den USA absieht. Aber während seines ganzen Pontifikats glaubte Johannes Paul so vorgehen zu müssen, und er hat dafür einen großen Teil seiner Popularität geopfert. Adressaten dieser Aktion waren alle größeren Episkopate der Welt und bezeichnenderweise gerade jene drei, die an die 300 oder mehr Bischöfe aufweisen: Brasilien, Italien, Vereinigte Staaten. Dass wir auch die italienischen Bischöfe zu den fortschrittlichen Episkopaten zählen, soll andeuten, dass die Zügel Roms auch dann wirksam werden, wenn keine schwerwiegenden Fragen der Lehre oder Disziplin zur Debatte stehen, sondern bloß die pastorale Ausrichtung. Ein weiteres bezeichnendes Element: Diese Zügelungsaktion – die mit der Versammlung des lateinamerikanischen Episkopats in Puebla im Januar/Februar 1979 beginnt – erreicht ihre intensivste Phase um die Mitte der achtziger Jahre. Von diesem Zeitpunkt an macht sich so etwas wie Resignation unter den Episkopaten breit angesichts der von Rom ausgegebenen Linie, oder es kommt zum offenen Konflikt wie in den deutschsprachigen Gebieten.

Wir haben schon gesehen, wie streng Johannes Paul mit den nordamerikanischen Bischöfen ins Gericht ging, die er für allzu liberal einschätzte. Ähnlich verhielt er sich gegenüber dem brasilianischen Episkopat, dem er übertriebenes soziales und politisches Engagement vorwarf, und gegenüber den italienischen Bischöfen, die sich in seinen Augen zu sehr auf das „rein Religiöse" konzentrierten und kaum bereit waren, als „soziale Kraft" in Erscheinung zu treten und das „katholische Antlitz" des Landes wieder in Geltung zu bringen, das von einer oberflächlichen Säkularisierung zwar verdüstert, aber nicht gänzlich entstellt war.

Die Bilder dieses Papstes, der 1980 in Fortaleza, 1985 in Loreto, 1979 und 1987 in Chicago zahlenmäßig so starke Episkopate zur Ordnung ruft, in deren Reihen Bischöfe und Kardinäle stehen, die mehr pastorale Erfahrung besitzen als er und – zumindest im Fall Italiens – Kirchen uralten Ursprungs mit einem starken Klerus und vielfältiger missionarischer Aktivität leiten, sind in der Erinnerung haften geblieben.

Einen ähnlichen Mut beweist Johannes Paul, wenn er Lokalkirchen besuchen muss, wo ihm offener Protest entgegenschlägt. In aller Ruhe und Gelassenheit antwortet er dem Priester Markus Fischer und Frau Margrit Stucky-Schaller, die ihm bei seinem Besuch in der Schweiz im Juni 1984 Fragen über den Pflichtzölibat für den lateinischen Klerus und die Priesterweihe der Frau stellen. Während seiner Besuche in Holland und Belgien im Mai 1985 bekommt er noch oft derartige Fragen (die mehr von Frauen als von Männern gestellt werden) zu hören. Und nicht zu vergessen, wie er in der Kathedrale von s'Hertogenbosch in Holland die katholische Basis geradezu beschwört, den Bischof anzunehmen, den er nominiert hat und den sie für einen gottverdammten Konservativen halten: *Glaubt mir, Brüder und Schwestern, dieses Leiden an der Kirche bereitet mir Schmerzen. Aber seid davon überzeugt, dass ich wirklich zugehört, alles gut erwogen und gebetet habe. Und ich habe im Angesicht Gottes denjenigen ernannt, der mir dafür der Geeignetste erschien. Akzeptiert ihn um der Liebe Christi willen!* Es war der Abend des 11. Mai 1985: Und es ist wichtig, dieses Datum festzuhalten, denn eine ähnliche Bitte, eine römische Entscheidung doch anzunehmen, hatte man noch nie zuvor aus dem Munde eines Papstes gehört und wir wissen nicht, ob man Derartiges in Zukunft noch einmal hören wird.

Gegen weitere Bischofsernennungen gab es Proteste in der Schweiz, in Österreich und in Deutschland. Diese aufgezwungenen Ernennungen scheinen manchmal die Krise noch beschleunigt statt beruhigt zu haben. Und Johannes Paul muss hin und wieder herbeieilen, um einige dieser Schäden wieder gutzumachen. In Salzburg beschwört er die österreichischen Katholiken: *Tretet nicht aus der Kirche aus, sondern tretet für sie ein!* (19. Juni 1998)

Die Verhaltensregel, die Johannes Paul in seiner Beziehung zu den Bischöfen befolgte, war dieselbe, wie er sie auch im Verhältnis zu den Ordensgemeinschaften (denkwürdig war der Konflikt mit der Gesellschaft Jesu, den er von Paul VI. geerbt hatte und der zwischen 1981 und 1983 auf autoritäre Weise gelöst wurde), den Priestern und den Laienorganisationen erkennen ließ: Höchste Bereitschaft zum Zuhören, Festigkeit in der Verteidigung der Lehre und der Disziplin, keinerlei Reform. Wahrscheinlich wird sich ein Nachfolger vor die gleichen Fragen gestellt sehen, ohne vielleicht jenes Charisma zu besitzen wie er, das es ihm erlaubte, sie in den meisten Fällen unter Kontrolle zu halten.

Das Fehlen wirklicher Reformen in diesem Pontifikat zeigt sich am deutlichsten im Bereich der Leitung der Kurie und der Kirche. Die Art der Kirchenführung ist nach 25 Jahren noch immer genau dieselbe wie unter Montini. Die Reform der römischen Kurie vom 28. Juni 1988 bestätigt bloß die Gültigkeit jener Organisationsform, die von Paul VI. als Erbe hinterlassen wurde: Die Änderungen sind minimal und keine einzige rührt an das Wesentliche. Dasselbe kann man von der Reform des Konklaves (Februar 1987) und des Vikariats von Rom (Januar 1998) sagen. Das Gleiche gilt auch für die Personen: Er hat einfach das Personal übernommen, das er bei seiner Wahl vorgefunden hat und Berufungen von außen auf ein Minimum beschränkt. Unter den wichtigen Persönlichkeiten der Kurie sind nur die Kardinäle Ratzinger und Etchegaray seine Erfindungen.

Papst Johannes Paul II. begrüßt Erzbischof Frantisek Tomasek während einer Messe in der Prager St. Guy Kathedrale. Am 21.4.1990 besuchte das Oberhaupt der Katholischen Kirche die Tschechoslowakei. Es war der erste Papstbesuch in diesem Land.

Dasselbe lässt sich über die Art der universalen Kirchenleitung sagen. Die Kompetenzen der Kurie und der päpstlichen Vertretungen (die von 89 beim Tod Pauls VI. auf 167 gestiegen sind) sind gleich geblieben, sowohl auf dem Papier als auch in der Praxis. Die Synoden werden in den zeitlichen Abständen und nach der Prozedur, wie sie von Montini festgelegt wurden, weiter fortgeführt: Doch das Ganze hat sich mittlerweile ziemlich abgenützt, man denkt seit langem über eine Erneuerung nach, aber geschehen ist praktisch nichts.

Neben den außerordentlichen Konsistorien und dieser Delegierung der weltlichen Macht an das Staatssekretariat ist es zu keinen weiteren Reformen gekommen, die diesen Namen verdienen. Aber es gibt zwei praktische Neuerungen der kurialen Leitung, die nie formalisiert wurden, die aber in diesen 25 Jahren einen erheblichen Wirkungsgrad erreicht haben: Gelegentliche Konsultationen mit Bischöfen, die er nach Rom einberuft, um besondere Probleme zu erörtern und zu lösen sowie kleine Arbeitssitzungen, die im Privatappartement und oft auch bei Tisch stattfinden und bei denen – wie es den Anschein hat – mehr Entscheidungen getroffen werden als bei den protokollarischen Audienzen.

Abgesehen von den Arbeitssitzungen in den Privaträumen des Papstes, die im Allgemeinen dazu dienen, über eine ungewöhnliche Entscheidung zu informieren oder kuriale Auseinandersetzungen zu schlichten (statt die Vertreter der verschiedenen Thesen getrennt anzuhören, lässt er sie lieber in seiner Anwesenheit diskutieren), sollten wir unser Augenmerk auf die informellen Zusammenkünfte mit Gruppen von Bischöfen oder ganzen Episkopaten richten: Sie waren sehr zahlreich und im Großen und Ganzen auch effektiv, um eine Kompromisslösung zu erzielen, wenn es durch die normalen Kontakte über die päpstlichen Vertretungen, die Ad-limina-Besuche und die kurialen Kongregationen nicht gelang, einen neu aufbrechenden Konflikt zu bereinigen.

Im Juni 1981 haben wir die erste dieser außerordentlichen Konsultationen: ein Gipfeltreffen über Mittelamerika, das vier Tage dauert und an dem die Vorsitzenden von sechs Bischofskonferenzen, die Provinzialoberen, Vertreter von CELAM

Papst Johannes Paul II. und der südafrikanische Präsident Nelson Mandela unterhalten sich am 16.9.1995 im Gästehaus des Präsidenten in Pretoria. Vorher hatte der Papst nach seiner Ankunft in Johannesburg Mandela als Freiheitskämpfer und Symbolfigur für nationale Aussöhnung gewürdigt. Es ist der erste offizielle Besuch des Papstes in Südafrika. Der Vatikan hatte die früher praktizierte Rassentrennung als Sünde verurteilt.

(der lateinamerikanischen Bischofskonferenz) und der betroffenen Kurienbehörden teilnehmen.

Im Januar 1983 findet die „informelle Beratung über Frieden und Abrüstung“ statt, zu der die Episkopate von sieben Nato-Staaten (USA, Belgien, Frankreich, Bundesrepublik Deutschland, Großbritannien, Italien, Holland) und die Verantwortlichen der Kurie eingeladen werden.

Im Oktober 1984 hält der peruanische Episkopat eine regelrechte Generalversammlung in Rom ab: Die Initiative dazu geht von der Kongregation für die Glaubenslehre aus und man spricht über die Befreiungstheologie und den Fall Gutiérrez.

Dann in der Schweiz: Die gesamte Bischofskonferenz trifft sich im März 1985 mit dem Papst und den Chefs der vatikanischen Kongregationen. Eine weitere Zusammenkunft mit den Schweizer Bischöfen erfolgt im April 1991, um „die Spannungen in der Diözese Chur“ zu erörtern.

Sehr wichtige Zusammenkünfte gibt es im März 1986 und im März 1987 mit den zahlenmäßig größten Episkopaten: Brasilien und USA. Die Themen kennen wir bereits. Und so geht es weiter mit allen anderen Episkopaten oder mit den Bischöfen bestimmter Krisenregionen: wie denen, deren Länder in den Golfkrieg verstrickt sind, die vom 4. bis 6. März 1991 zusammentreten, oder denen aus dem ehemaligen Jugoslawien, die am 17. Oktober 1995 nach Rom gerufen werden.

Für die ordentliche Leitung der Kirche bedient sich Johannes Paul also der Kurie, aber er verlässt sich in seiner Tätigkeit nicht allein auf die bereits bestehenden kurialen Strukturen. Den Druck auf die fortschrittlichen Episkopate lässt er zwar durch die Kurie ausüben, aber wenn das nicht genügt, um die Situation unter Kontrolle zu halten, springt er persönlich ein, indem er sich anlässlich seiner Reisen mit den betreffenden Episkopaten trifft oder sie zu außerordentlichen Konsultationen nach Rom beruft.

Mehr als seine Vorgänger nützt er auch die Partikularsynoden (wie die holländische im Januar 1980), die außerordentlichen Synoden (wie jene im Jahr 1985 anlässlich der zwanzig Jahre, die seit dem Konzil vergangen sind) und die Sondersynoden (die europäische 1991, die afrikanische 1994, die panamerikanische 1997, die asiatische 1998, die zweite europäische 1998), die schon unter Montini vorgesehen waren, aber von Paul VI. nie einberufen wurden (abgesehen von einer außerordentlichen Versammlung im Jahr 1969).

Die Reisen, die Synoden, die außerordentlichen Konsultationen mit den Bischöfen, das außerordentliche Heilige Jahr 1983, das Marianische Jahr 1987/88, die groß angelegte Vorbereitung auf das Jubiläum des Jahres 2000, die neunjährige Vorbereitung auf den 500. Jahrestag der Christianisierung Lateinamerikas (1984–1992), die Selig- und Heiligsprechungen, die Weltjugendtage und die Tage der Familie: Johannes Paul begnügt sich nicht damit, die Kirche mittels der Kurie zu leiten. Er blickt nach vorne und versucht – angesichts neuer Situationen –, vorbeugend tätig zu werden: Er ergreift die Initiative und zeigt ein gemeinsames Ziel auf, wo sich eine Spaltung abzeichnet; er scheut sich nicht, auf schwierige Fragen einfache Antworten zu geben.

Dabei handelt es sich keineswegs um eine Intention, die ihm nur die Biografen zuschreiben. Er selbst erklärt den Zweck seiner Reisen einmal folgendermaßen: *Vor allem in Europa sind zwei Tendenzen sichtbar geworden, die auch schlechte Früchte getragen haben ... Und genau dazu dienen diese Pilgerreisen, sie führen ins Herz der Kirche, mitten unter das Volk Gottes: weil sie sich nämlich nicht in die Auseinandersetzung zwischen rechts und links, zwischen konservativ und fortschrittlich hineinziehen lassen. Die Pilgerreisen dienen dazu, ein Element der Ausgewogenheit in die Verwirklichung der konziliaren Reformen einzuführen, natürlich im Licht der Tradition; und in der Folge dafür zu sorgen, dass heute jene beiden Tendenzen, wenn schon nicht zum Verschwinden gebracht, so doch zumindest ein wenig an den Rand gedrängt werden* („Il Tempo", 9. Mai 1989).

Was die Leitung der Kirche betrifft, so kann das gesamte Pontifikat – über die einzelnen Initiativen hinaus – so interpretiert werden: Für alle auftretenden Spannungen zukunftsweisende Lösungen suchen, möglichst gemeinsam und im Sinne des missionarischen Anliegens, wobei sogar manche neuen Methoden bischöflicher Beratung ausprobiert werden, aber ohne jede strukturelle Erneuerung. Er hat keinen Sinn für die Strukturen oder ist vielleicht im Lauf der Jahre zur Überzeugung gelangt, keine Reformen zu brauchen, um außerhalb der kurialen Schiene tätig zu werden. Im Wesentlichen ist ihm dies auch geglückt. Aber sein Nachfolger wird rasch handeln und Reformen einleiten müssen, die das Zurückdrängen der Kurie und die neue Freiheit des Papstes, die sich Johannes Paul de facto herausgenommen hat, unwiderruflich machen.

Er bricht mit Lefèbvre und mit den aufmüpfigen Theologen

War der größte Schmerz für Johannes Paul das Attentat, das sowohl den Körper wie die Seele in Mitleidenschaft gezogen hat?

Oder waren es jene Pilger, die bei Unfällen und Attentaten im Verlauf seiner Reisen rund um den Globus für ihn ihr Leben lassen mussten: in Kinshasa, Zaire (Mai 1980), in Fortaleza, Brasilien (Juli 1980), in Montserrat, Spanien (November 1982), in Cochin, Indien (Februar 1986), in Maseru, Lesotho (September 1988), in Tuxtla, Mexiko (Mai 1990)?

Oder der Ausnahmezustand in Polen, der im Dezember 1981, dem Jahr des Attentats, verhängt wurde? Oder vielleicht eher die fortschreitende Säkularisierung in seiner Heimat nach dem Ende des Kommunismus?

Oder etwa gar die Vergewisserung, dass der Erzbischof von Wien, Kardinal Hans Hermann Groer, sich tatsächlich sexueller Übergriffe an Knaben schuldig gemacht hat (Frühjahr 1998)? Und dem er nun, nachdem er ihn gegen den Willen der österreichischen Bischöfe zum Nachfolger des überaus beliebten Kardinals König bestellt hatte, die Weisung erteilen muss, Österreich zu verlassen und nicht mehr „als Bischof und als Kardinal" aufzutreten?

Niemand kann sagen, was von all dem für einen Mann wie Johannes Paul den größten Schmerz bedeutet hat. Doch das objektiv gravierendste kirchliche Ereignis war das traditionalistische Schisma des französischen Bischofs Marcel Lefèbvre durch die von Seiten Roms nicht autorisierte Weihe von vier Bischöfen (30. Juni 1988), die mit der Exkommunikation geahndet wurde: der einzige formale Bruch mit der kirchlichen Gemeinschaft von Seiten einer ganzen Gruppe von Personen in der Amtszeit von Johannes Paul II.

Auf das traditionalistische Schisma folgte eine breite Protestbewegung der fortschrittlichen Theologen: Die „Kölner Erklärung" (von 163 Deutschen, Österreichern, Schweizern und Holländern unterzeichnet) vom 26. Januar 1989 beklagt einen „neuen römischen Zentralismus", spricht von einer „unzulässigen" Ausweitung der „Lehrkompetenz des Papstes" und fordert die Bischöfe – wenn nötig – auf, sich Petrus „freimütig" zu widersetzen. Im selben Sinne sprechen sich am 20. Februar 130 Franzosen und Belgier und kurz darauf 52 Flamen aus. Am 19. April folgen 62 Spanier und am 13. Mai 63 Italiener.

Der französische Erzbischof Marcel Lefèbvre im Juni 1988 während der umstrittenen Priesterweihe. Er war Initiator und Leiter der traditionalistischen katholischen Bewegung von Econe, der Internationalen Priesterbruderschaft des Heiligen Pius X.

So sehen wir den Papst also in der Klemme zwischen dem Schisma von rechts und der Kontestation von links, während in ganz Europa der Kommunismus sein Ende findet und er spürt, dass „das Jahrhundert zu seiner Reife gelangt“: Im Augenblick des größten äußeren Erfolges sieht sich Johannes Paul mit den größten Schwierigkeiten innerhalb der Kirche konfrontiert.

Das Schisma von Lefèbvre erregte die Aufmerksamkeit der Medien mehr, als es der wahren Dimension des Ereignisses angemessen war. Dazu trugen die Seltenheit eines solchen Geschehens – seit 1870, nämlich der Abspaltung der Altkatholiken in der Folge des I. Vatikanischen Konzils, gab es kein Schisma in der katholischen Kirche – ebenso bei wie seine langsame Entstehungsgeschichte, mit der Ankündigung des Schismas und der ebenfalls angekündigten Exkommunikation.

Das Spektakel rund herum war größer als das Faktum selbst. Jedenfalls ist das Schisma eingetreten und dauert bis heute an. Es scheint, dass die Zahl der Anhänger Lefèbvres nicht größer, aber in all den Jahren auch nicht geringer geworden ist: ihre Wiedereingliederung wird mehrere Generationen erfordern. Nach vatikanischen Schätzungen betrug die Anzahl der Gläubigen, die den Aktivitäten der Bruderschaft Lefèbvres folgten, zum Zeitpunkt des Schismas 60–80.000. Nach Auskunft der Verantwortlichen der Bruderschaft waren es hingegen 120–200.000. Beim Tod Lefèbvres (25. März 1991) schworen die beiden Parteien noch auf jene Zahlen. Heute behaupten die Lefèbvrianer, in 56 Ländern vertreten zu sein und etwa 300 Priester in ihren Reihen zu haben.

Marcel Lefèbvre war der erbittertste Gegner des „aggiornamento“, wie es vom II. Vatikanum beabsichtigt war. Der Einzige von 2.500 Konzilsvätern, der in seiner Oppositionshaltung so weit gegangen war, eine eigene Gemeinschaft zu gründen, die an die vorkonziliaren Normen gebunden war, vor allem auf dem Gebiet der Liturgie und der Priesterbildung, wodurch er im Gegensatz zu drei Päpsten stand (Montini, Luciani, Wojtyla) und die Exkommunikation geradezu herausforderte. Der Beginn seiner Rebellion trägt ein sehr symbolisches Datum: das Jahr 1968. 1970 gründet er in Ecône (Schweiz) die Bruderschaft des heiligen Pius X.

An der ganzen Lefèbvre-Geschichte interessiert uns hier vor allem das Verhalten von Johannes Paul, der sich zu jeder Konzession bereit zeigte, sofern nur die normative Lehrautorität des II. Vatikanums in keinster Weise angetastet würde. Und das war – in dem Moment – ein wichtiges Signal, denn es gab noch immer eine linke Protestbewegung, die den Papst beschuldigte, das konziliare Erbe zu verraten und unter einer formalen Betonung der Treue zum Konzil die traditionalistischen Thesen im Wesentlichen zu akzeptieren. Diese Ansicht wird jedoch – wie wir noch sehen werden – durch die letzte Entscheidung des Papstes im Fall Lefèbvre widerlegt und überlebt bloß noch als kritische Frage: „Traditionalismus ohne Lefèbvre?" lautet der Titel des Leitartikels in der ersten Nummer der Zeitschrift „Concilium" des Jahres 1999.

Johannes Paul hatte versucht, Lefèbvre zurückzugewinnen, das ist wahr. Er hatte ihn kurz nach seiner Wahl im November 1979 auf Initiative von Kardinal Siri empfangen, der darüber berichtet: „Ich war es, der ihn zum Papst brachte. Sie haben sich umarmt. Drei Zeilen im ‚Osservatore Romano' hätten genügt: ‚Frieden geschlossen'. Statt dessen las der Papst das Dossier der Kongregation für die Glaubenslehre." Da liegt genau der Unterschied zwischen Siri und Wojtyla. Mit Lefèbvre bedingungslos Frieden zu schließen bedeutete, seine Ablehnung der Lehre des II. Vatikanums und sogar der kanonischen Gültigkeit des Pontifikats Pauls VI. zu legitimieren. Für Kardinal Siri war das kein Problem, für Papst Wojtyla schon.

Nachdem Johannes Paul das Dossier gelesen hatte, empfahl er seinen Unterhändlern (den Kardinälen Cagnon und Ratzinger), jeden nur möglichen Schritt zu versuchen, der nicht gegen das Konzil gerichtet ist. Das Protokoll, das Lefèbvre am 5. Mai 1988 unterzeichnet und gleich darauf widerrufen hat – vielleicht auf Druck seiner Mitarbeiter, nach deren Meinung er zu viele Zugeständnisse an den „Geist des Konzils und von Assisi" gemacht hatte –, enthält eine Erklärung der „Treue zur Kirche, zum Papst und zum kirchlichen Lehramt sowie die Verpflichtung, die kanonische Disziplin zu wahren und sich jeder Polemik gegen das Konzil und seine Reformen zu enthalten". Als Gegenleistung erhält Lefèbvre: die Wiederherstellung der kanonischen Rechtmäßigkeit der unerlaubt geweihten Priester (nach deren Suspension „a divinis" durch Paul VI. im Jahr 1967), die Gewährung eines Statuts und einer „gewissen Exemtion" von der Autorität der Bischöfe für die Bruderschaft, die Erlaubnis, das alte Missale (Messbuch) zu verwenden, die Ernennung eines Bischofs, der von den Mitgliedern der Bruderschaft gewählt werden kann, die Einsetzung einer römischen Kommission – um den Streit zu schlichten –, an der auch zwei Mitglieder der Bruderschaft beteiligt sein sollten. Lefèbvre lässt das Ganze wegen der letzten beiden Punkte scheitern: Er gibt sich mit einem Bischof nicht zufrieden und will nicht warten, bis der Papst ihn ernennt, und er verlangt, dass die Seinen in jener Kommission die Mehrheit haben sollten.

Johannes Paul tut wochenlang alles, um das Schisma zu vermeiden, er setzt sich dabei der Kritik fortschrittlicher katholischer Kreise aus und erregt scheinbar auch das Missfallen der schweizerischen und französischen Bischöfe, die mehr als andere an der Frage interessiert sind und befürchten, Rom könnte, um die Einheit der Kirche zu wahren, das Konzil verraten. Doch schließlich weist er diese letzten, eindeutig provokanten Forderungen zurück, betont, Lefèbvre bediene sich eines „falsch verstandenen" Traditionsbegriffs, und spricht die Exkommunikation aus.

In einem „Motu proprio" vom 2. Juli 1988 mit dem Titel „Ecclesia Dei" erklärt Johannes Paul alle diejenigen für exkommuniziert – ebenso wie die vier am 30. Juni geweihten Bischöfe (Bernard Fellay, Bernard Tissier, Richard Williamson, Alfonso de Gallareta) und die beiden Konsekratoren (Lefèbvre selbst und den brasilianischen Altbischof Antonio de Castro Mayer) –, die durch einen Formalakt ihre Anhänglichkeit an das Schisma bekunden.

Die Erben Lefèbvres sind wieder dazu übergegangen, ihre Gegnerschaft zum Papst anlässlich der Ankündigung des Programms für das Große Jubiläum öffentlich zu artikulieren. Pater Franz Schmidberger, der Nachfolger Lefèbvres an der Spitze der Bruderschaft, hat gegenüber der Nachrichtenagentur ANSA am 28. April 1994 erklärt: „Der Plan für das Jahr 2000 auf dem Sinai ist gegen das erste Gebot Gottes." Nach der von Johannes Paul in Olmütz ausgesprochenen Vergebungsbitte für die Religionskriege der Vergangenheit betonte ein Kommuniqué der Bruderschaft am 22. Mai 1995, diese Worte seien „höchst beleidigend für die katholische Kirche und für alle, die für sie und das christliche Europa ihr Leben gelassen haben". In den Augen der Traditionalisten ist Johannes Paul also unannehmbar, vor allem wegen des Dialogs mit den nichtchristlichen Religionen und wegen der „Schuldbekenntnisse".

Auf der Linken hat es in der bisherigen Amtszeit Johannes Pauls kein formelles Schisma gegeben, aber eine ständige gegenseitige Verunglimpfung und Bestreitung der Legitimität zwischen dem Papst und dem radikalsten Flügel der fortschrittlichen Theologie und der Basisgemeinden. Auch in diese Richtung zeigt sich Johannes Paul tolerant auf der persönlichen und praktischen Ebene, aber streng auf der Ebene der Prinzipien. Und auch mit den progressiven Theologen kommt es schließlich zu einem faktischen Bruch, dessen Anzeichen nicht so sehr in den Zensuren der Kongregation für die Glaubenslehre zu suchen sind (die Prozesse gegen die Theologen werden fortgesetzt mit den Kriterien, dem Rhythmus und den Normen wie zu Zeiten Pauls VI., zumindest bis zur Reform des Verfahrens vom August 1997), sondern in öffentlichen Aussagen des Papstes, die im Ton einer Diffamierung gleichkommen.

Die entschiedenste und deutlichste dieser Aussagen macht er am 22. Juni 1996 in Paderborn in Deutschland, wobei

Bischöfe auf die Notwendigkeit hinweist, *ihre eigene Autorität einzusetzen gegen diejenigen, die unter Vortäuschung einer objektiven und sachlichen Argumentation und mit Methoden der Instrumentalisierung den Gläubigen Fragen unterbreiten, die in Wirklichkeit von sekundärer Bedeutung sind, die sie aber in den Mittelpunkt des öffentlichen Interesses rücken.* Das bezieht sich auf das Volksbegehren „Wir sind Kirche", das Millionen von Unterschriften in verschiedenen Ländern gesammelt hat (1995), vor allem in Österreich, von wo es seinen Ausgang nahm, und in Deutschland, und das die Gläubigen aufforderte, Petitionen über das Priestertum der Frau, den kirchlichen Zölibat und die Demokratie in der Kirche zu unterschreiben (im Gleichklang mit der „Kölner Erklärung" und den anderen theologischen Manifesten des Jahres 1989). Die Bereitschaft Johannes Pauls zum Dialog auch mit dieser Bewegung zeigt sich zwei Jahre später in Wien, wo er zu den österreichischen Bischöfen sagt: *Ich rate euch, den Dialog nicht abzubrechen! Und er fordert sie auf, im Dialog auch zu lernen und ein Risiko einzugehen.*

Doch so streng jene Aussage auch war, sie wurde nicht als eine Mahnung an die Bischöfe verstanden, den Dialog mit „Wir sind Kirche" aufzugeben.

Mit ähnlicher Unerbittlichkeit hatte Johannes Paul (in dem Buch „Die Schwelle der Hoffnung überschreiten", 1994) die Moraltheologen abgekanzelt, die sich in Fragen der Familien- und Sexualethik gegen das Lehramt stellen: *Wenn die wahre Lehre unpopulär ist, ist es nicht erlaubt, eine leicht zu erreichende Popularität zu suchen* (S. 188).

Noch strengere Worte hatte er in Piura, in Peru, am 4. Februar 1985 gegenüber der radikalsten und dem Marxismus zugeneigten Strömung innerhalb der Befreiungstheologie gebraucht, als er auf ihre Vertreter das Gleichnis vom guten Hirten anwendete, wo es heißt, dass einer, der nicht durch die Tür eintritt, „ein Räuber und Dieb" ist. Bereits in Managua, in Nicaragua, hatte er am 4. März 1983 diese Worte des Evangeliums in polemischer Weise verwendet und sie auf jene Priester bezogen, die mit dem sandinistischen Regime zusammenarbeiteten.

Die ersten Jahre des Pontifikats waren gekennzeichnet von einer heftigen Debatte über die „Theologie der Befreiung", die jedoch nach und nach abgeflaut ist und heute fast aufgehört hat. Johannes Paul war der Meinung, das Problem in adäquater Weise aufgegriffen zu haben, indem er die Veröffentlichung von zwei Instruktionen der Kongregation für die Glaubenslehre veranlasste, 1984 und 1986, die „diese Theologie einer kritischen Revision unterziehen und eine Deutung der Botschaft der Befreiung vorschlagen, die für Rom annehmbar ist".

Der französische Erzbischof Marcel Lefèbvre. Hauptanliegen der Bruderschaft und ihrer Seminartätigkeit war die Bewahrung der alten „geheiligten" Messordnung nach dem tridentinischen Ritus, deren Wesen Lefèbvre durch die Liturgieform des Konzils in glaubenszerstörerischer Weise verfälscht sah.

Vielleicht hat er Recht; er hat immer gesagt, dass er für eine Verkündigung eintritt, die auf der Linie des gemäßigten Flügels der Befreiungstheologie liegt. So antwortete er einmal während einer Reise nach Brasilien (16. Oktober 1991) auf die Frage eines Journalisten, ob er nicht manchmal den Eindruck habe, selbst als Befreiungstheologe auftreten zu müssen: *Aber ich bin doch immer ein Theologe der Befreiung! Ja, ich sage Ihnen noch mehr: Ich bin jener Befreiungstheologe, der wachsam auf seinem Posten bleibt.*

Gemäß seiner Methode der Kirchenleitung durch vorausschauende Initiativen, um den zentrifugalen Kräften wenig Spielraum zu lassen, richtet Johannes Paul seine Aufmerksamkeit weniger auf den traditionalistischen oder progressiven Flügel, sondern ist vielmehr bemüht, eine gemeinsame Konvergenz in der Mitte anzuregen. Er tut dies sowohl bei seinen Reisen als auch in den Katechesen im Rahmen der Generalaudienzen in Rom, und mit dem „Katechismus der Katholischen Kirche" (Dezember 1992) schafft er die „Magna Charta" zur Verbreitung dieses Anliegens auf weltweiter kirchlicher Ebene.

Johannes Paul gibt zu erkennen, dass er auf diesen „Katechismus" mehr baut als auf alle seine Enzykliken, vor allem aber mehr als auf den neuen „Kodex des kanonischen Rechts", der 1983 promulgiert wurde. Aus den Worten und Gesten anlässlich seiner Präsentation gewinnt man den Eindruck, dass er ihn als das Hauptwerk seines Pontifikats betrachtet.

Am 11. Oktober 1992 erklärt er feierlich: *Ich erkenne ihn als gültiges und legitimes Werkzeug im Dienst der kirchlichen Gemeinschaft an, ferner als sichere Norm für die Lehre des Glaubens.* Als er ihn am 7. Dezember desselben Jahres „dem Volk Gottes" präsentiert, sagt er, dass seine Veröffentlichung *sicherlich zu den größten Ereignissen der jüngeren Kirchengeschichte zählt.* Am Tag darauf bezeichnet er ihn als *die reifste und vollkommenste Frucht der konziliaren Lehre.*

Johannes Paul, der Papst der Mission, setzt auf den Katechismus. Er ist mehr an der Verkündigung an die Völker und an der Neuevangelisierung interessiert als an theologischen Debatten und an der Frage der inneren Organisation der Kirche. Ihn bewegt das dringende Verlangen, alle Menschen zu erreichen, die Sorge, dass immer und überall die sichere Lehre verkündet wird, die auf der großen Tradition beruht und mit dem II. Vatikanum übereinstimmt. Und er glaubt, dass die Richtschnur für alles das im „Katechismus" zu finden ist, den er als *die Magna Charta der Verkündigung in unserer Zeit* bezeichnet.

Er rühmt den „Genius" der Frauen, ist aber zu keinerlei Reformen für sie bereit

Dank sei dir, Frau, dafür, dass du Frau bist! Dieser Ausruf, der zu einem Verliebten passen könnte, stammt von Johannes Paul und findet sich in dem „Brief an die Frauen", der am 10. Juli 1995 veröffentlicht wurde. Eine ähnliche Begeisterung lässt sich im Apostolischen Schreiben „Vita consecrata" (1996) feststellen, das uns die Frau als *ein Zeichen der Zärtlichkeit Gottes gegenüber dem Menschengeschlecht* vor Augen stellt.

Und acht Jahre vorher heißt es im Apostolischen Schreiben „Mulieris dignitatem" (1988): *Unsere Zeit erwartet, dass jener „Genius" der Frau zutage trete, der die Sensibilität für den Menschen, eben weil er Mensch ist, unter allen Umständen sicherstellt!*

Das Schreiben „Mulieris dignitatem" ist ein sehr persönliches Dokument, das eine zentrale Stellung in seinem Pontifikat einnimmt. Es skizziert ein „Verständnis der Bibel aus weiblicher Sicht" (so die französische Tageszeitung „Le Monde") und korrigiert eine zweitausendjährige Interpretation jener Paulusstellen, die den Mann als das Haupt der Frau erscheinen lassen. Ja, es korrigiert sogar Paulus selbst (was noch kein Papst je gewagt hat), wenn es festhält, dass *die Gründe für die Unterordnung der Frau gegenüber dem Mann im Sinne einer gegenseitigen Unterordnung interpretiert werden müssen.*

Die besondere Zuneigung, die dieser Papst gegenüber den Frauen empfindet, zeigt sich auch in seinen Gesten. Eine Zuneigung, die sich völlig unbefangen äußert und eine radikale Änderung des bisherigen päpstlichen Verhaltens bedeutet: Noch nie zuvor hatte man einen Papst gesehen, der junge Mädchen und Frauen mitten auf die Stirne küsst, sie an seine Brust drückt, sie an der Hand nimmt und gleichsam mit ihnen tanzt.

Aber man wird gut daran tun, alles über Johannes Paul und die Frauen zu sagen: Und so müssen wir hinzufügen, dass dieser Papst, der in seinen Worten und Gesten so großzügig ist, aber keinerlei Reformen durchgeführt hat, um den Frauen neue, verantwortliche Aufgabengebiete zu erschließen. Und einiges hätte er ja doch tun können, trotz der Sorge, nur ja keine Schritte in Richtung auf das Priestertum der Frau zu setzen: Für das weibliche Diakonat gibt es diese Schwierigkeiten zum Beispiel nicht.

Diese Bewunderung und diese Unterstützung der Frauen, aber ohne Reformen, kommen in einem sonntäglichen Grußwort am 3. September 1995 treffend zum Ausdruck: *Ich wende mich heute an die ganze kirchliche Gemeinschaft mit dem Wunsch, dass sie in ihrem eigenen Lebensbereich die Teilnahme der Frauen in jeder Weise fördern möge ... Das ist der Weg, der mutig beschritten werden muss. Zum großen Teil handelt es sich darum, die vielen Möglichkeiten voll auszuschöpfen, die das Kirchenrecht der Mitwirkung von Laien und Frauen einräumt: Ich denke zum Beispiel an die theologische Lehrtätigkeit, an die erlaubten Formen des liturgischen Dienstes einschließlich des Dienstes am Altar, an die Pastoralräte und an Verwaltungsaufgaben, an die Diözesansynoden und die Partikularkonzilien, an die verschiedenen kirchlichen Institutionen, an die Ordinariate und kirchlichen Gerichte, an viele pastorale Tätigkeiten bis hin zu den neuen Formen der Teilnahme an der Pfarrseelsorge im Falle des Priestermangels, mit Ausnahme jener Aufgaben, die dem Priester allein vorbehalten sind. Wer kann sich vorstellen, welche großen Vorteile sich für die Seelsorge ergeben werden, welch neue Schönheit das Antlitz der Kirche gewinnen wird, wenn der Genius der Frau in den verschiedenen Bereichen ihres Lebens voll zum Tragen kommen wird?*

In der Tat: „Zum großen Teil" handelt es sich darum, die schon bestehenden Möglichkeiten auszuschöpfen, aber auch darum, neue Möglichkeiten zu schaffen! Und diesbezüglich wurde in den ersten 25 Jahres des Pontifikats Johannes Pauls kein wirksames Zeichen gesetzt.

Doch kehren wir zu seinem Haupttext über die Frau zurück, zu „Mulieris dignitatem". Er stammt aus dem überaus fruchtbaren Jahr 1988: dem Jahr der Hoffnungen auf den Osten (Tausendjahrfeier Russlands) und der Enzyklika „Sollicitudo rei socialis", des Bruchs mit Lefèbvre und der Selbstkritik von Straßburg bezüglich des Integralismus. Im Folgenden nun einige Stellen aus „Mulieris dignitatem", in denen Johannes Paul sein Verständnis der Bibel aus weiblicher Sicht umreißt: *„Einer ordne sich dem anderen unter in der gemeinsamen Ehrfurcht vor Christus" (Eph 5,21): Der Verfasser des Epheserbriefes sieht keinen Widerspruch zwischen einer so formulierten Aufforderung und der Feststellung, dass „sich die Frauen ihren Männern unterordnen sollen wie dem Herrn (Christus); denn der Mann ist das Haupt der Frau" (vgl. 5,22–23). Der Verfasser weiß, dass diese Auflage, die so tief in der Sitte und religiösen Tradition der Zeit verwurzelt ist, in neuer Weise verstanden und verwirklicht werden muss: als ein „gegenseitiges Sich-Unterordnen in der gemeinsamen Ehrfurcht vor Christus" (vgl. Eph 5,21) ... Das stellt im Verhältnis zum „Alten" ganz offensichtlich ein „Neues" dar: Es ist das „Neue" des Evangeliums. Wir begegnen mehreren Stellen, wo die apostolischen Schriften dieses „Neue" zum Ausdruck bringen, auch wenn in ihnen das „Alte", das, was auch in der religiösen Tradition Israels verwurzelt ist, durchaus noch spürbar ist ...*

Das Bewusstsein, dass es in der Ehe die gegenseitige „Unterordnung der Eheleute in der gemeinsamen Ehrfurcht vor Christus" gibt und nicht nur die Unterordnung der Frau gegenüber dem Mann, muss sich den Weg in die Herzen und Gewissen, in das Verhalten und die Sitten bahnen. Dieser Appell hat seit damals nicht aufgehört, auf die einander

Die „Priesterinnen" Gisela Forster (l.) und Christine Mayr-Lumetzberger demonstrieren am 22.7.2002 in der Nähe des Erzbischöflichen Ordinariates in München in Priestergewändern und mit einer Pappfigur des Papstes. Die Frauen hatten sich im Juni gegen den Willen der Kirche zu katholischen „Priesterinnen" weihen lassen. Nun drohte der Vatikan mit der Exkommunikation, sollten die Frauen nicht die Nichtigkeit ihrer Weihe anerkennen.

folgenden Generationen einzuwirken; es ist ein Appell, den die Menschen immer wieder von neuem annehmen müssen ... Sämtliche Gründe für die „Unterordnung" der Frau gegenüber dem Mann in der Ehe müssen im Sinne einer „gegenseitigen Unterordnung" beider „in der Ehrfurcht vor Christus" gedeutet werden.

Die Kühnheit dieser Neuinterpretation des heiligen Paulus wurde von den Frauenorganisationen durchaus anerkannt und war von ihnen nahe stehenden Theologen stets gefordert worden. In der vierten jener „Sechzehn Thesen" über die „Frau in der Kirche", die Hans Küng 1976 (zwölf Jahre vor dem Apostolischen Schreiben von Papst Wojtyla) veröffentlicht hat, war diese Forderung so formuliert: „Die neutestamentlichen Aussagen über die Unterordnung der Frau müssen im Lichte der soziokulturellen Situation der Zeit interpretiert und kritisch in die heutige soziokulturelle Situation übertragen werden." Genau das hat Johannes Paul II. getan.

Ein weiteres wagemutiges Wort richtet Johannes Paul an die Frauen anlässlich des von der UNO ausgerufenen Internationalen Jahres der Frau 1995. Bei zwei Gelegenheiten bittet er sie sogar um Verzeihung für das Unrecht, das ihnen im Lauf der Geschichte von den Männern der Kirche zugefügt wurde.

Die Gleichheit von Mann und Frau wird schon auf den ersten Seiten der Bibel betont, in der wunderbaren Erzählung von der Schöpfung ... Auf den Spuren ihres göttlichen Stifters macht sich die Kirche zur überzeugten Trägerin dieser Botschaft. Wenn jedoch im Lauf der Jahrhunderte und unter dem Gewicht der Zeit einige ihrer Söhne nicht konsequent danach gelebt haben, so muss das zutiefst bedauert werden: Das sagt Johannes Paul beim sonntäglichen Angelusgebet am 10. Juni 1995. Und wenig später heißt es in dem schon erwähnten „Brief an die Frauen" vom 10. Juli 1995: *Wir sind leider Erben einer Geschichte enormer Konditionierungen, die zu allen Zeiten und an jedem Ort den Weg der Frau erschwert haben, die in ihrer Würde verkannt, in ihren Vorzügen entstellt, oft ausgegrenzt und sogar versklavt wurde ... Aber wenn es dabei, besonders im Rahmen bestimmter geschichtlicher Kontexte, auch bei zahlreichen Söhnen der Kirche zu Fällen objektiver Schuld gekommen ist, bedauere ich das aufrichtig. Dieses Bedauern übertrage sich auf die ganze Kirche in einem Bemühen um erneuerte Treue zu der Inspiration aus dem Evangelium, das gerade zu dem Thema der Befreiung der Frauen von jeder Form von Missbrauch und Vorherrschaft eine Botschaft von unvergänglicher Aktualität bereit hält, die der Haltung Christi selbst entspringt ... Jawohl, es ist Zeit, mit dem Mut zur Erinnerung und mit dem offenen Eingeständnis der Verantwortung auf die lange Geschichte der Menschheit zu blicken, zu der die Frauen, und zumeist unter viel ungünstigeren Bedingungen, einen Beitrag geleistet haben, der dem der Männer nicht nachsteht ... Hinsichtlich dieser großen, ungeheuren „Überlieferung" durch die Frauen hat die Menschheit eine unermessliche Schuld.*

Auf die Notwendigkeit, die Geschichte aus weiblicher Sicht neu zu schreiben, kommt Johannes Paul gegen Ende dieses Monats nochmals zurück: *Für eine Neubewertung der Rolle der Frau in der Gesellschaft wäre es angebracht, die Geschichte noch einmal und weniger einseitig neu zu schreiben. Leider hat eine gewisse Art von Geschichtsschreibung mehr auf die außergewöhnlichen und spektakulären Ereignisse Wert gelegt als auf den gewöhnlichen Rhythmus des Lebens, und die Geschichte, die so entsteht, handelt fast nur von den Leistungen der Männer. Hier ist eine Trendumkehr nötig. Wie viel muss noch über die gewaltige Schuld des Mannes gegenüber der Frau in allen Bereichen des sozialen und kulturellen Fortschritts gesagt und geschrieben werden! In der Absicht, dazu beizutragen, diese Lücke zu schließen, möchte ich im Namen der Kirche meine Stimme erheben und dem vielfältigen, überaus großen, wenn auch oft unbemerkten Beitrag der Frauen auf allen Gebieten des menschlichen Lebens meine Anerkennung aussprechen* (Angelus, 30. Juli 1995).

Die Aufmerksamkeit, die Johannes Paul den Frauen schenkt, war schon gleich zu Beginn seines Pontifikats aufgefallen. Unter den Programmen, die er sofort angekündigt hatte, befand sich auch das, der anderen Hälfte der Menschheit entgegenzukommen: *Wir können gemeinsam die vielfältige Bedeutung der Sendung der Frau entdecken, wenn wir Hand in Hand mit der Welt der Frau von heute gehen* (Ansprache am Grab der heiligen Katharina von Siena, Rom, 5. November 1978).

Oft haben die Feministinnen während seiner Reisen kleinere Kundgebungen gegen den Papst organisiert. Johannes Paul wird bescheinigt, sich ihnen gegenüber nie unfreundlich geäußert zu haben, auch wenn er nicht die Gelegenheit hatte, mit ihnen zusammenzutreffen. Sein respektvolles, aber behutsames Verhalten bezeugt der folgende Dialog mit einem Journalisten auf dem Flug von Rom nach Quebec am 9. September 1984:

– „Heiligkeit, was sagen Sie den Feministinnen, die während Ihres Besuches in Kanada Protestkundgebungen angekündigt haben?

– *Ich sage immer das Gleiche: dass mir alle Menschen sympathisch sind.*

– „Auch diese Frauen?"

– *Ja, sehr sympathisch. Für die Menschen muss man diese Liebe aufbringen. Aber andererseits muss man auch die Wahrheit sagen: Amicus Plato, sed magis amica veritas,* (der Philsoph Plato ist ein Freund, die größere Freundin aber ist die Wahrheit), *hieß es schon bei den griechischen Philosophen.*

Schließlich hat sein leidenschaftlicher und manchmal sogar poetischer Hinweis auf den „Genius" der Frau selbst die misstrauischsten Kritiker überzeugt. Und sogar eine so rasch hingeworfene Bemerkung wie: *Auch das Weinen gehört zum Genius der Frau!* ist von den Medien durchaus wohlwollend aufgenommen worden (Angelus aus der Poliklinik Gemelli, 8. Mai 1994).

Ebenfalls gut aufgenommen wurden seine Scherze mit den Kindern. Am 26. Januar 1997 zeigt sich zum Beispiel ein kleines römisches Mädchen, Giorgia, zu Mittag mit dem Papst am Fenster seines Arbeitszimmers und verliest im Namen ihrer Kameradinnen von der römischen Katholischen Aktion, die auf dem

Petersplatz versammelt sind, ein Grußwort, worauf der Papst antwortet: *Seht ihr, das ist vielleicht das erste Mal, dass eine junge Frau von diesem Fenster aus gesprochen hat!*

Obwohl er keine Reformen durchführt, gibt Johannes Paul deren Zweckmäßigkeit in mehr als einem Text zu erkennen: *Es ist dringend notwendig, einige konkrete Schritte zu setzen, angefangen damit, dass den Frauen die Möglichkeit eingeräumt wird, in verschiedenen Sektoren und auf allen Ebenen aktiv mitzugestalten, auch bei der Vorbereitung von Entscheidungen, vor allem in den Bereichen, die sie selbst betreffen* (Apostolisches Schreiben „Vita con-secrata", März 1996).

Er scheint die Aufgabe, auf jene dringende Notwendigkeit zu reagieren, anderen zu überlassen. Persönlich macht er dazu keine Anstalten, vielleicht deshalb, weil er der Missionar der Welt sein und sich nicht mit praktischen Fragen und Reformen abgeben will. Auf diesem Gebiet wäre vielleicht der Boykott seitens der Kurie noch massiver. Eine subjektive Bereitschaft, den Frauen mehr Freiraum zu verschaffen, hat er jedenfalls mehrere Male kundgetan.

Schon bei den ersten Reisen (die Frage stellte sich erstmals in den USA im Oktober 1979) gestattete er den Frauen, bei den Papstmessen als „Lektorinnen" zu fungieren, und diese Praxis wurde auch in Rom beibehalten. Einmal berief er eine Frau – die Amerikanerin Mary Ann Glendon – an die Spitze einer offiziellen vatikanischen Delegation: Das war 1995, wo es darum ging, den Heiligen Stuhl bei der UNO-Konferenz über die Frau in Peking zu vertreten. Sein Einverständnis mit dem Statut der Fokolar-Bewegung, das festlegt, dass stets eine Frau das Amt des Präsidenten bekleiden soll, haben wir bereits erwähnt. In beiden Fällen wurde einer Frau der Vorzug gegenüber Priestern und Bischöfen gegeben. Wer weiß, ob die Zeit nicht reif ist für einen Papst, der diese ersten Anzeichen einer Morgendämmerung ans volle Tageslicht bringt.

Mit seinen Preisungen des entscheidenden Anteils der Frauen am Gedeihen der Kirche und der Gesellschaft bereitet Johannes Paul bewusst das Terrain für Reformen bei der weiblichen Partizipation. Dass er selbst sie noch einleiten werde, kann allerdings nicht erwartet werden, wie das von ihm gebilligte Schreiben der Glaubenskongregation vom 31. Juli 2004 belegt. Es ist betitelt „Über die Zusammenarbeit von Mann und Frau in der Kirche und in der Welt". Eindringlich warnen die im Namen des Papstes sprechenden Verfasser darin vor einer Nivellierung des Geschlechterunterschieds und wenden sich scharf gegen den radikalen Feminismus, der diesen Unterschied nur als Ergebnis einer Unterdrückungsgeschichte sieht. Dahinter stecke eine „Strategie des Strebens nach Macht", was „unheilvolle Auswirkungen für die Struktur der Familie" haben und „Verwirrung in der Anthropologie" stiften könne.

Aus kirchlicher Sicht durchaus Fortschrittliches hat der Papst seine Glaubenshüter formulieren lassen. Das Papier wendet sich gegen die Abwertung der Nur-Hausfrau ebenso, wie es Möglichkeiten einfordert, damit Frauen Kinder und Beruf vereinbaren können. Nichts aber sagt es über die spirituelle Mitbestimmung. Das wird ganz im Sinn Johannes Pauls II. späteren Regelungen überlassen.

Papst Johannes Paul II. lächelt am 16.7.2000 in Les Combes, während er eine Gruppe von Nonnen zuhört, die zum Angelusgebet aus Turin angereist sind. Der Papst erholte sich von seinem 14-Stunden-Arbeitstag in den Bergen im italienischen Aostatal, wo er schon seit Jahren ausspannt. Während seiner zweiwöchigen Sommerfrische wollte er außer dem sonntäglichen Angelusgebet auf jegliche öffentliche Auftritte verzichten.

Ein italienisches Mädchen durfte erstmals vom päpstlichen Fenster aus, von wo das Oberhaupt der Katholischen Kirche jeden Sonntag die Messe liest, zum „Tag des Friedens" einen Gruß an die Gläubigen auf dem Petersplatz richten. Anschließend entließen der Papst und das Mädchen zwei weiße Tauben in die Freiheit.

Die Tür gen Osten öffnet sich

Das ist die Geschichte einer ökumenischen Illusion, die nur von kurzer Dauer war und mit dem ebenso raschen Ende der „Perestrojka" Michail Gorbatschows nach der Auflösung der Sowjetunion in Zusammenhang steht. Die Illusion, an die Johannes Paul von ganzem Herzen glaubte, bestand darin, dass der Zusammenbruch der kommunistischen Herrschaft auch einen Sprung nach vorne in den ökumenischen Beziehungen zum Osten bedeuten würde, die bis dahin von den kommunistischen Regierungen behindert worden waren. Der Papst gab dieser Hoffnung Ausdruck, indem er eine Delegation von zehn Kardinälen zur Tausendjahrfeier der russischen Orthodoxie (1988) entsandte und Kardinal Casaroli beauftragte, seine über ein Vierteljahrhundert hinweg verfolgte Ostpolitik durch die Vorbereitung einer Vereinbarung mit Gorbatschow zu krönen.

Die Wirklichkeit war jedoch eine völlig andere: Der überall aufbrechende Nationalismus förderte auch die alten Konflikte innerhalb der Lokalkirchen wieder ans Tageslicht. Am ärgsten war die Krise in der Ukraine, wo es weder dem Moskauer Patriarchat noch dem Heiligen Stuhl gelang, mäßigend auf die eigenen nationalen Gemeinschaften einzuwirken. Die von Seiten des Papstes erfolgte Ernennung einiger Bischöfe für die Katholiken, die in Russland leben, führte zum endgültigen Bruch mit dem Patriarchat (1991), der trotz einiger wieder aufgenommener Kontakte bis heute andauert.

Kardinal Agostino Casaroli verwirklicht sein Lebenswerk: Anlässlich der russischen Millenniumsfeiern reist er an der Spitze der außergewöhnlichsten Delegation, die ein Papst je in der Neuzeit zu einer Schwesterkirche entsandt hatte (18 Mitglieder, mit den Kardinälen Etchegaray und Willebrands, Martini und Lustiger, Glemp und O'Connor), nach Moskau, trifft sich mit Gorbatschow im Kreml (13. Juni 1988), bereitet dessen Reise nach Rom und die Begegnung mit Johannes Paul vor (1. Dezember 1989) und erhält die Ermächtigung zur Ernennung von Bischöfen und die Einladung für den Papst, die UdSSR zu besuchen. Doch das, was das sowjetische Regime schließlich zulässt, ist für die russisch-orthodoxe Kirche inakzeptabel: Und so kommt es zu der schmerzlichen paradoxen Situation, dass der Besuch Johannes Pauls in Moskau, den sich der slawische Papst so sehr wünscht und der jenen ökumenischen Sprung nach vorne, den er seit je her angestrebt hat, endgültig herbeiführen soll, nun zwar nicht mehr am Veto des Kreml scheitert, sondern auf jenes der Schwesterkirche stößt!

Unter den negativen Ereignissen des Pontifikats war dieses für den Papst wohl dasjenige, das er am wenigsten erwartet hatte und wahrscheinlich auch jenes, das ihn subjektiv am schmerzlichsten getroffen hat. Denn er hatte sich sehr um die Einheit mit den Kirchen der Orthodoxie bemüht und das, wovon er 1979 beim Besuch des Patriarchen von Konstantinopel geträumt hatte – dass nämlich der Anbruch des neuen Jahrtausends den Beginn dieser Einheit signalisieren könnte –, schien greifbar nahe zu sein, als er sah, dass die russische Millenniumsfeier mit der Endphase der Reformen Gorbatschows zusammenfiel.

Das rasche Wiederaufflammen des russischen Nationalismus, der Gorbatschow zu Fall brachte – der erst kurz zuvor den Papst eingeladen hatte –, zwang den Patriarchen Aleksji II., sich dem Papstbesuch zu widersetzen und gegen die Einflussnahme Roms öffentlichen Protest zu erheben. Vergeblich tauschen Aleksji und Wojtyla in den folgenden zehn Jahren Botschaften aus und verabreden sich zu einem Treffen in Ungarn (1996) und Österreich (1997). Zum Beweis dafür, dass die alte Abneigung stärker sein kann als jeder persönliche Wunsch auch noch so honoriger Männer, ist es den beiden unbestrittenen Protagonisten der christlichen Ökumene bis heute nicht nur nicht gelungen, einen gegenseitigen Besuch zustande zu bringen, sondern sie haben nicht einmal einen Weg gefunden, sich auf neutralem Boden zu treffen.

Die zweite Begegnung Jelzins mit dem Papst am 10. Februar 1998, die zwar „herzlich" verläuft und fruchtbar ist, was die internationalen Fragen betrifft (es wird vor allem „die vollständige Übereinstimmung der Positionen hinsichtlich des Irak" betont: Es war gerade zu neuen Spannungen zwischen Saddam und den USA gekommen), bestätigt diese Pattstellung in den Beziehungen mit der russischen Orthodoxie und das Fehlen jeder neuen Entwicklung, was die Einladung zu einem Papstbesuch in Russland angeht. „Der Papst fühlt sich eindeutig eingeladen", sagte der vatikanische Sprecher, indem er daran erinnerte, dass die Einladung 1989 von Gorbatschow ausgesprochen und von Jelzin bei seinem Besuch am 20. Dezember 1991 bestätigt worden war. Doch „diesmal" wurde nicht darüber gesprochen: Der Besuch wird vom Moskauer Patriarchat noch immer für unmöglich gehalten.

Die Zeit der ökumenischen Ausrichtung nach dem Osten hat jedenfalls zwei wichtige Dinge als Erbe hinterlassen: eine Reihe von Dokumenten, die eine Strategie entwickeln, die vielleicht in Zukunft weiter verfolgt werden kann, und die Lehre aus dem Scheitern der ökumenischen Bemühungen, von dem die neunziger Jahre des Pontifikats maßgeblich geprägt

Doppelseite: Papst Johannes Paul II. empfängt den Staats- und Parteichef der Sowjetunion, Michail Gorbatschow, am 18.11.1990 zur einer Privataudienz in Rom.

Winkend steht Papst Johannes Paul II. bei seinem ersten Besuch am 23.6.1996 im wiedervereinten Deutschland neben Bundeskanzler Helmut Kohl und dem Regierenden Bürgermeister von Berlin Eberhard Diepgen vor dem Brandenburger Tor in Berlin.

waren und das den Papst zur Gewissensprüfung am Ende des Jahrtausends inspiriert hat.

Es gibt zwei wichtige Dokumente, die Johannes Paul in der schöpferischen Phase dieser Ausrichtung nach dem Osten verfasst hat: die Enzyklika „Slavorum apostoli“ (Juli 1985) und das Apostolische Schreiben „Euntes in mundum“ (März 1988). Ein dritter, noch bedeutenderer Text erscheint sieben Jahre später und stellt den Versuch dar, nach der Erfahrung des Scheiterns den Dialog wieder aufzunehmen: das Apostolische Schreiben „Orientale lumen“ (April 1995).

Möge doch verschwinden, was die Kirchen voneinander trennt, wie auch die Völker und die Nationen!, ruft Johannes Paul in der Petersbasilika bei der Predigt zum Fest der heiligen Cyrill und Method am 14. Februar 1985 aus: Das ist das Feuer, das ihn in all diesen Dokumenten beseelt.

In diesem leidenschaftlichen Wunsch nach einer Annäherung an die Orthodoxie greift der slawische Papst zu Worten, die halb biblisch, halb mythisch klingen, die schwer zu interpretieren sind, aber von einer großen Liebe zeugen. *Lux ex Oriente. Der Glaube, das religiöse Leben kommt von neuem aus dem europäischen Osten zu uns nach Europa!*, sagt er zwei Monate vor seinem Treffen mit Gorbatschow auf dem Flug von Rom nach Seoul am 6. Oktober 1989 zu den Journalisten.

Als die Mauer fällt, hofft Johannes Paul, dass das Europa des Geistes nun mit beiden Lungenflügeln atmet! Im April 1990 befindet er sich in der Tschechoslowakei, um den Fall des Eisernen Vorhangs zu feiern, und von dort aus kündigt er eine Sondersynode für Europa an, die er in aller Eile schon Ende 1991 abhalten möchte. Alle bezichtigen ihn daraufhin der Ungeduld und eines übereilten Vorgehens, aber er hat ein viel genaueres Zeitgefühl als alle anderen in der christlichen Ökumene. Und in der Tat ist dieser Zeitpunkt schon viel zu spät: In der Zwischenzeit ist die Frage der Unierten in der Ukraine virulent geworden, das Moskauer Patriarchat hat wegen der Ernennung von Bischöfen zur Seelsorge an den Katholiken, die auf dem Gebiet der UdSSR leben, Protest erhoben, zwischen dem katholischen Kroatien und dem orthodoxen Serbien ist es zum Krieg gekommen.

Die orthodoxen Kirchen weigern sich, „Bruder-Delegierte“ zur europäischen Synode zu entsenden. Nur der Vertreter des Patriarchats von Konstantinopel ist anwesend, der am 2. Dezember 1991 in der Synodenaula in Gegenwart von Johannes Paul das Wort ergreift und – im Namen der Abwesenden – eine Anklagerede hält, die ohne Beispiel ist, seit Papst Johannes XXIII. das II. Vatikanum einberief. Spyridion Papagheorghiou heißt dieser Abgesandte von Konstantinopel, und er beschuldigt die Kirche von Rom, sich vom II. Vatikanum zu „entfernen“ und mit expansionistischen Absichten nach dem Osten zu schielen, weil sie die orthodoxen Länder „als Missionsgebiet“ betrachte.

Papst Johannes Paul II. während der Messe in Jasne Blonia. Das Oberhaupt der Katholischen Kirche besuchte vom 8. bis 14.6.1987 sein Heimatland. Es war, nach 1979 und 1983, seine dritte Polenreise.

Es ist dies vielleicht der bitterste Tag im Leben des Papstes. Der orthodoxe Metropolit stürzt die ganze synodale Versammlung in tiefe Niedergeschlagenheit. Johannes Paul erhebt sich und umarmt ihn. Die „Väter“ applaudieren. Sie applaudieren der Umarmung, nicht den Anklagen des Delegierten. Und mit diesem Applaus ermutigen sie den Papst dazu, den Weg der Kirche und ihre Irrtümer und alles das, was sie in den vergangenen Jahrhunderten und in den letzten Monaten auf sich geladen hat, im Lichte des Evangeliums mutig einer Überprüfung zu unterziehen.

Fünf Tage später, am 7. Dezember, spricht Johannes Paul während eines Bußgottesdienstes im Petersdom im Namen aller christlichen Gemeinschaften einen Satz aus, der wie ein Angelpunkt ist, um den sich sein ganzes Pontifikat dreht: *Das Evangelium deckt unsere Sünde auf, die wir in Demut an der Wurzel jener Krise entdecken, die von der Kirche in unserer Zeit erlebt wird.*

Die Schwierigkeiten – sagt Wojtyla weiter – dürfen *die Dringlichkeit des ökumenischen Bemühens um einen einzigen Glauben von versöhnten Geistern*, die allein imstande sind, ein *Evangelium mit Sprengkraft* zu verkünden, nicht vergessen lassen. Und weiter: *Können wir zulassen, dass in einem Europa auf dem Weg zur politischen Einheit gerade die Kirche Christi ein Faktor der Uneinigkeit und Zwietracht sei? Wäre dies nicht einer der größten Skandale unserer Zeit?*

Die Bekehrung Johannes Pauls von der ökumenischen Utopie zur ökumenischen Buße erreicht ihre Vollendung am 13. Dezember 1991 bei der Schlussansprache der Synode. In seinen damaligen Worten ist bereits der Geist der *Gewissensprüfung zur Jahrtausendwende* erkennbar, die er drei Jahre später vorschlagen wird:

Aus dem zweiten Jahrtausend geht das Christentum – im Gegensatz zum ersten – gespalten, aber voll Sehnsucht nach einer neuen Einheit hervor ... Die Abwesenheit einiger „Bruder-Delegierter“ war für die Synode eine „Kenosis“ (das griechische Wort bedeutet „Entleerung“, „Verarmung“) sui generis; sie kann aber – wenn sie im Geist des Gebetes Christi um die Einheit seiner Jünger gelebt und empfunden wird – dem Anliegen dienen, für das sich die Synode engagiert hat (nämlich der „Neuevangelisierung“ Europas gemeinsam mit allen christlichen Kirchen).

„Kenosis" ist ein Wort, das eine schreckliche Verpflichtung beinhaltet: Das Neue Testament verwendet es, um das Leiden Christi zu charakterisieren. Besonders die „Entäußerung" des Sohnes Gottes, der Knechtsgestalt annimmt (vgl. Phil 2,7). Johannes Paul will damit also sagen, dass die Absenz der Delegierten der orthodoxen Kirchen von Russland, Bulgarien, Griechenland, Rumänien und Serbien für die Synode eine offene Wunde bedeutete, die im Geist der Buße ertragen werden muss, damit sie zum Anstoß für eine erneute Anstrengung werden kann, das Einvernehmen unter den Kirchen herzustellen. Von diesem Tag an versucht er unermüdlich – und trotz allen Unverständnisses – jenen Weg der Buße vorzubereiten, den er Gewissensprüfung zur Jahrtausendwende nennt.

Ohne das Konzil hätte es die „Schuldbekenntnisse" Johannes Pauls nicht gegeben. Und wenn der Papst nicht so viel gereist wäre, wären die „Mea culpa" nicht so zahlreich gewesen und nicht so bekannt geworden. Die Gewissensprüfung zur Jahrtausendwende hingegen – das wirklich Neue, das dieser Papst eingeführt hat und das mehr Gewicht hat als alle „Mea culpa" zusammengenommen – hätte es nicht gegeben ohne die Erfahrung des Scheiterns: vor allem jener ökumenischen Schlappe in Bezug auf die Ostkirche, die dem Zusammenbruch des Kommunismus auf dem Fuß folgte.

Er freut sich über die Niederlage des Kommunismus, nicht aber über den Triumph des Kapitalismus

Kaum haben sich die Tore zum Osten geöffnet, ist der slawische Papst zur Stelle. Am 9. November 1989 fällt die Berliner Mauer, die erste nicht kommunistische Regierung wird am 9. Dezember in Prag vereidigt und kaum vier Monate später, am 21. und 22. April 1990, besucht Johannes Paul bereits die Tschechoslowakei und kündigt in Velehrad ein Synode der Bischöfe Europas an, um die Tragweite dieser historischen Stunde zu erörtern. Schon bei seinem ersten Besuch in Polen hatte er von einer Sendung gesprochen, die ihm von der Vorsehung anvertraut worden sei, um die geistige Einheit Europas wieder zu entdecken. Und nun scheint ihm die Zeit reif zu sein, diese Wiederentdeckung auszuweiten: Der Umbruch im Osten erscheint ihm wie ein epochales Zeichen, eine einzigartige Gelegenheit für die Kirche der ehemals kommunistischen Länder, die es rasch zu nützen gilt, bevor noch der westliche Konsumismus sein Virus auf die Völker Osteuropas überträgt und die Kirchen, die durch die lange religiöse Verfolgung und den Widerstand der Bischöfe gegen das Regime großen Zulauf gehabt haben, wieder in eine öde Wüste verwandelt. Als Mann aus dem Osten, der im Westen lebt, wartet er bei dieser kontinentalen Erschütterung nicht auf die Ereignisse, sondern nimmt sie vorweg und unterstützt sie tatkräftig.

Johannes Paul erlebt das ganze Jahr 1990 – von der Begegnung mit dem Diplomatischen Corps am 19. Januar bis zum zweiten Besuch Gorbatschows im Vatikan am 18. November – wie eine ununterbrochene Feier der religiösen Wiedergeburt Osteuropas. In der Ansprache an die Diplomaten nennt er den *Umbruch* von 1989 einen Sieg des *Europa des Geistes* und würdigt *die Völker, die ihn um den Preis ungeheurer Opfer mutig unternommen, und die verantwortlichen Politiker, die ihn gefördert haben.*

Doch das zentrale Datum dieser Feier, die ihm auch Gelegenheit zur Ankündigung der Synode bietet, ist das Wochenende im April, das er zwischen Prag, Velehrad und Bratislava in der Tschechoslowakei verbringt: Es ist die 46. Reise außerhalb Italiens, die ihn zum ersten Mal – wenn wir von Polen einmal absehen – in ein Land des Warschauer Paktes führt, der noch immer existiert und sich noch immer so nennt.

Heute stehen wir vor den Ruinen eines der vielen Türme von Babel in der Geschichte der Menschheit: Mit dieser biblischen Anspielung begrüßt Johannes Paul am 21. April 1990 die tschechoslowakischen Katholiken. Er erinnert an die erlittene Tyrannei und begrüßt eine neue Epoche: *Dank der Vorsehung ist das alles nun vorbei, eine tragische Utopie* hat ihr Ende gefunden, *das Jahrhundert ist zur Reife gelangt.* Nun ist es möglich, gegen *alle Mauern, die Menschen und Nationen voneinander trennen,* anzukämpfen.

Elf Jahre zuvor hatte er in Gnesen (Polen) seine Karte als slawischer Papst ausgespielt, der dazu berufen ist, die Einheit Europas sichtbar zu machen, und er wurde deswegen – vor allem von den laizistischen und liberalen Intellektuellen – beschuldigt, einem mittelalterlichen Traum nachzuhängen. Und so antwortet Johannes Paul denjenigen, die ihm vorwerfen, eine Rückkehr ins finstere Mittelalter anzustreben, wenn er am 21. April in der Prager Burg *zu den Intellektuellen und den Repräsentanten der nichtkatholischen Kirchen spricht: Das vereinte Europa ist nicht nur ein Traum, es ist auch nicht eine utopische Erinnerung an das Mittelalter. Die Ereignisse, deren Zeugen wir sind, beweisen, dass ein derartiges Ziel wirklich erreichbar ist.*

Der feierliche Ton des Papstes findet seine Entsprechung in den bewegten Worten von Präsident Havel und in dem großen Fest, das ihm das laizistische Prag und die tief katho-

Papst Johannes Paul II. wird von Präsident Vaclav Havel auf dem Prager Flughafen begrüßt. Am 21.4.1990 besuchte das Oberhaupt der Katholischen Kirche zum ersten Mal die Tschechoslowakei.

lischen Städte Velehrad und Bratislava bereiten. Vaclav Havel spricht als Dichter zum dichtenden Papst: „Ich weiß nicht, ob ich weiß, was ein Wunder ist. Dennoch wage ich zu sagen, dass ich heute Nachmittag an einem Wunder teilnehmen werde: An derselben Stelle, wo sich vor fünf Monaten, an dem Tag, an dem wir uns über die Heiligsprechung der heiligen Agnes von Böhmen freuten, die Zukunft unseres Landes entschied, an dieser Stelle wird heute das Oberhaupt der katholischen Kirche die heilige Messe feiern und unserer Heiligen danken für die Fürsprache bei dem, der den geheimnisvollen Lauf aller Dinge in seinen Händen hält."

Das große persönliche Engagement des Papstes ist bei jeder Gelegenheit spürbar. Vor allem bei seinem Dialog mit der Volksmenge in den Straßen von Prag – es scheint wirklich wie ein Traum zu sein, dass dies in einer so vom Skeptizismus geprägten Stadt passiert, die zusammen mit Berlin zu den Städten Europas gehört, die vielleicht am wenigsten christlich zu nennen sind, was die Anzahl der Getauften betrifft. Es ist auch spürbar bei den drei Umarmungen (bei der Ankunft, in der Kathedrale, beim Abschied) des 91-jährigen Kardinals Frantisek Tomasek, der im Mittelpunkt des langjährigen Widerstandes und der schließlichen Befreiung vom Kommunismus stand und den Johannes Paul eine *alte Eiche des Geistes* nennt und einen *unerschrockenen Hirten, der von der ganzen christlichen Welt bewundert wird.* Schließlich bei der Erinnerung an den eigenen Anteil an dem großen Kampf: *Viele Jahre lang schien die Tür zu eurem Land verschlossen zu sein. Noch vor einem Jahr, ja weniger als vor einem Jahr war es unvorstellbar, dass der Papst, der selbst ein Slawe und Sohn einer Schwesternation ist, hierher kommen könnte.*

Das ist der Tenor der zehn Ansprachen, die er in den zwei Tagen seines Aufenthaltes hält: *Es liegt sicher im Plan der Vorsehung, dass es gerade mir beschieden war, als erster Papst diesen Boden zu betreten, um ihm aus der Ewigen Stadt den Gruß des Friedens zu bringen. Die Gläubigen Böhmens, Mährens und der Slowakei haben in Rom einen Hirten, der ihre Sprache versteht. Er verstand jedoch auch ihr Schweigen. Während die Kirche in diesem Land eine Kirche des Schweigens war, betrachtete er es als Teil seiner Sendung, ihre Stimme zu sein.*

Und schließlich, vor den Intellektuellen in der Prager Burg, die wichtigste Aussage dieser beiden Tage und vielleicht des ganzen Pontifikats in Bezug auf den Zusammenbruch des Kommunismus: *Der Anspruch, eine Welt ohne Gott zu errichten, hat sich als illusorisch erwiesen. Und es konnte gar nicht anders sein. Unbekannt blieben nur der Zeitpunkt und die Art und Weise.*

Zweimal noch kommt er nach Prag, 1995 und 1997, aber er findet dort nicht mehr jene zauberhafte Atmosphäre vor wie im April 1990! Bei seinem zweiten Besuch kann er im Gespräch mit den Journalisten auf dem Flug von Rom nach Prag am 20. Mai 1995 vor dem Hintergrund des christlichen Millenniums folgende fulminante Bilanz über den kommunistischen „Unfall" ziehen:

> – „Sie besuchen Länder, die einst kommunistisch waren ..."
> – *Das war ein Unfall von fünfzig Jahren, beinahe. Doch die tausend Jahre Christentum wiegen mehr als diese etwas mehr als vierzig Jahre Kommunismus.*

In den fünf Jahren zwischen den beiden Reisen nach Prag kann Johannes Paul 1991 Ungarn, 1993 Albanien, Litauen, Lettland und Estland sowie 1994 Kroatien besuchen. Alle diese Besuche (und auch noch die in Slowenien 1996 und 1999 und Berlin 1996) geben ihm Gelegenheit, den kommunistischen *Unfall* und die von der Vorsehung bestimmte Befreiung immer wieder in Erinnerung zu rufen.

Was in Albanien geschehen ist, hat es in der Geschichte noch nie gegeben, sagt er am 25. April 1993 in Tirana unter Bezugnahme auf den vierzig Jahre andauernden Versuch, die Religionen gänzlich auszulöschen.

An diesem so geschichtsträchtigen Ort möchte ich einen dringenden Appell für die Freiheit an Sie alle richten, die Sie hier anwesend sind, an das deutsche Volk, an Europa, das ebenso zur Einheit in Freiheit gerufen ist, an alle Menschen guten Willens!, sagt er am 23. Juni 1996 vor dem Brandenburger Tor in Berlin und in Anwesenheit eines sichtlich gerührten Bundeskanzlers Kohl.

Auch wenn er sich über den Sturz des Kommunismus freut, vergisst Johannes Paul nie, die von diesem Joch befreiten Völker vor den „Gefahren" des Kapitalismus zu warnen. Er tut dies zum ersten Mal in Prag, als er zu den tschechoslowakischen Bischöfen spricht und sie auffordert, *Sorge zu tragen für die zweckmäßige „immunisierende" Abwehr gegen gewisse „Virus"-Arten, wie Säkularismus, Gleichgültigkeit, genusssüchtigen Konsumismus, praktischen und auch ausdrücklichen Materialismus, die heute weit verbreitet sind.*

Zwei Wochen nach dem Besuch in Prag bricht Johannes Paul zu seiner zweiten Reise nach Mexiko (6. bis 14. Mai) auf und sagt dort, dass der Zusammenbruch des Kommunismus nicht als ein *Triumph* des Kapitalismus verstanden werden dürfe, als ob es sich dabei um den *einzigen Weg für unsere Welt* handeln würde.

Schon vor seinem Besuch in Prag, während in halb Europa Grenzen sich wieder auftaten und neue Regierungen an die Macht kamen, im Januar jenes Jahres, war Johannes Paul zum sechsten Mal nach Afrika gereist (25. Januar bis 1. Februar) und hatte in der Hauptstadt des Tschad vor dem Diplomatischen Corps betont: *Die gegenwärtigen großen Veränderungen in Osteuropa dürfen die Aufmerksamkeit für den Süden nicht verdrängen* (N'Djamena, 1. Februar 1990). Und da diese Formulierung allzu diplomatisch erschien, ließ er den Vatikansprecher dazu erklären: *Der Papst betrachtet diese seine Reise zu Menschen, die so ihrer Freiheit beraubt sind, als von der Vorsehung bestimmt und prophetisch, gerade weil alle jetzt nach Osteuropa blicken, das eben dabei ist, sich zu befreien.*

Alle haben den Sinn für das rechte Augenmaß zu schätzen gewusst, mit dem Johannes Paul den Untergang des Kommunismus und seinen eigenen Anteil daran interpretiert hat. Sicherlich ist ihm die Einschätzung seiner Rolle durch Michail Gorbatschow nicht unangenehm: „Alles was in Osteuropa in diesen letzten Jahren geschehen ist, wäre nicht möglich gewesen ohne die Gegenwart dieses Papstes, ohne die große – auch politische – Rolle, die er auf der Weltebene zu spielen verstand", heißt es in einem Artikel Gorbatschows für die Turiner Tageszeitung „La Stampa" vom 3. März 1992.

Die Worte Gorbatschows sind ehrlich und bestärken mich in dem, was ich immer von ihm gedacht habe: Er ist ein achtenswerter Mensch, sagt Johannes Paul zu Paolo Mieli, dem Direktor von „La Stampa", der ihm den Text des Artikels vor der Veröffentlichung vorgelegt hat.

Doch er selbst spielt seine Rolle immer mehr herunter und widerspricht zu wiederholten Malen jenen Ansichten, die diesen Untergang als von der Vorsehung herbeigeführt ansehen. *Es wäre zu einfach, zu sagen, dass die göttliche Vorsehung den Kommunismus hat untergehen lassen. Der Kommunismus ist als System in gewissem Sinne von allein untergegangen. Er ist als Folge seiner eigenen Fehler und Missbräuche untergegangen,* sagt er in dem Buch „Die Schwelle der Hoffnung überschreiten" (S. 153).

Ich glaube, wenn es eine entscheidende Rolle gegeben hat, dann ist es die des Christentums als solchen, seines Inhalts, seiner religiösen und moralischen Botschaft, seiner Verteidigung der menschlichen Person und ihrer Rechte. Und ich habe nichts anderes getan, als wiederholt daran zu erinnern und darauf zu bestehen, dass dies ein Prinzip ist, das unbedingt gewahrt werden muss: So hatte er ein Jahr zuvor auf eine Frage von Jas Gawronski geantwortet.

In diesem Interview hatte er seinen Gesprächspartner mit folgender Bemerkung über die *guten Dinge* und die *Samenkörner der Wahrheit* im Kommunismus überrascht: *Die Befürworter des Kapitalismus tendieren sehr stark dazu, auch die guten Dinge im Kommunismus in Abrede zu stellen: den Kampf gegen die Arbeitslosigkeit, die Sorge um die Armen. Im Kommunismus gab es eine Sorge um das Soziale, während der Kapitalismus eher individualistisch ist.*

Am Ende jenes Jahres versucht er, auch seine Mitarbeiter davon zu überzeugen, dass der Untergang des Kommunismus nicht eine moralische Legitimation des Kapitalismus bedeutet: *Bisher musste man die Wahrheit über den Menschen nach Osteuropa über die Berliner Mauer hinweg verkünden; heute muss diese Wahrheit auch dem Menschen im Westen eingeschärft werden: Der Mensch ist überall der Gleiche* (Ansprache an die Mitarbeiter der Kurie, 21. Dezember 1993).

Seine Warnung vor den Gefahren einer Freiheit, die zum Selbstzweck wird, ist so eindringlich, vor allem bei seinen zwei Reisen in die Heimat nach dem Sturz des Kommunismus (Juni 1991 und Juni 1997), dass er von seinen Landsleuten, die eiligst vom Kommunismus zum Neokapitalismus übergewechselt sind, zusammen mit der Kirche beschuldigt wird, Angst vor der Freiheit zu haben. Worauf er mit folgenden improvisierten und tief bekümmerten Worten reagiert: *Die Kirche als Hindernis für die Freiheit ist ein Unsinn, vor allem in Polen: Die Kirche war in Polen im Lauf der Jahrhunderte immer die Wächterin der Freiheit, und das gilt ganz besonders für die letzten fünfzig Jahre!* (Breslau, 1. Juni 1997)

Was die Einschätzung des Anteils von Johannes Paul am Untergang des Kommunismus betrifft, würden wir sagen, dass von Seiten der außerkirchlichen Beobachter die Meinung Gorbatschows im Allgemeinen geteilt wird. Als Beispiel für die Einschätzung innerhalb der katholischen Kirche zitieren wir eine Erklärung von Erzbischof Jean Louis Tauran, dem Verantwortlichen für die Beziehungen des Vatikans zu den anderen Staaten: „Papst Johannes Paul II. war so etwas wie eine Sprengladung, welche die Widersprüche, die das Leben jener Gesellschaften unterminierten und die jene Kirchen unterdrückt hielten, zur Explosion brachte." Und der Historiker und Jesuit Giacomo Martina meint: „Das Streben nach religiöser Freiheit und das Verlangen nach dem Schutz der Menschenwürde haben zusammen mit politischen und wirtschaftlichen Faktoren zweifellos ihr Gewicht gehabt. Aber mit der Unterstützung des Papstes für Solidarnosc hat Polen den Weg frei gemacht. Die Forderungen der Polen haben den bis dahin geheim gehaltenen Bestrebungen der Russen, Ukrainer und anderer sichtlich Auftrieb gegeben. Ich glaube, dass die Geschichte diesem Urteil, dass es einen persönlichen Einfluss Johannes Pauls II. gegeben hat, beipflichten wird."

Anlässlich seines Besuchs in der Tschechoslowakei am 21.4.1990 segnet Papst Johannes Paul II. Kinder im mährischen Wallfahrtsort Velehrad.

„Ich weiß, was Ausbeutung heißt." Der Papst der Arbeiter und der Ausgegrenzten

Ich weiß, was Ausbeutung heißt und habe mich sofort auf die Seite der Armen gestellt, der Enterbten, der Unterdrückten, der Ausgegrenzten und Wehrlosen. Die Mächtigen dieser Welt sehen einen solchen Papst nicht immer gerne: Deutliche Worte, die Johannes Paul da in dem Interview mit Jas Gawronski ausspricht.

Johannes Paul hat keine Angst vor den Worten: Er sagt Ausbeutung, Unterdrückte, Mächtige. Das sind Worte der kommunistischen Propaganda, aber es sind auch Worte der Bibel und vor allem sind es Worte der Armen und der Arbeiter. Mit diesen Worten will der Papst zu ihnen sprechen. Und von allem Anfang an nimmt er sich vor, vollkommen ehrlich zu sein: *Man muss jede Ungerechtigkeit beim Namen nennen!,* sagt er bei einer Generalaudienz am 21. Februar 1979, bei der er an seine erste internationale Reise nach Mexiko erinnert, wo er Gelegenheit hatte, wichtige Aussagen über die Campesinos, die Indios und die Arbeiter zu machen.

Aber nicht erst das Erlebnis der Dritten Welt hat ihn dazu bewogen, gegen die Ungerechtigkeit aufzutreten: Schon als er zum Papst gewählt wurde, war er fest entschlossen, in diese Richtung zu marschieren, und dieser Entschluss war das Ergebnis seiner polnischen Erfahrung. Wenn er sagt: *Ich weiß, was Ausbeutung heißt,* will er auf seine Erfahrung als Arbeiter in der Jugend Bezug nehmen und auf die Unterdrückung der polnischen Nation durch die Nachbarstaaten.

Bei seinen Begegnungen mit den Arbeitern kommt er oft auf die Erfahrung der manuellen Arbeit zu sprechen: *Vier Jahre lang war ich Arbeiter, und diese vier Jahre Arbeit zählen für mich mehr als zwei Doktorate!,* sagt er zu den Arbeitern von Pomezia (Rom) am 13. September 1979. Und wenige Monate später fordert er in Turin, der großen Industriemetropole mit ihrem säkularisierten Lebensstil, alle auf, sich auf dem Boden der „Wirklichkeit" der Arbeit zu begegnen: *Ich bin überzeugt, dass wir uns auf dem Boden dieser Wirklichkeit mit jedem Menschen treffen können, mit jedem Menschen! Auf diesem Boden können wir uns mit allen treffen, mit allen!* (13. April 1980)

Bei seinen Begegnungen mit Arbeitern und Gewerkschaftern anlässlich des Festes des heiligen Josef (19. März), das er regelmäßig in irgendeinem Arbeiterbezirk Italiens feiert, besteht er immer darauf, dass es dabei zu einem Dialog kommt, er beantwortet bereitwillig alle Fragen und räumt der Arbeitswelt sogar eine Priorität in demokratischen Belangen gegenüber der Kirche ein: *Ich frage mich, ob nicht das Vorbild für den Pastoralrat eigentlich der Betriebsrat ist, da der Betriebsrat ja viel älter ist als der Pfarrgemeinderat. Ich muss euch also dankbar sein, dass ihr uns eine Anregung für das kirchliche Leben gegeben habt!* (Ansprache an die Arbeiter der Solvay-Fabrik in Livorno, 19. März 1982)

Manchmal kritisieren die Arbeiter die Kirche, „die sich in der Geschichte stets an die Mächtigen gehalten hat", und der Papst ist durchaus einsichtig: *Ich danke euch für alle eure Bemerkungen, alle eure ehrlichen Worte, auch wenn die in diesen Worten zum Ausdruck gekommenen Wahrheiten hart und schmerzlich waren* (San Salvo, Chieti, 19. März 1983).

Wenn es darum geht, das Recht auf Arbeit geltend zu machen, scheint Johannes Paul mehr Mut zu besitzen als die italienischen Gewerkschaften – und die aller Länder, in denen er darüber gesprochen hat – und er fordert sie auf, den Kampf noch zu verschärfen: *Ich erlaube mir, den gewerkschaftlichen Organisationen dieses große Ziel der Beschäftigung für alle erneut ans Herz zu legen* (Prato, 19. März 1986).

Acht Jahre später sind die italienischen Gewerkschaften noch schwächer geworden, die Arbeitslosigkeit hat noch mehr zugenommen und Johannes Paul fordert dazu auf, den Protest zu verstärken, denn wenn die Menschen keinen Einspruch erheben, wird Gott es tun, sagt er zu den Gewerkschaftsfunktionären und ermuntert sie, die „Tauglichkeit" des Systems in Frage zu stellen, wenn dieses System nicht Arbeit für alle anzubieten vermag: *Ihr, die Vertreter der Gewerkschaften, müsst laut eure Stimme erheben und eine Änderung dieser Ordnung fordern!* (Aula Nervi, 19. März 1994)

Und selbstverständlich ist der Ton nicht anders, wenn es sich statt um Italien um Brasilien handelt: *Die Agrarreform darf nicht gestoppt werden, denn das ist eine Frage der sozialen Gerechtigkeit und der Demokratie, und die Demokratie muss verteidigt werden,* sagt er zu den brasilianischen Journalisten, die den Präsidenten José Sarney bei seinem Besuch im Vatikan am 10. Juli 1986 begleiten.

Hinter vorgehaltener Hand beklagt man – auch in der Kurie –, dass die soziale Verkündigung Johannes Pauls allzu breiten Raum einnehme, doch er betont, dass dies ganz bewusst geschehe: *Ich habe mir die Option für die Armen zu Eigen gemacht und bleibe dabei, ich identifiziere mich damit!* (Ansprache an die Mitarbeiter der Kurie, 21. Dezember 1984) Und weiter: *Als Nachfolger des Petrus fühle ich auf mir die Last der Verantwortung, nichts unversucht zu lassen, um der Sache der Gerechtigkeit und der Solidarität unter den Angehörigen ein und desselben Vaterlandes und zwischen den Nationen im Hinblick auf eine bessere Zukunft zu dienen* (Angelus, 21. Januar 1985).

Doppelseite: Inmitten einer Menschenmenge, die im Januar 1979 in Mexiko auf den Papst wartet, hält ein Gläubiger ein Foto des heiligen Vaters in die Höhe.

Papst Johannes Paul II. am Denkmal der Werftarbeiter in Gdynia (Gdingen) 1987.

Es wäre sein Wunsch, dass alle in der Kirche sich diese Option für die Armen zu Eigen machen: *Die Christen dürfen sich von keiner Ideologie und von keinem System das Banner der Gerechtigkeit entreißen lassen, das die Forderung der Liebe beinhaltet!* (Lima, 15. Mai 1988)

Und er hofft, dass sein Appell ansteckend wirkt und die ganze Kirche mit ihm übereinstimmt: *Wenn hunderte von Millionen Personen zu wenig Nahrung haben, wenn Millionen von Kindern für den Rest ihres Lebens unheilbar vom Hunger gezeichnet sind, wenn tausende von ihnen daran sterben, dann darf ich nicht schweigen, dann dürfen wir nicht stumm und tatenlos bleiben* (Botschaft zur Fastenzeit, 20. Februar 1985).

Über die soziale Frage hat Johannes Paul drei Enzykliken geschrieben: „Laborem exercens" (1981) zu Beginn des Pontifikats, „Sollicitudo rei socialis" (1988) und „Centesimus annus" (1992) kurz nach dem Zusammenbruch des Kommunismus. Im Vergleich zu den sozialen Dokumenten Johannes' XXIII. und Pauls VI. betonen sie die Kritik am Kapitalismus und das Angebot der Solidarität der Kirche mit den arbeitenden Menschen.

„Laborem exercens" wird sofort zum Kampfinstrument in den Händen der katholischen Gewerkschafter in Lateinamerika (vor allem wegen der Paragrafen über die gewerkschaftlichen Freiheiten und über den Landbesitz) und in Polen: Der Gewerk-

schaftskongress von Solidarnosc lobte noch am Tag der Veröffentlichung dieser Enzyklika, am 16. September 1981, ihre „personalistische" Ausrichtung und besonders die Passagen über die Teilnahme der Arbeiter an der Leitung der Unternehmen.

Die Enzykliken „Sollicitudo rei socialis" und „Centesimus annus" gehören zusammen, denn Johannes Paul hat die zweite – nur drei Jahre nach der ersten – veröffentlicht, um seine Botschaft zu vervollständigen und sie an die neue Situation nach dem Untergang des Kommunismus anzupassen. Zwei Dinge waren es hauptsächlich, die nachjustiert werden mussten: „Sollicitudo rei socialis" wandte sich sowohl gegen den Kapitalismus als auch gegen den Kommunismus und forderte eine „radikale Korrektur" der beiden Systeme. „Centesimus annus" beschränkt sich – da der Kommunismus keine ernst zu nehmende Kraft mehr darstellt – darauf, die Korrektur des Kapitalismus zu verlangen. Die erste Enzyklika versuchte eine Gesamtkritik des Kapitalismus im Namen der geistigen Werte und der Dritten Welt, die zweite entwickelt eine Interpretation der westlichen Ökonomie, indem sie ihre positiven und negativen Aspekte in den Blick nimmt.

In einem „Zelt" aus Pappe, das auf einer Müllhalde bei Tegucigalpa (Honduras) steht, wohnt dieses kleine Mädchen. Die Eltern des Mädchens suchen derweil in dem Abfallberg nach Essen.

In der ausgereiftesten seiner Sozialenzykliken spricht Johannes Paul von der *positiven Bedeutung des Marktes und des Unternehmens*, die auf das Gemeinwohl ausgerichtet sein müssen. Doch der Sinn seiner Aussagen ergibt sich aus der Überzeugung, dass diese Ausrichtung in der gegenwärtigen Phase der *weltweiten Verflechtung der Wirtschaft* nicht gegeben ist und nur durch den Kampf erreicht werden kann.

Johannes Paul – der in der Enzyklika „Laborem exercens" bereits das marxistische Wort „Entfremdung" verwendet hatte – benutzt in seiner sozialen Verkündigung stets das Wort „Kampf" und in „Centesimus annus" ruft er die Völker und die Arbeiter zu diesem Kampf auf, wobei er ihnen die Unterstützung der Kirche verspricht. *In diesem Sinne kann man mit Recht von einem Kampf gegen ein Wirtschaftssystem sprechen, hier verstanden als Methode, die die absolute Vorherrschaft des Kapitals über die freie Subjektivität der Arbeit des Menschen festhalten will,* schreibt er in Nr. 35 der Enzyklika. Und er betont, dass *sich hier ein großes und fruchtbares Feld des Einsatzes und des Kampfes im Namen der Gerechtigkeit für die Gewerkschaften und für die anderen Organisationen der Arbeiter auftut.*

In Nr. 43, gegen jene die glauben, dass die Zeit vorbei sei, sich für die Arbeiter einsetzen zu müssen, fügt er noch hinzu, dass – um den Menschen als Maß und nicht als Objekt des Marktes und des Unternehmens zu nehmen – *es noch einen großen gemeinsamen Einsatz der Arbeiter braucht, dessen Ziel die Befreiung und die umfassende Förderung des Menschen ist.*

Über die aktive Rolle der Kirche in diesem Kampf spricht Johannes Paul zweimal. In Nr. 61 beschreibt er das *unmenschliche Elend* der Dritten Welt und betont, dass die Kirche im Namen ihrer Option für die Armen *sich verpflichtet fühlte und fühlt, diese Tatsache mit aller Klarheit und Offenheit anzukreiden, auch wenn sie weiß, dass ihr Appell nicht immer von allen wohlwollend aufgenommen werden wird.*

Noch stärker ist die Passage in Nr. 26: *Die Krise des Marxismus beseitigt nicht die Situationen der Ungerechtigkeit und Unterdrückung in der Welt, und allen denen, die heute auf der Suche nach einer neuen und authentischen Theorie und Praxis der Befreiung sind, bietet die Kirche nicht nur ihre Soziallehre, sondern auch ihren konkreten Einsatz und ihre Hilfe für den Kampf gegen die Ausgrenzung und das Leiden an.*

Am Kapitalismus schätzt die Enzyklika die ökonomische Effizienz, aber sie kritisiert seinen ideellen Horizont und seine praktischen Schlussfolgerungen. In Nr. 19 betont Johannes Paul, dass er mit dem kommunistischen Totalitarismus „konvergiert", weil er *den Menschen völlig auf den Bereich der Wirtschaft reduziert und jede Eigenständigkeit, jede Berufung zum sittlichen Handeln, zum Recht, zur Kultur und zur Religion leugnet.*

Und die Schlussfolgerung lautet: Der Kapitalismus kann dem Osten und der Dritten Welt nur dann empfohlen werden, wenn es dem Kampf ihn zu korrigieren gelingt, seine *ökonomische Freiheit* in einen *soliden juridischen Kontext einzubinden, der sie der umfassenden menschlichen Freiheit dienstbar macht.* Andernfalls werden die Gefahren und die Schäden enorm sein.

Die Enzyklika „Centesimus annus" hat zum ersten Mal in der Geschichte klargestellt, worin genau und konkret der Antikapitalismus bestehen könnte, der von den Päpsten theoretisch immer vertreten wurde. Und sie hat im Triumph des Westens die katholische Kirche als die einzige wirklich antikapitalistische Stimme hingestellt, die in der Lage ist, sich auf Weltebene Gehör zu verschaffen.

Den Grundsätzen von „Centesimus annus" ist Johannes Paul in den neunziger Jahren auf schöpferische Weise treu geblieben. Nach dem Sturz der kommunistischen Regime hatte er bei seinem Besuch in Prag am 21. April 1990 verkündet, dass es nun möglich geworden sei, *alle Mauern, die Menschen und Nationen voneinander trennen,* niederzureißen. Aber diesen Traum sieht er sechs Jahre später, wenn er am 3. Juni 1997 in Gnesen (Polen) an derselben Stelle und sogar am selben Tag seines großen Aufrufs zur Einheit Europas, den er während seines Polenbesuchs 1979 erlassen hatte, das Wort ergreift, folgendermaßen: *Ist es nach dem Fall der sichtbaren Mauer nicht so, dass eine andere, unsichtbare Mauer zum Vorschein kam, die unseren Kontinent noch immer teilt: die Mauer, die mitten durch die Herzen der Menschen geht? Es ist eine Mauer aus Angst und Aggressivität, aus mangelndem Verständnis für die Menschen anderer Herkunft, anderer Hautfarbe, anderer religiöser Überzeugungen; es ist die Mauer des politischen und wirtschaftlichen Egoismus, des schwindenden Gespürs für den Wert des menschlichen Lebens und die Würde eines jeden Menschen. Nicht einmal die zweifellosen Erfolge der letzten Zeit auf wirtschaftlichem, politischem und sozialem Gebiet können die Exis-tenz dieser Mauer verbergen. Ihr Schatten breitet sich über ganz Europa aus. Das Ziel einer echten Einheit des europäischen Kontinents ist noch weit entfernt. Es wird keine Einheit Europas geben, solange diese nicht auf der Einheit des Geistes beruht.*

Die Kritik am kapitalistischen Liberalismus haben die Intellektuellen des Westens, die sein Vorgehen gegen den Kommunismus einhellig begrüßt haben, dem Papst nie verziehen. Aber eine Minderheit unter diesen Intellektuellen hat ihm im Gegensatz zu allen anderen antikommunistischen oder antikapitalistischen Stimmen zumindest das Privileg der Glaubwürdigkeit zuerkannt.

Als Beispiel für diese Vorbehalte möge der Kommentar der französischen Tageszeitung „Le Monde" zur Reise Johannes Pauls nach Prag im April 1990 dienen, der eine direkte Beschuldigung der „Widersprüchlichkeit" darstellt, obwohl auch die hohe Wertschätzung für das Wirken des slawischen Papstes zum Ausdruck gebracht wird: „Man kann nicht die Freiheit, die Demokratie und die wirtschaftliche Entwicklung loben, die für die Völker des Ostens die einzigen erstrebenswerten Werte bleiben, und sich gleichzeitig in die Gegenrichtung bewegen, indem man das denunziert, was der Papst ‚die Viren' der westlichen Gesellschaft genannt hat" (24. April 1990). Ganz anders hingegen in einem Interview vom 22. August 1987 Piero Ostellino, Kolumnist des „Corriere della Sera", der seine Wertschätzung für die Position des Papstes gerade auf jene „Widersprüchlichkeit" stützt: „Eine Kirche, die nur antikommunistisch wäre, wäre eine hinkende Kirche. Aber eine Kirche, die neben dieser Verurteilung auch den Mut hat, alle anderen Formen der Reduktion des Menschen aufzuzeigen, ist eine außergewöhnliche ethisch-politische Kraft, eine Realität, mit der alle zu rechnen haben."

Angesichts seiner Vorbehalte gegen den ungebändigten Kapitalismus erschien es manchen seltsam, dass sich Johannes Paul zu einem engagierten Verfechter der Osterweiterung der Europäischen Union machte. Zum einen aber gehörte seine Heimat Polen zu den inzwischen aufgenommenen Kandidaten, zum anderen sieht er in der Gemeinschaft ein Mittel zur Dämpfung des überbordenden Nachholbedarfs an Konsum. Die „alten" Länder mit ihren gewachsenen sozialen Traditionen können Muster für die neuen sein, die ihrerseits mehr Solidarität fordern und daher disziplinierend wirken werden. Oberster Gesichtspunkt aber ist für den Papst natürlich der Zuwachs an Sicherheit in der Alten Welt und ihr Gegengewicht gegen den amerikanischen Unilaterismus, also gegen den Anspruch der USA als alleiniger globaler Ordnungsmacht.

Gerade in Polen zeigte sich, dass trotz verbreiteter Skepsis gegen Europa die Stimme des Papstes gehört wurde. Und nicht zuletzt deswegen verlieh ihm die Stadt Aachen im Jahr 2004 den international renommierten Karlspreis. Den visionären Dankesworten von Johannes Paul II. aus diesem Anlass ist nichts hinzuzufügen:

Ich denke an ein Europa ohne selbstsüchtige Nationalismen, in dem die Nationen als lebendige Zentren kultureller Reichtums wahrgenommen werden, der es verdient zum Vorteil aller geschützt und gefördert zu werden. Ich denke an ein Europa, in dem die großen Errungenschaften der Wissenschaft, der Wirtschaft und des sozialen Wohlergehens sich nicht auf einen sinnentleerten Konsumismus richten, sondern im Dienst eines jeden Menschen in Not sowie der solidarischen Hilfe für jene Länder stehen, die ebenfalls das Ziel der sozialen Sicherheit verfolgen. Möge Europa, das in seiner Geschichte so viele blutige Kriege hat erleiden müssen, ein tätiger Faktor des Friedens in der Welt sein. Ich denke an ein Europa, dessen Einheit in einer wahren Freiheit gründet. Die Religionsfreiheit und die gesellschaftlichen Freiheiten sind als Früchte auf dem Humus des Christentums gereift... (Vatikan, 24.3.2004)

Ein Arbeiter kniet nieder und überreicht Papst Johannes Paul II. am „Tag der Arbeit" (am 1.5.2000) im Anschluss an eine Messe auf dem Universitätsgelände in Rom einen Arbeitshelm. Der Papst hat sich am „Tag der Arbeit" für die Rechte der Arbeiter in der ganzen Welt ausgesprochen. Zugleich warnte er vor den Risiken der wirtschaftlichen Globalisierung und forderte einen „Schuldenerlass für die armen Länder". Erstmals begingen die Katholische Kirche und Italiens Gewerkschaften, die den 1. Mai traditionell mit Großkundgebungen und einem Konzert in Rom feiern, den „Tag der Arbeit" gemeinsam.

Er versucht mit allen Mitteln, den Golf- und Irakkrieg zu verhindern

Der Papst, der gegen den Kommunismus kämpft und der sich mit dem Triumph des Kapitalismus nicht abfindet, ist auch der Papst, der sich mit allen Mitteln dem Krieg am Persischen Golf (17. Januar bis 27. Februar 1991) widersetzt: jener „internationalen Polizeiaktion", die von der UNO beschlossen wurde und unter der Führung der USA stand und die – durch 43 Tage andauernde Bombardements und eine blitzartige Landoperation – den Irak Saddam Husseins zwingt, sich aus Kuwait zurückzuziehen, das er im August 1990 besetzt und annektiert hatte. Johannes Paul verurteilt diesen Krieg mit ungewohnter Vehemenz, zuerst als Möglichkeit, dann als Faktum, und er bekräftigt dieses Urteil auch nach dem „Sieg" der Koalition. Seine „Verurteilung" enthält auch ein Urteil über die beiden Konfliktparteien aus moralischer Verantwortung.

Es gibt einen Zeitpunkt – nach dem Ablauf des Ultimatums der UNO an Saddam Mitte Januar und dem Beginn der Bombardements –, wo Johannes Paul in seiner Opposition gegen den Krieg völlig allein dasteht, gegen den gesamten Westen und selbst gegen die Mehrzahl der Regierungen der arabischen Welt. Nicht einmal die Bischöfe jener Länder, die am Krieg beteiligt sind oder ihn finanziell unterstützen, folgen ihm. Dieses Alleinsein ist für die historische Einstufung der Gestalt Johannes Pauls entscheidend, von dem der Westen bis zu diesem Zeitpunkt glaubte, ihn wegen des gemeinsamen Kampfes gegen den Kommunismus gleichsam als seinen eigenen Sprecher betrachten zu können. Seine frontale Opposition gegenüber der Strafexpedition gegen den Irak und die Kritik an der von den USA dominierten UNO ließen keinen Zweifel offen: Der Papst stand in diesem Fall nicht auf der Seite des Westens und auch nicht auf der Seite der meisten Bischöfe der westlichen katholischen Gemeinschaften.

Der Golfkrieg ist also ein Ereignis, das die tiefste geopolitische Triebkraft des Pontifikats offenbart: den Willen zur Allianz mit der Dritten Welt, das Bemühen, mit dem Islam ins Gespräch zu kommen, die Unterstützung – nicht nur mit Worten, sondern auch faktisch – für eine neue Weltordnung, in der es keine alles beherrschenden Mächte mehr gibt und keine Völker, die nicht gleichberechtigt sind. Eine ähnliche Distanzierung von der Politik und von den Kriegen des Westens hatte schon Paul VI. in den Jahren der amerikanischen Intervention in Vietnam (1964 bis 1975) versucht, aber Johannes Paul konnte viel mehr als sein Vorgänger sagen und tun, auch weil die sowjetisch-atlantische Polarisierung jetzt nicht mehr gegeben war, die den Montini-Papst noch zu einer formellen Äquidistanz gezwungen hatte.

Der Hauptgrund für die Oppositionshaltung Johannes Pauls gegenüber diesem Krieg ist in seiner persönlichen Überzeugung zu suchen, dass für die Christen der Augenblick gekommen sei, eine radikale Ablehnung des Krieges als Beitrag zu seiner internationalen „Ächtung" zum Ausdruck zu bringen. Diese Überzeugung hatte der Papst schon bei seinen Besuchen in Großbritannien und Argentinien während des Falklandkrieges (Mai/Juni 1982) sowie anlässlich des Krieges im Libanon (vor allem in der Zeit von 1982 bis 1984) zu erkennen gegeben, und er wiederholt sie während des Krieges in Bosnien (1993 bis 1995). Der Golfkrieg war die Gelegenheit, wo diese seine Überzeugung sich am deutlichsten manifestierte und von der Welt am besten verstanden wurde.

Am 2. August 1990 überfällt der Irak Saddam Husseins Kuwait und noch am selben Tag „fordert" der Sicherheitsrat der Vereinten Nationen einstimmig „den unverzüglichen und bedingungslosen Rückzug" der Iraker aus Kuwait (Resolution Nr. 660).

Am 10. August erklärt der Irak Kuwait zu seiner „19. Provinz", während in Saudi-Arabien die ersten amerikanischen Truppen eintreffen (zum Schluss stellen die USA mehr als eine halbe Million Soldaten) und auch die Arabische Liga beschließt, Truppen zu entsenden.

Am 29. November richtet der Sicherheitsrat der UNO ein Ultimatum an den Irak: Bis zum 15. Januar 1991 muss seine Invasionsarmee Kuwait verlassen (Resolution Nr. 678). Unter der Führung der USA formiert sich eine Koalition, der 39 Länder angehören (von denen etwa zehn als mehrheitlich katholisch angesehen werden können: Argentinien, Belgien, Frankreich, Holland, Italien, Österreich, Polen, Portugal, Spanien, Ungarn) und die am Ende 700.000 Soldaten, 900 Flugzeuge und 300 Schiffe in die Region entsendet.

Am 17. Januar um 0 Uhr 40 beginnt die Offensive der Alliierten unter dem Namen „Wüstensturm", die ihren Schwerpunkt in nächtlichen Attacken aus der Luft (18.000 Einsätze gegen strategische Ziele, 112.000, um die Oberhoheit im Operationsgebiet zu erringen) und Raketenangriffen von den Kriegsschiffen aus (30 Cruise missiles) auf militärische Ziele hat. Am 13. Februar wird ein Luftschutzkeller in Bagdad von Raketen getroffen: zirka 300 Zivilpersonen werden dabei getötet.

Am 24. Februar um 4 Uhr früh beginnt die Landoffensive: Die alliierten Truppen dringen in den Irak und in Kuwait ein. Am Tag darauf ergeben sich 20.000 Iraker kampflos. Eine irakische Scud-Rakete schlägt in Dhahran (Saudi-Arabien) ein und tötet 27 amerikanische Soldaten.

Johannes Paul II. begrüßt das diplomatische Corps im Vatikan. Anlässlich der Bombardierungen durch die Amerikaner im Irak betont der Papst, dass der Krieg Probleme nicht löse, sondern kompliziere.

Am 27. Februar sind 21 von 42 irakischen Divisionen vernichtet oder neutralisiert, es gibt 40.000 Gefangene und vielleicht ebenso viele Tote (zuverlässige Zahlen gibt es nicht: die Schätzungen schwanken zwischen einigen tausend nach den Berichten der UNO und 300.000 von Seiten der internationalen Hilfsorganisationen). Der Irak kündigt die Annahme aller UNO-Resolutionen an, das alliierte Kommando ordnet am 28. Februar um 6 Uhr früh die „Feuereinstellung" an.

In den 43 Tagen des Krieges wie in den Wochen davor und danach war ein intensives, wirklich außergewöhnliches Engagement des Papstes zu verzeichnen: Zuerst, um die Intervention zu verhindern, dann, um möglichst rasch ein Ende herbeizuführen, und schließlich, um die Schäden zu beseitigen. Er sprach sich gegen das Ultimatum aus und versuchte, dessen Ablauf hinauszuzögern, er ersuchte die Europäer, eine vermittelnde Initiative zu ergreifen, er appellierte an die am Krieg nicht beteiligten Länder, er unterstützte die Initiativen von Mitterand und Gorbatschow, er versuchte die UNO zu einer Vermittlung in dem Konflikt zu bewegen und er wandte sich schließlich am Tag des Ablaufs des Ultimatums persönlich an Saddam Hussein und George Bush.

Zwischen dem 26. August 1990 (der ersten öffentlichen Stellungnahme beim „Angelus") und dem 6. März 1991 (der Schlussansprache beim „Gipfeltreffen" der Bischöfe über die Folgen des Krieges) kam er in Ansprachen und schriftlichen Verlautbarungen an die fünfzigmal auf diesen Krieg zu sprechen. Ebenso intensiv waren die diplomatischen Bemühungen des Vatikans und die begleitenden Aktionen von Seiten der verschiedenen Einrichtungen des Heiligen Stuhls. Noch nie, nicht einmal für Polen, hatte dieser Papst so heftig und nachhaltig in einer internationalen Frage interveniert, wie er es im Falle des Golfkriegs getan hat. Aber außergewöhnlicher als die Quantität war die Qualität des Einsatzes von Johannes Paul in dieser Angelegenheit.

Bei drei besonderen Gelegenheiten spricht er über den Hauptgedanken, von dem er sich bei seinem Engagement leiten lässt: Zum ersten Mal, als er sich zu Weihnachten 1990 an die ganze Menschheit wendet; das zweite Mal, in seiner Ansprache an das Diplomatische Corps am 13. Januar 1991, wendet er sich an die internationale Gemeinschaft; das dritte Mal an einen einzigen Mann, der zusammen mit Saddam Hussein die höchste und entscheidende Verantwortung trug, nämlich an den Präsidenten der Vereinigten Staaten George Bush am 15. Januar 1991.

Am Weihnachtstag zeigt sich der Papst besorgt über die Teilnahme so vieler, zu vieler christlicher Nationen an der *massiven Konzentration von Menschen und Waffen* im Persischen Golf und erklärt in seiner Botschaft „Urbi et orbi“: *Das Licht Christi ist bei den gequälten Nationen des Mittleren Ostens. Für die Golfregion erwarten wir voll Sorge das Aufhören der Drohung mit Waffengewalt. Die Verantwortlichen können überzeugt sein, dass der Krieg ein Abenteuer ist, von dem es kein Zurück mehr gibt!*

Wegen dieser klaren Worte, die er in den folgenden Wochen und Jahren ständig wiederholt, wird Johannes Paul als ein „Pazifist“ eingestuft. So dass sich der Papst zu der Klarstellung gezwungen sah, dies sei keineswegs in seiner Absicht gelegen. Er trifft diese Klarstellung am Morgen des 17. Februar mit einer eher improvisierten Bemerkung in der römischen Pfarrkirche zur heiligen Dorothea: *Ein gerechter Friede, natürlich, denn wir sind keine Pazifisten, wir wollen den Frieden nicht um jeden Preis. Gerechter Friede, Friede und Gerechtigkeit. Der Friede ist immer ein Werk der Gerechtigkeit.*

In der Ansprache an das Diplomatische Corps (13. Januar 1991) gibt es zwei wichtige Passagen, in denen der Papst sehr konkret wird und wo es evident ist, dass seine Aussagen nicht auf ein pazifistisches Schlagwort reduziert werden können:

Auf der einen Seite haben wir die bewaffnete Invasion eines Landes und eine brutale Verletzung des internationalen Rechtes erlebt, wie es von der UNO und vom Moralgesetz festgelegt ist; das sind unannehmbare Tatsachen. Auf der anderen Seite gibt es angesichts der massiven Konzentration von Menschen und Waffen im Gefolge des Angriffs, deren Ziel die Beendigung dieser wohl eindeutig als Aggression zu bezeichnenden Aktion war, keinen Zweifel. Wenn sie zu einem selbst begrenzten militärischen Vorgehen führen sollte, dann wären die Operationen besonders mörderisch, ganz abgesehen von den ökologischen, politischen, wirtschaftlichen und strategischen Folgen, deren ganze Schwere und volle Tragweite wir vielleicht noch gar nicht ermessen können. Und schließlich würde ein mit den Waffen erzwungener Friede, der die tieferen Ursachen der Gewaltanwendung in diesem Teil der Welt unberührt lässt, nur neue Gewaltanwendung vor-bereiten ...

Der Rückgriff auf Gewalt für eine gerechte Sache dürfte nur zulässig sein, wenn er in einem rechten Verhältnis steht zu dem Ergebnis, das man erreichen möchte, und wenn man die Folgen des militärischen Vorgehens, das durch die moderne Technik immer zerstörerischer wird, für das Überleben der Völker und unserer Erde als Ganzes bedacht hat. Die Forderungen der Menschlichkeit verlangen von uns heute, entschlossen auf die absolute Ächtung des Krieges hinzuarbeiten und den gemeinsamen Frieden als ein höchstes Gut zu pflegen, dem alle Programme und alle Strategien untergeordnet werden müssen.

Schließlich der Brief des Papstes an Bush, den wir hier zur Gänze wiedergeben: Er wurde am Tag des Ablaufs des Ultimatums, am 15. Januar, gleichzeitig mit einem im Wesentlichen identischen Brief an Saddam Hussein abgeschickt. Wir zitieren hier den Brief an Bush, weil das historisch Neue in diesem Fall der Papst ist, der im Gegensatz zum Westen steht, und nicht der Papst, der die Welt zum Frieden mahnt:

An Seine Exzellenz, Herrn George Bush,
Präsident der Vereinigten Staaten von Amerika.
Ich empfinde die dringende Pflicht, mich an Sie als den Führer der Nation zu wenden, die vom personellen und ausrüstungsmäßigen Aufgebot her am stärksten in die Militäroperation verwickelt ist, die jetzt in der Golfregion stattfindet.

In den jüngsten Tagen habe ich den Gedanken und Sorgen von Millionen von Menschen Ausdruck gegeben und die tragischen Folgen betont, die ein Krieg in diesem Gebiet haben könnte. Ich möchte nun meine feste Überzeugung erneut bekräftigen, dass ein Krieg schwerlich zu einer angemessenen Lösung von internationalen Problemen führt und dass, obwohl momentan eine ungerechte Situation bereinigt wird, die aus dem Krieg sich ergebenden Folgen zerstörerisch und tragisch sind. Wir können uns keiner Täuschung hingeben, dass die Anwendung von Waffen und besonders von heute hochentwickelter Bewaffnung nicht Anlass geben könnte zu neuen und vielleicht noch schlimmeren Ungerechtigkeiten, zusätzlich zu Leiden und Zerstörung.

Herr Präsident, ich bin gewiss, dass Sie zusammen mit ihren Beratern auch klar diese Faktoren abgewogen haben und keine weiteren Anstrengungen unterlassen werden, um Entscheidungen zu vermeiden, die nicht mehr rückgängig gemacht werden könnten und tausenden von Familien unter Ihren Mitbürgern und so vielen Menschen im Mittleren Osten Leid bringen würden.

Junge Iraker beobachten am 10.4.2003, wie das Büro der irakischen Baath-Partei in Bagdad brennt, nachdem die US-Truppen die Kontrolle über die Stadt übernommen haben.

امة عرب
رسالة خالده

In diesen letzten Stunden vor dem Ablauf des vom Sicherheitsrat der Vereinten Nationen festgelegten Ultimatums hoffe ich wahrhaftig und flehe mit lebendigem Glauben zum Herrn, dass der Friede noch gerettet werden kann. Ich hoffe, dass durch eine Anstrengung zum Dialog in letzter Minute der Bevölkerung von Kuwait die Souveränität wiedergegeben und jene internationale Ordnung, die die Grundlage für ein der Menschheit wirklich würdiges Zusammenleben zwischen den Völkern bildet, in der Golfregion und im gesamten Mittleren Osten wieder hergestellt werden.

Ich rufe auf Sie Gottes reichen Segen herab und bete besonders, dass Ihnen in diesem Augenblick der schweren Verantwortung vor Ihrem Land und der Geschichte die Weisheit geschenkt werde, Entscheidungen zu treffen, die wirklich dem Wohl Ihrer Mitbürger und der gesamten internationalen Gemeinschaft dienen.

Wenn wir auf die Interventionen und Gesten in diesen Monaten insgesamt schauen, stellen wir fest, dass Johannes Paul ein dreifaches Ziel verfolgte: nämlich den Krieg zu verhindern, den katholischen und christlichen Gemeinschaften des Mittleren Ostens, die von den Ereignissen betroffen waren, Unterstützung zu gewähren und der arabischen Welt zu signalisieren, dass die katholische Kirche und die christliche Ökumene im Allgemeinen mit der bewaffneten Intervention der von den USA angeführten Koalition nicht einverstanden waren. Das erste Ziel hat er nicht erreicht, aber er schuf gute Voraussetzungen für die Verwirklichung der beiden anderen.

Wie die katholischen Patriarchen des Mittleren Ostens beim vatikanischen Gipfeltreffen vom 4. bis 6. März (das von Wojtyla einberufen wurde, um über die Konsequenzen des Krieges zu beraten, und an dem die Bischöfe aller involvierten Länder teilnahmen) berichteten, hatten die Intellektuellen der arabischen Welt hier und dort die unterschiedliche Position des Papstes gegenüber der des christlichen Westens, als dessen Sprecher er in diesen Ländern betrachtet wird, durchaus verstanden. Und auch die öffentliche Meinung des Nordens der Welt hatte irgendwie bemerkt – vielleicht zum ersten Mal und weil es sich um ein dramatisches Ereignis handelte –, dass die Verkündigung der christlichen Kirchen nicht mehr mit den Interessen der traditionell christlichen Staaten identisch ist.

Beim Vatikan-Gipfel berichteten die Vorsitzenden der Bischofskonferenzen von England und den USA über die Schwierigkeiten, ihren Parlamenten und Völkern die Vorbehalte der Kirchen gegenüber der Anwendung von Gewalt verständlich zu machen. Ähnliche Stellungnahmen waren von Patriarch Aleksji von Moskau und von der Vollversammlung des Ökumenischen Rates der Kirchen abgegeben worden, die in den Tagen des Krieges gerade in Canberra (Australien) tagte (7. bis 20. Februar). Aber wenn die Welt die Opposition der christlichen Kirchen gegen diesen Krieg zur Kenntnis nahm, dann war dies ein Verdienst der eindeutigen und seiner Linie stets treu bleibenden Haltung des Papstes. Diese war viel radikaler, d. h. viel mehr von der Perspektive einer *absoluten Ächtung* des Krieges inspiriert als die der Mehrzahl der katholischen Bischöfe und der nichtkatholischen Kirchen jener Länder, die Truppen in den Persischen Golf entsandt hatten. Obwohl der Papst betonte, dass die Okkupation von Kuwait nicht akzeptiert werden könne und dass von Seiten des irakischen Diktators eine *hochherzige Geste* notwendig sei, berief er sich stets auf zwei der fünf klassischen Voraussetzungen, die für einen „gerechten Krieg" gegeben sein müssen (gerechter Grund, kompetente Autorität, die zur Kriegserklärung ermächtigt ist, Ausschöpfung aller anderen Möglichkeiten, Verhältnismäßigkeit, Wahrscheinlichkeit des Erfolges), deren Vorhandensein er jedoch leugnete: die Ausschöpfung aller anderen Möglichkeiten und die Verhältnismäßigkeit.

Man muss jedoch festhalten, dass der Papst das Wort vom „gerechten Krieg" nie in den Mund genommen hat. Nur einmal, in seiner Rede vor dem Diplomatischen Corps am 13. Januar, hat er sich dem angenähert mit dem schon zitierten Satz, in dem er das Kriterium der Verhältnismäßigkeit ansprach: *Der Rückgriff auf Gewalt für eine gerechte Sache dürfte nur zulässig sein, wenn ...*

In dieser Ansprache nannte der Papst die beiden Voraussetzungen – die Ausschöpfung aller anderen Möglichkeiten und die Verhältnismäßigkeit – in einem einzigen Satz: *Der Friede ist noch möglich, der Krieg wäre der Untergang der ganzen Menschheit.* Für den Papst gab es also noch andere Mittel, die man versuchen müsste (wobei inzwischen das Ultimatum ausgesetzt werden sollte), und es bestand keine Verhältnismäßigkeit zwischen der Ungerechtigkeit, die beseitigt werden sollte, und jener, die mit dem bewaffneten Konflikt herbeigeführt würde. Was den Ausdruck *Untergang der Menschheit* anbelangt, den manche Kommentatoren als ein Schüren von Katastrophenangst kritisierten, so erklärte der Papst dessen Sinn am folgenden Tag: *In der gegenwärtigen Situation würde ein Krieg die Probleme nicht lösen, sondern sie nur noch verschärfen.*

Die einfachste Formulierung des Kriteriums der Ausschöpfung aller anderen Möglichkeiten, das in den päpstlichen Äußerungen ständig wiederkehrt, ist folgende: *Man muss alles Mögliche tun, um eine kriegerische Lösung in dieser Golfregion zu verhindern,* sagt er zu den Journalisten auf dem Flug nach Tanzania am 1. September.

Blick auf einen Teil der rund 200 000 Demonstranten, die am 26.1.1991 an dem Sternmarsch gegen den Golfkrieg zum Bonner Hofgarten teilnehmen.

Auf Grund der Berichterstattung der westlichen Medien – die in ihrer großen Mehrheit dem Urteil der Vereinigten Staaten zustimmten, dass dieser Krieg unvermeidlich sei – konnte die öffentliche Meinung den konkreten Charakter der Forderungen des Papstes nicht verstehen, deren man fast schon überdrüssig war: So als ob man jemandem zuhört, der von etwas ganz anderem spricht, der sogar schöne Worte findet, aber nicht zum Kern der Sache kommt und sich nicht mit den ernsten Fragen beschäftigt, denen die anderen ausgesetzt sind.

Doch das ist eine falsche Ansicht. Nie zuvor war der Papst – dieser Papst – so darum besorgt, konkret zu sein, die ganzen sieben Monate hindurch, von der irakischen Invasion Kuwaits bis zur Kapitulation Saddams. Zur prinzipiellen Erklärung, weshalb er für die *absolute Ächtung des Krieges eintritt,* gesellen sich stets – man könnte fast sagen: jeden Tag – Aussagen über konkrete Schritte, die zu tun wären, oder die Kritik an Schritten, die unternommen wurden, wobei er zum Kern der Fragen vorstößt und auf die politischen Verantwortlichkeiten für den Konflikt hinweist, um stärker auf das Geschehen Einfluss zu nehmen. Er sagt nicht nur: *Nie wieder Krieg!,* sondern er präzisiert: *Auf keinen Fall dieser Krieg im Persischen Golf!* (16. Januar)

Am 9. August 1990 lässt er vom „Osservatore Romano" eine Erklärung veröffentlichen – die erste offizielle Äußerung des Vatikans, sechs Tage nach der Invasion Kuwaits –, die bereits drei der vier hauptsächlichen Leitlinien für die Aktionen des Papstes enthält: Verurteilung der Verletzung des internationalen Rechts durch den Irak *(Welches Ende haben die Würde und die Souveränität eines unabhängigen Staates gefunden, der ein Vollmitglied der internationalen Gemeinschaft war?),* Hinweis auf den von der UNO einzuschlagenden Weg und auf die *friedlichen Mittel,* Distanzierung vom militärischen Weg, wie er von den USA sofort eingeschlagen wurde (die Erklärung fordert die *Verantwortlichen der Nationen* dazu auf, *die Konsequenzen mancher ihrer Entscheidungen ernsthaft zu überprüfen,* und präzisiert dann: *Das gilt sowohl für die Aktionen der einen wie auch für die Reaktionen der anderen).*

Papst Johannes Paul II. segnet bei der Ostermesse am 11.4.2004 auf dem Petersplatz in Rom die Gläubigen. Der Papst hat bei der Ostermesse alle „Menschen guten Willens" zum Engagement gegen Terrorismus aufgerufen. Die Menschheit müsse die Kraft finden, dem „unmenschlichen Phänomen des Terrorismus entgegenzutreten", forderte er vor Zehntausenden Gläubigen. Ausdrücklich verwies er auf die blutigen Konflikte im Irak, im Heiligen Land und in Afrika. Zugleich warnte der Papst vor der „Versuchung der Rache". Dabei appellierte er an Christen, Muslime und Juden, die „Brüderlichkeit zu entdecken".

Am 26. August erfolgt die erste öffentliche Stellungnahme des Papstes selbst, die zu den drei vom „Osservatore Romano" genannten Elementen noch ein viertes hinzufügt: die Ausweitung der Aufmerksamkeit auf *alle Völker des Mittleren Ostens, vor allem auf die so schwer geprüften des Libanon und Palästinas.*

Am 1. September, auf dem Flug nach Dar Es Salam (Tanzania), schließt er den Krieg als Lösungsinstrument für den Streit aus und bezeichnet die UNO als den geeigneten Ort, um darüber zu verhandeln: *Das sind Probleme des internationalen Lebens und der Heilige Stuhl wünscht, dass sie von den internationalen Instanzen gelöst werden können, die dazu heute schon besser in der Lage sind als zu früheren Zeiten.*

Am 2. Oktober gibt Erzbischof Sodano in New York die Zustimmung des Heiligen Stuhls zu einer Deklaration der Konferenz für Sicherheit und Zusammenarbeit in Europa bekannt, die den Rückzug des Irak aus Kuwait verlangt. Im Anschluss daran sagt er: „Der Heilige Stuhl kann in diesem Zusammenhang nicht umhin, auf die Dringlichkeit aufmerksam zu machen, auch für das Drama im Libanon und in Palästina eine Lösung zu suchen" und er betont „die Notwendigkeit des Suchens nach *friedlichen* Lösungen".

Am 4. Januar 1991 richtet der Papst einen Appell an die Außenminister der Europäischen Gemeinschaft, dass bei der Absicht, *das internationale Recht zu wahren, die friedlichen Mittel Vorrang haben müssen vor dem Rückgriff auf zerstörerische und schreckliche Instrumente des Todes.* Er verlangt also eine Initiative, die – und da sollte sich die europäische Position von der amerikanischen unterscheiden – das Ultimatum aufhebt.

Am 11. Januar schickt er ein Telegramm an den Generalsekretär der Vereinten Nationen, der sich auf einer Mission in Bagdad befindet, in dem das Wort „endlich" eine Kritik an der kümmerlichen Rolle der UNO im Vergleich zu der starken Rolle der USA aufnimmt: *Die moralische Autorität der Organisation, die Sie vertreten, möge dazu beitragen, dass endlich der Dialog, die Vernunft und das Recht die Oberhand gewinnen und so Entscheidungen mit verheerenden und unvorhersehbaren Konsequenzen vermieden werden.*

Am 13. Januar betont er, *dass der Friede noch möglich ist,* dass also noch Zeit ist für Initiativen, die das Suchen nach einer friedlichen Lösung über die drei vom Ultimatum zugestandenen Tage hinaus verlängern, und er behauptet, dass eine gewaltsame Lösung die *tiefen Ursachen* der Krise unberührt lassen und zu *neuer Gewalt* führen würde.

Ebenfalls am 13. Januar fordert er vom Irak eine *Geste des Friedens* und von der internationalen Gemeinschaft das Eintreten für eine *Friedenskonferenz* über *alle Probleme des Mittleren Ostens:* Es ist dies eine Unterstützung des kurz zuvor geäußerten Vorschlags des französischen Staatspräsidenten Mitterand.

In den Botschaften vom 15. Januar an Bush und Saddam verlangt er von ersterem, *Entscheidungen, die nicht mehr rückgängig gemacht werden könnten, zu vermeiden,* weil sie zu *neuen und vielleicht noch schlimmeren Ungerechtigkeiten* führen würden, und von Saddam fordert er eine *hochherzige Geste:* ein weiterer Vorschlag, die Verhandlungen trotz des Ablaufs des Ultimatums fortzusetzen.

Sogar in einem Gebet am 16. Januar, nach Ablauf des Ultimatums, spricht er sich gegen das Ultimatum aus und nennt es einen „Kriegstermin": *Ermögliche mit deinem Geist neue Lösungen, hochherzige und ehrenhafte Gesten, Spielräume des Dialogs und geduldigen Wartens, die fruchtbarer sind als die gegenwärtigen Kriegstermine.*

Am 24. Januar appelliert er beim Empfang des Botschafters von Singapur an die nicht zur Allianz gehörenden Länder, die zögernd beginnen, ihre Stimme vernehmen zu lassen: *Ich bringe die Hoffnung zum Ausdruck, dass Länder wie das Ihre, die nicht am Konflikt beteiligt sind, sich zusammentun, um nach neuen und kreativen Möglichkeiten zu suchen, wieder zum Dialog und zu Verhandlungen zurückzukehren, die der einzige wahre Weg sind, um die internationale Ordnung und den Frieden wieder herzustellen.*

Am 27. Januar unterstützt er neuerlich die Initiativen der Nichtalliierten und der gemäßigten arabischen Staaten: *Mögen die Anstrengungen jener von Erfolg gekrönt sein, die nicht aufhören, Initiativen vorzuschlagen, um den Konflikt zu beenden.*

Am 21. und 22. Februar lässt er den Vatikansprecher zweimal betonen, dass *der Heilige Stuhl die sowjetische Initiative gutheißt:* eine Unterstützung des Plans von Gorbatschow für eine beiderseitige Einstellung der Feindseligkeiten, der den Landangriff der Alliierten vermeiden sollte.

In den vielen Monaten lässt der Papst nie nach, den Geschehnissen und ihren Entwicklungen seine Aufmerksamkeit zu schenken. Er ergreift das Wort, um auf die Entscheidungen Einfluss zu nehmen. Seine Position ist realistisch und oft identisch mit anderen Friedensinitiativen.

Für ein Gesamturteil mögen die folgenden Worte des Papstes zum Abschluss des bischöflichen Gipfeltreffens am 6. März genügen: *Der Golfkrieg hat Tod, Zerstörung und ungeheure wirtschaftliche Schäden und solche an der Umwelt mit sich gebracht* und nach seinem Ende *könnte das gegenseitige Unverständnis noch zunehmen, wenn sich nicht alle sofort darum bemühen, auf den Dialog zu bauen und das gegenseitige Vertrauen zu fördern.* Eine volle Bestätigung der moralischen Unzulässigkeit der Gewaltanwendung von Seiten der Alliierten, die noch dadurch bekräftigt wird, dass jede Anerkennung für das erzielte Resultat fehlt.

Es gibt – nach unserer Ansicht – drei Gründe, die Wojtyla veranlasst haben, sich mit solcher Vehemenz gegen den Einsatz von Gewalt zur Lösung des Golfproblems auszusprechen: die Überzeugung, dass dies nach dem Ende der Ost-West-Spaltung der erste vermeidbare Krieg sein könnte; die Furcht, dass er eine kriegerische Spannung zwischen Nord und Süd einleiten könnte; die Angst, er könnte den Moslems als ein Krieg zwischen dem Islam und dem Christentum erscheinen. Von der *Sorge für die Zukunft* sprach Wojtyla auch in einer Ansprache an den Klerus von Rom am 14. Februar: *Unsere größte Sorge für die Zukunft besteht darin, die Völker könnten als Folge dieses Krieges noch mehr Gegner, noch mehr Feinde werden, statt auf Verständnis und eine möglichst universale Solidarität hinzuarbeiten.*

Das Eintreten Johannes Pauls für den Frieden war nichts Neues, wie wir in den Kapiteln 23 und 24 gesehen haben. Was aus Anlass dieses Krieges hinzukommt, ist jene *Sorge für die Zukunft,* von der er zu den römischen Pfarrern spricht. Denn es standen die Völkerverständigung, der interreligiöse Dialog und die Sendung einer Weltkirche auf dem Spiel, die historisch gesehen im Norden beheimatet ist und sich missionarisch an den Süden wendet. *Wir sind in Sorge um das Weiterbestehen unserer konziliaren Sicht der Welt,* sagte er am 14. Februar zu den Pfarrern.

Man könnte sich fragen, ob es vernünftig war, dass der Papst sich in einer so zweifelhaften, so umstrittenen, so widersprüchlichen Sache, wie es dieser Krieg war, derartig exponierte. Ob es nicht klüger gewesen wäre, sich darauf zu beschränken, auf das Prinzip „Du sollst nicht töten“ zu pochen, ohne auf die politische Frage einzugehen, wie dem verletzten internationalen Recht wieder Geltung verschafft werden kann. Andere an seiner Stelle hätten vielleicht anders handeln können. Doch Johannes Paul ist fasziniert von den großen Herausforderungen. *Dies ist eine radikale Zeit und sie verlangt einen radikalen Glauben,* hatte er einmal gesagt. Und mitten im Krieg, zum Abschluss der geistlichen Exerzitien am 23. Februar charakterisiert er diese seine Haltung auf folgende Weise: *In dem Augenblick, in welchem die Welt sich erneut vor radikalen Alternativen befindet, hat die Kirche Anteil an dieser Radikalität der Alternativen, sie ist sich bewusst, dass ihre Sendung nicht anders sein kann.*

Das persönliche Engagement des Papstes gegen den Krieg führte – wie es bei Johannes Paul, der in seiner Jugend Gedichte schrieb, manchmal der Fall ist – auch zu einem teilweise neuen und bezeichnenden Sprachgebrauch, sowohl in seinen Appellen als auch in den von ihm formulierten Gebeten.

Johannes Paul hat in den Wochen des Krieges oft das Motto Pauls VI. „Nie wieder Krieg!“ verwendet und einmal auch den Ausspruch Benedikts XV. vom „sinnlosen Gemetzel“ (2. Februar). Aber er hat auch seine eigenen Gedanken mit denen anderer vermischt, zum Beispiel in dem folgenden Gebet vom 16. Januar:

Nie wieder Krieg, dieses ausweglose Abenteuer;
nie wieder Krieg, diese Spirale von Trauer und Gewalt;
nicht dieser Krieg im Persischen Golf,
eine Bedrohung für deine Geschöpfe im Himmel,
auf der Erde und im Meer.

In dieser Stunde unerhörter Gewalt und sinnlosen Gemetzels, lautet auch der Anfang eines Gebetes vom 2. Februar. Bei anderen Gelegenheiten nannte er den Krieg ein *tragisches Abenteuer* (12. Januar), eine *tragische Erfahrung* (13. Januar), einen Weg, *unwürdig der Menschheit* (27. Januar), eine *Gefahr für die gesamte Menschheit* (3. Februar).

Kreativ ist auch der ökumenische und interreligiöse Anfang mancher Gebete, die vom Papst persönlich geschrieben und so formuliert wurden, dass sie auch die Anliegen *unserer jüdischen und muslimischen Brüder* (so nennt sie das Schlussdokument des Bischofsgipfels vom 4./5. März) zum Ausdruck bringen konnten.

Am bezeichnendsten ist das Gebet Nr. 5 bei jener Paraliturgie, mit der das bischöfliche Gipfeltreffen *für einen gerechten und dauerhaften Frieden im Heiligen Land und in Jerusalem* abgeschlossen wurde. In ihm wird die Bitte ausgesprochen, *dass die Anhänger des Christentums, des Judaismus und des Islams, die den einzigen, ewigen und barmherzigen Gott verehren, im Geist der Verständigung und der gegenseitigen Achtung zusammenarbeiten können.* Aber bereits ein Gebet vom 16. Januar begann mit folgenden Worten: *Gott unserer Väter, groß und reich an Erbarmen, Herr des Friedens und des Lebens, Vater aller ...* Zu Beginn des „Rosenkranzgebetes für den Frieden“ hatte der Papst am 2. Februar gesagt: *Ich rufe alle auf, sich im Einklang zu fühlen mit den anderen Glaubenden, vor allem mit den Völkern des jüdischen, christlichen und islamischen Glaubens, die am meisten von diesem Krieg betroffen sind.*

Am 6. Februar schließlich, als er den Irak ersucht, keine chemischen und bakteriologischen Waffen einzusetzen, sagt der Papst – wohl auch um die Bitte so zu formulieren, dass sie von den Anhängern des Islams verstanden werden kann: *Möge der barmherzige Gott unser Flehen erhören!*

Diese Absicht, gemeinsam mit den Moslems und den Juden zu beten, hat er beim Angelus am 27. Januar ausdrücklich betont: *Wir bitten noch für und mit allen Glaubenden, die den drei Religionen angehören, die im Mittleren Osten ihre geschichtlichen Wurzeln haben.* Und der Wunsch, Jerusalem zu besuchen, den er am 6. März äußert, hat den Zweck, dort als *Pilger gemeinsam mit den jüdischen, christlichen und muslimischen Gläubigen jene Botschaft und jene Bitte um Frieden zu verbreiten, die am 27. Oktober 1986 in Assisi bereits an die ganze Menschheitsfamilie gerichtet wurden.*

Völlig neu ist ein *Gebet für die Soldaten an allen Fronten* vom 2. Februar: *Vater aller, stehe den Soldaten an allen Fronten bei, die zu schmerzlichen Entscheidungen gezwungen sind und sich im Golfkrieg gegenseitig bekämpfen. Befreie sie von Gefühlen des Hasses und der Rache, gib, dass sie sich stets den Wunsch nach Frieden im Herzen bewahren, damit die Schrecken des Krieges bei ihnen nicht Niedergeschlagenheit und Verzweiflung auslösen.*

Gewöhnlich ziehen solche Gebete für die Kämpfer Gott auf die eigene Seite und bitten um den Sieg. Gerade in jenen Tagen konnte man eindrucksvolle Beispiele einer solchen archaischen Religiosität sowohl in den Rundfunkappellen Saddam Husseins als auch in den Aufforderungen von Präsident Bush verzeichnen, „für unsere jungen Männer im Golf zu beten“. Das ökumenische Gebet des Papstes, der nicht zwischen den

Irakern und den anderen unterscheidet und dem nur am Schicksal der Männer gelegen ist, die gezwungen sind, sich gegenseitig zu bekämpfen, ist ein ermutigendes Zeichen der Zeit.

Schließlich ist noch auf das Experiment eines Gebetes hinzuweisen, welches das Schicksal der Menschen mit dem der Tiere verknüpft und das in der päpstlichen Liturgie sicherlich etwas ganz Neues darstellt und vielleicht schon jenes Echo vorwegnimmt, das die ökologische Sensibilisierung in der christlichen Frömmigkeit finden könnte. Ich meine das vierte jener fünf Gebete, die beim „Rosenkranzgebet für den Frieden" am 2. Februar vorgetragen wurden. Es trug den Titel „Für die Bewahrung der Menschen und der Schöpfung": *Blicke voll Mitleid auf die vom Krieg gemarterte Menschheit; bewahre die Geschöpfe des Himmels, der Erde und des Meeres, Werke deiner Hände, die inmitten unerhörter Leiden von Zerstörung bedroht sind.*

Dieser Erfindungsreichtum an Worten und Gesten war das Resultat jener Leidenschaft für den Menschen, von der Wojtyla beseelt ist und die sich in jenen Monaten auf vielerlei Weise äußerte. Eine Ahnung davon vermittelte Lech Walesa, als er am 7. Februar von einer Audienz beim Papst kam: „Er sagte mir, dass er nicht schlafen könne. Er fragt sich, wie es in der heutigen Welt noch möglich ist, dass die einen auf die anderen schießen."

Der Nahe Osten beschäftigte den Papst auch weiterhin, nicht nur wegen der ungelösten Palästinenserfrage, sondern immer auch hinsichtlich der Golfregion. Hier sah er erhebliches Konfliktpotenzial sowohl innerislamisch zwischen Sunniten und Schiiten, als auch zwischen Christen und Moslems. Gerade der letztere Gegensatz bereitete ihm schwere Sorgen, weil jeder Angriff westlicher Mächte auf islamische Staaten zugleich als „Kampf der Kulturen" missdeutet werden könnte, gleichgültig wie berechtigt er sein mochte. Als am 11. September 2001 Islamisten ihre Angriffe auf die Doppeltürme des New Yorker World Trade Center und auf das Pentagon ausgeführt hatten, nahm die Gefahr eines solchen Kampfes konkrete Formen an. Die USA nahmen natürlich sogleich islamische Staaten und vor allem Afghanistan ins Visier, weil von dort aus die Terrororganisation Al Kaida im Schutz der radikalen Taliban operierte.

Mahnend erhob Johannes Paul II. sogleich die Stimme gegen Militärschläge, weil er eben den Zusammenprall der Kulturen fürchtete und weil Gewalt stets mehr Probleme schaffe, als sie je zu lösen in der Lage sei. Als dann auch noch der Irak ins Fadenkreuz der amerikanischen Terrorbekämpfer geriet, schrillten alle Alarmglocken im Vatikan, der nun zu einer Drehscheibe der internationalen Diplomatie wurde. Schon zu Jahresbeginn 2003 hatte der Papst vor dem diplomatischen Korps in Rom erklärt, dass der *Krieg immer eine Niederlage der Menschheit* sei und dass alles getan werden müsse, *das unheilvolle Flackern der Gewalt auszulöschen.* In den folgenden Wochen setzte er sich in Gesprächen mit hochrangigen Politikern beider Seiten vehement für eine friedliche Beilegung des Konflikts ein, unterstützte die Forderung nach Fortsetzung der UN-Inspektionen im Irak, empfing den christlichen stellvertretenden irakischen Ministerpräsidenten Tarik Aziz, schickte Kardinal Roger Etchegaray zu Saddam Hussein und stärkte den Kriegsgegnern den Rücken.

Dieses Mal nämlich war er nicht allein mit seiner rigorosen Ablehnung eines durch nichts hinreichend begründeten Waffengangs. Deutschland, Frankreich und Russland standen auf seiner Seite, und die Massen in den anderen europäischen Staaten demonstrierten auch dort gegen den Krieg, wo ihre Regierungen, etwa in Italien, Spanien und England, das amerikanische Vorgehen unterstützten. Doch selbst in den USA wuchs der Widerstand der 60 Millionen Katholiken. Ihnen leuchtete ein, was der italienische Erzbischof Martino, Vorsitzender des päpstlichen Rats „Justitia et Pax", im Auftrag seines Kirchenoberhaupts in einem Interview sagte: Die internationale Gemeinschaft besitze „genügend Instrumente, um den Krieg zu vermeiden". Es stehe zudem zu befürchten, dass der Krieg größere Übel und Unordnung hervorbringe, als er abstellen solle. Es sei für niemanden absehbar, was danach geschehen werde.

Es kam im März/April 2003 und in der Folgezeit beinahe schlimmer noch als von Johannes Paul II. befürchtet; die USA gewannen den Krieg binnen weniger Wochen und scheiterten Tag für Tag am Frieden. Für den Papst und sein Bemühen um einen Dialog der Weltreligionen ein Desaster. Das Vorgehen der westlichen, in den Augen der Moslems also christlichen Führungsmacht hat die Bereitschaft zur Verständigung und zur gegenseitigen Anerkennung der Kulturen auf lange Zeit zunichte gemacht. Nachdem zunächst vor allem Einrichtungen der Besatzer und ihrer Kollaborateure Ziel von Terroranschlägen waren, richtete sich der Zorn der gedemütigten Iraker und der islamischen Krieger zunehmend auch gegen christliche Ziele. Das Pflänzchen der Versöhnung, das der Papst mit dem Gebetstag der Weltreligionen ein Jahr zuvor in Assisi gepflegt hatte, droht unter Panzerketten zermalmt zu werden.

Er bietet dem islamischen Regime von Khartoum die Stirn

Der Besuch vom 10. Februar 1993 in Khartoum, der Hauptstadt des Sudan, ist die vielleicht riskanteste Mission des Pontifikats. Im Land ist seit zwei Jahren das islamische Gesetz, die Shari'a, in Kraft und es herrscht seit zehn Jahren ein brutaler Bürgerkrieg zwischen dem arabischen und moslemischen Norden und dem schwarzen, animistischen und christlichen Süden. Dieser Krieg ist die gewaltsame Version jener schwierigen Konfrontation zwischen dem Islam und dem Christentum, die seit einem Jahrhundert den gesamten afrikanischen Kontinent erfasst und in dem Landstrich südlich der Sahara dramatische Formen angenommen hat, genau in den Regionen, wo die arabische und die schwarze Bevölkerung gemischt lebt und es ständig zu Auseinandersetzungen kommt.

Der Sudan ist das einzige Land, in dem das Gesetz des Korans herrscht und das Johannes Paul im Laufe seines bisherigen Pontifikats besuchen konnte. Das Resultat dieses Besuches ist scheinbar bescheiden oder gleich Null. Aber was sein Hauptziel angeht, ist der Papst durchaus erfolgreich, nämlich einer verfolgten Gemeinschaft die Solidarität der katholischen Kirche zu bekunden, und teilweise erreicht er auch sein zweites Ziel, die Frage des Sudan der Weltöffentlichkeit nahe zu bringen. Unergründlich bleibt das dritte Ziel, das er sich aber sicherlich vorgenommen hat: den islamischen Fundamentalimus offen herauszufordern. Er sprach mit der gewohnten Offenheit, aber er erhielt keine Antwort. Bleibt also die Tatsache, dass der Besuch in Khartoum, insgesamt gesehen, als die zweite „Predigt" des Pontifikats an die Anhänger des Islams verstanden werden kann .

Um sich das gespannte Klima vorzustellen, in dem der Besuch Johannes Pauls erfolgte, braucht man sich nur daran zu erinnern, dass der Sudan in jenen Monaten von Seiten der UNO und der Europäischen Gemeinschaft wiederholt der Menschenrechtsverletzungen beschuldigt wurde und die USA ihn zu jenen Staaten zählten, die den internationalen Terrorismus unterstützen. Um das objektive Risiko zu verstehen, das Johannes Paul eingegangen ist – mit dem Vorwurf der Verfolgung der christlichen Bevölkerung des Südens und der wiederholten Zitierung der vom Regime zensurierten Dokumente der Bischofskonferenz –, muss daran erinnert werden, was ein Jahr später dem Erzbischof von Canterbury und anglikanischen Primas Carey widerfährt, der die

Ein sudanesischer Diakon betet gemeinsam mit Gläubigen während der Sonntagsmesse in der St. Matthew's Kathedrale in Khartoum am 26.10.2003 für Frieden.

Gemeinschaften des Südens besucht und dabei mit den Anführern der beiden Rebellengruppen, John Garang und Rick Machar, zusammentrifft: Die Regierung des Sudan bezeichnet diesen Besuch als „unerwünscht" und bricht die diplomatischen Beziehungen zu London ab.

Als er in Khartoum landet, der letzten Etappe einer Reise (der zehnten nach Afrika), die ihn nach Benin und Uganda geführt hat, weiß Johannes Paul genau über das Risiko Bescheid, das er eingeht. Und so antwortet er noch im Flugzeug auf die Fragen der Journalisten: *Die Aufgabe der Kirche, des Heiligen Stuhls, der Nuntien, der Bischöfe ist es immer, die moslemischen Regierungen und Machthaber darauf hinzuweisen, dass das Gesetz des Korans nur auf die Gläubigen des Islams Anwendung finden kann und man dieses Gesetz absolut nicht jenen auferlegen darf, die einen anderen Glauben haben, die Christen sind.*

Er ist sich bewusst, dass die Bilder seiner Anwesenheit in Khartoum in instrumentaler Weise missbraucht werden würden, doch das hält ihn nicht auf: *Ein Risiko gibt es immer ... Wohin man geht, lauert Gefahr, aber vor allem jetzt diese Hauptgefahr, von der ich gesprochen habe, das Risiko, das Jesus eingegangen ist, als er die zwölf Fischer aussandte ... Innerhalb dieser Prinzipien können wir die Gefahren abschätzen. Wir werden sehen: Für mich scheint – ich sage nicht: ist – die Sache providentiell.*

Er beurteilt als providentiell, was ein anderer Papst wahrscheinlich vermieden hätte, um keine Imageschäden zu riskieren und die katholische Gemeinschaft des Sudan, der er beistehen möchte, nicht weiteren realen Gefahren auszusetzen. Vier Tage vor der Ankunft in Khartoum, als er sich in Gulu im Norden Ugandas aufhielt, hatte er dort Pàris Taban, den Bischof von Torit, getroffen, einer Stadt im Südsudan, die von den Regierungstruppen zurückerobert worden war: Taban lebte seit Monaten im Busch, in dem von den autonomistischen Rebellen der Volksbefreiungsarmee kontrollierten Gebiet. Diesen Bischof zu empfangen war für die Regierung in Khartoum gleichbedeutend wie einen Rebellenführer zu empfangen.

Taban hatte Johannes Paul eine Liste von Katechisten übergeben, die von den Regierungstruppen in der Gegend von Bor lebendig begraben wurden, sowie einen direkt an ihn, den Papst, gerichteten Appell, der zwei Tage vorher in Kaya – im sudanesischen Busch – von sechs Bischöfen unterschrieben worden war: zwei katholischen (Taban selbst und Joseph Gasi, Bischof von Tombura-Yambio), zwei Bischöfen der Episkopalkirche, einem anglikanischen und einem presbyterianischen Bischof. Es handelt sich um ein dramatisches Dokument, das darüber informiert, dass es Bombenangriffe gegen die Zivilbevölkerung – mit fünf Toten und vielen Verletzten – zu einem Zeitpunkt gegeben hat, als der Papst bereits in Afrika war (der Besuch in Benin begann am 3. Februar), und dass eine Kolonne von siebzig Militärfahrzeugen in Richtung Yei, einem Stützpunkt der Rebellen, unterwegs ist.

„In Khartoum" – schreiben die sechs christlichen Bischöfe in dem Brief an den Papst – „werden Sie einen roten Teppich vorfinden und viele offizielle Ansprachen zu hören bekommen. Sie müssten wissen, Heiliger Vater, dass das dieselben Leute sind, die eine militärische Offensive gegen uns durchführen und den Krieg noch intensivieren, die in Juba 300.000 Sudanesen als Geiseln halten, die die Verkündigung des Evangeliums und die Aktivitäten der Kirche einschränken und das Volk aus rassischen Gründen diskriminieren; ja die sogar die Sklaverei von neuem praktizieren, indem sie afrikanische Kinder gefangen nehmen und verkaufen."

Wahrscheinlich hatte Johannes Paul noch nie zuvor eine so erschütternde Botschaft erhalten. Und er kann auch nicht einfach darüber hinweggehen in der Meinung, die Verbitterung der sechs Partisanenbischöfe habe den Teufel viel schlimmer an die Wand gemalt, als er tatsächlich ist: Denn schon bei seinem Abflug von Rom wusste der Papst alles über die Situation im Sudan, und zwar aus dem Dossier, das ihm vom Nuntius und von den Bischöfen geliefert worden war. Die neun Bischöfe hatte er vier Monate vorher, am 2. Oktober 1992, zum Adlimina-Besuch empfangen und sie ermutigt, in ihren Beschwerden in der Heimat und im Ausland fortzufahren. Vier Tage nach dieser Ermutigung, am 6. Oktober, gaben die sudanesischen Bischöfe in Rom eine Pressekonferenz, um „der Welt ein realistisches Bild vom unerträglichen Leiden des sudanesischen Volkes zu vermitteln".

„Vom gegenwärtigen sudanesischen Regime" – sagten die Bischöfe unter anderem – „werden die fundamentalen Menschenrechte einschließlich des Rechtes auf Leben, auf die Freiheit des Wortes sowie des Rechtes, den eigenen Glauben zu lehren und zu bekennen, vollkommen negiert. Das einfache Volk wird von der repressiven Politik des fundamentalistischen islamischen Regimes terrorisiert, das die nicht-arabische und nicht-moslemische Bevölkerung arabisieren und islamisieren will und nicht einmal davor zurückschreckt, ein Lebensmittelembargo als Waffe einzusetzen. Völkermord und Tötung Unschuldiger sind auf der Tagesordnung im Sudan. Den Medien ist es nicht erlaubt, der Wahrheit auf den Grund zu gehen und sie zu verbreiten ... Der Sudan ist zu einem Land der Flüchtlinge und Evakuierten geworden. Waisen und Kinder werden geraubt und in den Norden des Landes gebracht, wo ihnen die islamische Religion aufgezwungen wird und sie wie Sklaven gehalten werden, die für ihre Arbeit keinen Lohn erhalten. Das ist Sklaverei im 20. Jahrhundert ... 1989 wurden alle Missionare aus dem Süden Kordofans ausgewiesen unter dem Vorwand, dass dieses Territorium Kriegsgebiet geworden sei. Schrittweise und systematisch wurde das Missionspersonal auch aus anderen Teilen des Sudan, zum Beispiel aus Juba und sogar aus El Obeid und Khartoum vertrieben. Zum Schluss wurden Katechisten und Priester verhaftet, gefoltert und zermürbenden Verhören unterworfen ... Das gegenwärtige Regime lässt weder neue Kirchenbauten noch die Errichtung von Seelsorgszentren mehr zu. Nicht-moslemischen Gefangenen wird die Freiheit versprochen, wenn sie zum Islam konvertieren. Die christlichen Führungspersönlichkeiten werden vom Regime ganz besonders aufs Korn genommen, sie werden gefoltert, terrorisiert und eingesperrt ... Dieses Vorgehen wird so lange anhalten, bis der Sudan zur Gänze eine arabische islamische Nation geworden ist, die von islamischen Gesetzen regiert wird" („Civiltà Cattolica", 20. März 1993).

Wichtig für die Brisanz dieses Papstbesuches: Die offizielle Propaganda für die Islamisierung behauptet, dass die christlichen Kirchen ausländische, antiislamische Mächte seien. Diese Propaganda behauptet auch, dass das Christentum eine aus dem Westen „importierte" Religion sei: eine Behauptung, die besonders für die Sudanesen widerwärtig klingen muss, nicht nur weil das Christentum aus Palästina kommt, sondern auch weil es von Anfang an im Sudan präsent war – so wie in Ägypten und in Äthiopien –, längst bevor der Islam, aus Arabien kommend, dort Wurzeln schlug.

Vor diesem düsteren Hintergrund wurde dann zwar die Bereitschaft zum Empfang des Papstes bekundet, allerdings wurde der Besuch auf die Hauptstadt beschränkt. Kurz vor der Ankunft des Papstes zeigte sich die sudanesische Regierung auch noch zu einigen Konzessionen bereit: Erleichterungen für die Teilnahme am Gottesdienst unter freiem Himmel, Rundfunkübertragung, Freilassung einiger Priester.

Das Regime leugnet, dass es eine Islamisierung und religiöse Diskriminierung gibt. Ein Hirtenbrief der Bischöfe mit ähnlichem Inhalt wie die Pressekonferenz in Rom wird vom Geheimdienst als gegen die Staatssicherheit gerichtet beschlagnahmt. Die dort vorgebrachten Beschwerden werden als „Propaganda" betrachtet. Ganz auf dieser Linie liegt General Omar Hassan Ahmed al Bashir, der den Papst am 10. Februar um 11 Uhr auf dem Flughafen begrüßt und ihm sagt, dass er nun die „seltene Gelegenheit" haben werde, „die Tatsachen mit eigenen Augen zu sehen und festzustellen, dass der Sudan als eine multireligiöse, multirassische und multikulturelle Gesellschaft Instrumente und Verhaltensweisen entwickelt habe, damit alle in Eintracht, Brüderlichkeit und Ruhe leben können". Das ist jedoch das Gegenteil von dem, was die Bischöfe sagen, die der Papst in der Folge bei allen seinen Ansprachen zitiert. Schon auf dem Flughafen lässt seine Antwort an Deutlichkeit nichts zu wünschen übrig: Er fordert seine Gesprächspartner auf, *die Stimme unserer unterdrückten Brüder* zu hören, macht sie aber auch darauf aufmerksam, dass er nicht zu schweigen gedenkt, denn *wenn das Volk schwach, arm und schutzlos ist, muss ich meine Stimme für sie erheben.* Und er stellt den Sinn seiner Mission klar: *Alles, was die Kirche verlangt, ist die Freiheit, ihrer religiösen und humanitären Sendung nachzukommen.*

Am Flughafen sind nur die staatlichen Autoritäten anwesend, aber gleich darauf auf den Straßen wird Johannes Paul von einer großen Menge von Christen bejubelt, zum Großteil Flüchtlinge aus den Regionen des Südens. Sie haben Fähnchen mit den vatikanischen Farben in Händen und heben weiße Transparente hoch mit Kreuzen und Namen darauf: Es sind die Namen der Opfer der Islamisierung. Auf einem Spruchband steht auf Englisch geschrieben: „Heiliger Vater, sprich im Namen derer, die nicht sprechen können!"

Johannes Paul spricht – und wie! Der zweite Treffpunkt ist in der Kathedrale, dann folgt der Besuch beim General im Präsidentenpalast, am Nachmittag feiert er eine Messe, an der 200.000 Menschen teilnehmen, schließlich ergreift er vor dem Abflug nach Rom auf dem Flughafen noch einmal das Wort. In der Kathedrale spricht er zum Klerus und zu den Katechisten: Er weiß um die *großen Schwierigkeiten,* unter denen sich ihr Leben gestaltet *wegen der traurigen Situation in eurem Land* auf Grund des Krieges und auch durch den *Abbruch der guten Beziehungen, die zwischen Christen und Moslems bestehen sollten.* Er beschwört sie, *nicht zu denken, dass die übrige Welt euch vergessen hat,* denn der Papst und die ganze Kirche beten für sie.

In der Ansprache an den Staatschef gibt er der Hoffnung Ausdruck, dass der Sudan zu einer Verfassungsform findet, die ein *friedliches Zusammenleben* der verschiedenen Gemeinschaften ermöglicht:

Exzellenz, dieser Hoffnung möchte ich heute hier erneut Nachdruck verleihen. Meine Hoffnung beruht auf der Überzeugung, dass Frieden immer möglich ist. Der Mensch ist ein rational denkendes Lebewesen, dem Intelligenz und Willenskraft gegeben ist; daher ist er auch in der Lage, gerechte Lösungen für Konfliktsituationen zu finden, wobei es keine Rolle spielt, wie lange sich diese Konflikte schon hinziehen oder wie verworren die Beweggründe sind, die sie ausgelöst haben. Schritte zur Wiederherstellung der Eintracht hängen davon ab, ob die beteiligten Parteien bereit und entschlossen sind, die für den Frieden notwendigen Voraussetzungen zu erfüllen. Aber wo auf Grundsatzerklärungen kein konkretes Handeln folgt, können Gewalttätigkeiten unkontrollierbare Ausmaße annehmen ... Auf die Bausteine des Friedens wurde auch von den sudanesischen Bischöfen selbst

Mit Trommeln und Gesang begleiten sudanesische Gemeindemitglieder die Messe am 26.10.2003 in der Kathedrale in Khartoum.

hingewiesen, als sie sagten: „Ohne Gerechtigkeit und Achtung vor den Rechten des Menschen kann kein Frieden erlangt werden" (Kommuniqué vom 6. Oktober 1992). In einem Staat, wo viele Völker und viele Kulturformen Seite an Seite existieren, kann eine Konfrontationsstrategie niemals zu Frieden und Fortschritt führen. Lediglich die gesetzlich abgesicherte Einhaltung der Menschenrechte, in einem System, das für alle die gleichen Rechte vorsieht, kann die richtigen Voraussetzungen für eine friedliche Koexistenz und Kollaboration zum Wohl der Allgemeinheit schaffen. Meine Hoffnung für euer Land kann daher auf konkretere Weise durch meinen innigen Wunsch zum Ausdruck gebracht werden, dass alle Menschen im Sudan – ohne Diskriminierung auf Grund ihrer Abstammung, ihres kulturellen Hintergrunds, ihrer sozialen Stellung und ihrer religiösen Überzeugung – ihren Teil von Verantwortung im Leben der Nation übernehmen, wobei ihre Unterschiedlichkeit durchaus zur Bereicherung der gesamten Staatsgemeinschaft beitragen kann.

Bei der Messe auf dem Green Square – zu Ehren der seligen Josephine Bakhita, einer sudanesischen Sklavin, die später Ordensfrau wurde und die er neun Monate vorher auf dem Petersplatz selig gesprochen hatte – bekräftigt Johannes Paul die Solidarität der Gesamtkirche mit den neun sudanesischen Bischöfen und ihren Klagen, für die das Regime nur Spott und Hohn übrig hat: *Heute bekräftigen der Nachfolger Petri und die ganze Kirche nochmals, dass sie die nachhaltigen Aufrufe, mit denen die Bischöfe die Achtung für eure Rechte als Bürger und Glaubende fordern, unterstützen.*

Sieben der neun Bischöfe sowie der schon pensionierte Altbischof von Khartoum hören dem Papst zu und zelebrieren mit ihm die heilige Messe. Die beiden anderen, jene von Torit und Tombura-Yambio, die in den Bürgerkriegsgebieten leben, können ihn über Radio hören. *Ich hoffe allen Ernstes, dass meine Stimme euch, die Brüder und Schwestern im Süden, erreichen wird,* sagt Wojtyla zum Abschluss.

Der Papst betont natürlich auch die Friedensabsicht seines Besuches, der darauf abzielt, *zu einer neuen Beziehung zwischen Christen und Muslimen aufzurufen,* und schließlich spricht er auch noch ein mahnendes Wort gegen den Fundamentalismus, was in Khartoum weder vor noch nach ihm jemand gewagt hat: *Die Religion als Vorwand für Ungerechtigkeit und Gewalt zu benützen ist ein schrecklicher Missbrauch, der von allen, die wahrhaft an Gott glauben, verurteilt werden muss.*

Es ist dies die deutlichste und stärkste der drei großen Mahnungen, die Johannes Paul im Verlauf seines Pontifikats an die Adresse des Islams richtet, diesen schwierigen Gesprächspartner, der immer wieder der Versuchung ausgesetzt ist, im Namen des Glaubens Gewalt anzuwenden. Die beiden anderen erfolgen in Tunis und in Abuja (Nigeria).

In Tunis sagt er am 24. April 1996: *Niemand darf im Namen Gottes töten, niemand darf hinnehmen, dass ein Bruder getötet wird!*

Und in Abuja am 22. März 1998: *Immer wenn im Namen der Religion Gewalt angewendet wird, müssen wir allen klarmachen, dass es sich in einem solchen Fall nicht um die wahre Religion handelt!*

Warum behaupten wir, dass die Mahnung von Khartoum deutlicher und stärker sei als jene von Tunis und Abuja? Nicht wegen der klaren Worte, denn die findet er bei allen Gelegenheiten. Und auch nicht wegen der schwierigeren Situation, denn als er von Tunis aus seine Worte an Algerien richtet, steuert das Drama der Gewalt dort gerade einem neuen Höhepunkt zu, und in Abuja bezieht er sich auf die Gewalt, der die Christen im Norden von Nigeria ausgesetzt sind.

Die Worte von Khartoum sind deshalb deutlicher und stärker, weil der Papst hier an die gewalttätigen Hitzköpfe des Islams denselben Appell richtete, den er genau einen Monat vorher in Assisi (am Tag des Fastens und des Gebetes für den Frieden in Ex-Jugoslawien) zum Schutz der Moslems in Bosnien ausgesprochen hatte, die von der „ethnischen Säuberung" durch die Serben und auch die Kroaten bedroht waren. Der Papst, der am 10. Februar die islamische Gewalt verurteilt, ist derselbe, der am 10. Januar mit denselben Worten die Anhänger des Islams vor der christlichen Gewalt zu schützen versucht hatte.

Weil er vielleicht über die Intoleranz nachdenkt, die in der Vergangenheit auch die Christen praktiziert haben (und für die er anlässlich des Großen Jubiläums um Vergebung bitten wird), nimmt Johannes Paul das Drama besonders wahr, in das der Islam heute verstrickt ist. Und so richtet er an ihn nicht nur Mahnungen, sondern widmet ihm auch sein Gebet. Auf dem Flug von Rom nach Manila sagt er am 11. Januar 1995: Ich bete jeden Tag für Algerien, um unsere moslemischen Brüder und vor allem die Islamisten – durch den Himmel – davon zu überzeugen, dass man nicht so handeln darf, wie sie es tun.

Keine Illusionen über die Wirkung seines Auftretens in Khartum gegen die islamistischen Machthaber hat sich Johannes Paul II. gemacht. Ihm blieb bewusst, dass nur langjähriger internationaler Druck zu einer Mäßigung des Regimes und damit zu einer Besserung der Lage der christlichen, zumeist farbigen Bevölkerung des südwestlichen Sudans, insbesondere in der Region Darfur, führen würde. Immerhin schien sich nach seinem Besuch eine gewisse Vorsicht beim weiteren Vorgehen der muslimischen Führung des Landes einzustellen. Um so schockierter war der Papst, als ihm seine Bischöfe seit dem Frühjahr 2003 vermehrt wieder von brutalen Attacken arabischer Reitermilizen, den so genannten Dschandschawid, berichteten: Massenvertreibungen, Vernichtung ganzer Ortschaften, unzählige Vergewaltigungen und Morde. Hilfsorganisationen würden planmäßig behindert, so dass Hunderttausende vom Hungertod bedroht seien.

Die Situation eskalierte im Folgejahr derart, dass der Papst an die internationale Gemeinschaft appellierte und ein notfalls militärisches Eingreifen fordert. Er, der jede Gewaltanwendung kategorisch ablehnt, sah keine andere Möglichkeit mehr, die bedrängten Menschen zu retten, nachdem mindestens schon 50 000 ums Leben gekommen und über eine Million auf der Flucht waren: *Der Krieg bringt immer mehr Armut, Verzweiflung und Tod mit sich. Zwanzig Jahre harter Kämpfe haben im Sudan zu einer hohen Zahl an Toten, Obdachlosen und Flüchtlingen geführt. Wie kann man da gleichgültig bleiben?*

Johannes Paul stützte seine Einschätzung auf Berichte der Bischöfe und Priester in der Region, in die er im Juli 2004 den deutschen Kurien-Erzbischof Paul Josef Cordes, Präsident des Päpstlichen Rates für humanitäre Fragen „Cor Unum", entsandte. Dessen Einschätzung, dass sich dort ein Massenmord wie seinerzeit 1994/95 in Ruanda anbahnt, teilten auch die Außenminister der USA und Deutschlands, Powell und Fischer, die sich wie UN-Generalsekretär Kofi Annan ein Bild vor Ort gemacht hatten. Wenn die Vereinten Nationen dennoch zögerten, ihrem und dem Appell des Papstes ohne Einschränkung zu folgen, dann aus Rücksicht auf die arabischen Staaten. Sie wollte auch der Papst nicht verletzen und betonte daher eher den ethnischen Konflikt zwischen den farbigen und den arabischen Sudanesen als die religiöse Konfrontation zwischen Islam und Christentum oder animistischen Kulten.

Dennoch unterstützte er Frankreich, das vom Tschad aus mit Soldaten eingriff, um das Schlimmste zu verhindern. Auch London erklärte seine Bereitschaft, Streitkräfte zu entsenden. Dass sie mehr Erfolg haben werden als damals die internationale Truppe in Ruanda, bleibt eine vage Hoffnung. Sie erhält in den letzten Lebenswochen des Papstes neue Nahrung. Aus New York kommt die Nachricht, dass die Vereinten Nationen 10.000 Blauhelmsoldaten in den Südsudan entsenden werden. Ein Lichtblick für den tiefbesorgten todkranken Papst.

Der Mann der Schmerzen

Johannes Paul, der mutige und einst kräftige Mann, ist seit Mitte der neunziger Jahre gezwungen, mit dem Stock zu gehen und seine Schritte zu verlangsamen, während die Jahrtausendwende immer rascher auf ihn zukam. Paradoxie des Schicksals: Ende 1994, als sein Anblick bereits allen deutlich vor Augen führt, dass er ein „Mann der Schmerzen" ist, wählt ihn die amerikanische Zeitschrift „Time" zum Mann des Jahres, „man of the year"!

Von den Verletzungen des Attentats hatte sich Karol Wojtyla zwar erholt, aber seit damals hat das Zeichen des Leidens das Bild dieses Papstes geprägt. Dieses Zeichen wird ab dem Jahr 1992 dominant. Aber nach den Worten eines der Ärzte, die ihn behandeln – Corrado Manni, Anästhesist der Gemelli-Klinik –, hatte es einen langen und tiefgründigen Weg genommen, ehe es vor aller Augen offenkundig wurde: „Johannes Paul II. hat sich nie vom psychischen Trauma erholt, das mit dem Attentat von 1981 in Zusammenhang steht. Und deshalb scheint er seit damals so geschwächt zu sein. Das hat nichts mit Senilität zu tun, sondern mit innerem Leiden. Wenn du ein Mensch voller Liebe bist und man schießt auf dich, dann sind die Rückwirkungen auf deine Psyche sehr schwerwiegend."

Das vierzehnte Jahr des Pontifikats, 1992, ist das Jahr, in dem der operative Eingriff zur Entfernung eines Tumors am Dickdarm stattfindet und wo zum ersten Mal das Zittern der linken Hand auftritt. Seit damals hat er Jahr für Jahr sein Kreuz zu tragen. Am 11. November 1993 kommt er erstmals vor den Augen der Öffentlichkeit in der Benediktionsaula zu Sturz.

1994 dann – am 28. April – der zweite und schwerere Sturz im Badezimmer seines Privatappartements: Er rutscht auf dem nassen Fußboden aus, als er aus der Wanne steigt, und bricht sich den rechten Oberschenkel. Es wird ihm eine Prothese eingesetzt und er muss sich daran gewöhnen, von nun an mit dem Stock zu gehen.

Zu Weihnachten 1995 muss er die Botschaft „Urbi et orbi" wegen eines plötzlich auftretenden Brechreizes oder einer Bauchkolik unterbrechen, die von einem vorläufig noch mysteriösen Leiden ausgelöst werden, das ihn noch mehrmals im März und im August 1996 zum vorzeitigen Abbruch seiner Aktivität zwingen sollte.

Dieses mysteriöse Leiden wird schließlich als chronische Blinddarmentzündung diagnostiziert. Die Operation erfolgt am 8. Oktober: Es ist der sechste Eingriff.

1997 kann man das rasche Fortschreiten jener Nervenkrankheit registrieren, die das Zittern verursacht, ihn beim Gehen und Sprechen schnell ermüden und sein Gesicht erstarren lässt. Ein Syndrom, das auf den „extrapyramidalen Teil" des Nervensystems zurückzuführen ist, wie der Vatikansprecher einmal erklärt hat: jenen Teil, dem der „morbus Parkinson" angehört.

Am 11. Januar 1998 fängt ihn der Zeremoniär Marini zu Beginn eines Gottesdienstes in der Sixtinischen Kapelle gerade noch auf, als er nach vorn zu stürzen drohte, weil er kurz eingenickt oder von einem Schwindelanfall erfasst worden war.

Doch alle diese Schwierigkeiten halten ihn nicht von anstrengenden Unternehmungen ab wie der Reise nach Kuba noch im selben Monat oder dem Kreuzweg im Kolosseum am Karfreitag 1998, der bei Regen und Wind stattfand, einer Witterung, die selbst Jüngere abgeschreckt hätte. Und während er das zwanzigste Jahr seines Pontifikats vollendet, schickt sich Johannes Paul II. an, das Große Jubiläum so zu begehen, wie wir ihn an jenem unwirtlichen Abend in der Karwoche gesehen haben: in gebeugter Haltung, aber mit entschlossenem Antlitz, das ganz dem dritten Jahrtausend zugewandt ist.

Ganz typisch ist sein eigener Kommentar zu dem gesundheitlichen Kreuzweg, der seit dem Tumor von 1992 andauert: Bereitwillig gibt er Auskunft über seine Spitalsaufenthalte, hält die Leute auf dem Laufenden über seine Genesungsfortschritte, äußert sich scherzhaft über seinen schleppenden Gang und spielt mit dem Gehstock, antwortet schlagfertig wie immer und voll Ironie auf die Fragen der Journalisten.

Ich möchte euch jetzt etwas anvertrauen: Heute Abend werde ich mich in die Poliklinik Gemelli begeben, um einige diagnostische Untersuchungen vornehmen zu lassen, sagt er am Sonntag, dem 12. Juli 1992, zu Mittag vom Fenster seines Arbeitszimmers aus zu der auf dem Petersplatz versammelten Menge.Von dem Eingriff wegen des Darmtumors (der nach Auskunft der Ärzte so groß wie eine Orange war und bereits Krebszellen gebildet hatte, jedoch vollständig entfernt werden konnte) erholt er sich überraschend gut, und ein Jahr später kann er während des Fluges nach Kingston (Jamaika) am 9. August 1993 den Journalisten folgende Information geben: *Noch gehe ich auf meinen eigenen Füßen, auch in die Berge. Ich mache alles Mögliche, um mich fit zu halten, um keine Probleme zu bekommen.* Es ist der erste Tag einer Reise, deren Höhepunkt jener außergewöhnliche Tag sein wird, den er mit den Jugendlichen in Denver (USA) verbringt.

Doppelseite: Auf sein Kruzifix gestützt, nimmt Papst Johannes Paul II. am 19.9.1999 an einer Messe in Maribor (Slowenien) teil.

Von Jugendlichen umringt ist Papst Johannes Paul II. bei seinem Treffen mit Jugendlichen am 3.5.2003 auf einem Flugplatz, dem Luftwaffenstützpunkt Cuatro Vientos, bei Madrid. Es ist seine 99. Auslandsreise.

Johannes Paul fährt also fort, große Unternehmungen zu planen und zu realisieren, doch die Krankheit überfällt ihn nun gleichsam hinterrücks. Aber er findet sich damit ab und berichtet: *Am vergangenen Donnerstag musste ich, wie ihr wisst, für kurze Zeit ins Krankenhaus, weil ich gestürzt war, während ich die Stufen vom Podium herab stieg, um am Schluss einer Audienz die Anwesenden zu begrüßen* (Angelus, 14. November 1993).

Zum Glück kann er darüber Scherze machen, wobei ihm sein fantasievolles Italienisch zu Hilfe kommt, das ihm die Herzen der Menschen noch mehr zufliegen lässt: *Vi saluta il Papa deficiente ma non ancora decaduto!* Was man etwa so übersetzen könnte: „Es grüßt euch der zwar unzulängliche, aber noch nicht ganz dem Verfall preisgegebene Papst!" (21. November 1993)

Doch er stürzt neuerlich und noch schwerer, und diesmal benutzen die Ärzte die Gelegenheit, um eine genauere Untersuchung seines Organismus durchzuführen: *Sie untersuchen mich durch und durch. Ich wusste gar nicht, dass es solche Organe und solche Möglichkeiten gibt* (Angelus aus der Gemelli-Klinik, 22. Mai 1994).

Die Oberschenkelprothese stört ihn mehr als alles andere, sie zwingt diesen sportlichen Mann, der er einmal war und noch immer zu sein glaubt, dazu, beim Gehen den Stock zu benutzen, und im Augenblick befürchtet er sogar, in Zukunft überhaupt nicht mehr gehen zu können. Seine Gedanken nehmen geradezu dramatische Formen an, er vergleicht diesen Sturz mit dem Attentat: *Ich habe begriffen, dass ich die Kirche Christi durch das Gebet, durch verschiedene Initiativen in dieses dritte Jahrtausend führen muss, aber ich habe auch gesehen, dass das nicht genügt: Ich musste sie durch das Leiden hineinführen – durch das Attentat vor dreizehn Jahren und durch dieses neue Opfer* (Angelus, 29. Mai 1994).

Dasselbe hatte er schon einmal kurz nach dem Attentat zum Ausdruck gebracht, als er mit dem Vikar von Rom das für die Katholiken negative Ergebnis der Volksabstimmung über das Abtreibungsgesetz in Italien besprach: *Man sieht, dass wir noch nicht genug gelitten haben!*, sagt er am 17. Mai 1981 in der Poliklinik Gemelli zu Kardinal Poletti.

Er erholt sich und gewöhnt sich gewissermaßen an die Prothese. Zwar hinkt er noch etwas, aber er kann schon wieder über sich lachen und über die Dauer des Pontifikats Scherze machen: *Es ist schön, so viele Kardinäle im Vatikan zu haben, ohne dass ein Konklave stattfindet!*, sagt er am 14. Juni 1994 während eines gemeinsamen Essens zu den anwesenden Kardinälen.

Die Weltpresse beginnt Prognosen über die Zeit nach Wojtyla anzustellen und er selbst bemerkt, dass auch die Leute, die zu den Audienzen und am Sonntag auf den Petersplatz strömen, sich die Frage stellen, wie es wirklich um ihn steht: *Jeden Sonntag kontrolliert ihr den Papst: ob es ihm gut geht oder ob es ihm besser geht. Wir werden unser Möglichstes tun!*, sagt er am 19. Juni 1994 beim Angelus.

Dieser Mann hat mit größter Selbstverständlichkeit sein Leben geändert und seine Heimat verlassen, er hat Name und Sprache gewechselt, doch welches Opfer bedeutet es jetzt für ihn, seinen Schritt zu ändern! *Ich mag es nicht, ein Schauspiel abzugeben, wenn ich mit dem Stock gehe*, macht er sich gegenüber den Ärzten Luft, die ihm im Juli 1994 zureden, doch davon Gebrauch zu machen. Aber schon einen Monat später hat er sich mit diesem Stock angefreundet und sagt zu dem Chirurgen, der seine Funktion in den höchsten Tönen lobt: *Ich bin es, der den Stock trägt, nicht der Stock ist es, der mich trägt!*

Auf Fragen über seine gesundheitlichen Probleme pflegt er oft mit Scherzen zu antworten. „Wie geht es Ihnen, Heiliger Vater?", wird er in den Bergen gefragt und er antwortet in einer Art, wie es vielleicht die römischen Spassvögel der Renaissance auf dem Papstthron getan haben, wie es aber die ernsten Päpste der letzten Dezennien niemals zu tun gewagt hätten: *Wie einem armen Teufel!* (Introd, Aosta, 17. August 1994)

Und er bewegt sich doch!, sagt er von sich selbst, als er am 6. Oktober 1994 eine geraume Zeit benötigt, um die zwanzig Meter bis zum Tisch des Vorsitzenden in der Synodenaula zurückzulegen.

Auf dem Petersplatz wird gerufen: „Viva il Papa! Es lebe der Papst!" – und sein Kommentar: *Noch lebt er!* (8. Oktober 1994) Und er macht sich über die Journalisten lustig, die ihn mit dem Fernglas verfolgen, um zu sehen, ob seine Hand zittert oder ob er wieder einmal stolpert: *Seht her, keine einzige Seite ist hinuntergefallen! Alle Blätter sind noch in meiner Hand!* (Syrakus, 5. November 1994)

Mit Hilfe des Italienischen vermag er sein Missgeschick zu überspielen, aber auf Polnisch erhalten wir schon eine genauere Information. Am 6. Januar 1995 sagt er zu einer Gruppe von Polen: *Ihr habt gut daran getan, hierher zu kommen, um zu sehen, wie es mit diesem Papst steht. Man sagt, dass er alt wird und nicht mehr in der Lage ist, ohne Stock zu gehen. Aber irgendwie, noch ... noch ... noch ... Die Stimme funktioniert noch, dem Kopf geht es also nicht so schlecht!*

Auch gegenüber den Journalisten versucht er exakte Informationen zu geben: *Alles ist in Ordnung, nur das Bein ist noch nicht stark genug und muss mit dem Stock unterstützt werden: Das ist die wahre Situation* (auf dem Flug von Rom nach Manila, 11. Januar 1995).

Papst Johannes Paul II. kurz nach seiner Ankunft am 22.5.2002 in der aserbaidschanischen Hauptstadt Baku.

Es war ein harter Schlag für ihn, doch er nimmt seine Reisen wieder auf und fühlt sich wie neu geboren: *Ich bin ein wenig überrascht, ich dachte nicht, schon wieder in einem Flugzeug der Alitalia sitzen zu können, mit den Philippinen als Ziel, zehn bis elf Stunden, nach Zagreb war es hingegen nur eine,* sagt er weiter während jenes Fluges nach Manila.

Auch in Rom selbst ist er wieder unterwegs. Die Besuche in den Pfarrgemeinden sind für ihn keineswegs zweitrangig: *In diesem Jahr fehlten mir ein wenig die Besuche in den Pfarreien. Sie waren nicht möglich wegen dieses Beines, das so berühmt geworden ist ... Aber jetzt, mit dem ersten Fastensonntag, werden sie wieder aufgenommen, mit der Gnade des Herrn, und wir hoffen, dass sie so lange fortgesetzt werden können, als die Vorsehung es uns erlaubt* (Ansprache an den Klerus von Rom, 2. März 1995).

Doch bald schon zeigt sich vor den Augen der Weltöffentlichkeit erneut sein labiler Gesundheitszustand, als ihn zu Weihnachten 1995 während der Botschaft „Urbi et orbi" ein plötzliches Übelsein befällt und er die Zeremonie abrupt abbrechen muss: *Entschuldigt, ich muss unterbrechen. Benedicat vos omnipotens Deus, Pater et Filius et Spiritus Sanctus.*

Die lange Erfahrung mit den Ankündigungen seiner Spitalsaufenthalte erlaubt es ihm, sich kurz zu fassen: *Betet, aber bleibt zuversichtlich!,* sagt er am 6. Oktober 1996 bei der Aufnahme in die Gemelli-Klinik.

Das Vertrautsein mit der Krankheit erweckt in ihm den Gedanken an den Tod. Zuerst ist es bloß eine scherzhafte Anspielung. Als man ihm am 26. Dezember 1994 in Castelgandolfo zuruft „Es lebe der Papst!", sagt er dazu: *Mit diesem Spruch wird es schwer sein zu sterben, aber der Augenblick wird kommen!* Die erste ernsthafte Bezugnahme auf den Tod kommt ihm am 30. April 1995 bei seiner Begegnung mit den Jugendlichen in Trient über die Lippen: *Ihr alle gehört schon zum dritten Jahrtausend. Von mir weiß ich es nicht, vielleicht!*

Häufig wurde die Frage gestellt, ob er den Eintritt des dritten Jahrtausends wohl noch werde erleben können oder ob er nicht gezwungen sein würde, es bloß aus der Ferne zu betrachten, so wie Mose das Gelobte Land: *Vielleicht wird der Herr uns gestatten, dieses Jahr 2000 noch zu erleben, diesen Beginn des dritten Jahrtausends,* sagt er am 19. November 1995 anlässlich eines Besuches in einer römischen Pfarrgemeinde.

Doch zum Glück bleibt er weiterhin zum Scherzen aufgelegt. Als man ihm am 18. Mai 1997 in der römischen Pfarrei Sant' Atanasio a Pietralata ein Ständchen darbringt und dabei „Hundert Jahre sollst du leben" (den polnischen Glückwunschgesang „Sto lat") anstimmt, bemerkt er trocken: *Dann bleiben mir noch 22, ja sogar 23 Jahre!* Das war wohl ein wenig galgenhumorig gemeint und doch realistischer, als es die Zuhörer für möglich gehalten haben. Mit eisernem Willen hat Johannes Paul II. dem Leiden weiter getrotzt, obwohl er zeitweilig kaum noch sprechen und nicht mehr gehen konnte. Die Sprache aber kehrte wie durch ein Wunder zumindest zeitweilig kraftvoll wieder, und die Gehbehinderung überwand er dank Rollstuhl und Tragen. Selbst das herzzerreißende Zittern verlor sich vorübergehend durch offenbar vorzügliche Medikamenteneinstellung. Als er 1997 wie eben zitiert scherzte, hatte er 78 Reisen außerhalb Italiens absolviert; inzwischen sind 26 weitere hinzugekommen, ehe er am 2. April 2005 die letzte Reise antritt. Als er Mitte 2004 in der Schweiz vor 70.000 Jugendlichen predigt, feiern ihn diese wie einen von ihnen.

Dennoch gibt der Gesundheitszustand des Papstes regelmäßig Anlass für Spekulationen über seine Nachfolge. Wer sie auch immer antreten wird, er findet sehr große Schuhe vor und wird lange brauchen, ehe er hineinwächst, wenn es ihm denn überhaupt gelingt. Immerhin wird dem Nachfolger eines helfen: Es wird einer sein, den Johannes Paul II. selbst mit dem Papstwahlrecht als Kardinal ausgestattet hat. Nur noch drei Männer des Kardinalskollegiums sind vom Vorgänger ernannt worden, und die haben die Wahlaltersgrenze von 80 Jahren alle überschritten. Besonderen Schwung bekam das Kandidaten-Karussell in der Zeit des 25. Thronjubiläums von Johannes Paul II. im Herbst 2003, zumal es in eine Zeit besonders großer physischer Schwäche des Papstes fiel, so dass er am 24.9.2003 sogar eine der ihm äußerst wichtigen Generalaudienzen in Rom absagen musste und in Castelgandolfo blieb.

Immer wieder wurde auch gefragt, ob der kranke Papst nicht zurücktreten sollte oder dies von sich aus tun werde. Stets aber kam aus seinem Munde der Bescheid, er werde nur von Gott abberufen. Oder scherzhaft fragte er bei solchem Ansinnen, bei wem er denn sein Rücktrittsgesuch einreichen solle. Wie ernst es ihm aber mit seinem Durchstehwillen ist, zeigen Äußerungen, in denen er sich mit Christus vergleicht, der ja auch nicht von Kreuz herabgestiegen sei. Hier knüpft Johannes Paul bewusst an eine Ansprache aus dem Jahr 1980 an, die er in der Münchener Frauenkirche vor alten Menschen gehalten hat: Er rief sie auf, ihre Würde wahr-, aber auch ihre Bürde anzunehmen. In der Predigt hieß es wie in Vorahnung des eigenen schweren Leidensweges:

Papst Johannes Paul II. kniet vor der Heiligen Pforte am Petersdom in Rom, bevor er diese zum Abschluss des Heiligen Jahres der Katholischen Kirche schließt. Damit endet offiziell am 6.1.2001 das Jubiläum der Katholischen Kirche, das regulär alle 25 Jahre gefeiert wird.

Womit soll ich euch trösten? Ich will die Bedrängnisse des Alters, eure Gebrechen und Krankheiten, eure Hilflosigkeit und Vereinsamung nicht verharmlosen. Aber ich möchte sie mit euch in einem versöhnenden Lichte sehen – im Licht unseres Heilandes, „der für uns Blut geschwitzt hat, der für uns gegeißelt worden ist, der für uns mit Dornen gekrönt worden ist". Er ist in den Prüfungen des Alters euer Leidensgefährte, und ihr seid die Gefährten seines Kreuzweges. Keine Träne weint ihr allein und keine weint ihr vergeblich. Durch Leiden hat er das Leid erlöst, und durch Leiden wirkt ihr mit an seiner Erlösung. Nehmt euer Leiden an als seine Umarmung und macht es zum Segen, indem ihr es mit ihm annehmt aus der Hand des Vaters, der in unergründlicher, aber unbezweifelbarer Weisheit und Liebe gerade darin eure Vollendung wirkt.

Beim Schutz des Lebens fordert er den Norden der Welt heraus

In der Nacht vom 28. zum 29. April 1994 kommt der Papst im Badezimmer zu Sturz, die Röntgenaufnahme ergibt, dass der Oberschenkel gebrochen ist: Er kann am nächsten Morgen nicht nach Sizilien reisen, wie es vorgesehen war, sondern sein Weg führt ihn zum fünften Mal in die Gemelli-Klinik. Und was sagt Wojtyla, dieser Mann der Schmerzen? Er sagt zu denen, die ihm in der Nacht beistehen: *Vielleicht fehlte das noch zum Jahr der Familie!*

Das heißt, es fehlte der Preis des Leidens, denn alles andere hatte er getan: Im Laufe von eineinhalb Monaten hatte er gut zehnmal interveniert, um den Plan der UNO im Hinblick auf die Konferenz von Kairo über „Bevölkerung und Entwicklung", die im September stattfinden sollte, zu stoppen. Einen Plan, von dem er Schäden für das Leben und die Familie befürchtet, da er den armen Völkern eine Geburtenbeschränkung durch systematische Empfängnisverhütung empfiehlt, wobei Abtreibung nicht ausgeschlossen wird.

Das Engagement Johannes Pauls in dieser Frage ist gewaltig und daraus entsteht ein noch nie dagewesener Konflikt zwischen der UNO und der katholischen Kirche. Nur im Falle Polens – zur Zeit von Solidarnosc – und des Golfkriegs hatte er einen ebenso leidenschaftlichen persönlichen Einsatz an den Tag gelegt.

Die erste Äußerung des Papstes gegen die Konferenz von Kairo stammt vom 18. März 1994. An diesem Tag empfängt er Frau Nafis Sadik, die Generalsekretärin der Konferenz, und sagt: *Der Entwurf des Schlussdokumentes ist für mich Anlass zu großer Sorge. Einige Vorschläge widersprechen grundlegenden ethischen Prinzipien. Hier steht die Zukunft der Menschheit zur Diskussion.* Er beschuldigt jenes Dokument, die Sterilisation und die Abtreibung nicht zu verurteilen und *die Ehe zu ignorieren, als ob sie der Vergangenheit angehörte.* Mehr noch: Er beschuldigt es, auf die Geburtenkontrolle zu setzen statt auf die Entwicklung.

Der Papst weiß, dass hinter diesem Dokument die massiven Interessen der entwickelten Welt stehen, die Angst hat vor dem Emporkommen der Armen. Er ist sich im Klaren, dass seine Worte schwach sind im Vergleich zu diesen Interessen und daher verschärft er den Ton seiner Stimme. Am nächsten Tag, dem 19. März, beklagt er in einer Ansprache an die Arbeiter *die Lösungen, welche die allmächtigen Besitzer des Kapitals den armen Nationen aufzuzwingen versuchen: Sie schlagen als hauptsächliches Mittel die Zerstörung des Rechtes auf Leben vor – ist das nicht völlig absurd?*

Um sich bei der UNO Gehör zu verschaffen, genügt es aber nicht, den Ton zu verschärfen. Und so bittet der Kardinalstaatssekretär am 25. März im Auftrag des Papstes alle beim Vatikan akkreditierten Botschafter zu einem „Informationstreffen", um ihnen die „große Sorge" des Papstes im Hinblick auf die Konferenz darzulegen.

Doch dem Papst genügen auch die Botschafter nicht: Er will direkt auf die Regierenden Einfluss nehmen. Zu Ostern – am 3. April – teilt er in seiner Botschaft „Urbi et orbi" mit, dass er einen Brief an alle Staatschefs der Welt geschickt habe mit der Bitte, *alle Anstrengungen zu unternehmen, damit weder der Wert der menschlichen Person noch der unantastbare Charakter des Lebens, noch die Fähigkeit des Menschen, zu lieben und sich hinzugeben, geschmälert werden: Die Familie bleibt die Hauptquelle der Humanität, jeder Staat muss sie hüten wie einen kostbaren Schatz.*

Nach Ostern erholt er sich einen Tag lang in Castelgandolfo, unternimmt einen Ausflug in die Abruzzen – es ist sein letzter Spaziergang in den Bergen vor dem verhängnisvollen Sturz im Bad – und gleich nach seiner Rückkehr nach Rom sagt er bei der Generalaudienz am 6. April: *Wir sind besorgt, dass dieses Jahr für die Familie zu einem Jahr gegen die Familie werden könnte. Und es könnte leicht dazu kommen, dass es ein Jahr gegen die Familie wird, wenn diese Pläne wirklich die Pläne der Weltkonferenz von Kairo werden. Wir protestieren! Wir können nicht mit einem Plan systematischen Todes der Ungeborenen in die Zukunft gehen!*

Das ist ein Johannes Paul voll angespannter Leidenschaft, der die Worte wiederholt und beinahe ins Mikrofon schreit. Ähnlich wie am 9. Mai des vorangegangenen Jahres, als er im Tal der Tempel von Agrigent den Mafiosi mit dem Gericht Gottes drohte. Im Übrigen gab es im Jahr 1993 ein fast identisches

Papst Johannes Paul II. küsst bei einer Generalaudienz im Vatikan ein Kind auf die Stirn.

Papst Johannes Paul II. wird am 12.8.1993 bei seiner Ankunft auf dem Stapleton Flughafen in Denver im US-Bundesstaat Colorado von US-Präsident Bill Clinton begrüßt. Der Papst traf anlässlich des Weltjugendtages in Denver ein. Das Oberhaupt der Katholischen Kirche besuchte vom 9. bis 14.8.1993 während seiner 60. Auslandsreise Jamaika, Mexiko und Denver in den USA.

massives Eintreten für den Wert des Lebens, als er in Denver (USA) am 15. August zum Abschluss des Weltjugendtages ausrief: *Wehe euch, wenn es euch nicht gelingt, das Leben zu schützen!*

„Wir protestieren" war das Motto – und von daher kommt der Name „Protestantismus" – der lutherischen Fürsten auf dem Reichstag von Speyer 1529: Aber vielleicht denkt Johannes Paul nicht an dieses Ereignis und den ungewohnten Klang, den das Wort „Protest" im Munde eines Papstes hat. Erst einmal hatte er dieses Wort vorher verwendet, in Polen im Juni 1991, und auch damals zum Schutz des Lebens: *Ich möchte als Bischof von Rom dagegen protestieren, wie man die Einheit Europas herbeiführen will. Denn was soll das Kriterium sein? Die Freiheit? Welche Freiheit? Etwa die Freiheit, dem noch nicht geborenen Kind das Leben zu nehmen?* Auf Polnisch zu polemisieren fällt ihm offenbar leichter als auf Italienisch, und daher hatte er damals auch das Gefühl, sich entschuldigen zu müssen: *Verzeiht mir meine hitzigen Worte, aber ich musste es sagen* (Wloclawek, 7. Juni 1991).

Während dieser Polenreise hatte er bei einer anderen Gelegenheit die Polemik im Zusammenhang mit dem Thema

Abtreibung mit seiner Zugehörigkeit zu dem Volk gerechtfertigt, das er tadelte: *Vielleicht spreche ich deshalb so, wie ich spreche, weil dies meine Mutter ist, dieses Land! Und versteht, ihr alle, die ihr leichtsinnig an diese Dinge herangeht; begreift, dass diese Dinge mich etwas angehen müssen, mich schmerzen müssen. Auch euch sollten sie schmerzen!* (Kielce, 3. Juni 1991)

Am 17. April 1994 spricht er in der römischen Pfarrei San Bernardino a Fontana Candida direkt und freimütig von dem Kampf, den er zu führen gedenkt: *Ich kehre in den Vatikan zurück, um einen Plan der Vereinten Nationen zu bekämpfen, die die Familie zerstören wollen. Ich sage ganz einfach: Nein, nein! Denkt noch einmal darüber nach! Besinnt euch! Wenn ihr Vereinte Nationen seid, dürft ihr nicht zerstören!*

Am selben Tag ruft er vom Fenster seines Arbeitszimmers aus der Menge zu, die ihm bei Regenwetter zuhört und diesen Zornesausbruch sicherlich nicht erwartet: *Ich frage mich: Zu welcher Art von Gesellschaft wird diese ethische Permissivität führen, die leider in den materiell wohlhabenderen und säkularisierten Gesellschaften so weit verbreitet ist? Gibt es denn nicht schon Besorgnis erregende Anzeichen, die für die Zukunft der Menschheit das Ärgste befürchten lassen?* Seine Stimme ist heiser, er muss eine Pause einlegen wegen einiger Hustenanfälle, und wie schon in Polen wundert er sich über sein eigenes Ungestüm: *Es ist nicht meine Absicht, mich dem Pessimismus und der Panikmache hinzugeben. Ich halte es jedoch für meine absolute Pflicht, lautstark die Stimme der Kirche in einer so wichtigen Angelegenheit zu erheben.*

Wir müssen eine Maginot-Linie zum Schutz der Familie errichten, sagt er zu den Vätern der afrikanischen Synode am 21. April, die *noch wirksamer als jene von 1939 sein muss, als die Deutschen von einer anderen Seite eindrangen.*

Inzwischen werden in Washington die Arbeiten des Vorbereitungskomitees für die Konferenz von Kairo fortgesetzt, und am 28. April berichtet Diarmuid Martin, der vatikanische Diplomat, der daran teilgenommen hat, der Synode, dass in der Frage der Abtreibung „der Heilige Stuhl in der Minderheit geblieben ist, aber zumindest erreicht hat, dass die diesbezüglichen Texte in Klammern gesetzt und in Kairo erneut diskutiert werden, was nicht wenig ist".

Doch es ist wenig. Der Papst hört sich diesen mageren Bericht an, am späten Abend kommt er im Bad zu Sturz und in der Nacht sagt er, dass bei diesem Kampf der Preis des Leidens noch gefehlt hat. Der Sturz blockiert seine Interventionen für einen Monat. Das Warten führt zu einem Aufstau der Leidenschaft. Was sich im Leiden äußert. Im Schmerz, vielleicht in der Angst, nicht mehr gehen zu können.

Am 29. Mai 1994 ist er wieder im Vatikan und in seiner Ansprache vor dem Angelusgebet betrachtet er den Monat, den er im Spital verbracht hat, als ein *Geschenk*. Er macht daraus ein Argument für seinen Kampf zum Schutz der Familie und kündigt an, dass er dieses Argument *vor den Mächtigen der Welt* geltend machen werde: Vier Tage darauf kommt Präsident Clinton zu Besuch, der erste jener „Mächtigen" und wohl auch der Einflussreichste, der aber in der Frage der Familie weit von seinen Positionen entfernt ist.

Ich möchte, sagt Johannes Paul, *dass heute durch Maria meine Dankbarkeit für dieses Geschenk des Leidens zum Ausdruck kommt, das mit dem Marienmonat Mai verbunden ist* (das Attentat geschah am 13. Mai 1981). *Ich möchte für dieses Geschenk danken.*

Ich habe verstanden – fährt er fort und unterstützt seine Worte mit entschiedenen Gesten der rechten Hand, von oben nach unten, wie einer, der seine Argumente aufzählt –, *dass es ein notwendiges Geschenk ist, dass der Papst in der Poliklinik Gemelli sein musste, dass er vier Wochen, vier Sonntage lang an diesem Fenster fehlen musste. Dass er leiden musste. Wie er vor dreizehn Jahren leiden musste, so auch in diesem Jahr.*

Johannes Paul stellt also gleichsam eine Brücke her zwischen dem Attentat und diesem Sturz im Badezimmer: als wären es seine zwei bittersten „Leiden". Vielleicht betrachtet er das Leiden im Zusammenhang mit seinem Dickdarmtumor vom Juli 1992 als weniger schwer. Oder vielleicht verbindet er sie nur deshalb miteinander, weil beides im Mai passiert ist: Nur wenige messen solchen Zufälligkeiten eine derartige Bedeutung bei wie der polnische Papst.

Über alles das – sagt er weiter zu der Menge, die ihm ungläubig zuhört – *habe ich während meines Krankenhausaufenthaltes erneut nachgedacht. Und ich habe von neuem neben mir die große Gestalt des Kardinalprimas von Polen Stephan Wyszynski gesehen, der am Beginn meines Pontifikats zu mir sagte: „Wenn der Herr dich gerufen hat, musst du die Kirche in das dritte Jahrtausend führen."*

Daran sieht man, woher das Interesse Wojtylas für die Millennien und die Jubiläen stammt: vom „Primas des Millenniums" (unter dem 1966 die Tausendjahrfeier der Taufe Polens begangen wurde) und – über ihn – von der apokalyptischen Einstellung des slawischen Christentums, auch jenes, das mit der Kirche von Rom verbunden ist.

Er selbst – sagt er weiter von Wyszynski – *hat die Kirche Polens ins zweite christliche Jahrtausend geführt. So hat er zu mir gesprochen.* Ein klarer Auftrag also, eine Mission, die es zu erfüllen gilt. Ja: *die* Mission, die erfüllt werden muss.

Damals habe ich begriffen – fährt Johannes Paul in seiner dramatischen Erklärung seiner Aufgabe als Papst fort –, *dass ich die Kirche Christi durch das Gebet, durch verschiedene Initiativen in dieses dritte Jahrtausend führen muss, aber ich habe auch gesehen, dass das nicht genügt: Ich musste sie durch das Leiden hineinführen – durch das Attentat vor dreizehn Jahren und durch dieses neue Opfer.*

Und das Leiden im Krankenhaus verbindet sich mit dem Thema der Familie, das ihn seit drei Monaten so sehr beschäftigt: *Warum gerade jetzt – fragt er sich –, warum in diesem Jahr, warum in diesem Jahr der Familie? Weil gerade die Familie bedroht ist und angegriffen wird.*

Jetzt wird er laut, der rekonvaleszente Papst. Der Anblick ist wie gewohnt, aber die Stimme ist kräftig, ungehalten. Er spricht über eine schwierige Sache, und er spricht mit Leib und Seele. Er sagt, dass er leidet – nämlich dass er gestürzt und im Spital gelandet ist – wegen der Familie. Nicht, dass er das Leiden für die „bedrohte" Familie aufopfert, sondern dass das Leiden über ihn gekommen ist – ihm geschickt worden ist – wegen jener Bedrohung, um sie abzuwenden. Es ist die mystische Vorstellung vom Papst, der die Kirche verkörpert und in ihrem Namen leidet: ein uralter Gedanke – verbunden mit dem päpstlichen Titel des „Stellvertreters Christi" –, den Wojtyla mehrmals aktualisiert hat.

Der Papst muss angegriffen werden – so äußert er am Fenster neuerlich diesen Gedanken –, *der Papst muss leiden, damit die Welt sieht, dass es sozusagen ein höheres Evangelium gibt: das Evangelium des Leidens, mit dem man die Zukunft, das dritte Jahrtausend der Familie, jeder Familie und aller Familien vorbereiten muss.*

Scheinbar hat er nun alles gesagt und er findet wieder zum üblichen Gesprächston zurück. Doch es fehlt noch etwas, das für Wojtyla Typische: Dieses Leiden für die Familie ist kein frommer Gedanke, der nur für die Gläubigen Gültigkeit hat, sondern er gilt auch für die *Mächtigen der Welt.*

Ich danke der Jungfrau Maria – so schließt er – für das Geschenk des Leidens. Ich verstehe, dass es wichtig war, dieses Argument vor den Mächtigen der Welt zur Hand zu haben. Wieder muss ich diesen Mächtigen der Welt begegnen und zu ihnen sprechen: mit welchen Argumenten? Mir bleibt nur dieses Argument des Leidens. Und ich möchte ihnen sagen: Versteht es doch, versteht, weshalb der Papst sich neuerlich im Spital befindet, warum er schon wieder leidet. Versteht es! Denkt darüber nach!

Wir haben die Leidenschaft, das „Übermaß" an Leidenschaft anschaulich dargestellt, mit der Johannes Paul seine Stimme zum Schutz des Lebens erhebt. Wir haben es vor allem mit seinen eigenen Worten getan, vornehmlich den improvisierten und spontanen, die er nicht zurückhalten kann, wenn ihm das Herz übergeht. Doch nun wollen wir, um das Ganze abzurunden, noch zwei offizielle Texte hinzufügen, die von allen, die diese Leidenschaft ihm diktiert hat, am bezeichnendsten sind.

Da ist zunächst eine Stelle aus dem „Brief an die Familien" vom 22. Februar 1994. In Nr. 21 findet sich darin folgende Mahnung an die westliche Zivilisation, die vom Christentum geprägt wurde, die aber zuletzt *gegen das Recht eines jeden Menschen auf Leben gerichtete Gesetze* erlassen hat: *Wir stehen vor einer enormen Bedrohung des Lebens: nicht nur einzelner Individuen, sondern auch der ganzen Zivilisation. Die Behauptung, diese Zivilisation sei unter gewissen Gesichtspunkten zu einer „Zivilisation des Todes" geworden, erhält eine Besorgnis erregende Bestätigung.*

Er meinte damit auch Deutschland, wo seit 1995 ein Schwangerschaftsabbruch zwar weiterhin verboten ist, aber straffrei bleibt, wenn die Frau vorher eine Beratung in Anspruch genommen hat. Erhält sie dann von der Beratungsstelle eine Bescheinigung, dass eine soziale, medizinische oder ethische Indikation für einen Abbruch vorliegt, entfallen strafrechtliche Konsequenzen. Die katholische Kirche beteiligte sich

Papst Johannes Paul II. kniet im Gebet in der Peterskirche während der Eröffnungsfeierlichkeiten zum Heiligen Jahr 2000.

an diesen Beratungen, weil sie damit mehr für den Schutz des ungeborenen Lebens zu tun hoffte. Johannes Paul II. konnte das nicht mittragen und drängte zunächst auf einen Zusatz auf dem Beratungsschein dahingehend, dass dieser nicht zu einem Abbruch verwendet werden dürfe.

Im Juni 1999 befolgten die katholischen Bischöfe diese Weisung und zogen sich damit de facto aus der Beratungspraxis zurück. Nur Franz Kamphaus, Bischof von Limburg, konnte nach heftigen Auseinandersetzungen eine Ausnahmeerlaubnis erwirken. Doch auch sie ertrug der Papst nicht lange. Am 7. März 2002 verfügte er in einem Brief an Kamphaus, dass auch die Limburger Beratungsstellen keine Scheine mehr ausstellen durften, die zu einem Abbruch berechtigten. Der Bischof fügte sich und blieb auch im Amt, weil ein Rücktritt die Wunde nicht schließen könne, die ihm von der päpstlichen Anweisung zugefügt worden sei. Er beharrte allerdings auf seiner Ansicht, dass die Kirche durch die Beratung mehr Leben hätte retten können als durch ihren Rückzug: „Der Papst hat die volle Verantwortung für diese Entscheidung in aller Form. Es ist seine, nicht meine."

Worte wie das von der „Zivilisation des Todes" mögen vielen übertrieben erscheinen. Es sind aber Worte, die vielleicht übertrieben sein mögen, die aber die Intention Johannes Pauls gut zum Ausdruck bringen, der Welt die Radikalität des Evangeliums klar vor Augen zu führen. Von dieser Absicht ist auch das andere, umfangreichere Dokument diktiert: die Enzyklika „Evangelium vitae" vom 30. März 1995. Wir befinden uns noch immer in der Zeit jener Leidenschaft für das Leben und die Enzyklika ist voll und ganz davon geprägt, sowohl hinsichtlich der Kraft der lehramtlichen Synthese, die sie zum Thema entwirft, als auch weil sie sich – was neu ist – gegen die Todesstrafe ausspricht – ungeachtet der Schwierigkeit einer ununterbrochenen Tradition, die für diese Strafe eintritt – als Konsequenz jener Radikalität, die schon beim Thema der Abtreibung und der Euthanasie betont wurde.

Die Aussage gegen die Todesstrafe kommt auf persönlichen Wunsch Johannes Pauls zustande, der auch die Kurie darauf verpflichtet, die jedoch Widerstand leistet und das Vorpreschen des Papstes bremst, wo sie nur kann. Der Beweis dafür, dass sie auf den Willen des Papstes selbst zurückgeht, liegt im Datum: Als die Enzyklika – die ein persönliches Dokument ist – auf das Thema zu sprechen kommt, ist schon seit geraumer Zeit der „Katechismus der Katholischen Kirche" der Öffentlichkeit zugänglich (7. Dezember 1992), der jedoch ein Text der Institution ist – in siebenjähriger Arbeit von einer internationalen Kommission unter Einbeziehung der Bischöfe entstanden – und in der Frage der Todesstrafe bereits einen Schritt nach vorn bedeutete. Er betonte nämlich, dass der Gesetzgeber, „soweit unblutige Mittel hinreichen, um das Leben der Menschen gegen Angreifer zu verteidigen und die öffentliche Ordnung zu schützen", sich an diese Mittel zu halten hat, „denn sie entsprechen besser den konkreten Bedingungen des Gemeinwohls und sind der Menschenwürde angemessener" (Nr. 2267).

Das bedeutet, dass die Kirche grundsätzlich gegen die Todesstrafe ist. Um dies recht zu würdigen, braucht man sich nur die Aussagen der Kirche in der Vergangenheit über ihre Erlaubtheit anzuschauen und sich die Tatsache zu vergegenwärtigen, dass der Kirchenstaat selbst jahrhundertelang – und bis in die Mitte des 19. Jahrhunderts hinein – die Todesstrafe praktizierte. Die öffentliche Diskussion nimmt jedoch jene Präzedenzfälle zum Anlass, um die „Zurückhaltung" des Katechismus aufzuzeigen und zu kritisieren, dass die Kirche mit „zweierlei Maß" misst: Sie nimmt einen radikalen Standpunkt ein, wenn es um die Abtreibung geht, hält aber die Todesstrafe prinzipiell für möglich.

Johannes Paul selbst – der stets in allen Teilen der Welt gegen die Vollstreckung der Todesstrafe interveniert – ist mit dem Text des „Katechismus" unzufrieden, er erkennt, dass die öffentliche Polemik nicht ganz Unrecht hat, er wünscht sich eine viel klarere Aussage: Er formuliert sie in seiner Enzyklika und veranlasst, dass der „Katechismus" im Hinblick auf die endgültige Fassung (1997) im Sinne der neuen Aussage überarbeitet wird.

In der Enzyklika hebt er als ein *Hoffnungszeichen* die *immer weiter verbreitete Abneigung der öffentlichen Meinung gegen die Todesstrafe* lobend hervor: dieselbe Abneigung, die zur Polemik gegen den „Katechismus" geführt hat. Dann registriert er, dass auch *in der Kirche* eine *zunehmende* Tendenz festzustellen ist, welche *die völlige Abschaffung* der Todesstrafe fordert. Und schließlich betont er, dass sie nur *in schwerwiegenden Fällen* als legitim betrachtet werden kann, das heißt, *wenn der Schutz der Gesellschaft nicht anders möglich sein sollte,* doch sofort fügt er hinzu, *dass solche Fälle heutzutage sehr selten oder praktisch überhaupt nicht mehr gegeben sind.*

Wenn man ihm freie Hand gelassen hätte, dann hätte Johannes Paul über die Todesstrafe wohl dasselbe gesagt wie über den Krieg und die Menschheit dazu aufgerufen, auf ihre *absolute Ächtung* hinzuarbeiten.

Aber das, was er gesagt hat, ist schon viel, und die Welt müsste ihm dafür dankbar sein. Oder zumindest die Christen, die bei einem Papst vor allem das schätzen müssten, was er sagt und was er tut, um den Brüdern und Schwestern in unserer Zeit zu helfen, zur Radikalität des Evangeliums zurückzufinden.

Endlich in Sarajevo und Beirut, Jerusalem und Damaskus

Das Jahr 1994 ist für Johannes Paul ein Jahr des Leidens und der Pläne: vielleicht an manchen Tagen sogar das Jahr des größten Schmerzes und der höchsten Fruchtbarkeit. Er kommt im Bad zu Sturz, hat einen Konflikt mit der UNO in der Frage des Lebensschutzes, muss auf den Besuch von Sarajevo und Beirut verzichten. Die Zeitungen spekulieren über seine Nachfolge und er plant das Große Jubiläum mit dem Elan eines neu gewählten Papstes.

Man weiß, dass Johannes Paul leidet, wenn er nicht reisen kann und vor allem wenn er durch Kriege gezwungen wird, auf Reisen zu verzichten, die er seit langem geplant und angekündigt hat. Man kann annehmen, dass er 1994 am meisten darunter gelitten hat, dass es ihm auf Grund des libanesischen Bürgerkrieges und des Krieges in Bosnien verwehrt blieb, den Libanon und Sarajevo zu besuchen.

Den Besuch im Libanon hatte er sich immer schon gewünscht: Seit Beginn des Pontifikats hatte er davon gesprochen und vor allem seit 1982 diesen Plan fast jedes Jahr wieder aufs Tapet gebracht, bis er den Besuch schließlich für Mai 1994 ankündigen konnte. Doch eine Serie von Anschlägen gegen katholische Kirchen – hinter denen vermutlich die rechtsgerichteten Maroniten steckten, die durch den Papstbesuch eine Legitimierung der syrischen Präsenz im Lande befürchteten – zwang ihn zur Verschiebung.

Noch dramatischer verlief der Verzicht auf den Besuch in Sarajevo, das von den serbisch-bosnischen Truppen belagert und von den Streitkräften der UNO nur unzureichend beschützt wurde. Da es unmöglich war, einen regulären Besuch ins Auge zu fassen, nimmt sich Johannes Paul – nach drei Jahren des Wartens – ein Herz und verkündet einseitig – was in den zwanzig Jahren des Pontifikats einmalig ist –, dass er am 8. September Sarajevo besuchen werde.

Der ursprüngliche Plan ging dahin, im Zuge einer einzigen Reise Sarajevo (Bosnien), Belgrad (Serbien) und Zagreb (Kroatien) zu besuchen. Als Erstes muss er auf Belgrad verzichten, weil das orthodoxe Patriarchat sich quer legt: eine weitere schmerzliche Station jenes ökumenischen Scheiterns (*Kenosis*), von dem wir schon gesprochen haben. Den ganzen Sommer über beharrt Johannes Paul darauf, Sarajevo zu besuchen und sein unermüdliches Drängen beeindruckt die ganze Welt. Erst am 6. September verzichtet er darauf, zwei Tage vor dem Termin, der für den Besuch vorgesehen war, nachdem der für die UNO-Truppen in Ex-Jugoslawien Verantwortliche, der Japaner Akashi, erklärt hatte, nicht in der Lage zu sein, die „Sicherheit" des Besuches garantieren zu können.

Da er am 8. September Sarajevo nicht besuchen kann, feiert Johannes Paul an diesem Tag im Innenhof der Sommerresidenz von Castelgandolfo eine Messe „in geistiger Verbundenheit mit der katholischen Gemeinde" der bosnischen Hauptstadt. Er verliest die Predigt, die er im Stadion von Sarajevo hätte halten wollen, ruft *Schluss mit dem Krieg!* und fordert die Katholiken auf, *zu vergeben und um Vergebung zu bitten,* verurteilt die „ethnische Säuberung", verlangt, dass die Sanktionen gegen Serbien neu überdacht werden, und schickt dem Patriarchen der serbisch-orthodoxen Kirche Pavle, der ihn in Belgrad nicht haben wollte, den Friedenskuss.

Am 10. und 11. September besucht er Zagreb und wiederholt dort dieselben Appelle und Mahnungen: Die Fernsehkameras zeigen ihn vom Leiden gezeichnet und leicht verwirrt, unsicher auf den Beinen, wobei ihm der Stock, an den er sich noch nicht gewöhnt hat, kaum behilflich ist, ohne jede Ambition zu scherzhaften und improvisierten Bemerkungen. Sein physisches Leiden – noch nie so sichtbar – ist die perfekte Spiegelung des moralischen Schmerzes, die drei Völker (Kroaten, Serben und Bosnier), die er untereinander verbrüdern möchte, nicht gemeinsam umarmen zu können. Schwer getroffen hat ihn auch die Tatsache, dass seine wiederholten Aufforderungen zur Vergebung nicht einen einzigen spontanen Applaus von Seiten der Zuhörer geerntet haben.

Im Krieg um Bosnien hat Johannes Paul ständig interveniert, seit er 1991 begonnen hatte. Im Januar 1993 organisierte er in Assisi einen Tag des Gebetes und des Fastens, um für Frieden zu beten. Um das Pathos seiner Anteilnahme an dieser Tragödie zu veranschaulichen, mögen die Worte genügen, die er während eines Gottesdienstes „für den Frieden auf dem Balkan" findet, der am 23. Januar 1994 im Petersdom stattfindet, genau zu der Zeit, in der in ihm der Gedanke heranreift, den Besuch in Sarajevo einseitig anzukündigen: *Ihr braucht euch nicht verlassen zu fühlen. Ihr seid nicht verlassen! Wir sind mit euch und werden immer mit euch sein, immer mehr werden wir mit euch sein!*

An einem Sonntag gegen Ende des Jahres spricht er beim Angelus über diesen Krieg und kündigt dabei die Veröffentlichung eines „Briefes an die Kinder" an: *Dieser Brief ist auch an jene adressiert, die für die Kriege verantwortlich sind, die fernen und die nahen. Wir denken an alle, aber vielleicht ganz besonders intensiv an jene Nachbarn auf der anderen Seite der Adria.*

Doppelseite: In Begleitung von Kardinal Nasrallah Sfeir fährt Papst Johannes Paul II. im „Papamobil" am 11.5.1997 an winkenden Menschen vorbei durch Beirut.

Traurig sitzt ein Moslem auf den Trümmern einer zerstörten Moschee im ehemals von serbischen Rebellen besetzten Sarajevo-Vorort Ilijas, aufgenommen am 2.5.1996. Unzählige Gebäude wurden in Brand gesteckt oder gesprengt.

Ihnen sagen wir heute, am vierten Sonntag im Advent, sechs Tage vor Weihnachten: Haltet ein, haltet ein im Angesicht des göttlichen Kindes! (18. Dezember 1994)

Aber trotz seiner leidenschaftlichen Appelle geht der Krieg weiter und nimmt sogar noch schrecklichere Formen an: *Das, was sich vor den Augen der ganzen Welt abspielt, stellt eine Niederlage der Zivilisation dar,* sagt er am 16. Juli 1995 beim Angelus.

Da er Kroaten und Serben, Katholiken, Orthodoxe und Moslems nicht einander näher bringen und untereinander versöhnen kann, ruft er die Repräsentanten der katholischen Gemeinschaften ganz Ex-Jugoslawiens zu sich und erklärt: *Unser Glaube sagt uns, dass die einen nicht ohne die anderen glücklich sein können, und erst recht nicht die einen gegen die anderen!* Er richtet diese Worte am 17. Oktober 1995 „an die Bischöfe und Nuntien von Bosnien-Herzegowina, Kroatien, Jugoslawien, Mazedonien und Slowenien".

Er muss aber noch eineinhalb Jahre warten, um seinen Fuß auf den Boden Sarajevos setzen zu können. Der Besuch erfolgt am 12. und 13. April 1997 und ist gleichsam ein Spiegelbild des bitteren Schicksals, das diesem Plan zuteil geworden ist: Während der Messfeier im Stadion beginnt es sogar zu schneien, was für diese Jahreszeit ungewöhnlich ist und was die Szene einmal mehr unvergesslich macht.

Kardinal Vinko Puljic zeigt ihm die Stadt, die eine einzige Ruine ist, und berichtet ihm von den vielen Opfern. Von Beginn des Krieges im Jahr 1991 an bis zu seinem Ende 1995 gab es 270.000 Tote: zweihundert pro Tag! Und mehr als eine Million Flüchtlinge.

Wie schon in Zagreb ist der Besuch ein ununterbrochener Aufruf zur Vergebung und Versöhnung. *Vergeben wir und bitten wir um Vergebung!,* lautet das Motto, das er in sieben von neun Ansprachen wiederholt. Er spricht davon zum Volk und zu den Regierungsvertretern, zu den Gläubigen bei der Messe und zu den Bischöfen, zu den Moslems und den Juden, zu den Orthodoxen und den Mitarbeitern der Caritas. Zu allen und an allen Orten.

Natürlich sind die eindringlichsten Worte Johannes Pauls an die vier katholischen Bischöfe von Bosnien-Herzegowina gerichtet, die er auffordert, die Versöhnung als ihre *erste Aufgabe* zu betrachten, die *durch die Heilung der Seelen* bewerkstelligt werden muss, *die vom Leid geprüft und manchmal von Gefühlen des Hasses und der Rache entstellt sind.*

In Sarajevo gibt es keine Familie, die nicht zumindest einen Toten zu beklagen hat: Man muss sich diese trostlosen menschlichen Umstände vor Augen halten, um den Mut zu begreifen, den der Papst in seinen Predigten und Ansprachen an den Tag legt. Seine Botschaft klingt so: Sarajevo, die Stadt, die *ein Symbol für das Leiden dieses Jahrhunderts* ist, muss zum *Symbol der Versöhnung in Europa* werden, aber das kann nur auf der Grundlage einer wahren Umkehr geschehen, die mit dem Verzeihen beginnt, denn sonst endet der Weg der „Rache" unweigerlich mit der Zerstörung des noch verbliebenen gegenwärtigen Zusammenlebens der drei verschiedenen Völker: der Moslems, der orthodoxen Serben und der katholischen Kroaten. Nur der Papst konnte der Märtyrer-Stadt diese Botschaft überbringen und zumindest auf Gehör stoßen, wenn man sie schon nicht befolgt. Er hat diese Chance erkannt und wollte sie nützen.

Die Liebe Johannes Pauls zum Libanon dauert schon viel länger als jene zu Sarajevo: Sie stammt noch aus der Zeit vor seiner Wahl zum Papst, als die Kardinäle während der Sedisvakanz eine Botschaft „zur Krise im Libanon" veröffentlichten, und sie wird deutlich sichtbar in seiner ersten Ansprache als Papst in der Sixtinischen Kapelle am Tag nach der Wahl, in der er *dem geliebten Libanon Frieden in Freiheit* wünscht. In der Folge spricht Johannes Paul unermüdlich und bei jeder Gelegenheit von seinem Wunsch, den Libanon zu besuchen oder wenigstens die Stadt Beirut.

Sein leidenschaftliches Engagement für die Märtyrer-Stadt des Mittleren Ostens ist ähnlich dem wie im Fall Sarajevos in den neunziger Jahren: In beiden Fällen kann auf ein langes multikulturelles und interreligiöses Zusammenleben zurückgeblickt werden, in beiden ist es notwendig, die internationale Gemeinschaft zu einer Friedensintervention aufzufordern, in beiden ist der Islam erster Ansprechpartner und in beiden gibt es eine katholische Gemeinschaft, die Gefahr läuft, zuerst durch den Konflikt und dann durch die Friedensregelungen unter die Räder zu kommen.

Von den unzähligen Interventionen Johannes Pauls für den Libanon zitieren wir nur zwei, die jedoch genügen, um die leidenschaftliche Kraft seines Eintretens aufzuzeigen. Die erste erfolgt improvisiert und in schlechtem Italienisch, aber im besten Sinn des Evangeliums: *Wir können nicht zulassen, dass ein Volk, ein Land zerstört wird: Es sind unsere Mitbrüder, unsere christlichen Mitbrüder, unsere moslemischen Mitbrüder! Ich wiederhole noch einmal diesen Alarmruf!* (Petersplatz, 23. April 1989)

Er sagt „Mitbrüder" statt Brüder: Wie schön ist diese Beschwörung der Brüderlichkeit, ja der „Mitbrüderlichkeit", die auch auf die Moslems ausgedehnt wird! Johannes Paul hat zum Unbehagen mancher kurialer Kreise die Moslems oft „Brüder" genannt. Hier haben wir den Beweis, dass er diesen Ausdruck

Papst Johannes Paul II. nimmt im Rahmen seiner einwöchigen Nahost-Reise im März 2000 mit Rabbi Israel Lau (l.) und dem muslimischen Geistlichen Sheikh Tatzir Tamimi an einer gemeinsamen Veranstaltung in der Jerusalemer Altstadt teil.

bewusst in offenkundiger Gleichstellung mit den Christen verwendet: *unsere christlichen Mitbrüder, unsere moslemischen Mitbrüder.*

Im zweiten Zitat bekennt sich Johannes Paul zur Verantwortung der Mitglieder seiner Kirche und beschwört sie, sich nicht gegenseitig zu bekämpfen. Wir befinden uns auf dem Höhepunkt der Auseinandersetzung zwischen der regulären Armee des Generals Samir Geagea und den Truppen von General Michel Aoun, die von den internationalen Medien als „christlicher Krieg" bezeichnet wird, und Johannes Paul fleht die Kontrahenten an: *Ich verlange, dass die brudermörderischen Kämpfe sofort eingestellt werden!* (Botschaft an den maronitischen Patriarchen Pierre Sfeir, 6. Februar 1990)

Schließlich kommt Johannes Paul doch noch nach Beirut, am 10. und 11. Mai 1997, zu dieser zweiten unmöglichen Mission, einen Monat nach jener in Sarajevo. Er kann beide Länder besuchen, als dort zwar nicht mehr geschossen wird, aber in die Herzen ist noch längst kein Friede eingekehrt! Und vor allem die Herzen der Katholiken scheinen in beiden Ländern von der Verzweiflung darüber gequält zu werden, dass auch der Friede ausweglos sein kann: in Sarajevo, weil man sich von einer moslemischen Mehrheit erdrückt sieht, im Libanon, weil kein Ende der syrischen Präsenz im Lande abzusehen ist.

Unmögliche Missionen also, einmal wegen des Krieges und zum anderen wegen der Schwierigkeit, vom Frieden zu sprechen und wirklich verstanden zu werden. Deshalb will auch niemand gern Orte wie diese besuchen, wo man nur verlieren kann und nichts zu gewinnen ist. Doch nicht so Johannes Paul: In beiden Fällen sagt er die ganze, unbequeme Wahrheit über beide Länder, ohne dabei auch die Verantwortung seiner Seite, also der Katholiken, zu verschweigen. Und man kann sagen, dass er sowohl in Beirut wie schon zuvor in Sarajevo von den Menschen verstanden wurde.

Wer die Wahrheit sagt, spricht übrigens im Namen aller und scheinbar haben auch die Moslems keine Schwierigkeit zu verstehen, dass der Papst – wenn er zum Abschluss seines Besuches die Souveränität des Libanon fordert – auch in ihrem Namen spricht. Eine weitere unbequeme Wahrheit spricht Johannes Paul gegenüber Israel aus, indem er die Besetzung des Südlibanon als bedrohlich bezeichnet. Die dritte ist an Syrien gerichtet, wenn er daran erinnert, dass *die Präsenz von nicht libanesischen bewaffneten Streitkräften auf dem Territorium zu den größten Problemen* des Landes gehört.

Schließlich widmet der Papst eine äußerst unbequeme Wahrheit seinen eigenen Glaubensbrüdern, den Katholiken, indem er an den jahrelangen Krieg erinnert, den sie untereinander geführt haben und der die israelische Okkupation und das syrische Protektorat gefördert und *die Kirche gequält* hat, die *zusehen musste, wie ihre Söhne getötet wurden, selbst töteten und sich gegenseitig umbrachten.*

Es ist diese Freiheit des Wortes, die bewirkt, dass Johannes Paul bei den Massen so gut ankommt. Die ihn in den zwei Tagen seines Besuches nie allein lassen, weder in den schiitischen noch in den sunnitischen Stadtvierteln und schon gar nicht in den christlichen. Moslemische und orthodoxe Jugendliche versammeln sich am Samstagabend gemeinsam mit den jungen Katholiken beim Heiligtum Unserer Lieben Frau des Libanon, und ein Großteil der Volksmenge, die am Sonntagmorgen an der Feldmesse im zentralen Distrikt von Beirut teilnimmt, besteht aus Moslems: vielleicht 50.000 von 300.000 Besuchern.

Das Heilige Jahr 2000 bringt Johannes Paul einen weiteren Höhepunkt seiner Missionstätigkeit. Nachdem er im Februar schon Ägypten und den Sinai hat besuchen können, erreicht er im Monat darauf Jerusalem. Die Stadt der drei Weltreligionen Islam, Judentum und Christentum eignet sich wie keine für die Appelle des Papstes zur Verständigung der Religionen und Kulturen. Zugleich setzt er sich der furchtbarsten Erinnerung aus, der an den Holocaust, den die Nazis ganz in der Nähe seines Geburtsortes in Auschwitz und anderen Tötungsfabriken ins Werk gesetzt haben.

Er könnte es sich leicht machen und darauf verwisen, dass Polen selbst und mithin auch er zu den Opfern gehört hat, doch er stellt sich dem Schrecklichen, das aus dem Schoß des christlichen Europa entstanden ist. Er besucht Yad Vashem, die Gedenkstätte für die ermordeten Juden. Wie seinerzeit 1979 in Auschwitz, diesem Golgatha der gegenwärtigen Welt, kniet er nun vor der Flamme der Erinnerung. Christi Sterben hier und das des jüdischen Volkes in den Gaskammern dort verschmilzt für ihn in der Hoffnung auf die Auferstehung, die ihn das fast erdrückende Böse aushalten lässt. Dieses Böse sieht Johannes Paul auch an den Spuren der Kriege, denen er immer wieder begegnet. So auf seiner Reise im Mai 2001 nach Griechenland und Syrien. In Syrien betet er auf den Golanhöhen in der zerstörten Geisterstadt Kuneitra nur 700 Meter entfernt von den israelischen Stellungen sozusagen im Angesicht des Hasses. Das wird ihm Anlass, in diesem islamischen Land ebenfalls für den Frieden zu werben und mit gutem Beispiel voranzugehen, indem er in Damaskus als erstes Kirchenoberhaupt eine Moschee betritt und gemeinsam mit den Moslems betet.

Mehr als die Adria trennt Rom von den Griechen, die sich in übergroßer Mehrheit zum orthodoxen Christentum bekennen. Das kann den Papst nicht abhalten, auch in Athen an das Gemeinsame im Glauben zu erinnern und mit Nachsicht auf das Häuflein der gegen seinen Besuch protestierenden Demonstranten zu schauen. Mit dem Besuch setzt er ein Zeichen dafür, dass er auch künftig nicht nachlassen wird im Bemühen um Überwindung des Trennenden.

Das Kloster Santa Katharina am Fuße des Berges Djebel Musa (Mosesberg).

„Der Geist weht heute auf Kuba“

Das erste Bild zeigt uns den Papst, wie er langsam und gebückt, auf seinen Stock gestützt, am 25. Januar 1998 um 13 Uhr den Platz der Revolution in Havanna verlässt: Die Messfeier vor einer Million Menschen (das ist die Schätzung des kubanischen Fernsehens) und in Anwesenheit von Präsident Fidel Castro hat drei Stunden gedauert. Jetzt begibt sich Johannes Paul, nachdem er die Messgewänder abgelegt hat, allein zum Papamobil zurück. Die Leute können ihn nicht mehr sehen, er geht über den Rasen. Er braucht länger, als notwendig ist. Er hat seine Mission erfüllt.

Dieser müde gewordene Papst mit dem Stock erinnert uns an den heldenhaften Papst, der mit dem Kreuz in der Hand zu seiner Mission aufbricht: So hatte ihn die Welt vor etwas mehr als zwanzig Jahren gekannt, am 22. Oktober 1978, als er in aufrechter Haltung und voller Energie über den Petersplatz schritt, nachdem er das Motto seines Pontifikats ausgegeben hatte: *Öffnet die Tore für Christus!* Eben erst hat er während der Messe diesen missionarischen Aufruf wiederholt. Vielleicht hat er zur Öffnung eines anderen Tores beigetragen.

Das zweite Bild stammt ebenfalls von jener Messfeier: Mitten in der Predigt werden die Worte des Papstes plötzlich von einem Ruf nach Freiheit unterbrochen. Er hat gerade das Schriftwort zitiert: „Die Wahrheit wird euch frei machen", als eine Gruppe von Jugendlichen eine Parole skandiert, die von den Organisatoren nicht vorgesehen war: „El Papa libre nos quiere libres" (Der Papst der Freiheit will, dass wir frei sind). Kardinal Ortega, dem die schwere Aufgabe zukommt, die Zeit nach dem Besuch des Papstes zu bewältigen, zeigt sich bestürzt und auch von den Gesichtern der vatikanischen Delegation kann man deren Besorgnis ablesen. Nicht aber beim Papst: Er hört sich in aller Ruhe die wiederholten Rufe an, wartet bis sie aufhören und dann – wie um zu zeigen, dass er sie sehr wohl verstanden hat – antwortet er: *Ja, frei in der Freiheit, die Christus gebracht hat!*

Die Reise nach Kuba (21. bis 25. Januar 1998) war vielleicht nicht das herausragendste Ereignis des Pontifikats. Wichtig ja, aber nicht an erster Stelle. Dennoch verdient sie ein eigenes Kapitel wegen der Worte und Gesten Johannes Pauls aus diesem Anlass. Angesteckt von der amerikanischen Nervosität gegenüber allem, was Kuba betrifft, haben die internationalen Medien diese Reise in ihrer Bedeutung weit überschätzt. Der Papst jedoch hat sie in allen ihren Phasen mit Ruhe und Selbstsicherheit bewältigt. Auch in jener kritischen Phase, als der Ruf nach Freiheit aus der Menge ertönt und man nicht wissen kann, welche Konsequenzen das haben wird. Man könnte sagen, dass Wojtyla auf diese Parole geradezu gewartet hat. Wie um sie herauszufordern, hatte er bei seiner Predigt 17mal die Worte „Freiheit, befreien, Befreiung" wiederholt.

Solche unvorhergesehenen Rufe nach Freiheit hatte es auch schon früher gegeben, bei vielleicht bedeutenderen Reisen und in Gegenwart von stärkeren staatlichen Machthabern: in Polen 1979, 1983 und 1987, in Brasilien 1980, in Chile 1987, in Paraguay 1988, in Ost-Timor 1989. Und bei vielen anderen Gelegenheiten – Philippinen 1981, Argentinien 1982, Guatemala 1983, El Salvador 1983, Haiti 1983, Zaire 1980 und 1985, Sudan 1993 – gab es zwar keine derartigen Rufe aus der Menge, aber die Volksmenge selbst war ein einziger Ruf des Einverständnisses mit der befreienden Botschaft des Papstes. Die Ruhe, mit der er sich diese Parolen anhört, und die Sicherheit, die er während der ganzen Reise ausstrahlt, stammen bei Johannes Paul aus dieser einzigartigen Erfahrung der Konfrontation mit allen Formen des staatlichen Absolutismus im Namen des Evangeliums.

Eine solche wache geistige Präsenz erschien bei einem so schwer geprüften Mann geradezu unglaublich. Erst recht in einem von Ängstlichkeit geprägten Klima, wie es im offiziellen Kuba herrschte mit seinen undurchschaubaren Ritualen und unkontrollierbaren Stimmen, wo man von einer Stunde auf die andere nicht wissen konnte, ob Fidel Castro nun an diesem oder jenem päpstlichen Auftritt teilgenommen hatte oder ob eine Messe vom Fernsehen direkt übertragen wurde oder nicht.

Es hat nicht an Leuten gefehlt, die eine psychologische Erklärung für das außergewöhnliche physische Durchhaltevermögen des Papstes zu geben versucht haben: Durch die Konfrontation mit dem Kommunismus, diesem alten Gegner aus Jugendtagen, hätte er selbst sich gleichsam wieder jung gefühlt. Einen solchen Eindruck gewannen die Journalisten schon während des Gesprächs im Flugzeug, wo Johannes Paul eine gute halbe Stunde lang auf viele Fragen gewandt und spontan Antwort gab: etwas, was es seit Januar 1995, dem Flug von Rom nach Manila, nicht mehr gegeben hatte, als er die erste große internationale Reise nach der durch den Sturz und die Beinoperation erzwungenen Pause dazu benutzte, seinen Worten freien Lauf zu lassen.

Der Besuch Johannes Pauls auf Kuba kann in diesen zwei Bildern – des alt gewordenen Papstes, der sich den von der Menge erhobenen Ruf nach Freiheit in aller Ruhe anhört und der gebeugt von seiner Mission zurückkehrt – und in drei Kernsätzen zusammengefasst werden.

Doppelseite: Während seines historischen Besuchs in Kuba 1998 feiert der Papst eine Messe in Santiago de Cuba.

Der kubanische Präsident Fidel Castro mit Johannes Paul II. beim Betrachten eines Fotoalbums. Der Papst beschloss seine fünftägige Kuba-Reise mit einem Gottesdienst in Havanna.

Der eindringlichste der drei Kernsätze fällt während des Fluges von Rom nach Havanna im Gespräch mit den Jornalisten an Bord der Boeing 767 der Alitalia als Antwort auf die Frage, „was er von Fidel Castro hören möchte“: *Ich will, dass er mir die Wahrheit sagt, seine Wahrheit als Mensch, als Präsident, als Comandante, und weiter will ich, dass er mir die Wahrheit sagt über sein Land, über die Beziehungen zwischen dem Staat und der Kirche, über alles das, was uns interessiert.* Die Wahrheit sagen: Das heißt, die Propaganda hinter sich lassen, um zu einer echten Konfrontation zu kommen, die auch eine Zusammenarbeit einschließen könnte. Es ist interessant, die Übereinstimmung zwischen dieser Absicht des Papstes und dem von den Jugendlichen in der Menge erhobenen Ruf nach Freiheit festzustellen, der gerade in dem Augenblick ertönt, als der Papst den biblischen Satz zitiert: „Die Wahrheit wird euch frei machen“.

Den zweiten Kernsatz spricht Wojtyla am Schluss seiner Predigt auf dem Platz der Revolution aus: *Der heutige Wind ist sehr bezeichnend, denn der Wind symbolisiert den Geist und der Geist weht wo er will, und heute weht er auf Kuba!* Diese Worte bedürfen keines Kommentars: Sie gehören zu den schönsten improvisierten Aussagen des Papstes auf seinen Reisen.

Der dritte Kernsatz entspringt keiner Improvisation und stammt aus der Zeit nach dem Besuch. Am Mittwoch, dem 28. Januar, sagt er bei der Generalaudienz auf Polnisch zu einer Pilgergruppe aus Polen – in Zusammenfassung der zuvor auf Italienisch gehaltenen Ansprache, die ganz der Kubamission gewidmet war: *Mein Besuch auf Kuba hat mich sehr an meine erste Reise nach Polen im Jahr 1979 erinnert. Ich wünsche unseren Brüdern und Schwestern auf dieser schönen Insel, dass die Früchte dieser Pilgerreise ähnlich sein mögen wie die Früchte jener Reise nach Polen.*

Noch müde von der Reise, aber zufrieden, sehr zufrieden sogar darüber, wie sie verlaufen ist, und zuversichtlich bezüglich der „Ergebnisse“, die sie haben könnte, hatte sich Johannes Paul in seiner italienischen Ansprache über die gute Aufnahme seitens des Volkes erfreut gezeigt: *Seit meiner Ankunft war ich von*

Tausende Kubaner begrüßen Johannes Paul II. im Papamobil bei seiner Ankunft auf der Ignacio Agramonte Plaza in Camagury als ersten Papst, der Kuba besucht.

einer großen Begeisterung des Volkes umgeben, die selbst jene überrascht hat, die so wie ich die Begeisterungsfähigkeit der lateinamerikanischen Völker kennen.

In dieser nachträglichen Bewertung betont Wojtyla besonders das öffentliche Bekenntnis des Glaubens, das der Besuch möglich gemacht habe. Außerordentlich beeindruckt zeigt sich der polnische Papst auch von der Christusfigur auf dem großen Platz von Havanna, die ihn an jenes Kreuz erinnert haben muss, das am 2. Juni 1979 den Siegesplatz von Warschau beherrschte, jenen Ort, von dem so viele Dinge ihren Ausgang nahmen: *Auf dem großen Platz der Revolution in Havanna sah ich ein großes Bild, das Christus darstellte, mit der Inschrift: „Jesus Christus, ich vertraue auf dich!" Ich habe Gott dafür gedankt, dass gerade an diesem Ort, der den Namen der „Revolution" trägt, derjenige Platz gefunden hat, der die wahre Revolution in die Welt brachte, die Revolution der Liebe Gottes, die den Menschen vom Bösen und von der Ungerechtigkeit befreit und ihm den Frieden und die Fülle des Lebens schenkt.*

Mit den Erklärungen im Flugzeug und den zwölf Ansprachen im Verlauf des Besuches hat Johannes Paul eine dreifache Botschaft verbunden, die an drei verschiedene Adressaten gerichtet war, die wir aber als Einheit sehen müssen, um ihre ganze Tragweite zu erfassen: die kubanische Kirche, Fidel Castro, die USA.

Von den USA forderte er eine Änderung ihrer Embargopolitik, die schon seit mehr als 35 Jahren andauert und hauptsächlich die Armen trifft. Dreimal hat er diese Forderung wiederholt. Im Flugzeug hatte er auf die Frage, was er zu dieser Politik zu sagen habe, lapidar geantwortet: *Dass sie geändert wird, dass sie geändert wird!* Am 23. Januar sagt er dann in Camaguey: *Die wirtschaftlichen Embargos sind immer zu verurteilen, weil sie denen Schaden zufügen, die in größter Not sind. Schließlich am letzten*

Tag vor dem Abflug auf dem Flughafen zu Fidel Castro: Die wirtschaftlichen Beschränkungen, die dem Land von außen auferlegt werden, sind ungerecht und ethisch verwerflich.

Doch noch mehr als seine Worte stellte das Faktum des Besuches selbst eine Kritik an den USA dar: Die Sprecher der amerikanischen Administration hatten ihn als „voreilig“ charakterisiert und im Nachhinein seine Inhalte kritisiert. „Wir verstehen und respektieren die Position des Papstes, aber das Embargo ist eine Frage des Gesetzes, eines Gesetzes, das eine breite und starke Unterstützung von Seiten der Bevölkerung und beider politischer Parteien genießt“, erklärte der Sprecher des Weißen Hauses Mike McCurry am 26. Januar, während der Papst im Flugzeug saß, das ihn nach Rom zurückbrachte. Neben den Erklärungen über das Embargo und dem Faktum des Besuches waren es Gesten, die als Hinweise an die USA gedeutet werden können: Der Papst ist fünfmal mit Fidel Castro zusammengetroffen: bei der Ankunft und bei der Abreise, am Dienstagabend, dem 22. Januar, im Palacio de la Revolución, am Mittwochabend, dem 23. Januar, in der Universität (wo die Anwesenheit Castros ursprünglich nicht geplant war) und bei der Messe am 25. Januar, wo auf Wunsch des Papstes ein Grußwort Castros vorgesehen war, aber nicht im offiziellen Programm aufschien. Man sah, wie der vatikanische Sprecher Navarro zum Präsidenten hinging und ihn zu Johannes Paul geleitete. Fünfmal hat also jene Persönlichkeit, die auf der Welt die höchste Achtung genießt, jenem Mann die Hand gereicht, den die USA aus der internationalen Gemeinschaft ausschließen wollten. Im Verlauf des Besuches im Präsidentenpalast hat Fidel Castro dem Papst auch seine beiden Brüder Raul und Ramon sowie die Schwestern Angela und Augustina vorgestellt. „Meine Schwester Augustina möchte Sie gerne umarmen, wie man es in Rom tut“, sagt Fidel. Und der Papst darauf: *So tun wir es doch!* Er umarmte sie und sie weinte.

Von Fidel Castro hat der Papst – wie wir gesehen haben – *die Wahrheit über Kuba* verlangt, er hat aber auch noch drei andere Forderungen erhoben, um diese Wahrheit zu konkretisieren:

– Eine „Begnadigung“ der politischen Gefangenen: Diese Forderung hat Kardinal Sodano während der Begegnung am 22. Januar im Palacio gegenüber der Nummer zwei des Regimes, Carlos Lage, formuliert. Laut Navarro hat er das getan, um „den Bitten einiger kubanischer Häftlinge“ zu entsprechen, „die sich mit der Bitte an den Heiligen Vater gewandt hatten, sich in ihrem Sinne für einen Gnadenakt einzusetzen“. Lage gab zur Antwort, dass die Bitte „mit Interesse aufgenommen“ worden sei.

– Reformen, die *Freiheit und Gerechtigkeit miteinander verbinden* und verhindern, dass *eines von beiden auf eine zweitrangige Ebene abgeschoben wird:* Darüber hat der Papst vor allem in seiner Predigt bei der Messe in Havanna (25. Januar) gesprochen, wobei er auf die Freiheitsbeschränkungen durch das Castro-Regime anspielte und meinte, dass *ein moderner Staat den Atheismus oder die Religion nicht zu einer seiner eigenen Rechtsnormen machen darf.* Außerdem forderte er dazu auf, vor den *blinden Kräften des Marktes* nicht zurückzuweichen, die vom *kapitalistischen Neoliberalismus* gepriesen werden, *der zur übermäßigen Bereicherung weniger auf Kosten der zunehmenden Verarmung vieler führt.*

– Volle Religionsfreiheit: Davon hat Johannes Paul in seiner Ansprache an die 14 Bischöfe des Landes gesprochen, die bei der Begegnung in der Nuntiatur am 25. Januar schriftlich übergeben wurde und wo präzisiert wird, dass die Kirche *Freiräume, Organisationen und Mittel* für ihre Aufgabe benötigt, die nicht nur eine *kultische,* sondern auch eine *prophetische und karitative* Aufgabe ist.

Das Wichtigste hat Johannes Paul schließlich zur kubanischen Kirche gesagt: Er hat sie ermutigt, *mit Nachdruck* auf einen angemessenen Raum im öffentlichen Leben Anspruch zu erheben, und sie ermahnt, die Katholiken – und vor allem die Jugend – in dem Sinne zu erziehen, dass sie den Versuchen zur Emigration nicht erliegen, sondern am politischen Leben Anteil nehmen, um eine *stufenweise und friedliche* Änderung herbeizuführen (Predigt in Santiago de Cuba, 24. Januar 1998).

Man müsste noch etwas sagen über das *öffentliche Bekenntnis des Glaubens* (ein Ausdruck, den Johannes Paul in seiner Botschaft an die Kubaner vom 20. Dezember gebraucht), das durch die Anwesenheit des Papstes ermöglicht und legitimiert wurde und das vielleicht der wichtigste Punkt des Besuches und sein wertvollstes Ergebnis ist. Schon im Vorfeld des Besuches hatte der Papst die Wiedereinführung des Weihnachtsfestes als staatlicher Feiertag, die Erlaubnis zu einer „peregrinatio“ der Madonna von „El Cobre“ auf der ganzen Insel sowie das erste Auftreten von Kardinal Ortega im Fernsehen erreicht, um das bevorstehende Ereignis zu erläutern. Die Beteiligung der Bevölkerung wurde von Tag zu Tag zahlreicher, bis es am letzten Tag fast eine Million Menschen waren. Die vier Messfeiern wurden in ganz Kuba direkt von Rundfunk und Fernsehen übertragen. Die Regierung hat die Beteiligung an den Feierlichkeiten ermöglicht, indem sie die Tage mit dem Papst in jeder einzelnen Provinz, die er besuchte, zu Halbfeiertagen erklärte.

Im Hinblick auf den Besuch und bei dessen Gelegenheit wurden also ein aufgelockertes Verhältnis und eine dialektische Zusammenarbeit zwischen dem Regime und der Kirche erreicht, wenn auch nur auf Probe. Um das Klima endgültig zu verbessern, hat Johannes Paul den Bischöfen genaue Anweisungen gegeben. Er hat jedenfalls eine gestärkte Kirche zurückgelassen, die eine Rolle als erster Ansprechpartner in der Übergangszeit spielen soll. Er gab ein Beispiel für eine notwendige, aber flexible und vom gegenseitigen Respekt getragene Konfrontation.

Der Besuch hat auch einige unmittelbare Ergebnisse gezeitigt. „Das Staatssekretariat wurde informiert, dass die kubanische Regierung eine bestimmte Anzahl von Gefangenen auf dem Wege der Begnadigung und als Zeichen guten Willens zum Andenken an den Besuch des Papstes auf Kuba freigelassen hat“: So lautete ein Kommuniqué, das am 12. Februar veröffentlicht wurde. Einen Monat später kündigt die Regierung der Vereinigten Staaten „im Sinne der Aufforderung des Papstes“ eine Lockerung des Embargos gegen Kuba an.

Es gab also sowohl von Seiten des kubanischen Regimes als auch von Seiten der USA eine Geste guten Willens gegenüber dem Papst. Es ist nicht viel, aber doch ein Zeichen dafür, dass auf Weltebene mehr auf ihn gehört wird, als es in ähnlichen Fällen bei seinen Vorgängern und bei Johannes Paul selbst der Fall war, zum Beispiel anlässlich des Gebetstages von Assisi (1986) und der Forderung nach einem Waffenstillstand in allen Kriegen und Guerillakriegen auf der ganzen Welt.

Eine abschließende Bemerkung noch über das außergewöhnliche Interesse von dreitausend Journalisten, Fotografen und Fernsehreportern, die aus aller Welt nach Kuba gekommen waren: Vielleicht war ihre Berichterstattung übertrieben, aber objektiv gesehen hat sie der päpstlichen Botschaft sehr genützt. Allein 1600 Reporter kamen aus Amerika: Das geradezu fieberhafte Interesse der amerikanischen Massenmedien hatte vor allem politische Gründe. Dreihundert kamen aus Spanien: In diesem Fall waren es die traditionellen kulturellen und sprachlichen Bindungen, welche die Aufmerksamkeit für das Ereignis weckten. Die dritte nationale Gruppe waren 260 Italiener, deren Interesse in erster Linie dem Papst selbst galt. Nach dem Besuch auf Kuba steuerte das Pontifikat Wojtylas auf den Zeitpunkt zu, wo es zum längsten des Jahrhunderts wurde und jenes von Pius XII. an Dauer übertraf (das genaue Datum war der 25. Mai 1998): Es hat noch keinen Papst gegeben, dessen Attraktivität mit dem Ablauf der Zeit noch zunimmt.

Ein kubanischer Katholik begrüßt den Papst 1998 auf der Ignacio Agramonte Plaza in Camagury mit einem Poster.

Aufbruch ins dritte Jahrtausend

Seit Mitte der neunziger Jahre waren die Taten und Tage Johannes Pauls II. von einem zentralen Traum erfüllt: das große Jubiläum zu feiern und seine Kirche ins dritte Jahrtausend zu führen. Er spürte Jahr für Jahr mehr die Mühsal, Papst zu sein, aber er erlebte auch jeden Tag stärker den Traum seiner Mission. Und man weiß ja, dass uns ein Traum sehr weit tragen kann.

Mit dem Projekt des Großen Jubiläums verlieh Johannes Paul seinem Pontifikat neuen Schwung: Jetzt ging es nicht mehr allein um das Näherrücken des symbolträchtigen Datums, sondern um konkrete Gestaltung des Heiligen Jahres, das die Schwelle zum dritten Jahrtausend markiert und zugleich die bisherige Geschichte als Heilsgeschichte trotz allen Unheils sichtbar macht. Daher das „Mea Culpa", die Bitte um Vergebung auch für die Kirche, daher die ökumenischen Bemühungen am 11. Juni, dem „Gebetstag für die Zusammenarbeit der Weltreligionen", und daher die Reisen an die Stätten des Alten Bundes auf dem Sinai, wo Moses von Gott die zehn Gebote empfing, und des Neuen Bundes in Bethlehem und Jerusalem sowie in Damaskus, wo einst der Apostel Paulus seine Bekehrung erlebte.

Man könnte als Motto über dieses Jahr setzen: Die Einheit der Vielheit. Johannes Paul will nicht Unterschiede verkleistern, aber ihnen den Stachel nehmen durch Hinweis auf gemeinsame Anliegen wie Frieden und Fürsorge für die Schwachen. Und er will deutlich machen, dass im Hause unseres Vaters viele Wohnungen sind, so dass jeder durch seine Allgüte einen Platz findet. Alter Tradition entsprechend wurden daher Heilig-Jahr-Feiern abgehalten für Behinderte und Sportler, Handwerker und Künstler, Wissenschaftler und Journalisten, Ordensleute und Alte, Soldaten und Schauspieler, Flüchtlinge und Geistliche, Kinder und Polizisten, Migranten und Obdachlose, Frauen und Politiker. Der Weltjugendtag fand in Rom ebenso statt (Mitte August 2000) wie der Eucharistische Weltkongress (Ende Juni 2000).

Persönlich von Bedeutung mag es für Johannes Paul II. auch gewesen sein, dass sein 80. Geburtstag ins Heilige Jahr fiel, ein Wiegenfest, von dem er oft unsicher war, ob er es bei seiner angeschlagenen Gesundheit überhaupt noch erreichen werde. Dabei war ihm gerade das so wichtig, weil es für ihn die Gnade bedeutete, die Kirche ins neue Jahrtausend führen zu dürfen. Immer wieder hat er erzählt, dass ihm am Abend seiner Wahl zum Papst 1978 der polnische Primas Kardinal Wyszynski prophezeit habe, er werde an der Spitze seiner Gemeinde ins neue Millennium gehen. Und vielmals hat er die Menschen aufgefordert: *Da die Jahre vergehen und ich immer älter werde, bitte ich euch: Helft mir durch euer Gebet, damit ich diese Mission erfüllen kann.*

Das ist ihm gewährt worden und mehr als das: Trotz Krankheit hat er kräftige Akzente setzen können, ja ihm ist durch das Leiden Glaubwürdigkeit zugewachsen. Ihm hören längst auch Menschen zu, die eher kirchenfern und skeptisch sind. Dazu gibt es eine bezeichnende Anekdote: Gerhard Schröder, damals noch Ministerpräsident von Niedersachsen, war von Johannes Paul empfangen worden. Heimgekehrt berichtete der nicht gerade als religiöser Schwärmer bekannte Schröder voll Bewunderung und Respekt von der Begegnung. Er lobte den Papst derart intensiv, dass es sogar einem katholischen Bischof zuviel wurde. Man höre, warf dieser ein, aber auch allerhand Vorbehalte gegen den konservativen Papst, selbst in der Kirche. „Ach wissen Sie", winkte der künftige Bundeskanzler ab, „kleine Geister gibt es überall."

Die Frage nach den Divisionen des Papstes stellt jedenfalls niemand mehr, denn allen ist bewusst, welche Macht die Wahrheit darstellt, auch wenn es oft deren mehrere gibt. Die Johannes Paul als die seine verkündet lässt niemanden mehr gleichgültig. Selbst Washington bleibt nicht unbeeindruckt, wenn der gebrechliche alte Mann im weißen Kleid der Weltmacht ins Gewissen redet. Inzwischen ist er ja weit mehr als der Oberste seiner Milliardengemeinde; er ist zu einer Weltinstitution geworden, für die einen als lebendes Wunder, für die anderen als Superstar der Superstars. Die Medien, auch die im durch und durch kommerzialisierten Amerika, verschwenden geradezu ihre Sendezeit auf ihn, als sei er ein Überirdischer. Er polarisiert, wird bejubelt und verteufelt, manchmal in kurzem Abstand von denselben Personen. Selbst sein Schweigen hat Gewicht.

In einer Zeit, da Monarchen nur als pittoreske Überbleibsel gesehen werden und weitgehend entmachtet sind, sitzt der Papst fester denn je auf seinem Thron als unumschränkter Gebieter über die weltumspannende Kirche und als Staatschef des winzigen Vatikanlandes. Seit 130 Jahren ist er zudem ausgestattet mit einer „Unfehlbarkeit", wie sie nie zuvor in der Geschichte einem Menschen zugesprochen worden ist. Sie gilt in Fragen der Sitten- und Glaubenslehre und macht für katholische Inder und Eskimos, Iren und Chilenen, Bantu und Chinesen verbindlich, was der Bischof von Rom verkündet. Umgekehrt wissen sich alle diese Menschen im Papst verbunden – eine Globalisierung der spirituellen Art. Soviel Feindschaft das Papsttum mit dem ungeheuerlichen Anspruch der moralischen Irrtumslosigkeit auf sich gezogen hat, es hat doch etwas von dem befeindeten Nimbus abgefärbt und verleiht päpstlichen Mahnungen zu sozialen und rechtlichen Themen wesentlich mehr Nachdruck, als angesichts der faktischen Machtlosigkeit des schwachen Greises zu erwarten wäre. Und damit ist er zu einem entscheidenden politischen Faktor und Weichensteller geworden.

Die früher über die Weltfremdheit und Rückwärtsgewandtheit des Papstes gelächelt haben, sind mit den Jahren ins Grübeln geraten, ob es nicht doch ganz gut ist, dass da eine Autorität quer zur Beliebigkeit der Konsumwelt steht. Der viel gepriesene Fortschritt hat sich ja als einer erwiesen, der oft zu Lasten der Umwelt und der Lebensgrundlagen kommender Generationen geht. Und als einer, der die Kluft zwischen Arm und Reich bedenklich wachsen lässt. Notmigration und schwere soziale Verwerfungen bedrohen den Frieden, der entfesselte Neoliberalismus bringt allmählich auch seine Profiteure in Gefahr. Da schadet es wohl nicht, wenn der Mahner auf dem Stuhl Petri unbequeme Wahrheiten verkündet und Grenzen kenntlich macht.

Er tut das in Predigten und Appellen und hat das, gerechnet bis zu seinem 25. Dienstjubiläum im Oktober 2003, in 14 Enzykliken, 38 apostolischen Briefen und über dreitausend Reden unermüdlich getan. Er belässt es aber nicht bei Worten, sondern setzt weithin sichtbare Zeichen und Vorbilder: Johannes Paul hat in seiner über fünfundzwanzigjährigen Amtszeit mehr Menschen selig- und heiliggesprochen als alle seine Vorgänger zusammen (knapp 500 neue Heilige und 1300 Selige). Ihm ging es natürlich nicht um den Rekord und auch nicht darum, Menschen unnötig zu glorifizieren. Seine Heiligen sind fehlbare Menschen gewesen, wie wir es alle sind; sie haben aber etwas mitzuteilen, das zum Muster für christliches oder auch allgemein religiöses Handeln taugt.

Doppelseite: Zwei Mönche erwarten auf dem Berg Moses im Sinai den Sonnenaufgang.

Papst Johannes Paul II. empfängt Bundeskanzler Gerhard Schröder am 18.5.1999 zu einer Privataudienz in Vatikanstadt. Dabei sei vor allem über die Situation in Osteuropa gesprochen worden, sagte Schröder im Anschluss an das Treffen. Beobachter gingen davon aus, dass der Kosovo-Krieg und die Suche nach einer politischen Lösung im Vordergrund standen.

Dass diese Botschaft ankommt, erreicht der Papst zum einen durch virtuose Öffentlichkeitsarbeit; niemand beherrscht die Medienklaviatur besser als er. Zum anderen, wichtigeren Teil gelingt ihm das durch die Auswahl der Personen, die ihm und den Menschen nahe waren. Das Beispiel von Mutter Teresa mag genügen als Beleg: Johannes Paul wartete nicht die sonst oft eingehaltene Frist von vielen Jahren nach dem Tod ab, sondern erhob die 1997 verstorbene albanische Ordensfrau, den Engel der Elenden von Kalkutta, schon am 19. Oktober 2003 als Selige zur Ehre der Altäre. Von der Nobelpreisträgerin und Gründerin des Ordens der „Missionarinnen der Nächstenliebe" sagte der Papst: *Ich habe diese mutige Frau immer an meiner Seite gefühlt.*

Johannes Paul aber ehrte nicht nur Glaubensgenossen wie sie oder Pater Maximilian Kolbe, der für einen jüdischen Familienvater 1941 in Auschwitz den Tod auf sich nahm. Er verneigt sich immer wieder auch vor den nichtkatholischen, ja auch den nichtchristlichen Märtyrern. In dieser Zuwendung schimmert sein tragisches Gespür für die historische Epoche durch, auf die wir zur Jahrtausendwende zurückblicken und die sich jenseits davon kaum anders darzustellen anschickt. Er betrachtet sie zugleich als eine Zeit äußerster Prüfung und bester Gelegenheit für das Zeugnis des Glaubens: Denn noch nie wurde der Mensch so geschändet wie in der Lebenszeit dieses Papstes und noch nie hat der Mensch andererseits so sehr Zeugnis abgelegt wie heute. Und das macht bei aller Düsternis Hoffnung: Am Himmel der Geschichte scheint ein neues Morgenrot heraufzuziehen, das die Christen einlädt, in einer Welt, die ein ungeheures Bedürfnis nach Christus, dem Erlöser, hat, Licht und Salz zu sein (Lissabon, 10. Mai 1991).

Um so mehr schmerzte es Johannes Paul, dass ihm nicht mehr die Zeit bleiben würde, einige Übelstände abzustellen, die in den letzten Jahren seine Amtszeit verdunkelt haben. Das betrifft vor allem, die massiert aufkommenden Vorwürfe von sexuellen Übergriffen katholischer Geistlicher auf ihnen anvertraute junge Menschen. In den USA ist es soweit gekommen, dass eine Diözese Insolvenz anmelden musste wegen der ausufernden Schadensersatzforderungen. In anderen Ländern sind Priesterseminare ins Gerede gekommen, ja selbst ein Kardinal sah sich entsprechenden Vorwürfen ausgesetzt und musste zurücktreten. Wie ernst der Papst das Problem nimmt, wurde klar, als er im April 2002 die amerikanischen Kirchenführer einbestellte und schärfere Bestrafung der Sünder verlangte, damit die Menschen wüssten, *dass es in der Priesterschaft und im religiösen Leben keinen Platz gibt für solche, die jungen Menschen derlei Schäden zufügen.*

Papst Johannes Paul II. während der Seligsprechung der Ordensgründerin und Friedensnobelpreisträgerin Mutter Teresa am 19.10.2003 auf dem Petersplatz in Rom.

Zugleich verlassen immer mehr katholische Pfarrer ihr Amt, weil sie den Pflichtzölibat nicht zu leben vermögen und eine Familie vorziehen; dramatischer Priestermangel ist die Folge, denn auch der Nachwuchs scheut die strengen Lebensregeln, und mancher bricht die Ausbildung ab. Andere nutzen die geistliche Tarnung für das Ausleben ihrer Homosexualität, ein nicht minder schwerwiegendes Problem, weil auch davon oft Zöglinge betroffen sind. Außerdem nimmt die Zahl der Aidsfälle unter der Priesterschaft zu, worüber kaum jemand zu reden wagt. Man versetzt die Betroffenen, wenn die Erkrankung ruchbar wird, oder schiebt sie in Heime ab. Lange wird sich damit allerdings nicht weiter so defensiv umgehen lassen.

Die Kräfte von Johannes Paul reichen andererseits auch nicht, die nötigen Konsequenzen zu ziehen. Dazu nämlich braucht es inhaltliche Reformen, und es muss womöglich das angeblich Undenkbare gedacht werden: der verheiratete Priester oder, undenkbarer noch, die Priesterin. Dass dieser Papst so zu denken vermag, hat er oft bewiesen, die konkreten Schritte aber werden andere tun müssen. Bei der Auswahl derer, die seinen Nachfolger wählen werden, hat sich Johannes Paul daher äußerst flexibel gezeigt. Niemand beispielsweise hätte es für möglich gehalten, dass er ausgerechnet den liberalen und weltoffenen Mainzer Erzbischof Karl Lehmann, den Vorsitzenden der deutschen Bischofskonferenz, mit dem Kardinalspurpur schmücken würde. Doch genau das hat der Papst am 21. Februar 2001 getan und damit wie mit vielen anderen Ernennungen Zeichen für den Nachfolger gesetzt. Ob sich dieser freilich die Freiheiten wird erhalten können, die sich und ihm Johannes Paul erkämpft hat?

Dass der Papst sein Haus bestellt, lässt sich auch daran erkennen, dass er am 84. Geburtstag (18. Mai) des Jahres 2004, zwei Tage vor Himmelfahrt, den zweiten Teil seiner Erinnerungen herausbringt, Titel: „Auf, lasst uns gehen!“ Das Jesuswort aus dem Garten Gethsemane, mit dem der Heiland sein Kreuz auf sich genommen hat, ist bewusst gewählt für dieses 200-Seiten-Werk, das eben nicht das Pontifikat reflektiert, sondern die Jahre als Bischofs von Krakau, als Johannes Paul vom ersten bis zum letzten Tag am zweiten Vatikanischen Konzil teilnehmen konnte und ständig im Kampf mit dem kommunistischen Regime in seiner Heimat stand. Diese Erfahrungen des Aufbruchs, Muster auch für andere Aufbrüche wie den ins neue Jahrtausend, will Johannes Paul seinen bischöflichen Amtskollegen ans Herz legen und ihnen ihre Hirtenaufgabe erläutern.

Deswegen sind hier auch nicht lineare Memoiren entstanden, sondern lockere Folgen von Impressionen und Reflexionen voller Sprünge, die tiefe Einblicke in die Religiosität den Mannes Karol Wojtyla gewähren. *Welchen Raum nimmst du ein in mir!* dankt der greise Autor rückblickend für seine Gotterfülltheit. *Ich kann dich nicht mit meinen Schritten ausmessen, ich muss niederknien.* Überhaupt preist er die Segnungen des Gebets, das alle täglichen Lasten tragen hilft und Rat gibt beim Beraten der Ratlosen: *Wenn ich einen Menschen treffe, bete ich bereits für ihn und das erleichtert den Kontakt immer.* Es bestehe daher kein Grund zu zagen vor den großen Aufgaben, denn Er ist vorangegangen, Er, dessen steter Zuspruch auch heute gilt: „Fürchtet euch nicht!“ und dem wir, seine Jünger, getrost folgen dürfen, wenn er uns ruft: „Auf, lasst uns gehen!“

Papst Johannes Paul II. geht am 11.10.1998 unter einem riesigen Porträt der Karmeliternonne Edith Stein hindurch, als er den Petersdom im Vatikan verlässt. Johannes Paul II. hat die in Auschwitz ermordete katholisch-jüdische Ordensfrau heilig gesprochen. Vor Zehntausenden Gläubigen warnte er bei einer Messe vor dem Petersdom zugleich vor jeder rassischen und ethnischen Verfolgung. Ein Verbrechen wie der Holocaust dürfe sich nie mehr wiederholen.

Schwestern vom Orden der „Missionarinnen der Nächstenliebe“ grüßen Papst Johannes Paul II. während der Seligsprechung von Mutter Teresa am 19.10.2003 auf dem Petersplatz in Rom. Der schwer kranke Kirchenführer sprach lediglich die wenigen Worte der Proklamation selbst. Der 83-Jährige ließ seine gesamte Predigt von Priestern verlesen. Mutter Teresa sei eine „Ikone des Guten Samariters“ gewesen.

„Im Namen der Kirche bitte ich um Vergebung"

Heute bitte ich, der Papst der Kirche von Rom, im Namen aller Katholiken um Vergebung für das Unrecht, das an den Nichtkatholiken im Laufe der stürmischen Geschichte dieser Völker verübt wurde; und zugleich versichere ich sie der Vergebung der katholischen Kirche für all das Übel, das ihre Kinder erlitten haben: Das sagt Johannes Paul am 21. Mai 1995 in Olmütz in der Tschechischen Republik. Es ist wohl die schönste unter allen seinen Vergebungsbitten. Schon in der Wortwahl zeigt sich eindeutig seine Absicht, einen exemplarischen Text zu formulieren. Wenn es im Verlauf des Pontifikats je eine Ansprache gegeben hat, die ganz allein imstande war, Furore zu machen, ein Wort, das einer Tat gleichkam, dann waren es diese Ansprache und dieses Wort in Olmütz.

An jenem Tag hat Johannes Paul Jan Sarkander, einen böhmischen Priester, als „Märtyrer" selig gesprochen, der von den protestantischen Behörden im Zuge der Religionskriege, die in diesem Teil Europas besonders grausam waren und eineinhalb Jahrhunderte andauerten, getötet wurde. Die evangelische Kirche betrachtete diese Seligsprechung als eine „Provokation". Einige ihrer Vertreter blieben der ökumenischen Begegnung mit dem Papst deshalb fern, die für den 20. Mai in Prag vorgesehen war. Es wurden Kundgebungen zum Gedenken an die evangelischen „Märtyrer" organisiert, die von den Katholiken umgebracht worden waren.

Und in diesen Kontext dramatischer Polarisierung hinein fällt die Geste des Papstes: Die Weltpresse beurteilt sie als genial, die Evangelischen in Böhmen waren verwundert, denn sie allein war imstande, die Situation so zu entschärfen, dass Johannes Paul bei seinem dritten Besuch in Prag vom 25. bis 27. April 1997 diese gereizte Oppositionshaltung nicht mehr vorfand und dass bei der ökumenischen Begegnung im Veitsdom alle Anregungen des Papstes von den evangelischen Gesprächspartnern bereitwillig aufgegriffen wurden. Eine ähnliche Umkehrung einer verfahrenen ökumenischen Situation gelingt Johannes Paul etwas mehr als einen Monat später auch in der Slowakei. Es ist der 2. Juli 1995 und wir befinden uns in Kosice: Hier spricht der Papst drei Priester als Märtyrer selig, die 1619 von den Protestanten ermordet wurden. Wie schon in Olmütz erregt diese Seligsprechung auch hier den Protest der Evangelischen, die sich am Vorabend um das Denkmal versammeln, das an 24 evangelische „Märtyrer" erinnert, die 1687 in Presov von den Katholiken hingerichtet wurden. Der Papst erweist in seiner Predigt in Kosice am Vormittag der „geistigen Größe" der evangelischen Märtyrer seine Reverenz, und nach einer erst im letzten Moment getroffenen Entscheidung begibt er sich am Nachmittag zu Fuß und schweigend bei regnerischem Wetter zum Denkmal der calvinistischen Märtyrer in die Altstadt von Presov, um dort zu beten.

Es ist dies die demütigste und unverhoffteste aller ökumenischen Gesten von Johannes Paul. Vor jenem Gedenkstein verharrt er still im Gebet, vielleicht bittet er diese Christen um Vergebung, die für ihren Glauben starben, weil sie sich weigerten, sich dem Papsttum zu unterwerfen, und die von anderen Christen, die das Papsttum verteidigten, im Namen des Glaubens getötet wurden. Auch der lutherische Bischof von Presov, Jan Midriak, ist anwesend, der nach dem stillen Gebet den Papst begrüßt und ihm dafür dankt, dass er hierher gekommen ist. Gemeinsam beten sie das „Vaterunser". „Wir wissen diese Geste sehr wohl zu schätzen", sagt Midriak später zu den Journalisten, „nie hätte ich gedacht, dass so etwas einmal geschehen könnte".

Woher hat Papst Wojtyla den Sinn für solche ökumenischen Gesten? Im ersten Teil dieser Biografie haben wir eine Reihe von Gelegenheiten angeführt, bei denen Johannes Paul – zwischen 1982 und 1992 – an negative Ereignisse der Kirchengeschichte erinnert und manchmal auch um Vergebung gebeten hat. Doch wir müssen anerkennen, dass in den Worten von Olmütz und in der Geste von Presov eine neue Kraft festzustellen ist, ein Klang in der Stimme und eine dem Evangelium verpflichtete Qualität, wie man sie bei Johannes Paul bisher noch nicht kannte.

Gegenüber den selbstkritischen Äußerungen zu Beginn des Pontifikats ist das Neue ein Programm der Buße im Hinblick auf das Jubiläum, das wir „Gewissensprüfung zur Jahrtausendwende" genannt haben und das eben solche Akte der „Reinigung der historischen Erinnerung" und Gesten der „erbetenen und angebotenen" Vergebung wie jene von Olmütz und Presov vorsieht. Dieses Programm wird im Apostolischen Schreiben „Tertio millennio adveniente" (November 1994), einem der Schlüsseltexte des Pontifikats mit der vielleicht persönlichsten Färbung, angekündigt, es wurde aber schon in einem außerordentlichen Konsistorium im Frühjahr jenes Jahres vorgestellt und diskutiert. Wir haben versucht herauszufinden, woher der Papst den ersten Anstoß in dieser Richtung bekam und haben geglaubt, ihn in jener ökumenischen Schlappe (er nennt es *Kenosis*) gefunden zu haben. Wir haben aber auch versucht, die erste Andeutung dieses Programms ausfindig zu machen und wir glauben, sie in dem Interview entdeckt zu haben, das Johannes Paul in der Zeitung „La Stampa" vom 2. November 1993 Jas Gawronski gewährt hat: *Sicherlich muss man am Ende dieses Jahrtausends eine Gewissensprüfung vornehmen: wo wir stehen, wohin Christus uns geführt hat und wo wir vom Pfad des Evangeliums abgewichen sind.*

Gebeugt hält der Papst bei einer Messe am auf Malta 2001 ein Kruzifix in den Händen.

Diese Worte sind bedeutsam. Die Gewissensprüfung zur Jahrtausendwende, von den Medien „Mea culpa“ genannt, ist wohl die originellste Initiative des Pontifikats und eine, die am meisten in die Zukunft weist. Es ist daher entscheidend, ihre Entstehungsgeschichte zu kennen, um ihre ganze Bedeutung zu erfassen. Und das Erste, das uns da ins Auge springt, ist diese Feststellung einer „Abweichung vom Evangelium“ von historischer, jahrtausendealter Tragweite. Wie hatte das geschehen können? Worin bestand unsere Sünde? Das ist es, was den Papst in dieser Frage zunächst einmal bewegt.

Die zweite Quelle, auf Grund derer sich die Genesis dieser Initiative rekonstruieren lässt, ist glücklicherweise viel ergiebiger: Es handelt sich um ein „Memorandum“, das im Namen des Papstes den Kardinälen zugestellt wird, die zu einem außerordentlichen Konsistorium versammelt sind, und das durch eine Indiskretion an die Zeitungsredaktionen gelangt. Die 23 Seiten des Memorandums tragen den Titel: „Gedanken zum großen Jubiläum des Jahres 2000“. Es sind fünf Hauptvorschläge, die den Kardinälen mit der Bitte um Stellungnahme vorgelegt werden: die Einberufung von Synoden für Amerika und Asien, eine Begegnung aller christlichen Kirchen und eine wei-tere mit Juden und Moslems, die Anpassung des Martyrologiums an die heutige Zeit, ein *aufmerksamer Blick auf die Kirchengeschichte des zweiten Jahrtausends, um für die Irrtümer einzustehen, die von Männern der Kirche und in gewissem Sinne in ihrem Namen begangen wurden.* Diesem letzten Vorhaben ist der Paragraf 7 des Memorandums mit dem Titel „Versöhnung und Buße“ gewidmet (so lautete auch das Thema der Synode von 1983 und der Titel das nachsynodalen Schreibens, das am 11. Dezember 1984 veröffentlicht wurde): *Während sich das zweite Jahrtausend des Christentums seinem Ende zuneigt, muss sich die Kirche immer klarer bewusst werden, wie sehr sich ihre Gläubigen im Verlauf der Geschichte als ungläubig erwiesen, indem sie gegen Christus und sein Evangelium gesündigt haben.*

Eingedenk dessen, was kurz zuvor im Fall Galilei getan wurde, „um den ihm zugefügten Schaden wieder gutzumachen“, fährt das Memorandum fort: *Ein aufmerksamer Blick auf die Geschichte des zweiten Jahrtausends kann vielleicht dazu verhelfen, andere ähnliche Irrtümer oder auch Verfehlungen in Bezug auf die rechte Autonomie der Wissenschaften deutlich aufzuzeigen. Wie könnte man denn schweigen angesichts der vielen Formen von Gewalt, die auch im Namen des Glaubens verübt wurden? Religionskriege, Tribunale der Inquisition und andere Formen von Verletzung der Menschenrechte ... Es ist nötig, dass auch die Kirche im Lichte dessen, was das II. Vatikanische Konzil gesagt hat, aus eigenem Antrieb die dunklen Aspekte ihrer Geschichte einer Prüfung unterzieht und sie im Lichte der Prinzipien des Evangelium bewertet ... Das könnte eine Gnade des kommenden Jubiläums sein. Das schmälert in keinster Weise das moralische Ansehen der Kirche, die daraus sogar gestärkt hervorgehen wird wegen des Zeugnisses der Aufrichtigkeit und des Mutes, für die Irrtümer einzustehen, die von Männern der Kirche und in gewissem Sinne in ihrem Namen begangen wurden.*

Dieses „Memorandum“ wird nie offiziell veröffentlicht. Die Presse erhält Mitte April 1994 durch Indiskretionen davon Kenntnis und sofort löst der Paragraf über die Gewissensprüfung zur Jahrtausendwende verschiedentlich eine Polemik aus. Manche vermuten sogar, er sei gewissermaßen „apokryph“, von kurialer Hand und ohne Wissen des Papstes in das Memorandum eingefügt worden. Aber bei der Eröffnung des Konsistoriums am 13. Juni 1994 bekennt sich Johannes Paul voll zur Urheberschaft des Memorandums und bestätigt das Vorhaben der Gewissensprüfung zum Ende des Jahrtausends, gegen das bereits viele Einwände innerhalb und außerhalb der Kurie erhoben worden sind.

Angesichts dieses großen Jubiläums – sagt Johannes Paul zu den Kardinälen – *bedarf die Kirche der „metanoia“, der Einsicht in die historischen Fehler und die Gleichgültigkeit ihrer Gläubigen gegenüber den Forderungen des Evangeliums. Nur das mutige Eingeständnis der Schuld sowie auch der Unterlassungen, für welche die Christen auf irgendeine Weise verantwortlich sind, und ebenso der edle Vorsatz, sie mit Hilfe Gottes aufzuarbeiten, können der neuen Evangelisierung einen wirksamen Impuls verleihen und den Weg zur Einheit erleichtern.*

Johannes Paul bekräftigt seinen Vorschlag deshalb mit solcher Vehemenz, weil unter den Kardinälen bei den vorhergehenden Konsultationen Zweifel und Einwände laut geworden sind. Und solche Zweifel und Einwände werden auch im Verlauf des Konsistoriums selbst immer wieder erhoben.

Scheinbar ist die Mehrheit der Kardinäle (die hingegen die Projekte bezüglich der gesamtchristlichen und der ökumenischen Begegnung sowie der Synoden und des Martyrologiums wohlwollend aufgenommen hat) der Meinung gewesen, dass einem „ekklesiologischen“ Ansatz ein „christologischer“ vorzuziehen sei und dass eine Gewissensprüfung über die zweitausendjährige Vergangenheit die Gegenwart nicht außer Acht lassen dürfe. Man müsse unbedingt vermeiden, sich auf unendliche Untersuchungen einzulassen. Und es sei bedenklich, die Vergangenheit mit den Augen von heute beurteilen zu wollen.

Wie in Licht getaucht wirkt die Statue der Heiligen Jungfrau Maria in einer Kirche in Frankreich.

Es soll sich dann eine sehr bezeichnende geokirchliche Differenzierung ergeben haben: Die Kardinäle aus dem Osten hätten ihrer Sorge Ausdruck verliehen, ein solches Schuldeingeständnis könnte der antikatholischen Propaganda der kommunistischen Regime wieder neuen Auftrieb geben; die Kardinäle aus der Dritten Welt wiederum hätten ein völliges Desinteresse an den historischen, auf Europa konzentrierten *querelles* an den Tag gelegt und die Befürchtung geäußert, die Anerkennung von Schuld, die die Kirche außerhalb des Kulturkreises ihrer Völker auf sich geladen habe, könnte auf diese eine negative Rückwirkung haben und würde keinerlei pastoralen Nutzen bringen.

Die Debatte war mit einer Zusammenfassung der vorangegangenen Konsultationen eingeleitet worden, die bei der Eröffnung des Konsistoriums vom Kardinalstaatssekretär Angelo Sodano vorgetragen wurde, der auch davon berichtete, dass der Vorschlag einer Gewissensprüfung zum Ende des Jahrtausends verschiedentlich Ratlosigkeit ausgelöst habe: „Bezüglich einer globalen und allgemeinen Überprüfung der Kirchengeschichte der Vergangenheit haben einige hochwürdigste Kardinäle zu großer Vorsicht und Klugheit geraten, da es sich um ein sehr schwieriges und delikates Thema handelt, vor allem wenn es summarisch angegangen wird."

Jedenfalls ist im Schlussbericht des Staatssekretärs, der den Kardinälen zur Beurteilung vorgelegt wird, das Thema in seinem vollen Umfang wieder enthalten: „Eine besondere Bedeutung kommt schließlich der öffentlichen Überprüfung der dunklen Aspekte der Kirchengeschichte im Lichte des Evangeliums und der Lehren des II. Vatikanischen Konzils zu: Sie könnte zwar von einigen zum Zweck der Instrumentalisierung missbraucht werden, aber sie würde doch auf besonders glaubwürdige und wirksame Weise die Ernsthaftigkeit unserer Nachfolge Christi bezeugen." Wie kommt es, dass Sodano sich zuerst des Langen und Breiten über die Einwände auslässt und dann die Idee doch wieder aufs Tapet bringt? Ganz einfach: Weil der Papst es so will! Der Staatssekretär wird ihm von den Bedenken berichtet haben, worauf Johannes Paul erwidert haben dürfte, dass man sie zwar berücksichtigen müsse, um Irrtümer zu vermeiden, aber die Gewissensprüfung müsse auf alle Fälle stattfinden. Dieser konfliktbeladene Weg der Kurie auf das Große Jubiläum zu charakterisiert die letzte Phase des Pontifikats.

Unterstützung erhielt der Papst im Konsistorium von Kardinal Cassidy, der – in einer Wortmeldung unmittelbar nach dem Eröffnungsvortrag von Kardinal Sodano – darauf aufmerksam machte, dass die Reinigung der Erinnerung eine große „Bedeutung für die Zukunft" habe und vor allem „durch eine objektive Aufarbeitung der Geschichte" gefördert werden könne, „auch wenn diese Objektivität der eigenen kirchlichen Gemeinschaft nicht zum Vorteil gereicht". Im Gleichklang mit der neuen ökumenischen Sprache Wojtylas hatte der Kardinal dazu aufgefordert, anzuerkennen, dass „wir nicht immer auf der Höhe dessen gewesen sind, was man von uns erwartete in unseren Beziehungen zu denen, die zum größten Teil und ohne Schuld zu haben die Fülle dieses unseres Reichtums nicht mit uns teilen".

Das außerordentliche Konsistorium, also die Versammlung aller Kardinäle der Welt – einschließlich jener, die das 80. Lebensjahr überschritten haben und nicht mehr wahlberechtigt sind –, diskutiert hinter verschlossenen Türen. Doch vom Vatikansprecher und aus Äußerungen einzelner Teilnehmer wissen wir, dass die Mehrheit Vorbehalte gegen ein Schuldbekenntnis zum Jahrtausendwechsel vorgebracht hat. Es scheint sogar, dass alle dagegen waren oder ihre Zweifel anmeldeten, mit Ausnahme des französischen Kurienkardinals Roger Etchegaray. Der schärfste Gegner – und auch der Einzige, dessen Einwände gegen den Plan des Papstes wir im Detail kennen – soll der italienische Kardinal Giacomo Biffi gewesen sein, der Erzbischof von Bologna: Er hat sich im Konsistorium zu Wort gemeldet, wir wissen aber nicht genau, was er dort gesagt hat, doch später hat er öffentlich davon gesprochen und darüber geschrieben. Biffi hat dieser Frage einen langen Abschnitt eines seiner Hirtenbriefe mit dem Titel „Die kirchliche Selbstkritik" gewidmet, der eine scharfe Kritik des päpstlichen Vorhabens enthält: „Mit großer Eindringlichkeit fordert Johannes Paul II. uns dazu auf, uns durch einen tiefen und aufrichtigen Geist der Buße und Selbstprüfung auf das große Jubiläum des Jahres 2000 vorzubereiten. Das ist ein Thema von erheblicher Bedeutung, das aber auch erhebliche Behutsamkeit erfordert und zu einer Quelle von Zweifeln und Unsicherheiten vor allem unter den einfachen Gläubigen werden kann ... Die Kirche, in ihrem Wesen betrachtet, hat keine Sünden, denn sie ist der ‚ganze Christus': Ihr ‚Haupt' ist der Sohn Gottes, dem nichts zugeschrieben werden kann, was moralisch beklagenswert ist. Dennoch kann und muss sich die Kirche die Gefühle des Bedauerns und des Schmerzes für die persönlichen Verfehlungen ihrer Mitglieder zu Eigen machen. Zu ihr gehören ihre Kinder, nicht aber deren Sünden; auch wenn die Sünden ihrer Kinder stets ihre Tränen als makellose Mutter verdienen ...

Ist es richtig und opportun, für die kirchlichen Verfehlungen der vergangenen Jahrhunderte um Vergebung zu bitten? Es ist dann richtig, wenn diese durch objektive Untersuchungen und vor allem ohne anachronistische Bewertungen (was nicht immer der Fall ist) bewiesen sind. Es kann auch dazu dienen, uns weniger unsympathisch zu machen und unsere Beziehungen zu den Vertretern der so genannten ‚laikalen' Kultur zu verbessern, denen unsere geistige Großherzigkeit gefallen wird, auch wenn sie daraus im Allgemeinen keine Ermutigung ableiten werden, ihren eigenen Zustand des Unglaubens zu überwinden."

Biffi macht kluge Bemerkungen über die Art und Weise, wie die vom Papst vorgeschlagene Gewissensprüfung durchzuführen sei, er sagt aber nicht definitiv, ob sie gemacht werden soll oder nicht. Doch der Sinn seiner Ausführungen läuft darauf hinaus, dass es besser sei, davon Abstand zu nehmen, weil sie möglicherweise zu einer „Quelle von Zweifeln und Unsicherheiten“ werden kann. Er selbst hätte diesen Vorschlag mit Sicherheit nicht gemacht.

Kardinal Biffi ist eine Persönlichkeit mit großer Autorität. Johannes Paul bat ihn 1992, die Fastenexerzitien im Vatikan zu predigen und auch nach seiner Kritik an der Gewissensprüfung der Kirche zur Jahrtausendwende behandelte er ihn anlässlich des Nationalen Eucharistischen Kongresses in Bologna im September 1997 sehr freundschaftlich und zeigte ihm seine Wertschätzung. Bei der Vorbereitung des Papstbesuches in Bologna zum Abschluss der Feierlichkeiten – am 27. und 28. September – hatte Biffi Gelegenheit, mit dem Papst zu sprechen (während eines Essens in Castelgandolfo im Juli jenes Sommers) und ihm seine Einwände persönlich darzulegen. Der Kardinal erzählte später den Journalisten – in einer Pressekonferenz während des Kongresses –, er habe Johannes Paul gegenüber seine Überzeugung zum Ausdruck gebracht, dass die Kirche mit einer solchen Vergebungsbitte allein dastehen würde, und der Papst sei sich dieses Risikos vollauf bewusst.

Ein Echo dieser Klärung zwischen dem Papst und Biffi glaubt man zu vernehmen, wenn Johannes Paul am darauf folgenden 4. Oktober während des Fluges von Rom nach Rio de Janeiro auf die Frage der Journalisten nach den Vergebungsbitten sagt: *Es ist interessant, dass es immer nur der Papst und die Kirche sind, die um Vergebung bitten, während die anderen in Schweigen verharren. Aber vielleicht ist es richtig so.*

Für Johannes Paul stellt sich also bei diesem Akt der Buße nicht die Frage eines geeigneten Kontextes oder der Gegenseitigkeit. Er ist sich bewusst, dass diese Initiative die katholische Kirche der Gefahr einer neuen Einsamkeit aussetzen und als Schwäche interpretiert werden kann. Doch er ist überzeugt, dass dieser Bußakt vom Evangelium gefordert ist.

Eine öffentliche Antwort auf die Einwände der Kardinäle gibt der Papst mit dem Apostolischen Schreiben „Tertio millennio adveniente“ vom 14. November 1994:

Zu Recht nimmt sich die Kirche, während sich das zweite christliche Jahrtausend seinem Ende zuneigt, mit stärkerer Bewusstheit der Schuld ihrer Söhne und Töchter an, eingedenk aller jener Vorkommnisse im Laufe der Geschichte, wo diese sich vom Geist Christi und seines Evangeliums dadurch entfernt haben, dass sie der Welt statt eines an den Werten des Glaubens inspirierten Lebenszeugnisses den Anblick von Denk- und Handlungsweisen boten, die geradezu Formen eines Gegenzeugnisses und Skandals darstellten ...

Die Heilige Pforte des Jubeljahres 2000 wird in symbolischer Hinsicht größer sein müssen als die vorhergehenden, weil die Menschheit, wenn sie an jenem Ziel angekommen ist, nicht nur ein Jahrhundert, sondern ein Jahrtausend hinter sich gelassen hat. Es ist gut, dass die Kirche diesen Weg im klaren Bewusstsein dessen einschlägt, was sie im Lauf der letzten zehn Jahrhunderte erlebt hat. Sie kann nicht die Schwelle des neuen Jahrtausends überschreiten, ohne ihre Kinder dazu anzuhalten, sich durch Reue von Irrungen, Treulosigkeiten, Inkonsequenzen und Verspätungen zu reinigen. Das Eingestehen des Versagens von gestern ist ein Akt der Aufrichtigkeit und des Mutes, der uns dadurch unseren Glauben zu stärken hilft, dass er uns aufmerksam und bereit macht, uns mit den Versuchungen und Schwierigkeiten von heute auseinander zu setzen.

Die Gewissensprüfung zur Jahrtausendwende wurde der wichtigsten und zahlenmäßig stärksten der acht Kommissionen anvertraut, deren Arbeiten vom Zentralkomitee für das Große Jubiläum koordiniert wurden: der „theologisch-historischen“ Kommission unter dem Vorsitz des Dominikaners Georges Cottier, des „Theologen des Päpstlichen Hauses“. Sie wird – so wurde es im Februar 1996 von Erzbischof Sergio Sebastiani, dem Sekretär des Komitees, bei dessen erster Zusammenkunft mit den Delegierten der Bischofskonferenzen angekündigt – „versuchen, Licht in die dunklen Seiten der Kirchengeschichte zu bringen, um dann im Geist der ‚metanoia‘ um Vergebung zu bitten“. Zu diesem Zweck – sagte Sebastiani weiter – hat die Kommission entschieden, sich der „historischen Überprüfung zweier Themen von besonderem kirchlichen, historischen und kulturellen Interesse“ zu widmen, „nämlich dem Antisemitismus und der Intoleranz, mit Bezugnahme auf die Inquisition“. Für diese Überprüfung sollen „zwei internationale Kongresse von hohem wissenschaftlichen Wert“ organisiert werden, „die noch vor der Feier des Großen Jubiläums in Rom stattfinden werden“.

„Es ist die Überzeugung der Kommission“ – schließt Sebastiani –, „dass diese Entscheidung ein Verständnis der wirklich geschehenen Ereignisse fördern kann, dass sie bei der Entdeckung der historischen Wahrheit ohne subjektive und polemische Aufmachung hilfreich sein wird und dass sie als Grundlage für die Schaffung einer neuen Kultur dienen kann, die nicht auf derartigen Vorurteilen beruht. Gleichzeitig wird sie es möglich machen, dem Wunsch des Heiligen Vaters zu entsprechen, ganz konkrete Vergebungsgesten zu setzen.“

Die konkreten Vergebungs-„Gesten“ sind im „Terminkalender des Heiligen Jahres 2000“ vorgesehen und wurden für den 12. März, den ersten Fastensonntag, festgelegt: An diesem

Tag hat der Papst unter anderem die Juden und alle Opfer der Inquisition um Vergebung gebeten. In Vorbereitung dieses Aktes hat vom 30. Oktober bis 1. November 1997 im Vatikan ein internationales Kolloquium über die „Wurzeln des Antijudaismus im christlichen Umfeld" stattgefunden und ein weiteres im Herbst 1998 über die Inquisitionen (im Plural, um das gesamte Phänomen vor Augen zu haben: die mittelalterliche, die spanische und die römische Inquisition).

Seit der Veröffentlichung von „Tertio millennio adveniente" und der Einsetzung des Jubiläumskomitees ist die Isolation des Papstes in der Frage der Gewissensprüfung zur Jahrtausendwende etwas gemildert. Die Kurie hat offenbar begriffen, dass der Papst sich nicht aufhalten lässt. Von verschiedenen Episkopaten waren selbstkritische Stellungnahmen ganz in seinem Sinne zu hören: Als am 16. März 1998 das vatikanische Dokument über die Shoa „We remember" (Wir erinnern uns) veröffentlicht wurde, gab es schon viele Bischofskonferenzen, die ähnliche Verlautbarungen kundgetan hatten. Auch ein Dokument des argentinischen Episkopats über die Beziehung der Lokalkirche zur Diktatur der Generäle vom 27. April 1996 weist ausdrücklich auf die selbstkritische Anregung durch den Papst hin.

Öffentliche Unterstützung für das päpstliche Vorhaben einer Gewissensprüfung zur Jahrtausendwende kam schließlich von zahlreichen und einflussreichen Kardinälen verschiedenster Nationalität, die im Konsistorium von 1994 entweder geschwiegen oder zu klugem Vorgehen gemahnt hatten, wie dem Franzosen Lustiger, dem Deutschen Ratzinger, den Italienern Carlo Maria Martini und Camillo Ruini.

Diese wachsende Zustimmung berechtigt dennoch nicht zu der Annahme, die Verunsicherung bezüglich dieser Gewissensprüfung bei einem großen Teil der Kirche sei geschwunden. Zu der klarerweise nicht nur Kardinäle gehören. Auch beim Zusammentreffen des Jubiläumskomitees mit den Vertretern der Bischofskonferenzen im Februar 1996 gab es viele – und es waren dies Leute, die speziell für das Jubiläum vom Papst nominiert oder von den Bischöfen entsandt worden waren –, die ähnliche Einwände erhoben, wie sie schon beim Konsistorium 1994 geäußert worden waren: Man schaut nur in die Vergangenheit, es handelt sich um eine „verengte" Perspektive, man sieht keinen „Zusammenhang zwischen den großen historischen Problemen und dem Jubiläum", die positiven Aspekte der Kirchengeschichte werden übergangen, in den kommunistischen Ländern würde das Aufgreifen des Themas der Inquisition der alten atheistischen

Papst Johannes Paul II. bei seiner Pilgerreise nach Lourdes in Frankreich am 14.8.2004. Er kam, um zu beten und den 150. Jahrestag des Dogmas der unbefleckten Empfängnis zu feiern.

Propaganda des Staates Recht geben. Als Antwort auf diese Befürchtungen hatte Kardinal Etchegaray versichert: „Angesichts der Bedeutung und Pikanterie der Themen wird die theologisch-historische Kommission ihre Vorschläge dem Zentralkomitee zur Beurteilung und Entscheidung vorlegen. Jedenfalls wird den Vorgaben des Heiligen Vaters, wie sie in ‚Tertio millennio adveniente' enthalten sind, Folge geleistet."

Niemand hat also einen Grund, Ohrfeigen zu befürchten, scheint Etchegaray damit sagen zu wollen. Wenn das Zentralkomitee entscheiden muss, kommt die Sache in die Hände eines hochrangigen Gremiums, dem neben dem Sekretär (dem Erzbischof Sebastiani ist inzwischen Creszenzio Sepe gefolgt) die Kardinäle Ruini, Arinze, Cassidy und Noè angehören. Doch sicherlich war die Erwartung in den Bußakt anlässlich des Jubiläums groß und hatte seit seiner Ankündigung noch zugenommen. Und der Mut, mit dem Johannes Paul trotz aller Kritik und Polemik sein Programm einer Revision der Kirchengeschichte im Lichte des Evangeliums durchgezogen hat, hatte diese Erwartung noch gesteigert.

Im Kapitel über den Fall Galilei haben wir eine Übersicht über die wesentlichen „Mea culpa" des Papstes seit 1992 geboten und aufgezeigt, wie sich die Thematik von Jahr zu Jahr ausgedehnt hat und wie die Einstellung des Papstes ihr gegenüber nach und nach immer mehr dem Evangelium entsprochen hat. In diesem Kapitel haben wir bereits die Worte wiedergegeben, mit denen er 1993 zum ersten Mal die Idee einer Vergebungsbitte formuliert, und dann die entscheidenden Texte des Memorandums, der Ansprache an das Konsistorium vom Juni und des Schreibens „Tertio millennio adveniente".

Doch wenn wir den Bußweg Johannes Pauls weiter verfolgen wollen, um wenigstens seine wesentlichsten Etappen anzugeben, müssen wir noch bei einem Text aus dem Jahr 1994 innehalten, der gegenüber den anderen „Mea culpa" völlig aus dem Rahmen fällt, weil er sich auf ein laufendes Geschehen bezieht und nicht auf ein historisches Faktum. Wir schreiben den 15. Mai und der Papst ist gerade wegen seines Oberschenkelbruchs in die Poliklinik Gemelli eingeliefert worden – das für diesen Zeitpunkt einberufene Konsistorium wird um einen Monat verschoben –, da kommt es in Ruanda zu dem schrecklichen Massaker und Johannes Paul findet dafür Worte einer katholischen Selbstkritik, die im Munde eines Papstes für ein aktuelles Geschehen absolut neu sind: *Es handelt sich um einen wahren und eigentlichen Völkermord, für den leider auch Katholiken verantwortlich sind.* Sicherlich hat die Lehre, die aus der Selbstkritik über die dunklen Seiten der vergangenen Geschichte gezogen wurden, den Papst ermutigt, sich auch der gegenwärtigen Geschichte zu stellen. Und diese Erklärung zu Ruanda ist auch eine treffende Antwort an die ewigen Kritiker, die jeder selbstkritischen Äußerung des Papstes entgegenhalten, dass sie zu spät gekommen sei!

1995 entstehen zahlreiche Texte, die das Thema Buße im Hinblick auf die Ökumene beinhalten. Der bedeutendste ist in der Enzyklika „Ut unum sint" enthalten und bezieht sich auf die Geschichte des Papsttums. Doch schon vor dieser Enzyklika – die sich an alle von Rom getrennten Christen wendet – hatte Johannes Paul voll Betrübnis zu den Orientalen gesprochen: *Die Sünde unserer Trennung ist äußerst schwerwiegend. Es ist notwendig, dafür Buße zu tun und mit aller Kraft die Vergebung Christi zu erbitten. Wir haben die Welt um ein gemeinsames Zeugnis gebracht, das es vielleicht vermocht hätte, viele Dramen zu verhindern, wenn nicht gar den Lauf der Geschichte zu ändern!* (Apostolisches Schreiben „Orientale lumen", 6. Mai 1995)

Im selben Ton ist auch das Schuldbekenntnis gehalten, das der Papst gemeinsam mit dem Patriarchen von Konstantinopel unterschrieben hat und das als Antwort an diejenigen gelten kann, die der Meinung sind, dass niemand Johannes Paul auf seinem Weg der Buße folgen werde:

> *Im Lauf der Geschichte und der jüngsten Vergangenheit hat es gegenseitige Kränkungen und Übergriffe gegeben. Da wir angesichts dieser Gegebenheiten bereit sind, den Herrn um seine große Barmherzigkeit zu bitten, laden wir alle ein, sich gegenseitig zu vergeben und den festen Willen zu bekunden, eine neue Beziehung der Brüderlichkeit und praktischen Zusammenarbeit herzustellen* (Gemeinsame Erklärung von Johannes Paul II. und Patriarch Bartholomaios, 29. Juni 1995).

Wir haben von einem Schuldbekenntnis berichtet, das sich auf die Mafia in Kalabrien bezieht und das im September 1983 im Namen des Volkes der Getauften abgelegt wurde, in dessen Mitte diese Form organisierter Gewalt verwurzelt ist. Und nun, im Abstand von zwölf Jahren, eine ähnliche Äußerung in Bezug auf die sizilianische Mafia, die der Papst ausdrücklich mit der Gewissensprüfung zur Jahrtausendwende verbindet. Sie zeigt – wenn dies noch notwendig wäre –, dass es auf dem Bußweg Johannes Pauls nichts Beiläufiges oder Improvisiertes gibt, sondern alles auf ein einziges Ziel ausgerichtet ist und dazu hinstrebt: *Liebe Sizilianer, der Augenblick ist gekommen, sich an alle gesunden Kräfte zu wenden. Wir nähern uns dem neuen Jahrtausend, und ich habe die ganze Kirche mehrmals zu einer mutigen Gewissenserforschung aufgerufen, damit die Macht und die Gnade Gottes eine neue Seite in der Geschichte aufschlagen können. Ich wende mich auch an euch, liebe Gläubige in Sizilien ... Die Mafia ist in einer Gesellschaft entstanden, die unfähig war, den Reichtum zu erkennen, dessen Träger das Volk von Sizilien ist* (Audienzsaal, 22. Juni 1995).

Im Lauf des Jahres 1995 – dem internationalen Jahr der Frau – hat Johannes Paul oft über die Situation der Frau gesprochen und auch sein „Bedauern" über das Verhalten der Männer der Kirche in dieser Frage zum Ausdruck gebracht. Hier noch eine Textstelle, die beweist, wie die Buße für Wojtyla stets mit einer Änderung der inneren Einstellung einhergehen muss: *Ich appelliere an alle Männer der Kirche, dass sie sich, wenn es notwendig ist, in ihrem Herzen ändern und sich eine positive Sicht der Frau zu Eigen machen, wie es ihr Glaube verlangt* (Botschaft an die vatikanische Delegation für die Konferenz von Peking über die Frau, 29. August 1995).

Die „Reinigung" der Erinnerung und die „Versöhnung" mit ihr kann Klärungen herbeiführen, die zwar scheinbar geringfügig, aber in Wirklichkeit von großer Bedeutung sind, weil manchmal selbst unbestrittene Lehrmeister, Kirchenväter und Heilige betroffen sind, wie folgender Passus eines päpstlichen Dokuments belegt, der den Antijudaismus bei Ambrosius von Mailand aufzeigt: *Da der christliche Kaiser die Schuldigen nicht bestrafen und sie nicht einmal zur Wiedergutmachung des angerichteten Schadens verpflichten durfte, ging er (Ambrosius) weit über die Geltendmachung der kirchlichen Freiheit hinaus, indem er das Recht der anderen auf Freiheit und Gerechtigkeit einschränkte* (Apostolisches Schreiben „Operosam diem" zum 1600. Todestag des heiligen Ambrosius, 5. Dezember 1996).

Ambrosius ist (zusammen mit Augustinus, Athanasius und Johannes Chrysostomos) einer der vier „Kirchenlehrer", die im Denkmal Berninis, das die Apsis der vatikanischen Basilika beherrscht, die „Kathedra des heiligen Petrus" stützen. Und „Saal des heiligen Ambrosius" nennt sich der fünfte jener 15 Säle, die im Apostolischen Palast den Bereich für die Audienzen bilden. Wenn das „Mea culpa" Johannes Pauls wegen des Antijudaismus nicht einmal vor Ambrosius Halt gemacht hat, dem Fundament der ambrosianischen Kirche (d. h. jener von Mailand) und einer Säule der römischen Kirche, dann können die Juden sicher sein, dass sein Schuldbekenntnis alles das umfassen wird, was erfasst werden muss.

Die folgenden nüchternen, aber ausreichenden Worte über die „Bartholomäusnacht" (jenes Blutbad, das die Katholiken in der Nacht vom 23. zum 24. August – dem Gedenktag des Apostels Bartholomäus – des Jahres 1572 in Paris an den protestantischen Hugenotten angerichtet haben) spricht Johannes Paul in der Nacht und in der Stadt des Massakers: *Am Vorabend des 24. August können wir das schmerzliche Blutbad der Bartholomäusnacht nicht vergessen, dessen Ursachen in der politischen und religiösen Geschichte Frankreichs noch sehr im Dunkeln liegen. Christen haben Dinge getan, die das Evangelium verurteilt* (Paris, 23. August 1997).

Mit diesen Worten hat Johannes Paul den französischen Protestanten die Hand gereicht, die von einer „Provokation" gesprochen hatten, weil die Organisatoren des „Weltjugendtages" die Nachtwache des Papstes mit den Jugendlichen ausgerechnet in der Bartholomäusnacht angesetzt hatten: In jener Nacht waren es 750.000 und am nächsten Tag eine Million. Die Protestanten lobten die Worte des Papstes und erklärten, es sei nun an ihnen, über eine Geschichte nachzudenken, in der nicht nur eine Seite Schuld auf sich geladen hatte. Auch in diesem Fall hatte der Papst ein heikles Thema berührt, nicht so sehr wegen der Besonderheit des damaligen Gemetzels, sondern wegen der Tatsache, dass Papst Gregor XIII. diesen Umstand auch noch groß gefeiert hatte: Er ließ zweimal ein „Te Deum" aufführen, Gedenkmünzen prägen und das Geschehen in drei Fresken von Giorgio Vasari verewigen, die man noch heute in der Sala Regia des Apostolischen Palastes sehen kann.

Die Wahrheit sagen über Ambrosius, über die Hugenotten und über Ruanda: Diese Beiträge Johannes Pauls II. zur Prüfung des Gewissen an der Schwelle des dritten Jahrtausends finden ihre Vollendung im umfassenden „Mea Culpa" (Meine Schuld), das im Rahmen eines Gottesdienstes am 12. März 2000 vom Papst und Vertretern der Kurie in Rom in Wechselrede vorgetragen wird. Es umfasst sieben Vergebungsbitten nach einer Anrufung Gottes, *er möge die Reue seines Volkes annehmen, das in Demut seine Schuld bekennt, und ihm seine Barmherzigkeit schenken.* Nach einem ersten allgemeinen Schuldbekenntnis folgen Eingeständnisse der Schuld im Dienst an der Wahrheit; gegen die Einheit des Leibes Christi; im Verhältnis zu Israel; gegen die Liebe, den Frieden, die Rechte der Völker, die Achtung der Kulturen und Religionen; gegen die Würde der Frau und die Einheit des Menschengeschlechtes; auf dem Gebiet der Grundrechte. Der Papst schließt mit den Worten: *Erbarme dich unser und nimm unsere Reue an. Darum bitten wir durch Christus unseren Herrn.* Vor dem Kruzifix wird ein Licht entzündet.

Im Lauf von fünfundzwanzig Jahren hat es unzählige Texte gegeben, in denen Johannes Paul ein Urteil korrigiert, eine Schuld eingestanden und um Verzeihung gebeten hat. Höhepunkt ist das eben genannte „Mea Culpa" gewesen. Die Welt hat auf diese Weise sehr wohl gesehen, dass er mit derselben Eindeutigkeit, mit der er die Rechte der Kirche geltend gemacht hat, auch zu ihrer Verantwortung stand. Und das hatte es noch nie zuvor gegeben.

Eine neue Art, Papst zu sein

Mehr als 25 Jahre nach seiner Wahl zum Papst gibt es vieles, was Johannes Paul uns hinterlassen hat, aber nur eines ist sein wirkliches Erbe: der Aufruf an alle Kirchen, gemeinsam mit der katholischen Kirche nach neuen Formen für die Ausübung des „Petrusamtes" zu suchen, so dass es von allen anerkannt werden kann.

Dieser Aufruf ist in der Enzyklika „Ut unum sint" (30. Mai 1995) enthalten. Er stellt die mutigste Initiative des ganzen Pontifikats dar. Auch wenn bisher nur wenige und partielle Reaktionen zu verzeichnen sind, so ist sie doch mehr als bloß eine Erklärung und sie wird sicherlich auf lange Sicht gesehen Früchte tragen. Mit ihr hat dieser Papst – der das Papstbild zutiefst verändert, aber die Regeln und Strukturen des Primats in keiner Weise angetastet hat – das Problem aufgezeigt und die Fundamente für eine Reform des Papsttums nach Maßgabe des dritten Jahrtausends gelegt. Damit wird – oder vielleicht muss – sich sein Nachfolger beschäftigen, ja *die* Nachfolger werden es tun müssen. In diesem Sinne ist seine Initiative nicht etwas Abgeschlossenes, sondern ein Erbe, auf dem es aufzubauen gilt.

Er hat – wie wir schon sagten – vieles hinterlassen. Wir haben darüber bereits in den einzelnen Kapiteln berichtet, doch ist es angebracht, in diesem letzten Kapitel noch einmal systematisch daran zu erinnern. Sicherlich ist noch nicht alles für uns erkennbar. In seinen reichen Texten, die vielfach noch nicht in ihrer ganzen Tiefe erschlossen sind, werden wir noch manchen Schatz heben. Noch der Herbst seines Lebens und selbst der Winter boten so bemerkenswerte Blätter wie einst der Frühling des Pontifikats. Sein Leiden und Tod in Christo war die letzte weithin hör- und sichtbare Botschaft

Johannes Paul hinterlässt uns also ein Papstbild, das auf der Höhe der Zeit ist, befreit von einer verkrusteten Tradition, mit Gesten und mit einer Sprache, die von den Menschen verstanden werden. Er gibt der Gestalt des Papstes auch wieder das Recht zurück, das vorgegebene Maß zu überschreiten und sogar in Zorn zu geraten. Alle haben seine Sorge um die Gesundheit und seinen Kampf gegen die Krankheit verstanden. Sogar seiner Frömmigkeit konnte man einiges abgewinnen. Seinem Vorgänger Johannes Paul I. wurde die „Sedia gestatoria" (Tragsessel) aufgezwungen. Dem Nachfolger von Papst Wojtyla wird man ihre Benützung nicht einmal mehr vorschlagen.

Er hinterlässt uns den Traum einer Theologie des Leibes, der Sexualität und der Frau, der sich für das Schicksal des Christentums im soeben angebrochenen neuen Jahrhundert als entscheidend erweisen könnte: Er tut dies, indem er das Buch der Genesis neu interpretiert, aber auch indem er die Mädchen mitten auf die Stirn küsst und für Michelangelos Mut, die Nacktheit des Mannes und der Frau darzustellen, lobende Worte findet. Wir wussten, dass die christlichen Kirchen sich auf dem Weg zu einer größeren Wertschätzung der Sexualität befinden und durch Johannes Paul II. wissen wir, dass das römische Papsttum dieser Wertschätzung nicht im Wege stehen wird.

Mit dem Traum einer Theologie des Leibes eng verbunden ist auch noch ein weiteres schönes Geschenk Johannes Pauls: Er hat seiner Kirche ein Gefühl der Bewunderung für die „Lebensfreude" der Jugend mitgegeben, verstanden als Zeichen der Freude, die Gott empfand, als er den Menschen schuf; eine Bewunderung, die von den Zwanzigjährigen sehr wohl wahrgenommen wurde und die sie ihm gegenüber erwiderten, so dass er die unerwartete Erfahrung machen konnte, mit seiner Botschaft bei der jungen Generation durchaus auf Interesse zu stoßen. Auch seine lobende Anerkennung für den Genius der Frau trägt apostolische Früchte: Er spricht zu den Frauen, ergreift für sie Partei und mildert oder stoppt – freilich ohne sie zu lösen – die vielfältigen Konflikte, in die die Kirche mit ihnen verstrickt ist.

Johannes Paul zeigt uns eine Sorge um das Schicksal des Menschen und des Evangeliums, die uns am Anfang unzeitgemäß erschienen ist, aber inzwischen haben wir gemerkt, dass dieses Schicksal aufs Engste mit den dramatischen Geschehnissen unserer Zeit verbunden ist. Er hält das Gewissen unserer Zeit wach und wird seinem Nachfolger die Ermutigung hinterlassen, weiterhin darauf zu vertrauen, von den Menschen verstanden zu werden. Sein beharrliches Eintreten für das Leben, von der Abtreibung bis zur Todesstrafe und zu jeder Art von Krieg, wird von der Welt nicht nur zur Kenntnis genommen, sondern sie hört auch auf sein Wort. Diese weltweite Aufmerksamkeit – die ihm auch durch den unbefangenen Umgang mit den Medien und die Planung seiner Reisen als Ereignisse für die Massenmedien zuteil geworden ist – hat ihm eine Freiheit von der Kurie verschafft, wie sie noch kein moderner Papst besessen hat. Er führt zwar keine Reformen durch, aber er schafft für seinen Nachfolger eine Freiheit von den Reglementierungen, die ihm helfen könnte, auch bisher Unerhörtes zu versuchen.

Doppelseite: Papst Johannes Paul II. begrüßt Nonnen in der päpstlichen Sommerresidenz Castelgandolfo während der Generalaudienz am 7.8.2002.

Papst Johannes Paul II. winkt am 25.12.2002 bei seiner Weihnachtsbotschaft auf dem Petersplatz in Rom den Gläubigen zu. Er hat in seiner Weihnachtsbotschaft dazu aufgerufen, den drohenden Krieg gegen den Irak zu verhindern. Im Nahen Osten gelte es, „das unheilvolle Flackern eines Konflikts, der mit dem Einsatz aller vermeidbar ist, auszulöschen". Alle Menschen guten Willens seien aufgerufen, „den Frieden aufzurichten". Zugleich spendete der Papst den Segen „Urbi et Orbi" („Der Stadt und dem Erdkreis"). Es war die 25. Weihnachtsfeier des Papstes, der im Oktober 1978 gewählt worden war.

Die Sorge um das Evangelium bringt ihn dazu, sich als Missionar der ganzen Welt zu verstehen und seine ganzen Energien in den Versuch zu investieren, die katholische Kirche wieder missionarisch und expansiv zu machen. Vielleicht gelingt es ihm nicht ganz, aber sicherlich öffnet er ihr die Augen für die Notwendigkeit einer „Neuevangelisierung", für den Versuch, die Sprache der Arbeiter und der jungen Generation zu sprechen, und für die Wertschätzung der Dynamik, die von den neuen kirchlichen „Bewegungen" ausgeht. Vor allem ruft er sie dazu auf, *den Blick auszuweiten und noch weiter auszuholen* (Enzyklika „Dominum et vivificantem", 1986), mit jedem Gesprächspartner Kontakt aufzunehmen, so neu und schwierig das auch sein mag. Seine Missionen in Casablanca und Khartoum, also in Ländern des Islams, die Besuche der Synagoge und der lutherischen Kirche von Rom sowie aller anderen orthodoxen und protestantischen Kirchen, die Reisen in die ganze Welt, zu allen leidenden oder sich im Kriegszustand befindlichen Völkern und schließlich jene „unmöglichen" Besuche in Sarajevo, Beirut und Kuba haben die katholische Ökumene herausgefordert, das missionarische Erbgut ihrer Tradition wieder zu entdecken und es gemäß dem II. Vatikanum der Strategie des Dialogs anzupassen.

Was die Annäherung an die nichtchristlichen Religionen angeht, so übertrifft er noch die Aussagen des Konzils: Er nennt die Juden „ältere Brüder" und die Moslems „Brüder" und er lädt sowohl die einen wie die anderen zum Fest des Großen Jubiläums ein. Er ist überzeugt, dass die Gestalt Christi der ganzen Menschheit gehört, und von dieser Überzeugung geleitet lässt er sich überall hinführen.

Aus seiner apostolischen Sorge resultiert auch seine Ablehnung des Kommunismus und seine Weigerung, sich mit dem Sieg des Kapitalismus abzufinden. Es gibt niemanden auf der Welt, der so wie er im Namen aller Enterbten gesprochen und alle Utopien zurückgewiesen hat.

Neben dem entschiedenen Eintreten für die Dritte Welt – wie es schon seine Vorgänger, deren Namen er trägt, praktiziert haben – vollzieht er auch eine faktische Abkoppelung des römischen Papsttums vom Schicksal des Nordens und des Westens und verleiht der Förderung des Friedens und der Menschenrechte eine wirklich universale Dimension.

Aus seiner Besorgnis – die anfangs nur wenige bemerkt hatten, die aber beim Anblick seiner zitternden Gestalt schließlich niemandem verborgen blieb – entstand auch die Idee des „Mea culpa" für die historische Verantwortung der „Kinder der Kirche", die wohl mutigste seiner Initiativen, da sie gegen die eigene Seite gerichtet ist.

Nach diesem kurzen zusammenfassenden Blick auf die Geschenke, die Johannes Paul uns zuteil werden ließ, wollen wir nun noch auf das Erbe in ökumenischer Hinsicht zu sprechen kommen: auf jenen Vorschlag, gemeinsam nach einer neuen Form der Ausübung des päpstlichen Primats zu suchen, den er an alle Kirchen gerichtet hat.

Trotz der Schlappe, die er zu Beginn der neunziger Jahre auf diesem Gebiet erlitten hat und die er einmal *Kenosis* nannte, hat Johannes Paul nicht aufgehört, sich von einer starken ökumenischen Utopie leiten zu lassen, deren Elan seit den Anfangsjahren nicht nachgelassen hat. Einer seiner Leitsätze, der nach vielen Enttäuschungen seinen alten Traum bekräftigt, lautet: *Das Erreichen der gewünschten Einheit unter allen an Christus Glaubenden kann und wird gewiss eines der wichtigsten Ereignisse der Menschheitsgeschichte sein* (Tallinn, Estland, 10. September 1993).

Trotz aller Schwierigkeiten stellt sich Johannes Paul im Mai 1995 mit der Enzyklika „Ut unum sint", seiner mutigsten ökumenischen Erklärung, erneut der Herausforderung des Dialogs. Es ist das erste Mal, dass ein Papst das Papsttum zur Diskussion stellt und sich bereit erklärt, über die Formen seiner historischen Ausübung zu verhandeln. Ja sogar für das, was die Päpste zu verantworten haben, um Vergebung zu bitten.

An die Vergebungsbitten für die „Sünden" der „Kinder der Kirche" haben wir uns fast schon gewöhnt. Aber diesmal tut er es für sich und für seine Vorgänger, weil er weiß, dass der „Dienst" des Bischofs von Rom – wie er faktisch in der Geschichte ausgeübt wurde – für den Großteil der anderen Christen auf Grund der „schmerzlichen Erinnerungen" an die Auseinandersetzungen, die sie mit ihm gehabt haben, „eine Schwierigkeit" darstellt:

Die Überzeugung der katholischen Kirche, in Treue zur apostolischen Überlieferung und zum Glauben der Väter im Amt des Bischofs von Rom das sichtbare Zeichen und den Garanten der Einheit bewahrt zu haben, stellt eine Schwierigkeit für den Großteil der anderen Christen dar, deren Gedächtnis durch gewisse schmerzliche Erinnerungen gezeichnet ist. Soweit wir dafür verantwortlich sind, bitte ich mit meinem Vorgänger Paul VI. um Verzeihung.

Hier beruft sich Johannes Paul auf die Autorität seines Vorgängers, aber er geht über das hinaus, was Montini gesagt hatte. Zu Beginn seines Pontifikats hatte Paul VI. bei der Eröffnung der zweiten Session des Konzils am 29. September 1963 gegenüber den nichtkatholischen Beobachtern feierlich erklärt, dass sie einst „getrennte Brüder" genannt wurden und heute – unter ähnlichen Umständen – als „Bruder-Delegierte" willkommen geheißen werden:

„Wenn uns für diese Trennung irgendeine Schuld trifft, so bitten wir Gott in aller Demut um Vergebung und bitten ebenso die Brüder um Verzeihung, die sich von uns verletzt fühlten. Und auch wir sind bereit, soweit es an uns liegt, die Verletzungen, die der katholischen Kirche zugefügt wurden, zu verzeihen und den Schmerz zu vergessen, der ihr durch die lange Reihe von Meinungsverschiedenheiten und Spaltungen zugefügt wurde."

Diese Vergebungsbitte machte auf den jungen Bischof Wojtyla einen großen Eindruck und sie liegt allen „Mea culpa" seines Pontifikats zu Grunde. Aber sie zeitigte nicht jenes ökumenische Resultat, das Paul VI. sich vielleicht erhofft hatte. So dass er anlässlich seines Besuches beim Ökumenischen Rat der Kirchen in Genf am 28. April 1967 einsehen musste, dass trotz aller Bemühungen Rom und sein Primat noch immer als ein Hindernis und nicht als eine Chance für die Einheit der Kirchen angesehen wurden: „Der Papst – das wissen wir sehr wohl – ist ohne Zweifel das größte Hindernis auf dem Weg des Ökumenismus."

Das war viel und erregte Aufsehen, aber Johannes Paul sagt noch mehr und zieht daraus die Konsequenzen: Wenn die Ausübung des „Petrusamtes" zu einem Hindernis geworden ist, müssen wir sehen, was man tun kann, um es zu beseitigen. Hier nun die wesentlichen Aussagen der Nummern 88–96 der Enzyklika „Ut unum sint", die unter der Überschrift „Der Dienst des Bischofs von Rom an der Einheit" den außergewöhnlichen Vorschlag enthalten, gemeinsam nach neuen Formen der Ausübung des Petrusamtes zu suchen:

Nach Jahrhunderten erbitterter Polemiken stellen die anderen Kirchen und kirchlichen Gemeinschaften zunehmend mit einem neuen Blick Untersuchungen über diesen Dienst an der Einheit an ... Ich bin überzeugt, diesbezüglich eine besondere Verantwortung zu haben, vor allem wenn ich die ökumenische Sehnsucht der meisten christlichen Gemeinschaften feststelle und die an mich gerichtete Bitte vernehme, eine Form der Primatsausübung zu finden, die zwar keineswegs auf das Wesentliche ihrer Sendung verzichtet, sich aber einer neuen Situation öffnet ...

Der Heilige Geist schenke uns sein Licht und erleuchte alle Bischöfe und Theologen unserer Kirchen, damit wir ganz offensichtlich miteinander die Formen finden können, in denen dieser Dienst einen von den einen und anderen anerkannten Dienst der Liebe zu verwirklichen vermag.

Eine ungeheure Aufgabe, die wir nicht zurückweisen können und die ich allein nicht zu Ende bringen kann. Könnte die zwischen uns allen bereits real bestehende, wenn auch unvollkommene Gemeinschaft nicht die kirchlichen Verantwortlichen und ihre Theologen dazu veranlassen, über dieses Thema mit mir einen brüderlichen, geduldigen Dialog aufzunehmen, bei dem wir jenseits fruchtloser Polemiken einander anhören könnten, wobei wir einzig und allein den Willen Christi für seine Kirche im Sinne haben und uns von seinem Gebetsruf durchdringen lassen: „... sollen auch sie eins sein, damit die Welt glaubt, dass du mich gesandt hast"?

Mit der Erinnerung an diesen kühnen Vorschlag verabschieden wir uns von Johannes Paul, dem wir durch die abenteuerlichen über 26 Jahre des Pontifikats gefolgt sind. Das Attentat, die Reisen, die Gebrechen haben ihn reif gemacht. Aus dem Schicksal seiner polnischen Heimat hat er viel gelernt, zumindest so viel, wie ein Mann aus dem Schicksal seiner geliebten Frau lernen kann. Und besonders stört ihn das Ärgernis der verschiedenen Kirchen. Vielleicht war es die ökumenische Schlappe, die ihn in den letzten zwanzig Jahren am meisten getroffen und verändert hat. Mehr denn je hat der Past beim langen Sterben in seinem Fleisch die Übelstände der Welt gespürt. Und die Welt hört mehr denn je auf seine Stimme, und besonders vernehmlich ist sie nun, nachdem sie verklungen ist.

Seit langem hat der Papst im Sinn einer „Theologie der Hinfälligkeit" die „Imitatio Christi" (Leben nach dem Vorbild des Heilands) auch als eine Nachfolge im Leiden interpretiert. Darin sieht er auch eine Buße für die Verleugnung des Herrn im Garten Gethsemane durch Petrus, den ersten aller Päpste. Attentat und Krankheiten sind ihm daher auferlegt, und er will sie in Demut annehmen. Seit Ende Januar 2005 strebt dieses stellvertetende Martyrium einem tragisch-erlöserischen Höhepunkt zu. Johannes Paul wird aufgrund einer Infektion ins Gemelli-Krankenhaus eingeliefert, das er einmal wegen seiner inzwischen acht Aufenthalte dort ironisch als dritten Vatikan (nach dem Amts- und dem Sommersitz) bezeichnet hat. Er erholt sich scheinbar rasch und drängt gegen den Rat der Ärzte auf Entlassung und Rückkehr in den Vatikan.

Am 13.03.2005 wendet sich Papst Johannes Paul II. vom Fenster des Gemelli-Krankenhauses in Rom an die wartenden gläubigen Katholiken. Es ist das erste Mal seit dem 24.02.2005, dass er sich wieder in der Öffentlichkeit zeigt.

Am Ostersonntag, dem 27. 03 2005, erscheint Johannes Paul II. am Fenster des Papstpalastes. Er versucht, wie all die Jahre zuvor, die Gläubigen auf dem Petersplatz zu segnen. 70 000 Osterpilger sind den Tränen nahe, als sie sehen, wie der Papst vergeblich um Worte ringt. Dieses Ereignis wird in aller Welt verfolgt und ruft tiefe Betroffenheit hervor, aber auch Bewunderung für die Leidensfähigkeit des Heiligen Vaters.

Die Folge lässt sich erahnen beim mühseligen Umbetten des kaum noch gehorchenden Körpers in das gläserne Auto, das Johannes Paul II. am 4. Februar aus dem Krankenhaus wieder in seine Wohnung bringt. Knapp drei Wochen später kommt es zu einem dramatischen Rückfall. Der Erstickungstod kann nur durch rasche erneute Operation im Krankenhaus abgewendet werden, bei der nach einem Luftröhrenschnitt eine Kanüle eingesetzt wird. Damit muss der kranke alte Mann erst wieder sprechen lernen, will er, wie er sich fest vorgesetzt hat, an Ostern den Segen Urbi et Orbi austeilen. Auch Schluckbeschwerden stellen sich ein.

Noch einmal jedoch beweist der polnische Papst seine außergewöhnliche Zähigkeit und kann am 13. März erneut heimkehren, allerdings noch schwerer gezeichnet von der Krankheit. Dennoch zeigt er sich am Ostersonntag, dem 27. März, relativ lange am Fenster seines Arbeitszimmers. Ein Versuch, selbst die Segensworte zu sprechen, scheitert in einem erschütternden Röcheln. Die Menschen auf dem Petersplatz leiden sichtlich mit im Angesicht des verzweifelt mit seiner Stimme ringenden Kirchenoberhaupts. Viele weinen. Andere empören sich über das „schamlose und unwürdige Ausstellen“ dieses Sterbens.

Doch das ist eine Minderheit. Die meisten haben verstanden, dass der Mann, der wie keiner die Menschen in aller Welt bewegt hat, seinen Weg der Christusnähe bis zur Abberufung durch den Höchsten gehen will und im Leiden die Christusgegenwart feiert. Zigtausende auf dem Petersplatz und Millionen an den TV-Geräten verfolgen in den Tagen darauf das weitere dramatische Schwinden der Kräfte des Papstes bis hin zu einem septischen Schock und dem zeitweisen Verlust des Bewusstseins am 1. April. Überall strömen Menschen in die Gotteshäuser und beten für den kranken Mann hinter dem Fenster im dritten Stock des Papstpalastes. Viele hoffen immer noch, doch die meisten beten für ein Ende das Leidens, für die Erlösung des Erlösernachfolgers.

Am 2. April 2005 um 21 Uhr 37 geht die Todesmeldung um eine erschütterte Welt. Selbst die Gegner versagen dem aufrichtigen Mahner und dem unerbittlichen Kämpfer für den Frieden nicht den Respekt. Stellvertretend für viele sei nur die Würdigung durch Bischof Wolfgang Huber zitiert, den Ratsvorsitzenden des Evangelischen Kirche in Deutschland: „Johannes Paul II. wird als einer der bedeutendsten Päpste in die Kirchengeschichte eingehen. Er konnte in gewinnender Menschlichkeit von persönlichen Glaubenserfahrungen sprechen, auch vom Schweigen Gottes und vom Rätsel des Lebens. Auch als er schon durch Krankheit gezeichnet war, hat er die Öffentlichkeit nicht gescheut und damit ein kraftvolles Zeichen gesetzt, Leiden und Schmerz nicht aus dem Leben auszugrenzen.“ Bezeichnend für die große Persönlichkeit des Papstes sind die letzten auf dem Sterbebett niedergeschriebenen Worte des sprachohnmächtigen Mannes: „Ich bin froh, seid Ihr es auch.“

Chronologie

Unter den Aktivitäten Johannes Pauls II. enthält diese Chronologie systematisch alle Enzykliken, die Bischofssynoden, die Reisen außerhalb Italiens und die Krankenhausaufenthalte. Von den anderen Ereignissen wird eine Auswahl des Wesentlichen geboten.

1920
18. Mai Karol Józef Wojtyla wird in Wadowice geboren. Die Eltern sind Karol Wojtyla und Emilia Kaczorowska.

1929
13. April Tod der Mutter.

1932
5. Dezember Sein Bruder Edmund, Arzt, stirbt im Alter von 26 Jahren an Scharlach.

1938
August Er übersiedelt mit dem Vater nach Krakau und inskribiert dort an der Philosophischen Fakultät der Jagellonen-Universität.

1941
18. Februar Tod des Vaters an einem Infarkt. Karol bleibt allein zurück.
März Er beginnt im Steinbruch von Zakrzówek zu arbeiten. Mit seinem Freund Kotlarczyk gründet er das Rhapsodie-Theater von Krakau.

1942
Oktober Er beginnt die geheimen Kurse an der Theologischen Fakultät der Jagellonen-Universität zu besuchen. Vom Steinbruch wird er in die Solvay-Fabrik versetzt.

1944
29. Februar Von einem deutschen Militärfahrzeug angefahren, landet er im Krankenhaus.
August Erzbischof Sapieha richtet ein geheimes Priesterseminar in seiner Residenz ein: Wojtyla gehört zu den Alumnen.

1946
1. November Priesterweihe.
Zur Fortsetzung des Studiums geht er nach Rom.

1948
14. Juni Er erwirbt in Rom das Doktorat mit einer These über „Die Glaubenslehre nach dem heiligen Johannes vom Kreuz" und kehrt nach Polen zurück.
8. Juli Er wird als Kaplan in die Pfarrei Niegowic geschickt.

Der einbalsamierte Leichnam von Papst Johannes Paul II. ist am 03.04.2005 in den Räumen des Vatikans aufgebahrt worden. Der am 02.04 im Alter von 84 Jahren gestorbene Pontifex war in seinen Amtsgewändern mit Mitra und Bischofsstab aufgebahrt.

1949
August Er wird Kaplan an der Pfarrei St. Florian in Krakau.

1953
1. Dezember Habilitation an der Jagellonen-Universität mit einer Arbeit über Max Scheler.

1956
1. Dezember Dozent für Ethik an der Katholischen Universität Lublin. Den Lehrstuhl behält er bis zu seiner Wahl zum Papst.

1958
4. Juli Weihbischof von Krakau.

1960 Veröffentlichung des Buches „Liebe und Verantwortung" sowie des Dramas „Der Laden des Goldschmieds".

1962
Oktober Aufenthalt in Rom beim II. Vatikanischen Konzil. Er fehlt bei keiner Plenarsitzung in allen vier Sitzungsperioden.

1964
18. Januar Erzbischof von Krakau.

1967
28. Juni Kardinal.

1969
28. Februar Besuch der Synagoge von Krakau.
11.–28. Oktober Erstmalige Teilnahme an einer Bischofssynode.
Dezember Veröffentlichung des Buches „Person und Tat".

1971
5. Oktober Er wird in den Rat des Generalsekretariats der Bischofssynode gewählt: 1974 und 1977 wird er jeweils wiedergewählt.

1972
8. Mai Eröffnung der Synode der Erzdiözese Krakau. Veröffentlichung des Buches „An den Quellen der Erneuerung. Studie über die Verwirklichung des II. Vatikanischen Konzils".

1974
27. September bis 26. Oktober Berichterstatter bei der Bischofssynode über die Evangelisierung.

1976
März Er hält die Fastenexerzitien im Vatikan.

1978
19.–25. September Mit einer Delegation des polnischen Episkopats besucht er die Bundesrepublik Deutschland.
16. Oktober Papst.
22. Oktober Feierlicher Gottesdienst zum Amtsantritt auf dem Petersplatz.

1979

25. Januar bis 1. Februar Erste Reise außerhalb Italiens: Dominikanische Republik, Mexiko, Bahamas. Am 28. Januar eröffnet er in Puebla die III. Vollversammlung der lateinamerikanischen Bischofskonferenz (CELAM).

15. März Enzyklika „Redemptor hominis", die erste des Pontifikats, dessen Programm sie ankündigt.

28. April Er bestellt Erzbischof Agostino Casaroli zum Pro-Staatssekretär.

2.–10. Juni Reise nach Polen

29. September bis 8. Oktober Reise nach Irland und in die USA. Am 2. Oktober spricht er vor der Generalversammlung der Vereinten Nationen in New York.

10. November Ankündigung der „Wiederaufnahme" des Falles Galilei.

28.–30. November Reise in die Türkei und Begegnung mit dem Ökumenischen Patriarchen von Konstantinopel Dimitrios I.

1980

2.–12. Mai Reise nach Afrika: Zaire, Kongo, Kenia, Obervolta, Elfenbeinküste.

30. Mai bis 2. Juni Reise nach Frankreich.

30. Juni bis 12. Juli Reise nach Brasilien.

26. September bis 25. Oktober Bischofssynode: „Die Aufgaben der christlichen Familie in der gegenwärtigen Welt".

15.–19. November Reise in die Bundesrepublik Deutschland.

2. Dezember Enzyklika „Dives in misericordia" über das göttliche Erbarmen.

1981

16.–27. Februar Reise nach Asien: Pakistan, Philippinen, Guam (USA), Japan, Anchorage (USA).

13. Mai Attentat auf dem Petersplatz mit zwei aufeinander folgenden Einlieferungen in die Poliklinik Gemelli, die er am 14. August endgültig verlässt.

15. September Enzyklika „Laborem exercens" über die soziale Frage.

25. November Ernennung von Kardinal Joseph Ratzinger zum Präfekten der Kongregation für die Glaubenslehre.

1982

12.–19. Februar Zweite Reise nach Afrika und zehnte außerhalb Italiens: Nigeria, Benin, Gabun, Äquatorial-Guinea.

12.–15. Mai Reise nach Portugal zum Jahrestag des Attentats.

28. Mai bis 2. Juni Reise nach Großbritannien. Am 29. Mai Begegnung in Canterbury mit dem anglikanischen Primas Runcie.

10.–13. Juni Reise nach Buenos Aires (Argentinien).

15. Juni Reise nach Genf zum Besuch der internationalen Organisationen.

29. August Besuch der Republik San Marino.

31. Oktober bis 9. November Reise nach Spanien.

1983

26. Januar Veröffentlichung des neuen Kodex des kanonischen Rechts.

2.–10. März Reise nach Mittelamerika: Costa Rica, Nicaragua, Panama, El Salvador, Guatemala, Honduras, Belize, Haiti.

25. März Eröffnung des Heiligen Jahres der Erlösung, das am 22. April 1984 endet.

16.–25. Juni Zweite Reise nach Polen, wo noch das Kriegsrecht in Kraft ist, das im Dezember 1981 ausgerufen wurde.

14.–15. August Pilgerreise nach Lourdes (zweite Reise nach Frankreich).

10.–13. September Reise nach Österreich (die zwanzigste außerhalb Italiens).

29. September bis 29. Oktober Bischofssynode: „Versöhnung und Buße im Leben der Kirche".

11. Dezember Besuch der lutherischen Kirche von Rom.

27. Dezember Er besucht seinen Attentäter Ali Agca im Gefängnis Rebibbia.

1984

10. Februar Apostolisches Schreiben „Salvifici doloris" über den christlichen Wert des Leidens.

9. April Bestellung des Staatssekretärs zu seinem Vertreter bei der Ausübung der weltlichen Gewalt über den Staat der Vatikanstadt.

2.–12. Mai Reise nach Asien und Ozeanien: Fairbanks (USA), Südkorea, Papua-Neuguinea, Salomon-Inseln, Thailand. In Seoul (Südkorea) spricht er 103 koreanische Märtyrer selig.

12.–17. Juni Reise in die Schweiz. Am 12. Juni Begegnung mit dem Ökumenischen Rat der Kirchen.

9.–21. September Reise nach Kanada.

10.–13. Oktober Reise auf den Spuren von Kolumbus im Hinblick auf die 500 Jahre seit der Entdeckung Amerikas: Spanien, Dominikanische Republik, San Juan de Puerto Rico.

11. Dezember Nachsynodales Apostolisches Schreiben „Reconciliatio et poenitentia": Es bildet die Grundlage für die „Gewissensprüfung zur Jahrtausendwende", die 1994 von ihm vorgeschlagen wird.

1985

26. Januar bis 6. Februar Reise nach Lateinamerika: Venezuela, Ekuador, Peru, Trinidad und Tobago.

31. März Apostolisches Schreiben „An die Jugendlichen der Welt anlässlich des internationalen Jahres der Jugend".

11.–21. Mai Reise nach Holland, Belgien und Luxemburg.

2. Juli Enzyklika „Slavorum apostoli" über den christlichen Osten.

8.–19. August Reise nach Afrika: Togo, Elfenbeinküste, Kamerun, Zentralafrikanische Republik, Zaire, Kenia, Marokko. Am 19. August spricht er in Casablanca zu 50.000 islamischen Jugendlichen.

8. September Reise nach Liechtenstein.

1986

31. Januar bis 11. Februar Reise nach Indien. Am 4. Februar trifft er in Kalkutta Mutter Teresa.

13. April Besuch der Synagoge von Rom.

31. Mai Enzyklika „Dominum et vivificantem" über den Heiligen Geist.

1.–8. Juli	Dreißigste Reise außerhalb Italiens: Kolumbien und St. Lucia.
4.–7. Oktober	Dritte Reise nach Frankreich.
27. Oktober	Gebetstag für den Frieden auf der Welt in Assisi mit den Vertretern der christlichen Kirchen und der Weltreligionen.
18. November bis 1. Dezember	Reise nach Asien und Ozeanien: Bangladesh, Singapur, Fidschi-Inseln, Neuseeland, Australien, Seychellen.

1987

25. März	Enzyklika „Redemptoris mater“ über die Marienverehrung.
31. März bis 13. April	Reise nach Lateinamerika: Uruguay, Chile, Argentinien. Am 12. April Abschluss des ersten „Weltjugendtages“ außerhalb von Rom.
30. April bis 4. Mai	Zweite Reise in die Bundesrepublik Deutschland.
6. Juni	Eröffnung des Marianischen Jahres.
8.–14. Juni	Dritte Reise nach Polen.
10.–21. September	Zweite Reise in die USA.
1.–30. Oktober	Bischofssynode: „Berufung und Sendung der Laien in der Kirche und in der Welt“.
22. November	Seligsprechung von 85 Märtyrern der antikatholischen Verfolgung in Großbritannien.
3.–7. Dezember	Besuch des Ökumenischen Patriarchen von Konstantinopel, Dimitrios I., im Vatikan.

1988

19. Februar	Enzyklika „Sollicitudo rei socialis“ über die soziale Frage.
7.–19. Mai	Reise nach Lateinamerika: Uruguay, Bolivien, Peru, Paraguay.
19. Juni	Seligsprechung von 117 vietnamesischen Märtyrern.
23. Juni	Zweite Reise nach Österreich.
2. Juli	Bestätigung der Exkommunikation für alle diejenigen, die dem Schisma des traditionalistischen Bischofs Marcel Lefèbvre folgen.
10.–19. September	Reise nach Afrika: Zimbabwe, Botswana, Lesotho, Swaziland, Mozambique.
30. September	Apostolisches Schreiben „Mulieris dignitatem“ über die Würde und die Rolle der Frau.
8.–11. Oktober	Vierte Reise nach Frankreich (die vierzigste außerhalb Italiens).

1989

30. Januar	Nachsynodales Apostolisches Schreiben „Christifideles laici“: Er ruft die Bischöfe dazu auf, die kirchlichen „Bewegungen“ in ihrer Bedeutung anzuerkennen.
28. April bis 6. Mai	Reise nach Afrika: Madagaskar, Réunion, Sambia, Malawi.
1.–10. Juni	Reise nach Skandinavien: Norwegen, Island, Finnland, Dänemark, Schweden.
19.–21. August	Dritte Reise nach Spanien zum Abschluss des zweiten Weltjugendtages außerhalb Roms in Santiago de Compostela.
30. September bis 3. Oktober	Besuch des Erzbischofs von Canterbury, Robert Runcie, in Rom.
6.–16. Oktober	Reise nach Asien: Südkorea Indonesien, Mauritius.
1. Dezember	Er empfängt Michail Gorbatschow, der ihn zu einem Besuch der UdSSR einlädt.

1990

25. Januar bis 1. Februar	Reise nach Afrika: Kapverdische Inseln, Guinea-Bissau, Mali, Burkina Faso, Tschad.
21.–22. April	Reise in die Tschechoslowakei: die erste in ein ehemals kommunistisches Land. In Velehrad kündigt er die Einberufung einer europäischen Synode an.
6.–14. Mai	Zweite Reise nach Mexiko und zehnte nach Lateinamerika.
25.–27. Mai	Reise nach Malta.
1.–10. September	Reise nach Afrika: Tanzania, Burundi, Ruanda, Elfenbeinküste.
30. September bis 28. Oktober	Bischofssynode über die „Priesterbildung“.
1. Dezember	Erzbischof Angelo Sodano folgt Kardinal Casaroli im Staatssekretariat nach.

1991

15. Januar	Am Tag des Ablaufs des Ultimatums der UNO schreibt er an Saddam Hussein und George Bush, um den Golfkrieg zu verhindern.
22. Januar	Enzyklika „Redemptoris missio“ über die missionarische Tätigkeit der Kirche.
13. April	Ernennung von Bischöfen für die Katholiken auf dem Gebiet der ehemaligen Sowjetunion, was den Protest des Moskauer Patriarchats zur Folge hat.
2. Mai	Enzyklika „Centesimus annus“ über die soziale Frage, hundert Jahre nach „Rerum novarum“.
10.–13. Mai	Zweite Reise nach Portugal (die fünfzigste außerhalb Italiens) und zweite Pilgerfahrt nach Fatima zum zehnten Jahrestag des Attentats.
1.–9. Juni	Vierte Reise nach Polen, die erste nach dem Ende der kommunistischen Herrschaft.
13.–20. August	Reise nach Polen (zum dritten Weltjugendtag in Tschenstochau) und nach Ungarn. Von Ungarn aus erklärt er seine Solidarität mit Gorbatschow, der Opfer eines versuchten Militärputsches in Moskau geworden ist.
12.–21. Oktober	Zweite Reise nach Brasilien.
28. November bis 14. Dezember	Sondersynode der Bischöfe für Europa.

1992

19.–26. Februar	Reise nach Afrika: Senegal, Gambia, Guinea. Auf der Insel Gorée (Senegal, 22. Februar) besucht er das „Sklavenhaus“ und bittet um Vergebung für die Behandlung der Schwarzen.
4.–10. Juni	Reise nach Afrika: São Tomé und Principe.
12.–28. Juli	Dritter Aufenthalt in der Gemelli-Klinik zur Entfernung eines Darmtumors.
9.–14. Oktober	Reise in die Dominikanische Republik aus Anlass der 500-jährigen Gedenkfeier der Evangelisierung Lateinamerikas.
31. Oktober	Abschluss der „Überprüfung“ des Falles Galilei mit der „ehrlichen Anerkennung“ des Unrechts, das dem Gelehrten zugefügt wurde.

7. Dezember	Präsentation des neuen „Katechismus der Katholischen Kirche".

1993

9.–10. Januar	„Tag des Fastens und des Gebetes" in Assisi für den Frieden auf dem Balkan, mit Christen, Juden und Moslems.
3.–10. Februar	Zehnte Reise nach Afrika: Benin, Uganda, Sudan. In Khartoum verlangt er von der islamischen Regierung des Sudan die Respektierung der Religionsfreiheit.
25. April	Reise nach Albanien.
8.–10. Mai	Reise nach Sizilien (die 109. innerhalb Italiens): In Agrigent richtet er am 9. Mai einen Appell an die Führer der Mafia.
12.–17. Juni	Vierte Reise nach Spanien.
9.–16. August	Sechzigste internationale Reise: Jamaika, Mérida (Mexiko), Denver (USA), wo er an der Schlussfeier des vierten Weltjugendtages außerhalb Roms teilnimmt.
4.–10. September	Reise in die baltischen Staaten: Litauen, Lettland, Estland.
5. Oktober	Enzyklika „Veritatis splendor" über die Grundsätze der Moral.
11. November	Vierte Einlieferung in die Gemelli-Klinik wegen eines Sturzes in der Benediktionsaula.

1994

22. Februar	„Brief an die Familien" anlässlich des internationalen Jahres der Familie.
15. März	Er verkündet ein „Großes Gebet für Italien", das eine schwierige politische und institutionelle Phase erlebt. Es findet am 10. Dezember seinen Abschluss in Loreto.
10. April bis 8. Mai	Außerordentliche Bischofssynode für Afrika.
29. April bis 27. Mai	Fünfter Aufenthalt in der Gemelli-Klinik zwecks Einsetzung einer Prothese im rechten Oberschenkel wegen des Sturzes im Badezimmer.
30. Mai	In einem Apostolischen Schreiben „über die Priesterweihe, die nur Männern vorbehalten ist", betont er, dass dieses „Urteil" als „endgültig" zu betrachten sei.
13.–14. Juni	Außerordentliches Konsistorium zur Vorbereitung des Großen Jubiläums.
17. Juni	Die Präfektur für die wirtschaftlichen Angelegenheiten des Heiligen Stuhls verlautbart – zum ersten Mal nach 23 Jahren – für die Bilanz des Jahres 1993 einen Aktivsaldo von 2,4 Milliarden Lire.
10.–11. September	Reise nach Zagreb, nachdem der für den 18. September angekündigte Besuch in Sarajevo aus Sicherheitsgründen abgesagt werden musste.
2.–29. Oktober	Bischofssynode über das gottgeweihte Leben.
19. Oktober	Erscheinen des Buches „Die Schwelle der Hoffnung überschreiten", das in Form eines Interviews Antworten des Papstes auf Fragen von Vittorio Messori enthält.
14. November	Apostolisches Schreiben „Tertio millennio adveniente" zur Vorbereitung des Großen Jubiläums: Es enthält den Vorschlag einer Gewissensprüfung zur Jahrtausendwende über die „dunklen Seiten" der Kirchengeschichte.

1995

11.–21. Januar	Reise nach Asien und Ozeanien: Philippinen, Papua-Neuguinea, Australien, Sri Lanka. In Manila nimmt er am fünften Weltjugendtag außerhalb Roms teil.
31. März	Enzyklika „Evangelium vitae" über den Wert des Lebens.
20.–22. Mai	Reise in die Tschechische Republik und nach Polen.
31. Mai	Enzyklika „Ut unum sint" über den Ökumenismus.
3.–4. Juni	Zweite Reise nach Belgien.
27.–29. Juni	Im Vatikan empfängt er den Patriarchen von Konstantinopel Bartholomaios.
30. Juni bis 3. Juli	Reise in die Slowakei.
10. Juli	„Brief an die Frauen" im internationalen Jahr der Frau.
14.–20. September	Reise nach Afrika zur Übergabe des Nachsynodalen Apostolischen Schreibens „Ecclesia in Africa": Kamerun, Südafrika, Kenia.
1. Oktober	Seligsprechung von 64 Märtyrern der Französischen Revolution und 45 des spanischen Bürgerkriegs.
4.–9. Oktober	Vierte Reise in die Vereinigten Staaten von Amerika, wo er zum zweiten Mal vor der Generalversammlung der UNO spricht.
26. November bis 14. Dezember	Außerordentliche Bischofssynode über die Situation im Libanon.

1996

5.–12. Februar	Reise nach Lateinamerika: Guatemala, Nicaragua, El Salvador, Venezuela.
24. Februar	Apostolische Konstitution „Universi dominici gregis", die eine Reform des Konklaves beinhaltet.
14. April	Reise nach Tunis (die siebzigste außerhalb Italiens).
17.–18. Mai	Reise nach Slowenien.
21.–23. Juni	Dritte Reise nach Deutschland, die mit einem Besuch Berlins ihren Abschluss findet.
6.–7. September	Zweite Reise nach Ungarn.
19.–22. September	Fünfte Reise nach Frankreich.
6.–15. Oktober	Sechster Aufenthalt in der Gemelli-Klinik wegen einer Blinddarmoperation.
15. November	Veröffentlichung des autobiografischen Buches „Geschenk und Geheimnis. Zum 50. Jahr meiner Priesterweihe".
3.–6. Dezember	Besuch des anglikanischen Primas George Carey im Vatikan.

1997

12.–13. April	Reise nach Sarajevo.
25.–27. April	Reise in die Tschechische Republik.
10.–11. Mai	Reise in den Libanon.
31. Mai bis 10. Juni	Siebente Reise nach Polen.
21.–24. August	Sechste Reise nach Frankreich. Abschluss des sechsten Weltjugendtages außerhalb Roms in Paris.
2.–6. Oktober	Reise nach Rio de Janeiro: die achtzigste außerhalb Italiens und die dritte nach Brasilien.
16. November bis 12. Dezember	Außerordentliche Bischofssynode für Amerika.

1998

21.–26. Januar	Reise nach Kuba.
11. Januar	„Eindringliche Bitte“ an die deutschen Bischöfe, keine Scheine mehr für straffreien Schwangerschaftsabbruch auszustellen
21. Februar	Ernennung von zwanzig neuen Kardinälen
16. März	Begleitbrief zu dem von der Kommission für die Beziehungen zum Judentum veröffentlichten Dokument „We remember“ („Wir erinnern uns: Nachdenken über die Shoa“).
21.–23. März	Zweite Reise nach Nigeria.
19. April bis 14. Mai	Außerordentliche Bischofssynode für Asien.
19.–21. Juni	Dritte Reise nach Österreich.
2.–4. Oktober	Zweite Reise nach Kroatien
11. Oktober	Heiligsprechung der deutsch-jüdischen Ordensschwester Edith Stein

1999

22.–28. Januar	Reise nach Mexiko und in die USA.
27. Januar	Appell an die USA, die Todesstrafe abzuschaffen
11. März	Empfang des iranischen Präsidenten Mohammed Khatami im Vatikan
7.–9. Mai	Reise nach Bukarest (Rumänien).
5.–17. Juni	Achte Reise nach Polen.
19. September	Reise nach Maribor (Slowenien).
5.–9. November	Reise nach Indien und Georgien.
24. Dezember	Öffnung der heiligen Pforte am Petersdom zum Beginn des Heiligen Jahres

2000

24.–26. Januar	Reise nach Ägypten und Sinai.
20.–26. März	Reise ins Heilige Land.
12.–13. Mai	Reise nach Fatima (Portugal).
5. September	Erklärung der Vorrangstellung der römisch-katholischen Kirche

2001

6. Januar	Beendigung des Heiligen Jahres durch Schließung der heiligen Pforte
21. Februar	Ernennung von 44 neuen Kardinälen, u.a. Erzbischof Karl Lehmann, Vorsitzender der deutschen Bischofskonferenz
4.-9. Mai	Reise nach Griechenland, Syrien und Malta
6. Mai	Erster Besuch eines Papstes in einer Moschee (Damaskus)
23.-27. Juni	Reise in die Ukraine
22.-27. September	Reise nach Kasachstan

2002

24. Januar	Zweites interreligiöses Gebetstreffen in Assisi
23. April	Mahnung an die US-Kardinäle, schärfer gegen Kindesmissbrauch durch Priester vorzugehen
22.-26. Mai	Reise nach Aserbaidschan und Bulgarien
16. Juni	Heiligsprechung des Kapuzinermönchs Padre Pio
24. Juli bis 1. August	Reise nach Kanada, Guatemala und Mexiko
16.-19. August	Neunte Reise nach Polen

2003

3./4. Mai	Reise nach Spanien
5./6. Juni	100. Papstreise führt nach Kroatien
22. Juni	Reise nach Bosnien-Herzegowina
11.-14. September	Reise in die Slowakei
28. September	Ernennung von 31 neuen Kardinälen
16. Oktober	Feier des 25. Amtsjubiläums
19. Oktober	Heiligsprechung der albanischen Ordensfrau Mutter Teresa

2004

6. März	Johannes Rau als erster Bundespräsident in Privataudienz beim Papst
11. April	Aufruf bei der Ostermesse zum Einsatz gegen den Terrorismus
5./6. Juni	Reise zu einem Jugendtreffen in die Schweiz
29. Juni	Ökumenisches Treffen in Rom mit dem griechischen Patriarchen Bartholomaios I., der an der päpstlichen Messe teilnimmt
14./15. Aug.	Letzte (104.) Auslandsreise des Papstes nach Lourdes zur Grotte von Massabielle

2005

25. Jan.	Einlieferung des Papstes ins römische Gemelli-Krankenhaus aufgrund einer Infektion der Atemwege
4. Febr.	Rückkehr in den Papstpalast
24. Febr.	Schwerer Rückfall, erneute Einweisung ins Hospital und Luftröhrenschnitt
13. März	Heimkehr in die Wohnung und dort weitere Betreuung durch ein Ärzte- und Pflegerteam
27. März	Stumme Segenserteilung am Ostersonntag vom Fenster des Arbeitszimmers aus
31. März	Herz-Kreislauf-Kollaps und septischer Schock nach Harnwegsinfektion
2. April	Tod von Johannes Paul II. um 21.37 Uhr

Bibliographie

I. Texte des Papstes im Verlag Styria:

Johannes Paul II.
Gebete zur Zeit
Graz 1994

Johannes Paul II.
Geschenk und Geheimnis
Zum 50. Jahr meiner Priesterweihe
Graz 1997

Johannes Paul II.
Wir fürchten die Wahrheit nicht
Der Papst über die Schuld der Kirche und der Menschen
Graz 1997

Johannes Paul II.
Orientierung für das dritte Jahrtausend
Der Papst zu den großen Themen der Zukunft
Graz 1998

Johannes Paul II.
Jesus Christus - die Mitte der Zeit
Der Papst über die Bedeutung der Erlösung im neuen Jahrtausend
Graz 1999

Johannes Paul II.
Maria - Stern des Morgens
Der Papst über die Bedeutung der Gottesmutter im neuen Jahrtausend
Graz 2000

Johannes Paul II.
Auf, lasst uns gehen!
Augsburg 2004

II. Werke, aus denen in diesem Buch zitiert wird:

Gian Franco Svidercoschi
Brief an einen jüdischen Freund
Karol Wojtyla und Jerzy Kluger
Graz 1993

Johannes Paul II.
Die Schwelle der Hoffnung überschreiten
Hoffmann u. Campe
Hamburg 1994

III. Werke des Papstes, die auch in Deutsch erschienen sind:

Andrzej Jawien (Karol Wojtyla)
Gedichte

Andrzej Jawien (Karol Wojtyla)
Der Laden des Goldschmieds
Herder 1960

Stanislaw Andrzej Gruda
(Karol Wojtyla)
Gedichte 1962–1965

Person und Tat
Herder 1980

Der Gedanke ist eine seltsame Weite
Betrachtungen und Gedichte
1981

Zeichen des Widerspruchs
Exerzitienvorträge 1976
Herder 1978

Bildnachweis:

Jürgen Spiler, Dortmund: S. 163, 280, 290
alle anderen dpa, Frankfurt a. M.

Der Mann der Schmerzen